FIRST STEPS TO UNDERSTANDING

Urdu

Hashim Mohamed

Al-Qalam Publications

First Steps to Understanding Urdu
By Hashim Mohamed
First Edition 2020

Printed by Mega Basim, Turkey
ISBN: 978-0-9576534-3-6

Al-Qalam Institute
6 Sylvan Avenue
Leicester, LE5 3SN,
United Kingdom

+44 7507859443
info@alqalaminstitute.co.uk
https://www.alqalaminstitute.org
www.youtube.com/AlQalamInstitute

بِسْمِ اللَّهِ الرَّحْمَٰنِ الرَّحِيمِ

Contents

Foreward

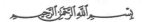

Alhamdulillah, through the grace of Allah, our second book in Urdu grammar, *First Steps to Understanding Urdu*, has been published and is now in your hands.

This book was originally intended to be a new and updated edition of *Urdu A Step by Step Guide* which was initially printed in 2012. However, since its editing, the book has, apart from its colour scheme and cover page, been made unrecognisable from the first version, and has subsequently been renamed.

My Journey with The Urdu Language and This Book

I was born in the Caribbean island of Barbados and am of Indian descent: my parents and grandparents came from Gujarat, India. The youngest of five children, I was least familiar with Gujarati; my grandmother had passed away when I was very young and I did not grow up sitting in her lap listening to her talk away. My parents had by then learnt English, so even though they would sometimes speak to me in Gujarati and I would hear them having conversations amongst themselves and with aunts and uncles in Gujarati, I was not compelled to speak with them in Gujarati.

As far as Urdu is concerned, I have come across an old Urdu textbook with notes in my handwriting which confirms my memory of early madrasah days in which we started learning Urdu after learning to read Quran. However, for the most part, it was a reading and memorisation of translation without much understanding.

When I was in my last year of secondary school, my parents decided to send me to a Darul Uloom in England. I had already started studying a few Urdu books, and now knowing the medium of teaching would be Urdu in the Darul Uloom, my teachers in madrasah pushed me to learn more Urdu, ensuring I would not have to spend a year learning Urdu before the actual alimiyyah class.

Alhamdulillah, when I was tested in my ability to comprehend Urdu, I was deemed to have a good enough grasp of the Urdu language to enrol into the first year of the alimiyyah course.

However, from saying Barbados in reply to آپ کا اسم گرامی کیا ہے, to saying میں نے ایک کتاب پڑھی in a GCSE oral exam, my journey with the Urdu language was very rocky, to say the least. I was trying my best: studying *Teach Yourself Urdu in Two Months* during class with a teacher, listening to Urdu lectures, making notes of new vocabulary and reading Urdu books in my free time. Gradually, after about two to three years, I was able to speak and understand more and read almost anything with the help of a good Urdu dictionary. During my fourth year, I even started studying books on Urdu poetry. However, even after six years of studying in the Urdu medium, reading Urdu books and listening to Urdu lectures, I was still very poor in the fundamentals of the language.

Upon graduation, I started teaching – via the Urdu medium - and within two weeks, it became clear to me how ill-equipped I was with the language. First, a student from the Caribbean, who like me had no Urdu background, asked me why we would say اس ایک مرد نے مدد کی but اس ایک مرد نے طلب کیا, and what rule we should apply to the conjugation of such verbs. A few days later, whilst teaching Urdu to a revert, doctor by profession, he asked me the difference between اللہ نے آسان پیدا کیا and اللہ نے زمین پیدا کی. On both occasions I was left baffled and unable to give a proper answer, instead, I resorted to regurgitating something I had heard before: there aren't really any rules in Urdu, you just have to learn it and it comes with practice. Unimpressed, the doctor turned up two days later with a book showing me the rule.

I realised the way I learnt Urdu, or thrown into the ocean of Urdu and made to swim, was not practical for a non-native speaker who has not grown up with Urdu, Gujarati or Hindi (and other such languages).

Hence began my pursuit. Searching the internet, I first came across *Urdu: An Essential Grammar* by Ruth Laila Schmidt. Although very useful, it was not very user-friendly and more of a reference book. Once I figured out its structure, after many readings, I started to summarize the rules, highlighting and making notes of the important points.

Due to various reasons, my pursuit of trying to understand Urdu halted for a few years until I started transcribing Urdu lectures for one of my teachers. My transcription would be full of errors, but worse yet, when I would see the edited notes, I could not figure out what the mistakes were.

I restarted my journey, and after searching further, I came across a PDF of *Qawaid-e-Urdu* by Mawlvi Abdul Haq. Again, it was not meant for a beginner, but once I got my head around the structure after a couple of reads, I was able to add to my original notes, which were now starting to look like a book. With the help of various Urdu books, magazines, dictionaries (yes, I read Urdu dictionaries) I started to add exercises to my summaries and notes.

Fortunately, one year I was given the task to teach Urdu to some part-time alimiyyah course students, and as the administration struggled to select a suitable book, I proposed using my notes and exercises. Gratefully, they allowed me to try out my notes and to some degree, the year was a success. I would double-check the notes and exercises and present them as handouts to the students. After the class, I would make changes where necessary.

By the end of the year, the notes had been completed, and the book was now ready. Or so I thought. Furthermore, I had what at that time seemed like a brilliant idea: adding in lots of useful vocabulary which I had compiled from all the dictionaries. And there it was: *Urdu A Step By Step Guide* was published and through the grace of Allah some schools and madrasahs began introducing this book into their syllabus.

Soon after its publication, a student who was going to enrol into a Darul Uloom asked me to teach him Urdu. Obviously, I started teaching him using my book, but within a few lessons, I realized how flawed this piece of work was; it was filled with vocabulary which was not reinforced enough in the exercises and the structure was not user-friendly at all. There and then I decided the book needed a revamp. Over the next four years, with various students of various backgrounds and ages, I completely rewrote the book. This time, the vocabulary was introduced in smaller chunks and repeated often within the exercises. Rules were simplified and spread out over many exercises.

And here you have in front of you "First Steps to Understanding Urdu."

The Role of the Urdu Language in English Speaking Countries

I would like to take this opportunity to voice my opinion regarding the use of the Urdu language in English speaking countries. I would like to mention two points.

The first is that any foreign language is an asset to a person. If someone's parents, grandparents or forefathers have come from the subcontinent, learning Urdu would be very useful as it would serve as a cultural link to one's roots.

However, after over a decade-long journey with Urdu; six years of studying in Urdu, three years of teaching in Urdu, and another four in researching and writing these books in Urdu, it is my humble opinion that Urdu should never be used as a medium or prerequisite in any madrasah or course. Despite not initially knowing Urdu, I was able to complete and, through Allah's grace, to some extent excel in the alimiyyah course. However, there are so many who did not join or who joined then left the course because of difficulty in understanding Urdu.

Many of those who completed the course, including myself, could have done a lot better had the course been in their mother tongues. Time spent trying to get the translation of a relative clause in Urdu correct, or deciphering how to translate past tense verbs would be much more fruitfully spent in studying Arabic.

Similarly, in our country, English is the language of the people, therefore, scholars should be fluent in conveying the message of the Quran and Hadith in English. And this can only be acquired if studies take place in English.

Many scholars who studied in the Urdu medium struggle in their lectures when they first graduate: they have studied everything using in Urdu; vocabulary, terminologies were all in Urdu. Therefore, they find it difficult expressing the translation of the Quran or Hadith, or expressing terminologies in English.

The second point is that if a school or madrasah decides to teach Urdu as a language, or as a medium of teaching Arabic, it should be taught in the correct manner. For decades, first, second and third-generation descendants have for the most part been taught Urdu in makatib in a very painful and impractical way.

An Urdu syllabus from the subcontinent which is targeted at those children who speak Urdu (or a sister language) as a first language, cannot be successfully taught to those who are learning it as a new language.

In English speaking countries a child can simply pick up a book and start reading. They have absolutely no issue understanding that went is the past tense of go, or was is the past tense of is, even though they are spelt very differently. Similarly, children in the subcontinent can pick up اللہ کے

رسول and start reading without any major issues with regard to sentence construction. However, someone who has not grown up with the language cannot properly understand and master the language by merely reading.

It is extremely sad and painful to see so many precious hours going to waste because the language is not being taught correctly. The time to result ratio is disappointing. I have personally taken oral Urdu exams where students were translating Urdu texts fluently; the only issue was they had memorised the translation and were regurgitating the translation of the wrong paragraph.

Hopefully, this book or any other Urdu grammar book can help serve as an introduction to the language.

If the language is deemed important enough to be taught, either as a foreign language or as a medium, it should be taught properly. Students should be aware of the grammar, its application in writing, prose and poetry, and speaking.

I pray to Allah that he accepts this piece of work from me and makes it a means of reward in the hereafter. I also pray that He rewards all of those who have played any role in my education, formally or informally, or have helped in the preparation and publication of this book.

I also request anyone who reads this book and comes across any errors to inform us so we can make the necessary changes in any future prints of this book.

Lesson 1
Simple Sentences

In Urdu, a simple sentence is made by putting the thing you are talking about first (the **subject**); then putting the information (the **predicate**) after it and then putting the word ہے (is) at the end.

Joining Word	Predicate	Subject
ہے	بیمار	لڑکا
is	sick	The boy

Note:
Sometimes you will need to add the word a to the predicate.

احمد تاجر ہے۔
Ahmad is a businessman.

یونس بڑھئی ہے۔
Yunus is a carpenter.

Exercise 1

Translation		Urdu
blacksmith	m	لوہار
gardener	m	مالی
worker	m	مزدور
builder	m	معمار
cobbler	m	موچی
nurse	m	نرس
lawyer	m	وکیل

Translation		Urdu
laundryman	m	دھوبی
doctor	m	ڈاکٹر
postman	m	ڈاکیا
soldier	m	سپاہی
judge	m	قاضی
butcher	m	قصائی
farmer	m	کسان

Translation		Urdu
cook	m	باورچی
carpenter	m	بڑھئی
businessman	m	تاجر
barber	m	حجام
treasurer	m	خزانچی
tailor	m	درزی
dentist	m	دندان ساز

Translate the following sentences into English. Notice how the sentences are made.

۱) طلحہ باورچی ہے۔
۲) عادل تاجر ہے۔
۳) زید حجام ہے۔
۴) سفیان خزانچی ہے۔
۵) عمر درزی ہے۔
۶) یوسف دندان ساز ہے۔
۷) بلال دھوبی ہے۔
۸) احمد ڈاکٹر ہے۔
۹) عثمان ڈاکیا ہے۔
۱۰) زاہد سپاہی ہے۔
۱۱) اسلم قاضی ہے۔
۱۲) یونس قصائی ہے۔
۱۳) سمیر کسان ہے۔
۱۴) ایوب لوہار ہے۔
۱۵) فرحان مالی ہے۔
۱۶) زبیر مزدور ہے۔
۱۷) آدم معمار ہے۔
۱۸) ارشد موچی ہے۔
۱۹) فاطمہ نرس ہے۔
۲۰) محمد وکیل ہے۔

Exercise 2
Translate the following sentences into Urdu.

1) Talha is a lawyer.
2) Yusuf is a gardener.
3) Fatima is a nurse.
4) Aslam is a dentist.
5) Bilal is a postman.
6) Yunus is a farmer.
7) Omar is a worker
8) Zaid is a cobbler.
9) Ahmad is a butcher.
10) Sufyan is a builder.
11) Uthman is a judge.
12) Zahid is a soldier.

Note:

There is no word for the in Urdu. You will have to add it into the translation where necessary.

بڑھئی امانتدار ہے۔	تاجر کمزور ہے۔
The carpenter is honest.	The businessman is weak.

Exercise 3

Translation		Urdu
generous	adj	سخی
stingy	adj	کنجوس
strong	adj	طاقتور
weak	adj	کمزور
expert	adj	ماہر
pious	adj	نیک

Translation		Urdu
brave	adj	بہادر
ill	adj	بیمار
healthy	adj	تندرست
hardworking	adj	محنتی
active	adj	چست
lazy	adj	سست

Translation		Urdu
trustworthy	adj	امانت دار
leader, rich	adj	امیر
poor	adj	غریب
ugly	adj	بدصورت
beautiful, handsome	adj	خوبصورت
cowardly	adj	بزدل

Translate the following sentences into English.

۱) مالی امانتدار ہے۔
۲) قصائی امیر ہے۔
۳) حجام غریب ہے۔
۴) لوہار بدصورت ہے۔
۵) باورچی خوبصورت ہے۔
۶) خزانچی بزدل ہے۔
۷) سپاہی بہادر ہے۔
۸) قاضی بیمار ہے۔
۹) کسان تندرست ہے۔
۱۰) مزدور محنتی ہے۔
۱۱) درزی چست ہے۔
۱۲) معمار سست ہے۔
۱۳) موچی سخی ہے۔
۱۴) دھوبی کنجوس ہے۔
۱۵) نرس تندرست ہے۔
۱۶) وکیل طاقتور ہے۔
۱۷) دندان ساز کمزور ہے۔
۱۸) ڈاکٹر ماہر ہے۔
۱۹) تاجر نیک ہے۔
۲۰) ڈاکیا محنتی ہے۔

Exercise 4

Translate the following sentences into Urdu.

1) The laundryman is pious.
2) The doctor is expert.
3) The dentist is weak.
4) The tailor is strong.
5) The treasurer is stingy.
6) The barber is generous.
7) The businessman is lazy.
8) The carpenter is active.
9) The cook is cowardly.
10) The farmer is poor.
11) The butcher is rich.
12) The judge is trustworthy.

Note:

To make a sentence negative, put the word نہیں before the joining word ہے.

بڑھئی امانتدار نہیں ہے۔	تاجر کمزور نہیں ہے۔
The carpenter is not honest.	The businessman is not weak.

Exercise 5

Translate the following sentences into English.

۱) حجام ماہر نہیں ہے۔

۲) ڈاکیا سخی نہیں ہے۔

۳) نرس محنتی نہیں ہے۔

۴) بلال معمار نہیں ہے۔

۵) لوہار سست نہیں ہے۔

۶) کسان بہادر نہیں ہے۔

۷) ڈاکٹر بزدل نہیں ہے۔

۸) سپاہی طاقتور نہیں ہے۔

۹) مزدور چست نہیں ہے۔

۱۰) تاجر تندرست نہیں ہے۔

۱۱) قصائی امانتدار نہیں ہے۔

۱۲) موچی غریب نہیں ہے۔

۱۳) خزانچی کنجوس نہیں ہے۔

۱۴) قاضی بدصورت نہیں ہے۔

۱۵) دندان ساز کمزور نہیں ہے۔

Exercise 6

Translate the following sentences into Urdu.

1) The cook is not brave.
2) The carpenter is not ill.
3) The businessman is not healthy.
4) The barber is not hardworking.
5) The treasurer is not active.
6) The tailor is not lazy.
7) The dentist is not generous.
8) The washer man is not stingy.
9) The doctor is not strong.
10) The soldier is not weak.
11) The judge is not an expert.
12) The farmer is not pious.

Note

Sometimes, you can remove the ہے after the word نہیں.

مزدور محنتی ہے، سست نہیں۔

The worker is hardworking, not lazy.

تاجر کمزور ہے، طاقتور نہیں

The businessman is weak, not strong.

Exercise 7

Translate the following sentences into English.

۱) عمر وکیل ہے، مالی نہیں۔

۲) زید لوہار ہے، بڑھئی نہیں۔

۳) عادل تاجر ہے، ڈاکیا نہیں۔

۴) اسلم مزدور ہے، حجام نہیں۔

۵) سمیر سپاہی ہے، معمار نہیں۔

۶) طلحہ موچی ہے، درزی نہیں۔

۷) زاہد قصائی ہے، نرس نہیں۔

۸) وکیل امیر ہے، غریب نہیں۔

۹) قاضی سخی ہے، کنجوس نہیں۔

۱۰) دندان چست ہے، سست نہیں۔

۱۱) موچی کمزور ہے، طاقتور نہیں۔

۱۲) ڈاکٹر تندرست ہے، بیمار نہیں۔

۱۳) سپاہی بہادر ہے، بزدل نہیں۔

۱۴) بلال خزانچی ہے، قاضی نہیں۔

۱۵) کسان چست ہے، سست نہیں۔

۱۶) یونس باورچی ہے، دھوبی نہیں۔

۱۷) لوہار خوبصورت ہے، بدصورت نہیں۔

۱۸) یوسف دندان ساز ہے، کسان نہیں۔

Exercise 8

Translate the following sentences.

۱) عمر معمار ہے۔

۲) بڑھئی محنتی ہے۔

۳) سپاہی طاقتور ہے۔

۴) احمد سخی نہیں ہے۔

۵) حجام کمزور نہیں ہے۔

۶) احمد موچی نہیں ہے۔

۷) محمد مزدور نہیں ہے۔

۸) یونس ڈاکیا نہیں ہے۔

۹) فاطمہ نرس نہیں ہے۔

۱۰) باورچی ماہر نہیں ہے۔

۱۱) خزانچی غریب نہیں ہے۔

۱۲) یوسف کسان نہیں ہے۔

۱۳) تاجر کنجوس ہے، سخی نہیں۔

۱۴) سفیان لوہار ہے، حجام نہیں۔

۱۵) آدم وکیل ہے، قاضی نہیں۔

Notes:

1. To make a sentence into a question, add the word کیا at the beginning.

کیا عمر درزی ہے؟

Is Omar a tailor?

2. To answer a question, use the words جی ہاں (yes), or جی نہیں (no)

جی ہاں، عمر درزی ہے۔

Yes, Omar is a tailor.

جی نہیں، عمر درزی نہیں ہے۔

No, Omar is not a tailor.

3. The word اور means and.

عمر محنتی اور امانتدار ہے۔

Omar is hardworking and honest.

احمد کمزور اور بیمار ہے۔

Ahmad is weak and ill.

Exercise 9

Translate the following sentences into English.

۱) کیا باورچی ماہر ہے؟ جی ہاں، ماہر ہے ۔

۲) کیا معمار بزدل ہے؟ جی نہیں، بزدل نہیں۔

۳) کیا حجام کنجوس ہے؟ جی ہاں، کنجوس ہے، سخی نہیں۔

۴) کیا قصائی تندرست ہے؟ جی ہاں، قصائی تندرست۔

۵) کیا بڑھئی امانت دار ہے؟ جی نہیں، امانتدار نہیں ہے۔

۶) کیا خزانچی کمزور ہے؟ جی نہیں، طاقتور ہے، کمزور نہیں۔

۷) کیا ڈاکیا سست ہے؟ جی نہیں، سست نہیں، چست ہے۔

۸) کیا درزی غریب ہے؟ جی نہیں، غریب نہیں، امیر ہے۔

۹) کیا تاجر محنتی ہے؟ جی نہیں، محنتی نہیں ہے، سست ہے۔

۱۰) کیا دندان ساز طاقتور ہے؟ جی ہاں، طاقتور ہے، کمزور نہیں۔

۱۱) کیا سپاہی خوبصورت ہے؟ جی نہیں، خوبصورت نہیں، بدصورت ہے۔

۱۲) کیا مزدور بدصورت ہے؟ جی نہیں، بدصورت نہیں، خوبصورت ہے۔

Notes:

1. The word اور means and.

عمر محنتی اور امانتدار ہے۔

Omar is hardworking and honest.

احمد کمزور اور بیمار ہے۔

Ahmad is weak and ill.

2. The word بھی means also.

کیا یونس محنتی ہے؟ جی ہاں، محنتی ہے اور امانتدار بھی۔

Is Yunus hardworking? Yes, he is hardworking and is also honest.

3. The words لیکن and مگر mean but.

یونس محنتی ہے لیکن امانتدار نہیں۔

Yunus is hardworking but not trustworthy.

Exercise 10

Translate the following sentences into English.

۱) کیا قاضی چست ہے؟ جی ہاں، چست ہے اور محنتی بھی۔

۲) کیا مالی امیر ہے؟ جی ہاں، امیر ہے، لیکن کنجوس ہے، سخی نہیں۔

۳) کیا کسان بیمار ہے؟ جی نہیں، کسان بیمار نہیں، لیکن سست ہے۔

۴) کیا دھوبی خوبصورت ہے؟ جی ہاں، خوبصورت ہے، لیکن محنتی نہیں۔

۵) کیا وکیل سخی ہے؟ جی ہاں، سخی ہے، کنجوس نہیں لیکن امانتدار نہیں۔

۶) کیا قصائی تندرست ہے؟ جی ہاں، قصائی تندرست ہے اور محنتی بھی۔

۷) کیا لوہار بہادر ہے؟ جی نہیں، بہادر نہیں، بزدل ہے، لیکن نیک ہے۔

۸) کیا قصائی تندرست ہے؟ جی ہاں، قصائی تندرست ہے اور طاقتور بھی۔

۹) کیا معمار بزدل ہے؟ جی نہیں، بزدل نہیں، لیکن کمزور ہے اور بیمار بھی۔

۱۰) کیا تاجر محنتی ہے؟ جی نہیں، محنتی نہیں ہے، سست ہے، لیکن نیک ہے۔

۱۱) کیا مزدور بدصورت ہے؟ جی نہیں، بدصورت نہیں، خوبصورت ہے اور تندرست بھی۔

Exercise 11

Translate the following sentences into Urdu.
1) Is Omar a tailor? Yes, Omar is a tailor.
2) Is the judge pious? Yes, the judge is pious.
3) Is the builder lazy? Yes, the builder is lazy.
4) Is Sameer a doctor? Yes, Sameer is a doctor.
5) Is Talha a carpenter? Yes, Talha is a carpenter.
6) Is the farmer weak? No, the farmer is not weak.
7) Is Muhammad a cook? No, Muhammad is a lawyer.
8) Is Sufyan a treasurer? No, Sufyan is not a treasurer.
9) Is Adil a Businessman? No, Adil is not a businessman.
10) Is Yusuf a laundryman? Yes, Yusuf is a laundryman.
11) Is the butcher an expert? No, the butcher is not an expert.
12) Is the blacksmith ugly? No, the blacksmith is handsome.
13) Is Fatimah a dentist? No, Fatimah is a doctor, not a dentist.
14) Is Zainab a soldier? No, Zainab is a dentist, not a soldier.
15) Is the cobbler active? No, the cobbler is lazy, not active.
16) Is the nurse hardworking? Yes, the nurse is hardworking.
17) Is Aslam a postman? No, Aslam is a judge, not a postman.
18) Is the worker trustworthy? Yes, the worker is trustworthy.
19) Is Zaid a barber? Yes, Zaid is a barber, not a businessman.
20) Is the gardener stingy? Yes, the gardener is stingy, not generous.

Lesson 2
Demonstrative Pronouns

If you want to point at something and talk about it, you use the words "this" and "that".

This is a door. *That is a window.*

In Urdu, you use the following words.

Translation	Urdu
that	وہ

Translation	Urdu
this	یہ

Exercise 1

Translate the following sentences into English.

۱) یہ قصائی ہے۔
۲) وہ سمیر ہے۔
۳) وہ بڑھئی ہے۔
۴) یہ یوسف ہے۔
۵) وہ کسان ہے۔
۶) یہ تاجر ہے۔
۷) وہ احمد ہے۔
۸) یہ خزانچی ہے۔
۹) یہ محمد ہے۔
۱۰) یہ دھوبی ہے۔
۱۱) وہ زینب ہے۔
۱۲) وہ ڈاکیا ہے۔
۱۳) یہ قاضی ہے۔
۱۴) وہ فاطمہ ہے۔
۱۵) یہ وکیل ہے۔
۱۶) وہ سپاہی ہے۔
۱۷) یہ خدیجہ ہے۔
۱۸) وہ موچی ہے۔
۱۹) یہ یونس ہے۔
۲۰) وہ دندان ساز ہے۔

Exercise 2

Translate the following sentences into Urdu.

1) This is a washerman.
2) That is a doctor.
3) This is a soldier.
4) That is a judge.
5) This is a butcher.
6) That is a farmer.
7) This is a blacksmith.
8) That is a gardener.
9) This is a builder.
10) That is a tailor.
11) This is a barber.
12) This is a nurse.
13) This is a blacksmith.
14) That is a cook.
15) That is a treasurer.

Note:

If you want to ask a question with یہ or وہ, place the word کون after it.

یہ کون ہے؟
Who is this?

وہ کون ہے؟
Who is that?

Exercise 3

Translate the following sentences into English.

۱) یہ کون ہے؟ یہ مالی ہے۔
۲) وہ کون ہے؟ وہ لوہار ہے۔
۳) وہ کون ہے؟ وہ ڈاکٹر ہے۔
۴) یہ کون ہے؟ یہ تاجر ہے۔
5) وہ کون ہے؟ وہ احمد ہے۔
۶) وہ کون ہے؟ وہ ڈاکیا ہے۔
۷) وہ کون ہے؟ وہ حجام ہے۔
۸) یہ کون ہے؟ یہ سپاہی ہے۔
۹) یہ کون ہے؟ یہ معمار ہے۔
۱۰) یہ کون ہے؟ یہ باورچی ہے۔
۱۱) وہ کون ہے؟ وہ خدیجہ ہے۔
۱۲) یہ کون ہے؟ یہ مزدور ہے۔
۱۳) وہ کون ہے؟ وہ بڑھئی ہے۔
۱۴) یہ کون ہے؟ یہ دھوبی ہے۔
۱۵) وہ کون ہے؟ وہ وکیل ہے۔
۱۶) یہ کون ہے؟ یہ نرس ہے۔
۱۷) وہ کون ہے؟ وہ موچی ہے۔
۱۸) یہ کون ہے؟ یہ درزی ہے۔
۱۹) یہ کون ہے؟ یہ یوسف ہے۔
۲۰) یہ کون ہے؟ یہ خزانچی ہے۔
۲۱) یہ کون ہے؟ یہ دندان ساز ہے۔

Exercise 4

Translate the following sentences into Urdu.

1) Who is this? This is Fatima.
2) Who is that? That is a butcher.
3) Who is this? This is Yusuf.
4) Who is this? This is a postman.
5) Who is that? That is Sameer.
6) Who is this? This is a farmer.
7) Who is that? That is Sufyan.
8) Who is this? This is a lawyer.
9) Who is this? This is Zainab.
10) Who is that? That is a barber.
11) Who is that? That is a businessman.
12) Who is this? This is Ahmad.
13) Who is that? That is a dentist.
14) Who is this? This is a soldier.
15) Who is that? That is a cobbler.
16) Who is this? This is a judge.

Note:

You can join the یہ and وہ to the word after it to make it a part of a sentence.

[یہ موچی] امیر ہے۔
[This cobbler] is rich.

[یہ] موچی ہے۔
[This] is a cobbler.

Exercise 5

Translation		Urdu
Lady	f	عورت
Boy	m	لڑکا
Girl	f	لڑکی

Translation		Urdu
brother	m	بھائی
sister	f	بہن
friend	m	دوست

Translation		Urdu
man	m	آدمی
baby boy	m	بچہ
baby girl	f	بچی

Translate the following sentences into English.

۱) یہ آدمی ہے۔
۲) یہ آدمی امیر ہے۔
۳) وہ بچہ ہے۔
۴) وہ بچہ خوبصورت ہے۔
۵) یہ بچی ہے۔
۶) وہ بچی بزدل ہے۔
۷) یہ بھائی ہے۔
۸) یہ بھائی بہادر ہے۔
۹) یہ بہن ہے۔
۱۰) وہ بہن بیمار ہے۔
۱۱) وہ دوست ہے۔
۱۲) یہ دوست سست ہے۔
۱۳) یہ عورت ہے۔
۱۴) یہ عورت محنتی ہے۔
۱۵) وہ لڑکا چست نہیں ہے۔
۱۶) وہ لڑکی نیک ہے۔
۱۷) یہ بڑھئی ہے۔
۱۸) یہ بڑھئی ماہر نہیں ہے۔
۱۹) وہ دندان ساز ہے۔
۲۰) وہ دندان ساز محنتی ہے۔

Exercise 6

Translate the following sentences into Urdu.

1) This is a girl.
2) That girl is pious.
3) That is a boy.
4) This boy is weak.
5) That is a lady.
6) This lady is strong.
7) This is a friend.
8) That friend is stingy.
9) This is a sister.
10) That sister is generous.
11) That is a brother.
12) This brother is lazy.
13) That is a baby girl.
14) That baby girl is active.
15) This is a baby boy.
16) This baby boy is beautiful.
17) This is a man.
18) This man is brave.

Note:

If you want to ask about something, use the word کیا instead of کون.

یہ کیا ہے؟
What is this?

Exercise 7

Translation		Urdu		Translation		Urdu		Translation		Urdu
Chair	f	کرسی		door	m	دروازہ		garden	m	باغ
Room	m	کمرہ		wall	f	دیوار		bed	m	بستر
Window	f	کھڑکی		stairs, ladder	f	سیڑھی		fan	m	پنکھا
Shelf	f	الماری		sofa	m	صوفہ		lock	m	تالا
Table	f	میز		carpet	m	قالین		key	f	چابی

Translate the following sentences into English.

۱) یہ کیا ہے؟ یہ باغ ہے۔

۲) یہ کیا ہے؟ یہ بستر ہے۔

۳) وہ کیا ہے؟ وہ پنکھا ہے۔

۴) یہ کیا ہے؟ یہ تالا ہے۔

۵) وہ کیا ہے؟ وہ چابی ہے۔

۶) یہ کیا ہے؟ یہ دروازہ ہے۔

۷) وہ کیا ہے؟ وہ دیوار ہے۔

۸) یہ کیا ہے؟ یہ سیڑھی ہے۔

۹) وہ کیا ہے؟ وہ صوفہ ہے۔

۱۰) یہ کیا ہے؟ یہ قالین ہے۔

۱۱) یہ کیا ہے؟ یہ کرسی ہے۔

۱۲) وہ کیا ہے؟ وہ کمرہ ہے۔

۱۳) وہ کیا ہے؟ وہ کھڑکی ہے۔

۱۴) وہ کیا ہے؟ وہ الماری ہے۔

۱۵) یہ کیا ہے؟ یہ میز ہے۔

Exercise 8

Translate the following sentences into Urdu.

1) What is this? This is a door.
2) What is that? That is a wall.
3) What is this? This is a ladder.
4) What is this? This is a carpet.
5) What is that? That is a table.
6) What is this? This is a shelf.
7) What is that? That is a window.
8) What is this? This is a room.
9) What is that? That is a chair.
10) What is this? This is a key.
11) What is that? That is a lock.
12) What is this? This is a fan.
13) What is that? That is a bed.
14) What is this? This is a garden.

Note:

If کیا comes at the beginning of the sentence it makes the sentence into a question.

کیا آدمی محنتی ہے؟

Is the man hardworking?

But if it comes in the middle e.g. after یہ or وہ it means what.

یہ کیا ہے؟

What is this?

Look at the table below. It explains both types of کیا.

کیا at the Beginning	کیا in the Middle
کیا یہ آدمی ہے؟	یہ کیا ہے؟
Is this a man?	What is this?

Exercise 9

Translation		Urdu	Translation		Urdu	Translation		Urdu
Cheap	adj	سستا	old	adj	پرانا	good	adj	اچھا
expensive	adj	مہنگا	new	adj	نیا	bad, evil	adj	برا
Clean	adj	صاف	dishonest	adj	جھوٹا	big	adj	بڑا
Dirty	adj	میلا	honest	adj	سچا	small	adj	چھوٹا

Translate the following sentences. Make sure you differentiate between the two types of کیا.

۱) وہ کیا ہے؟ وہ تالا ہے۔ کیا تالا اچھا ہے؟

۲) وہ کیا ہے؟ وہ بستر ہے۔ کیا بستر برا ہے؟

۳) یہ کیا ہے؟ یہ قالین ہے۔ کیا قالین پرانا ہے؟

۴) یہ کون ہے؟ یہ درزی ہے۔ کیا درزی سچا ہے؟

۵) وہ کیا ہے؟ وہ کھڑکی ہے۔ کیا کھڑکی صاف ہے؟

۶) کیا وہ خزانچی ہے؟ جی نہیں، وہ خزانچی نہیں ہے۔

۷) یہ کون ہے؟ یہ یوسف ہے۔ کیا یوسف جھوٹا ہے؟

۸) وہ کون ہے؟ وہ خدیجہ ہے۔ کیا خدیجہ امانتدار ہے؟

۹) کیا یہ باغ ہے؟ جی ہاں یہ باغ ہے۔ کیا باغ میلا ہے؟

۱۰) کیا یہ قصائی خوبصورت ہے؟ جی ہاں، یہ قصائی خوبصورت ہے۔

۱۱) وہ کون ہے؟ وہ ڈاکٹر ہے، اور یہ کون ہے؟ یہ نرس ہے۔

۱۲) یہ کیا ہے؟ یہ صوفہ ہے۔ کیا صوفہ بڑا ہے؟ جی نہیں، چھوٹا ہے۔

۱۳) کیا وہ ڈاکیا محنتی ہے؟ جی ہاں، وہ ڈاکیا محنتی ہے، لیکن امانتدار نہیں۔

۱۴) کیا یہ نرس سست ہے؟ جی نہیں، یہ نرس سست نہیں، لیکن بیمار ہے۔

۱۵) کیا یہ الماری ہے؟ جی نہیں، یہ الماری نہیں، یہ صوفہ ہے۔ کیا یہ صوفہ مہنگا ہے؟ جی ہاں یہ صوفہ مہنگا ہے، سستا نہیں۔

۱۶) کیا وہ پنکھا ہے؟ جی نہیں، وہ پنکھا نہیں ہے، وہ دروازہ ہے۔ کیا وہ دروازہ پرانا ہے؟ جی ہاں پرانا ہے، نیا نہیں۔

۱۷) کیا وہ تاجر غریب ہے؟ جی نہیں، یہ تاجر غریب نہیں، امیر ہے، لیکن کنجوس ہے، سخی نہیں۔

۱۸) کیا وہ یونس ہے؟ جی ہاں وہ یونس ہے۔ کیا یونس قصائی ہے؟ جی نہیں، قصائی نہیں، سپاہی ہے۔ کیا یونس بہادر ہے؟ جی نہیں، بہادر نہیں، بزدل ہے۔

Exercise 10

Translate the following sentences into Urdu.

1) What is that? That is a bed. Is the bed new? Yes, the bed is new, not old.
2) What is this? This is a carpet. Is the carpet dirty? No, the carpet is not dirty.
3) What is this? This is a fan. Is the fan clean? No, the fan is not clean. The fan is dirty.
4) What is that? That is a lock. Is the lock expensive? Yes, the lock is expensive, not cheap.
5) What is that? That is a sofa. Is the sofa good? Yes, the sofa is good, the sofa is not bad.
6) What is this? This a garden. Is the garden big? No, the garden is not big, the garden small.
7) Who is this? This is a judge. Is the judge dishonest? No, the judge is not dishonest, the judge is honest.
8) Who is that? That is Uthman. Is Uthman a dentist? No, Uthman is not a dentist. Uthman is a worker. Is Uthman strong? Yes, Uthman is strong, not weak.

Lesson 3
Gender

In Urdu all words are either masculine or feminine, even if it is not a living thing. Words that end in ا or ہ are usually masculine, and words that end in ی are usually feminine.

لڑکی	لڑکا
girl	*boy*

If a word does not end in ا, ہ or ی, you will have to learn the gender by heart.

There are some words which end in ی but they are still masculine because they are used for masculine people.

آدمی بھائی

In the vocab lists, there will be a **f** next to feminine words and an **m** next to masculine words.

Vocab

Translation		Urdu	Translation		Urdu	Translation		Urdu
exercise book	f	کاپی	desk	f	ٹپائی	wife	f	بیوی
Car	f	گاڑی	hat	f	ٹوپی	turban	f	پگڑی
house	m	گھر	part	m	حصہ	pillow	m	تکیہ
watch, clock	f	گھڑی	street	f	سڑک	bag	f	تھیلی

In total, there are four types of words. Look at the table below.

Masculine	Ends in ا or ہ	لڑکا
	Does not end in ا or ہ	گھر
Feminine	Ends in ی	لڑکی
	Does not end in ی	میز

Exercise 1

Translate the following words and state whether they are masculine or feminine.

۱) بیوی ۶) ٹوپی ۱۱) کھڑکی ۱۶) الماری ۲۱) آدمی ۲۶) عورت ۳۱) بستر

۲) پگڑی ۷) کاپی ۱۲) سیڑھی ۱۷) پنکھا ۲۲) بچہ ۲۷) لڑکا ۳۲) قالین

۳) تکیہ ۸) گاڑی ۱۳) کمرہ ۱۸) تالا ۲۳) بچی ۲۸) لڑکی ۳۳) باغ

۴) تھیلی ۹) دروازہ ۱۴) صوفہ ۱۹) گھڑی ۲۴) بھائی ۲۹) گھر ۳۴) دیوار

۵) ٹپائی ۱۰) چابی ۱۵) کرسی ۲۰) حصہ ۲۵) بہن ۳۰) سڑک ۳۵) میز

Lesson 4
Plurals

Plural means more than one. To make a masculine word plural, remove the ا or ہ and add a ے.

لڑکا-لڑکے　　　بچہ-بچے

If a masculine word does not end in ا or ہ it will stay the same for both singular and plural.

گھر-گھر

		Plural		Addition		Singular
Masculine	Ends in ا or ہ	لڑکے	←	+ے	←	لڑکا
	Does not end in ا or ہ	بستر		×		بستر

Exercise 1

Translate the following sentences into English. The words are written with their plurals.

۱) آدمی-آدمی
۲) باغ-باغ
۳) بچہ-بچے
۴) بھائی-بھائی
۵) پنکھا-پنکھے
۶) تالا-تالے
۷) تکیہ-تکیے
۸) حصہ-حصے
۹) دروازہ-دروازے
۱۰) دوست-دوست
۱۱) صوفہ-صوفے
۱۲) قالین-قالین
۱۳) کمرہ-کمرے
۱۴) گھر-گھر
۱۵) لڑکا-لڑکے

Note

If a feminine word ends in ی you add اں to make it plural.

لڑکی-لڑکیاں

If the feminine word does not end in ی you add یں.

کتاب-کتابیں

		Plural		Addition		Singular
Feminine	Ends in ی	لڑکیاں	←	اں	←	لڑکی
	Does not end in ی	میزیں		یں		میز

Exercise 2

Translate the following sentences into English. The words are written with their plurals.

۱) بچی-بچیاں
۲) بہن-بہنیں
۳) بیوی-بیویاں
۴) پگڑی-پگڑیاں
۵) تھیلی-تھیلیاں
۶) ٹپائی-ٹپائیاں
۷) ٹوپی-ٹوپیاں
۸) چابی-چابیاں
۹) دیوار-دیواریں
۱۰) سڑک-سڑکیں
۱۱) سیڑھی-سیڑھیاں
۱۲) عورت-عورتیں
۱۳) کاپی-کاپیاں
۱۴) کرسی-کرسیاں
۱۵) کھڑکی-کھڑکیاں
۱۶) گاڑی-گاڑیاں
۱۷) گھڑی-گھڑیاں
۱۸) لڑکی-لڑکیاں
۱۹) الماری-الماریاں
۲۰) میز-میزیں

Note:

Look at the table below to see how all the plurals are formed.

		Plural		Addition		Singular
Masculine	Ends in ا or ہ	لڑکے	⟸	ے+	⟸	لڑکا
	Does not end in ا or ہ	بستر		×		بستر
Feminine	Ends in ی	لڑکیاں	⟸	اں	⟸	لڑکی
	Does not end in ی	میزیں		یں		میز

Exercise 3

Translate the following sentences into English. The words are written with their plurals.

۱) بچہ - بچے
۲) بچی - بچیاں
۳) بھائی - بھائی
۴) بہن - بہنیں
۵) عورت — عورتیں
۶) لڑکا - لڑکے
۷) لڑکی — لڑکیاں
۸) چابی — چابیاں
۹) قالین — قالین
۱۰) کمرہ — کمرے
۱۱) باغ — باغ
۱۲) دیوار — دیواریں
۱۳) میز - میزیں
۱۴) صوفہ - صوفے
۱۵) بیوی - بیویاں
۱۶) دوست - دوست
۱۷) سڑک - سڑکیں
۱۸) پگڑی - پگڑیاں
۱۹) تکیہ - تکیے
۲۰) تھیلی - تھیلیاں
۲۱) تالا - تالے
۲۲) ٹپائی - ٹپائیاں
۲۳) پنکھا - پنکھے
۲۴) کاپی - کاپیاں
۲۵) گاڑی - گاڑیاں
۲۶) حصہ - حصے
۲۷) کھڑکی — کھڑکیاں
۲۸) الماری — الماریاں
۲۹) دروازہ — دروازے
۳۰) سیڑھی — سیڑھیاں

Exercise 4

Translate the following words. Make sure you understand the difference between the singular and plural words.

۱) بہنیں
۲) بیوی
۳) بیویاں
۴) پگڑیاں
۵) پنکھا
۶) پنکھے
۷) تالے
۸) تالا
۹) تکیے
۱۰) تھیلی
۱۱) ٹپائیاں
۱۲) ٹوپی
۱۳) حصے
۱۴) حصہ
۱۵) دیوار
۱۶) دیواریں
۱۷) سیڑھیاں
۱۸) صوفے
۱۹) عورتیں
۲۰) کاپیاں
۲۱) کرسی
۲۲) کمرے
۲۳) گھر
۲۴) لڑکی
۲۵) میزیں

Exercise 5

Translate the following words into Urdu. Ensure you make the plurals correctly.

1) boy
2) boys
3) girl
4) girls
5) sisters
6) ladies
7) man
8) men
9) friends
10) baby boys
11) baby girls
12) gardens
13) beds
14) fans
15) locks
16) keys
17) doors
18) walls
19) stairs
20) sofas
21) chairs
22) rooms
23) windows
24) tables
25) turbans
26) pillows
27) bags
28) desks
29) hats
30) cars
31) clocks
32) houses
33) streets
34) parts
35) books

Note:

When you use a plural word in a sentence, the joining word ہے changes to ہیں. In English, the word **is** will change to **are**. Similarly, when you use یہ or وہ with a plural word, it is translated as "these" and "those".

یہ لڑکے ہیں۔	وہ لڑکے ہیں۔
These are boys.	*Those are boys.*

If there are two words joined together with اور then you will also use the joining word ہیں.

احمد اور محمد محنتی ہیں، لیکن خالد اور زبیر سست ہیں۔

Exercise 6

Translate the following sentences into English.

۱) یہ تاجر امیر ہے۔
۲) نرس محنتی ہے۔
۳) وہ تاجر غریب ہیں۔
۴) وہ آدمی ماہر ہیں۔
۵) وہ آدمی ماہر ہے۔
۶) بہنیں نیک ہیں۔
۷) نرسیں محنتی ہیں۔
۸) صوفے صاف ہیں۔
۹) وہ سپاہی بہادر ہیں۔
۱۰) یہ سپاہی بزدل ہے۔
۱۱) بچیاں کنجوس ہیں۔
۱۲) یہ بچے امانتدار ہیں۔
۱۳) حجام بدصورت ہیں۔
۱۴) وہ تالا سستا نہیں ہے۔
۱۵) یہ دوست سست ہیں۔
۱۶) قاضی تندرست ہے۔
۱۷) وہ دوست جھوٹا ہے۔
۱۸) یہ بچے امانتدار نہیں ہیں۔
۱۹) یہ کرسیاں اچھی ہیں۔
۲۰) وہ دروازے صاف ہیں۔
۲۱) درزی اور باورچی سچے ہیں۔
۲۲) بھائی محنتی نہیں ہیں، سست ہیں۔
۲۳) بیویاں سست ہیں، لیکن نیک ہیں۔
۲۴) وہ لڑکا امیر ہے لیکن کنجوس ہے۔
۲۵) وہ لڑکے غریب ہیں، لیکن سخی ہیں۔
۲۶) مزدور چست نہیں ہیں، سست ہیں۔
۲۷) یہ لڑکیاں طاقتور ہیں، لیکن سست ہیں۔
۲۸) یہ عورتیں کمزور نہیں ہیں، لیکن بیمار ہیں۔
۲۹) یہ الماریاں صاف ہیں اور وہ میزیں صاف نہیں۔
۳۰) یہ احمد ہے، احمد تاجر ہے، احمد سخی ہے، کنجوس نہیں۔

Exercise 7

Translate the following sentences into Urdu.

1) The sisters are pious.
2) The houses are clean.
3) The streets are not clean.
4) The men are healthy, not ill.
5) The judges are ill, not healthy.
6) The women are weak, not strong.
7) The boys are brave, not cowards.
8) The brothers are active, not lazy.
9) The wives are generous, not stingy.
10) The business men are hardworking, not lazy.

Lesson 5
Adjectives

You can add an adjective before a noun to describe it.

نیک آدمی

pious man

Exercise 1
Translate the following sentences into English.

۱) امیر بیوی
۲) اچھا بستر
۳) سچا بچہ
۴) برا لڑکا
۵) بڑا پنکھا
۶) چھوٹا تالا
۷) پرانا دروازہ
۸) نیا صوفہ
۹) مہنگا تکیہ
۱۰) میلا گھر
۱۱) سخی وکیل
۱۲) بہادر بچہ
۱۳) بیمار آدمی
۱۴) محنتی یونس
۱۵) جھوٹا آدمی
۱۶) سستا قالین
۱۷) صاف دیوار
۱۸) چست بچی
۱۹) سست یوسف
۲۰) طاقتور نرس
۲۱) غریب معمار
۲۲) کمزور موچی
۲۳) کنجوس مالی
۲۴) ماہر درزی
۲۵) بدصورت لڑکا
۲۶) بزدل لڑکیاں
۲۷) تندرست عورتیں
۲۸) سست دندان ساز
۲۹) خوبصورت بہن
۳۰) امانت دار قصائی

Exercise 2
Translate the following sentences into Urdu.

1) good carpet
2) bad man
3) big room
4) small sofa
5) old lock
6) new door
7) dishonest lawyer
8) honest butcher
9) cheap pillow
10) lazy washerman
11) expensive garden
12) clean bed
13) hardworking farmer
14) poor woman
15) dirty fan

Note:

If an adjective ends in an ا, it will change to match the noun after it. For example, if the noun after it is masculine and plural it will change to a ے.

اچھا صوفہ—اچھے صوفے

If the adjective does not end in ا then it will remain the same.

صاف کمرہ—صاف کمرے

Exercise 3
Translate the following sentences into English. Notice how the adjective changes.

۱) اچھا تکیہ
۲) اچھے تکیے
۳) صاف تکیہ
۴) صاف تکیے
۵) برا لڑکا
۶) برے لڑکے
۷) سخی لڑکا
۸) سخی لڑکے
۹) بڑے حصے
۱۰) بڑا حصہ
۱۱) چھوٹے پنکھے
۱۲) چھوٹا پنکھا
۱۳) پرانا دروازہ
۱۴) پرانے دروازے
۱۵) نیا صوفہ
۱۶) نئے صوفے
۱۷) جھوٹے لڑکے
۱۸) جھوٹا لڑکا
۱۹) سچا درزی
۲۰) سستا تکیہ

۲۱) مہنگے تالے ۲۲)صاف قالین ۲۳) میلا کمرہ ۲۴) میلے کمرے

Exercise 4

Translate the following sentences into Urdu.

1) dirty houses	5) cheap fans	9) old rooms	13) expert judges
2) big parts	6) big gardens	10) small doors	14) big sofas
3) clean pillows	7) generous boys	11) lazy tailors	15) dishonest boys
4) expensive locks	8) new carpets	12) new locks	16) true friends

Note:

If the word after an adjective is feminine the ا will change to ی.

بڑی سیڑھی

If the word after the adjective is feminine plural it will still have ی.

بڑی سیڑھیاں

Exercise 5

Translate the following sentences into English. Notice how the adjective changes.

۱) اچھی بچی ۶) بڑی چابیاں ۱۱) نئی کرسی ۱۶) سستی پگڑیاں

۲) اچھی بچیاں ۷) چھوٹی بہن ۱۲) چھوٹی لڑکیاں ۱۷) مہنگی تھیلی

۳) بری میز ۸) چھوٹی بہنیں ۱۳) نئی کرسیاں ۱۸) صاف کاپیاں

۴) بری میزیں ۹) پرانی دیواریں ۱۴) سچی بچی ۱۹) میلی گاڑی

۵) بڑی چابی ۱۰) پرانی دیوار ۱۵) سستی پگڑی ۲۰) میلی گاڑیاں

Exercise 6

Translate the following sentences into Urdu.

1) Small bag	5) Big hats	9) Cheap cars	13) Lazy sisters
2) Honest woman	6) Bad lady	10) Old watches	14) New key
3) Dirty desk	7) New exercise book	11) Good chair	15) Old walls
4) Dishonest girls	8) Expensive turban	12) Clean shelf	16) Big stairs

Notes:

1. The table below explains all the changes in an adjective.

Feminine		Masculine			Adjective
Plural	Singular	Plural	Singular		
اچھی لڑکیاں	اچھی لڑکی	اچھے لڑکے	اچھا لڑکا	⇐	اچھا

2. There are a few words which don't follow the ہ/ا=masculine and ی=feminine rules. i.e. there are exceptions from the rule. These are:

Translation		Urdu
medicine	f	دوا
wind	f	ہوا

Translation		Urdu
water	m	پانی
place	f	جگہ

Exercise 7

Translate the following sentences into English.

۱) اچھا تکیہ
۲) اچھی پگڑی
۳) اچھے تکیے
۴) اچھی پگڑیاں
۵) برا آدمی
۶) بری عورت
۷) برے لڑکے
۸) بری لڑکیاں
۹) بڑے حصے
۱۰) بڑا حصہ
۱۱) بڑی گھڑی
۱۲) بڑی گھڑیاں
۱۳) چھوٹا صوفہ
۱۴) چھوٹے صوفے
۱۵) چھوٹی تھیلیاں
۱۶) چھوٹی تھیلی
۱۷) نیا پنکھا
۱۸) نئے پنکھے
۱۹) نئی چابیاں
۲۰) نئی چابی
۲۱) سچا بچہ
۲۲) سچے بچے
۲۳) سچی بچی
۲۴) سچی بچیاں
۲۵) جھوٹی بہنیں
۲۶) جھوٹی بہن
۲۷) جھوٹا مالی
۲۸) سچی نرس
۲۹) مہنگا بستر
۳۰) مہنگے صوفے
۳۱) مہنگی دیوار
۳۲) میلا کمرہ
۳۳) میلے کمرے
۳۴) میلی کرسیاں
۳۵) میلی کرسی

Exercise 8

Translation		Urdu	Translation		Urdu	Translation		Urdu
less	adj	کم	fat	adj	موٹا	half	adj	آدھا
cold	adj	ٹھنڈا	honey	m	شہد	whole	adj	پورا
hot	adj	گرم	bitter	adj	کڑوا	wide	adj	چوڑا
soft	adj	نرم	sweet	adj	میٹھا	skinny	adj	دبلا

Translate the following sentences into English.

۱) آدھا گھر
۲) پورا حصہ
۳) پورے حصے
۴) پرانی پگڑی
۵) چوڑی پگڑیاں
۶) دبلی بیوی
۷) دبلی لڑکیاں
۸) بڑی تھیلی
۹) بڑی تپائیاں
۱۰) پرانی کاپی
۱۱) چھوٹی گاڑی
۱۲) سستی گھڑیاں
۱۳) گرم کمرہ
۱۴) گرم کمرے
۱۵) مہنگا گھر
۱۶) مہنگے گھر
۱۷) میلی سڑک
۱۸) میلی سڑکیں
۱۹) بڑا پنکھا
۲۰) نرم جگہ
۲۱) گرم شہد
۲۲) ٹھنڈی ہوائیں
۲۳) نیا قالین
۲۴) چوڑا باغ
۲۵) چوڑے باغ
۲۶) دبلی عورتیں
۲۷) موٹا آدمی
۲۸) اچھی جگہ
۲۹) چھوٹا بچہ
۳۰) اچھا لڑکا
۳۱) کڑوی دوا
۳۲) سچی لڑکی
۳۳) اچھا تالا
۳۴) نرم بستر
۳۵) میٹھا شہد
۳۶) گرم پانی
۳۷) آدھا حصہ
۳۸) کڑوی دوائیں
۳۹) آدھی الماری
۴۰) چھوٹے دروازے

Exercise 9

Translate the following sentences into Urdu.

1) soft turban
2) soft pillows
3) hot rooms
4) hot wind
5) cold winds
6) cold room
7) cold rooms
8) less honey
9) sweet honey
10) sweet water
11) bitter water
12) bitter medicine
13) bitter medicines
14) skinny lady
15) fat ladies
16) skinny wives
17) half key
18) whole part
19) wide place
20) pious man
21) weak girl
22) lazy boys
23) active brothers
24) beautiful sister

Note:

You can use adjectives in sentences as the predicate.

شہد میٹھا ہے۔

The honey is sweet.

Remember, if the adjective ends in *ا*, it must change to match the subject.

جگہ چوڑی ہے۔   لڑکے اچھے ہیں۔   یہ پگڑی میلی ہے۔

Exercise 10

Translate the following sentences into English.

۱) پانی ٹھنڈا ہے۔
۲) شہد میٹھا ہے۔
۳) لڑکی موٹی ہے۔
۴) دوائیں کڑوی ہیں۔
۵) یہ گھر سستے ہیں۔
۶) یہ لڑکے دبلے ہیں۔
۷) سڑک چوڑی ہے۔
۸) یہ حصہ پورا نہیں ہے۔
۹) یہ جگہ میلی ہے۔
۱۰) یہ میزیں نئی ہیں۔
۱۱) یہ باغ چوڑا نہیں ہے۔
۱۲) وہ بستر نرم نہیں ہے۔
۱۳) یہ دیوار اچھی ہے۔
۱۴) یہ کرسی بڑی ہے۔
۱۵) وہ دوست سچا ہے۔
۱۶) وہ صوفے پرانے ہیں۔

Exercise 11

Translate the following sentences into Urdu.

1) The keys are big.
2) This wall is not new.
3) The honey is sweet.
4) Is the water less?
5) The bed is not soft.
6) The pillows are soft.
7) The turbans are dirty.
8) These streets are wide.
9) Is the wife honest?
10) This carpet is not clean.
11) These hats are not clean.
12) The medicines are bitter.
13) This part is half and that part is whole.
14) These boys are lazy and those girls are active.
15) This place is cold and that place is hot.

Note:

An adjective can join to a word to become the predicate.

احمد ماہر باورچی ہے۔

Ahmad is an expert cook.

فاطمہ سچی لڑکی ہے۔

Fatima is an honest girl.

یہ اچھی جگہ نہیں۔

This is not a good place.

Exercise 12

Translate the following sentences into English.

۱) یہ کم پانی ہے۔
۲) یہ گرم ہوا ہے۔
۳) محمد سخی آدمی ہے۔
۴) وہ نئی کاپیاں ہیں۔
۵) وہ بڑے گھر ہیں۔
۶) وہ مہنگی میزیں ہیں۔
۷) وہ پورا حصہ نہیں ہے۔
۸) وہ پرانی جگہیں ہیں۔
۹) اسلم امیر قاضی ہے۔
۱۰) زاہد بہادر سپاہی ہے۔
۱۱) یہ موٹے لڑکے ہیں۔
۱۲) وہ کڑوی دوا ہے۔
۱۳) وہ میلی پگڑیاں ہیں۔
۱۴) یونس جھوٹا تاجر ہے۔
۱۵) وہ چوڑی ٹپائیاں ہیں۔
۱۶) یہ صاف قالین ہے۔
۱۷) یہ نرم تکیہ نہیں ہے۔
۱۸) سفیان کمزور معمار ہے۔
۱۹) عادل محنتی درزی ہے۔
۲۰) طلحہ تندرست بچہ ہے۔
۲۱) وہ سستے دروازے ہیں۔
۲۲) یہ دھوبی اچھا آدمی ہے۔
۲۳) یہ ٹھنڈا اور میٹھا پانی ہے۔
۲۴) کیا یہ چھوٹی تھیلیاں ہیں؟

۲۵) یہ میٹھا اور صاف شہد ہے۔

۲۶) یہ قصائی غریب نہیں ہے۔

۲۷) زبیر دبلا اور کمزور بھائی ہے۔

۲۸) عمر ماہر دندان ساز نہیں ہے۔

۲۹) زینب کنجوس بیوی نہیں ہے۔

۳۰) یہ بڑی اور چوڑی سڑکیں ہیں۔

۳۱) یہ صاف اور نرم بستر نہیں ہے۔

۳۲) عائشہ نیک اور محنتی عورت ہے۔

۳۳) زید سچا اور امانت دار بڑھئی ہے۔

Note:

You can add the word یہ or وہ along with an adjective to from one phrase.

یہ آدمی	یہ شہد	وہ پانی
this man	this honey	that water
یہ اچھا آدمی	یہ میٹھا شہد	وہ گرم پانی
this good man	*this sweet honey*	*that hot water*

Exercise 13

Translate the following sentences into English.

۱) وہ نرم تکیہ

۲) یہ سست ڈاکیا

۳) وہ ٹھنڈی ہوائیں

۴) یہ کمزور نرس

۵) وہ خوبصورت پگڑی

۶) وہ موٹا آدمی

۷) یہ کڑوی دوا

۸) وہ صاف جگہ

۹) یہ سستی تھیلیاں

۱۰) وہ دبلا قصائی

۱۱) یہ چوڑی سڑکیں

۱۲) وہ پورا حصہ

۱۳) وہ پرانا پنکھا

۱۴) یہ آدھا حصہ

۱۵) یہ مہنگے تالے

۱۶) یہ میلی دیواریں

۱۷) یہ نئے گھر

۱۸) وہ ماہر بڑھئی

۱۹) یہ بہادر سپاہی

۲۰) وہ نیک عورت

Note:

You can make these phrases into complete sentences by adding a ہے or ہیں at the end.

وہ کمزور آدمی بیمار ہے۔	یہ سست عورت نرس ہے۔	وہ امانتدار آدمی تاجر ہے۔
That weak man is sick.	*This lazy woman is a nurse.*	*That honest man is a businessman.*

Exercise 14

Translate the following sentences into English.

۱) یہ نیا تکیہ مہنگا ہے۔

۲) وہ دبلا بھائی بیمار ہے۔

۳) یہ سچے بچے محنتی ہیں۔

۴) یہ پرانی کاپی اچھی ہے۔

۵) یہ برا آدمی سست نہیں۔

۶) یہ چست بیوی محنتی ہے۔

۷) کیا یہ موٹی بچی کمزور ہے؟

۸) وہ چھوٹی ٹپائی چوڑی ہے۔

۹) وہ آدھا حصہ بڑا نہیں ہے۔

۱۰) یہ سستی تھیلیاں پرانی ہیں۔

۱۱) یہ نئی گاڑی اچھی نہیں ہے۔

۱۲) یہ صاف ٹوپی بڑی نہیں ہے۔

۱۳) وہ پرانی گھڑیاں اچھی نہیں ہیں۔

۱۴) یہ بڑی سڑکیں صاف نہیں ہیں۔

۱۵) یہ میلی پگڑی چھوٹی اور پرانی ہے۔

Note:

There are some words you can add before adjectives to slightly change the meaning.

1. The word ذرا means a little.

یہ کمرہ ذرا چھوٹا ہے۔

This room is a little small.

2. The word بہت literally means a lot. When it is used before another adjective it is translated as very.

یہ آدمی بہت محنتی ہے۔

This man is very hardworking.

3. The word بالکل means completely or very etc.

یہ لڑکا بالکل سست ہے۔

This boy is completely lazy.

In a negative sentence, بالکل means at all.

یہ پانی بالکل ٹھنڈا نہیں۔

This water is not cold at all.

4. The word کافی means quite.

یہ کمرہ کافی چھوٹا ہے۔

This room is quite small.

Exercise 15

Translation		Urdu	Translation		Urdu	Translation		Urdu
cake	m	کیک	broken	adj	خراب	tea	f	چائے

Translate the following sentences into English.

۱) یہ حصے بہت کم ہیں۔

۲) شہد بہت میٹھا ہے۔

۳) پانی کافی ٹھنڈا ہے۔

۴) وہ چابی ذرا مہنگی ہے۔

۵) چائے بہت گرم ہے۔

۶) یہ کیک بہت اچھے ہیں۔

۷) وہ بہن ذرا سست ہے۔

۸) یہ دروازہ ذرا چوڑا ہے۔

۹) یہ قالین بالکل میلا ہے۔

۱۰) لڑکے بالکل بزدل ہیں۔

۱۱) وہ میز بہت صاف ہے۔

۱۲) یہ صوفہ بہت نرم ہے۔

۱۳) یہ پنکھا بالکل خراب ہے۔

۱۴) یہ الماری ذرا چھوٹی ہے۔

۱۵) یہ دیواریں کافی پرانی ہیں۔

۱۶) یہ دوست بہت اچھا ہے۔

۱۷) یہ عورتیں کافی محنتی ہیں۔

۱۸) لڑکیاں بالکل کنجوس ہیں۔

۱۹) یہ سیڑھیاں کافی بڑی ہیں۔

۲۰) یہ کمرے بالکل چھوٹے ہیں۔

۲۱) یہ کرسی بہت نرم نہیں ہے۔

Notes:

1. If you want to ask "how" about something, you use the word کیسا.

یہ آدمی کیسا ہے؟

How is this man?

2. The word کیسا changes to کیسی and کیسے just like adjectives.

یہ لڑکے کیسے ہیں؟   یہ لڑکی کیسی ہے؟   یہ لڑکیاں کیسی ہیں؟

Exercise 16
Translate the following sentences into English.

۱) یہ بستر کیسا ہے؟ یہ بستر بہت نرم ہے۔

۲) وہ ہوا کیسی ہے؟ وہ ہوا بہت ٹھنڈی ہے۔

۳) یہ تالے کیسے ہیں؟ یہ تالے چھوٹے ہیں۔

۴) یہ گاڑیاں کیسی ہیں؟ یہ گاڑیاں بہت چھوٹی ہیں۔

۵) یہ پانی کیسا ہے؟ یہ پانی بہت گرم اور صاف ہے۔

۶) یہ پگڑیاں کیسی ہیں؟ یہ پگڑیاں بالکل سستی ہیں۔

۷) وہ صوفے کیسے ہیں؟ یہ صوفے اچھے اور صاف ہیں۔

۸) یہ آدمی کیسا ہے؟ یہ آدمی سچا ہے، لیکن کافی سست ہے۔

۹) یہ دوا کیسی ہے؟ یہ دوا اچھی ہے، لیکن بہت کڑوی ہے۔

۱۰) وہ عورتیں کیسی ہیں؟ وہ عورتیں محنتی ہیں، لیکن بیمار ہیں۔

۱۱) یہ باورچی کیسا ہے؟ یہ باورچی نیک ہے، لیکن ذرا سست ہے۔

۱۲) وہ جگہ کیسی ہے؟ وہ جگہ بہت بڑی ہے، لیکن کافی مہنگی ہے۔

۱۳) یہ لڑکا کیسا ہے؟ یہ لڑکا امیر ہے، لیکن سخی نہیں، کنجوس ہے۔

۱۴) یہ قصائی کیسا ہے؟ یہ قصائی سچا اور امانتدار ہے، اور محنتی بھی۔

Lesson 6
Possession

To show possession, ownership, you use the word کا.

فاطمہ کا گھر	احمد کا بھائی	عورت کا بچہ
Fatima's house	*Ahmad's brother*	*The lady's child*

The possessive phrase can be translated in two ways: with an apostrophe s or with the word of.

Ahmad's brother *the brother of Ahmad*

Remember, when using of, the order must be switched around.

Exercise 1

Translate the following sentences into English.

۱) احمد کا ڈاکٹر
۲) محمد کا وکیل
۳) زبیر کا درزی
۴) آدمی کا بھائی
۵) بھائی کا لڑکا
۶) گھر کا قالین
۷) تاجر کا کمرہ
۸) مالی کا باغ
۹) سڑک کا ڈاکیا
۱۰) لڑکی کا حصہ
۱۱) گھر کا باغ
۱۲) وکیل کا بچہ
۱۳) کیک کا حصہ
۱۴) لڑکی کا صوفہ
۱۵) گھر کا دروازہ
۱۶) آدمی کا بچہ
۱۷) بستر کا تکیہ
۱۸) سپاہی کا بستر
۱۹) درزی کا گھر
۲۰) تاجر کا بھائی
۲۱) عورت کا پنکھا
۲۲) قاضی کا کمرہ
۲۳) وکیل کا دوست
۲۴) دوست کا بھائی
۲۵) قاضی کا بچہ

Exercise 2

Translate the following sentences into Urdu.

1) Ahmad's cake
2) Zainab's honey
3) The man's water
4) The judge's house
5) The gardener's share
6) The brother's pillow
7) The house's lock
8) The house's door
9) The gardener's bed
10) The lady's sofa
11) The friend's worker
12) The man's carpet

Exercise 3

Translation		Urdu	Translation		Urdu	Translation		Urdu
goods, things	m	سامان	money	m	پیسہ	saw	m	آڑا
paper	m	کاغذ	stove	m	چولھا	gun	m	بندوق
clothes	m	کپڑا	bucket	m	ڈول	ox	m	بیل

Translate the following sentences into English.

۱) بڑھئی کا آڑا
۲) سپاہی کا بندوق
۳) کسان کا بیل
۴) فاطمہ کا پیسہ
۵) زینب کا چولھا
۶) مالی کا ڈول
۷) تاجر کا سامان
۸) قاضی کا کاغذ
۹) بڑھئی کا کپڑا
۱۰) خزانچی کا پیسہ
۱۱) آدمی کا بندوق
۱۲) بھائی کا آڑا
۱۳) قاضی کا کپڑا
۱۴) تاجر کا پیسہ
۱۵) باورچی کا چولھا

Note:

You use کے if the word after it is plural.

احمد کا بچہ *Ahmad's child*	گھر کا کمرہ *The house's room*	بہن کا کپڑا *the sister's clothes*
احمد کے بچے *Ahmad's children*	گھر کے کمرے *The house's rooms*	بہن کے کپڑے *the sister's clothes*

Exercise 4

Translation		Urdu	Translation		Urdu	Translation		Urdu
London	-	لندن	shop	f	دکان	school	m	اسکول
madrasah	m	مدرسہ	city	m	شہر	leaf	m	پتہ
mosque	f	مسجد	village	m	گاؤں	tree	m	درخت

Translate the following sentences into English.

۱) اسکول کا تالہ
۲) اسکول کے تالے
۳) درخت کا پتہ
۴) درخت کے پتے
۵) دکان کے مزدور
۶) آدمی کے تکیے
۷) آدمی کا تکیہ
۸) سڑک کا ڈاکیا
۹) شہر کے ڈاکیے
۱۰) گاؤں کے مدرسے
۱۱) گاؤں کا مدرسہ
۱۲) آدمی کا بچہ
۱۳) آدمی کے بچے
۱۴) عورت کے کپڑے
۱۵) عورت کا کپڑا
۱۶) احمد کا حصہ
۱۷) احمد کے حصے
۱۸) عورت کے لڑکے
۱۹) آدمی کا لڑکا
۲۰) لندن کے تاجر
۲۱) گھر کے دروازے
۲۲) شہر کے درزی
۲۳) گھر کے کمرے
۲۴) دکان کے صوفے
۲۵) خزانچی کے پیسے
۲۶) مسجد کے پنکھے
۲۷) مسجد کا پنکھا
۲۸) مسجد کے دروازے

Exercise 5

Translate the following sentences into Urdu.

1) The schools of the village
2) The madrasahs of the city
3) The trees of the garden
4) The leaves of the trees
5) The doors of the mosque
6) The locks of the school
7) The pillows of the bed
8) The shares of the lady
9) The fans of the house
10) The rooms of the house
11) The man's sofa
12) The carpet of the school

Note:

You use کی if the word after it is feminine. It doesn't matter if the word is singular or plural.

اسکول کی کلاس *The class of the school*	زینب کی بہن *Zainab's sister*	شہر کی مسجدیں *The city's mosques*

Exercise 6

Translation		Urdu	Translation		Urdu	Translation		Urdu
class	f	کلاس	needle	f	سوئی	wage	f	اُجرت
uniform	f	وردی	book	f	کتاب	knife	f	چھری

۱) مکہ کی ہوا
۲) گاڑی کی جگہ
۳) بھائی کی بہن
۴) گھر کی چابی
۵) سپاہی کی وردی
۶) چائے کی جگہ
۷) درزی کی سوئی
۸) کلاس کی ٹپائیاں
۹) لڑکی کی تھیلی
۱۰) احمد کی کاپیاں
۱۱) مزدور کی اجرت
۱۲) شہر کی سڑکیں
۱۳) آدمی کی بیوی
۱۴) کتاب کی الماری
۱۵) دکان کی گھڑیاں
۱۶) کلاس کی کرسیاں
۱۷) عورت کی لڑکی
۱۸) مسجد کی سیڑھی
۱۹) مسجد کی کھڑکیاں
۲۰) قصائی کی چھریاں

Exercise 7

Translate the following sentences into Urdu.

1) The mosques of the city
2) The uniforms of the worker
3) The classes of the school
4) The books of the judge
5) The needles of the tailor
6) The wages of the workers
7) The shops of the village
8) The streets of the city
9) The man's hats
10) The desks of the class
11) The keys of the shop
12) The shelves of the class

Exercise 8

Translate the following sentences into English.

۱) کسان کا بیل
۲) قصائی کی چھری
۳) سپاہی کا بندوق
۴) خزانچی کے پیسے
۵) لندن کا شہر
۶) نرس کی اجرت
۷) گاؤں کا اسکول
۸) درزی کی سوئیاں
۹) درخت کے پتے
۱۰) بڑھئی کا آڑا
۱۱) ڈاکٹر کی کتابیں
۱۲) باغ کا درخت
۱۳) اسکول کی کلاس
۱۴) عورت کا کاغذ
۱۵) لڑکی کی وردی
۱۶) مزدور کا ڈول
۱۷) آدمی کی مسجد
۱۸) باورچی کا چولھا
۱۹) تاجر کی دکانیں
۲۰) مالی کا درخت
۲۱) گاؤں کی سڑکیں
۲۲) دکان کا سامان
۲۳) بچی کے کپڑے
۲۴) احمد کا مدرسہ

Exercise 9

Translate the following sentences into Urdu.

1) The butcher's brother
2) The businessman's shops
3) The farmer's gardens
4) The builder's wage
5) The man's friend
6) The lady's baby girl
7) The brother's sisters
8) The place of the chair
9) The clock of the wall
10) The soldier's guns
11) The cook's stoves
12) The tailor's clothes

Note:

You can use phrases with کا, کے or کی in sentences.

گھر بہت بڑا ہے	بھائی کافی سست ہے۔	بچہ بیمار ہے
فاطمہ کا گھر بہت بڑا ہے	احمد کا بھائی کافی سست ہے	عورت کا بچہ بیمار ہے۔
Fatima's house is very big.	*Ahmad's brother is quite lazy.*	*The lady's child is sick.*

Exercise 10

Translation		Urdu	Translation		Urdu	Translation		Urdu
full	adj	بھرا	sharp, fast	adj	تیز	a lot	adj	زیادہ
good quality	adj	بڑھیا	empty	adj	خالی	less	adj	تھوڑا

Translate the following sentences into English.

۱) بستر کے تکیے نرم ہیں۔
۲) گھر کا دروازہ چھوٹا ہے۔
۳) مسجد کا دروازہ بڑا نہیں۔
۴) کسان کا ڈول بھرا ہے۔
۵) کتاب کا کاغذ سستا ہے۔
۶) گاڑی کی جگہ چوڑی ہے۔
۷) درزی کی سوئی پرانی ہے۔
۸) ڈاکٹر کی دوائیں کڑوی ہیں۔
۹) لڑکی کی تھیلیاں بڑی ہیں۔
۱۰) تاجر کا سامان زیادہ ہے۔
۱۱) آدمی کا بھائی ذرا سست ہے۔
۱۲) گھر کا قالین بالکل نیا ہے۔
۱۳) قاضی کا کمرہ کافی بڑا ہے۔
۱۴) عورت کا بچہ سست نہیں۔
۱۵) مزدور کی اجرت زیادہ نہیں۔
۱۶) دکان کے صوفے مہنگے ہیں۔
۱۷) درزی کے کپڑے بڑھیا ہیں۔
۱۸) دکان کے مزدور امانتدار ہیں۔
۱۹) باورچی کا چولھا بہت سستا ہے۔
۲۰) درخت کے پتے بہت زیادہ ہیں۔
۲۱) گاؤں کے گھر بہت تھوڑے ہیں۔
۲۲) کیا اسکول کی کلاسیں بہت صاف ہیں؟
۲۳) احمد کا ڈول خالی ہے لیکن فاطمہ کا ڈول بھرا ہے۔
۲۴) قصائی کی چھریاں پرانی ہیں، لیکن بہت تیز ہیں۔
۲۵) احمد کی وردی بہت خوبصورت ہے، لیکن میلی ہے۔
۲۶) باورچی کا چولھا نیا اور مہنگا ہے، پرانا اور سستا نہیں۔
۲۷) عامر کی پگڑی کافی مہنگی ہے، لیکن خوبصورت ہے۔

Exercise 11

Translate the following sentences into Urdu.

1) The village's shop is empty.
2) The man's car is fast.
3) Yusuf's watch is good.
4) Ahmad's wife is a nurse.
5) Is Zubair's sister a judge?
6) The farmer's ox is skinny.
7) The city's shop is expensive.
8) The village's shop is cheap.
9) The boy's bed is soft.
10) The man's tea is hot.
11) The friend's water is cold.
12) Zaid's turban is dirty.

Note:

You can add an adjective to a possessive phrase.

قصائی کی چھری	درخت کے پتے	احمد کا گھر
قصائی کی تیز چھری	درخت کے بڑے پتے	احمد کا بڑا گھر
the butcher's sharp knife	the big leaves of the tree	Ahmad's big house

Exercise 12

Translate the following sentences into English.

۱) احمد کی نئی وردی
۲) گھر کی پرانی گھڑی
۳) معمار کا تیز آڑا
۴) بچی کا نرم بستر
۵) شہد کا تھوڑا حصہ
۶) آدمی کی خالی جگہ
۷) آدمی کا بڑھیا شہد
۸) بلال کی نئی ٹوپیاں
۹) وکیل کی بیمار بہنیں
۱۰) فرحان کی گرم چائے
۱۱) کسان کی تیز چھریاں
۱۲) عبداللہ کی میلی پگڑی
۱۳) زبیر کے پورے حصے
۱۴) بہن کی چوڑی کرسی
۱۵) سپاہی کے دبلے بچے
۱۶) بہن کی سستی گھڑی
۱۷) عورت کی خراب گاڑی
۱۸) کلاس کا صاف دروازہ
۱۹) ڈاکٹر کی کڑوی دوائیں
۲۰) کسان کے موٹے بیل

Exercise 13

Translate the following sentences into Urdu.

1) Fatima's expensive needle
2) Ahmad's cheap book
3) The school's new classes
4) The nurse's dirty uniform
5) The butcher's sharp knives
6) The man's fast car
7) The school's empty shelves
8) The big tree of the garden
9) The new mosque of the city
10) The old school of the village
11) The carpenter's sharp saw
12) The gardener's new bucket

Note:

If you want to use a pointing word before a word with کا, کے or کی after it, the یہ changes to اِس and وہ changes to اُس.

یہ مسجد	وہ عورت	یہ آدمی
this mosque	this woman	this man
مسجد کے دروازے	عورت کا گھر	آدمی کا دوست
the mosque's doors	the woman's house	the man's friend
اِس مسجد کے دروازے	اُس عورت کا گھر	یہ آدمی کا دوست ×
this mosque's doors	that woman's house	اِس آدمی کا دوست ✓
		this man's friend

Exercise 14

Translate the following sentences into English.

۱۹) اُس مزدور کی اجرت	۱۳) اُس سپاہی کی وردی	۷) وہ بستر	۱) وہ دوا
۲۰) اُس سپاہی کا نیا بندوق	۱۴) اِس شہر کی مسجدیں	۸) اُس بستر کے تکیے	۲) اُس دوا کی جگہ
۲۱) اُس اسکول کی کلاسیں	۱۵) اِس درخت کے پتے	۹) اِس دھوبی کا بڑا ڈول	۳) یہ عورت
۲۲) اِس کسان کے موٹے بیل	۱۶) اُس گاؤں کا مدرسہ	۱۰) اُس کتاب کے کاغذ	۴) اِس عورت کا گھر
۲۳) اُس گاؤں کی صاف سڑکیں	۱۷) اِس بڑھئی کا تیز آرا	۱۱) اُس عورت کی سوئی	۵) یہ تاجر
۲۴) اِس گھر کے بڑے دروازے	۱۸) اُس دکان کے کپڑے	۱۲) اِس آدمی کی کتابیں	۶) اِس تاجر کا سامان

Exercise 15

Translate the following sentences into Urdu.

1) This lady's tea
2) That man's cake
3) This village's streets
4) This lady's lazy friend
5) That bed's soft pillows
6) This city's strong winds
7) That worker's less wage
8) That barber's small bags
9) This postman's big house
10) This cobbler's dirty clothes
11) That man's dishonest friends
12) That doctor's bitter medicine

Note:

If the word before کا, کے or کی ends in ا or ہ it will change to a ے to make pronunciation easier.

مدرسہ - مدرسے کی کلاسیں   پیسہ — پیسے کی جگہ   کپڑا - کپڑے کی الماری

Remember, this will not be plural. The ا and ہ only change here due to pronunciation purposes. There is a separate rule for making these words plural.

There are two types of ے: one for **plural** and one for **pronunciation**.

Pronunciation ے	*Plural* ے
لڑکے کا کمرہ	لڑکے بیمار ہیں

Masculine words which do not end in ا will not change because of the کا, کے or کی.

قصائی کی دکان

Similarly, feminine words do not change (even if they end in ا)

کتاب کی جگہ   دوا کی الماری

Exercise 16

Translation		Urdu	Translation		Urdu	Translation		Urdu
fire	f	آگ	bicycle	f	سائیکل	price	f	قیمت
colour	m	رنگ	handle	m	دستہ	mother	f	ماں

Translate the following sentences into English. Make sure you translate correctly and differentiate between the plural ے and the pronunciation ے.

١) صوفہ
٢) صوفے
٣) صوفے کا تکیہ
٤) پنکھا
٥) پنکھے
٦) پنکھے کی قیمت
٧) تالہ
٨) تالے
٩) تالے کی چابی
١٠) بچہ
١١) بچے
١٢) بچے کی ماں
١٣) تکیے کی جگہ
١٤) پنکھے کی ہوا
١٥) بچے کی بہن
١٦) مدرسے کا باغ
١٧) آڑے کا دستہ
١٨) پتے کا رنگ
١٩) لڑکے کا تالا
٢٠) مسجد کا دروازہ
٢١) دستے کا رنگ
٢٢) صوفے کی جگہ
٢٣) چولھے کی جگہ
٢٤) کپڑے کا رنگ
٢٥) لڑکے کی کتابیں
٢٦) کمرے کا دروازہ
٢٧) ڈاکیے کی سائیکل
٢٨) چولھے کی آگ
٢٩) کپڑے کی قیمت
٣٠) دروازے کی چابی
٣١) مدرسے کی کلاسیں
٣٢) کمرے کی کھڑکیاں

Exercise 17

Translate the following sentences into Urdu.

1) Bag of money
2) The boy's bags
3) The lock's key
4) The door's lock
5) The place of the sofa
6) The key of the room
7) The shelf of the saw
8) The baby boys' sister
9) The price of the stove
10) The bag of clothes
11) The price of the fan
12) The door of the madrasah

Note:

If the word before کا, کے or کی is plural it will end in وں. This is for **all words**; whether masculine or feminine, whether they end in ا, ہ, ی or not.

کتاب کی الماری	لڑکی کی جگہ	گھر کی قیمت	لڑکے کی تھیلی
The shelf of the book	The girl's place	Price of the house	The boy's bag
کتابوں کی الماری	لڑکیوں کی جگہ	گھروں کی قیمت	لڑکوں کی تھیلیاں
The shelf of the books	The girls' places	Price of the houses	The boys' bags

In masculine words that end in ا, the ا will drop before adding the وں.

$$\text{لڑکا۔لڑک +وں} \Leftarrow \text{لڑکوں}$$

Exercise 18
Translate the following sentences into English.

۲۵) تھیلیوں کی جگہ	۱۷) مدرسے کی کلاسیں	۹) کلاس کی ٹپائی	۱) مزدور کی اجرت
۲۶) گاڑیوں کی قیمت	۱۸) مدرسوں کی کلاسیں	۱۰) کلاسوں کی ٹپائیاں	۲) مزدوروں کی اجرت
۲۷) مسجدوں کی دیواریں	۱۹) کپڑوں کا رنگ	۱۱) سائیکل کی قیمت	۳) تکیے کی جگہ
۲۸) سڑکوں کی دکانیں	۲۰) کتابوں کے کاغذ	۱۲) سائیکلوں کی قیمت	۴) تکیوں کی جگہ
۲۹) کلاسوں کی الماریاں	۲۱) باورچیوں کے چولھے	۱۳) دکان کا سامان	۵) وردی کا رنگ
۳۰) مسجدوں کے دروازے	۲۲) پیسوں کی تھیلی	۱۴) دکانوں کے سامان	۶) وردیوں کا رنگ
۳۱) دوستوں کے کمرے	۲۳) بیویوں کے گھر	۱۵) درختوں کے پتے	۷) لڑکے کی کلاس
۳۲) سائیکلوں کی قیمت	۲۴) پگڑیوں کا رنگ	۱۶) درخت کے پتے	۸) لڑکوں کی کلاسیں

Note:

If the word before the apostrophe (') is singular, it will come before the s; and if the word before it is plural it will come after the s.

The boy's mother   the boys' mother

Exercise 19
Translate the following sentences into Urdu.

1) The girl's mother
2) The girls' mother
3) The door's handle
4) The handles of the doors
5) The man's bicycle
6) The men's bicycle
7) The wall's colour
8) The walls' colour
9) The lawyers' books
10) The knives of the mother
11) The leaves of the trees
12) The mosques of the cities

Note:

If the word after اِس or اُس is plural, it will change to اِن (these) or اُن (those).

اِن بچوں کی کتابیں	اِس بچے کی کتاب	یہ بچہ
the books of these boys	*this boy's book*	*this boy*

Exercise 20

Translation		Urdu	Translation		Urdu	Translation		Urdu
heat	f	گرمی	hard, severe	adj	سخت	goat	f	بکری
meat	m	گوشت	white	adj	سفید	closed	adj	بند
reasonable	adj	معقول	good	adj	عمدہ	milk	m	دودھ
guest	m	مہمان	cow	f	گائے	far	adj	دور

Translate the following sentences into English.

۱) یہ لوہار
۲) اِس لوہار کی دکان
۳) اِن لوہاروں کی دکانیں
۴) وہ درزی ہے۔
۵) اس درزی کا کپڑا ہے۔
۶) اُس درزی کا کپڑا بڑھیا ہے۔
۷) اُن درزیوں کے کپڑے اچھے ہیں۔
۸) یہ سائیکل بہت مہنگی ہے۔
۹) یہ سائیکلیں بہت سستی ہیں۔
۱۰) اُس سائیکل کی قیمت معقول ہے۔
۱۱) اِن سائیکلوں کی قیمتیں بہت کم ہیں۔
۱۲) یہ چھری ہے۔
۱۳) اِس چھری کا دستہ پرانا ہے۔
۱۴) اِن چھریوں کے دستے اچھے ہیں۔
۱۵) اُس گائے کا دودھ بہت اچھا ہے۔
۱۶) اُن گائیوں کا دودھ بہت سفید ہے۔
۱۷) یہ بہت اچھی بکری ہے۔
۱۸) اِس بکری کا گوشت بہت سخت ہے۔
۱۹) اِن بکریوں کا گوشت بہت نرم ہے۔
۲۰) اِس بکری کا گوشت بہت عمدہ ہے۔
۲۱) وہ آگ بہت گرم ہے۔
۲۲) اُس آگ کی گرمی بہت ہے۔
۲۳) یہ مسجد صاف ہے اور وہ مسجد دور ہے۔
۲۴) اِس مسجد کا دروازہ چھوٹا ہے اور اُس مسجد کی کھڑکی بڑی ہے۔
۲۵) اِن مسجدوں کے دروازے بند ہیں، اور اُن مسجدوں کے قالین بڑھیا ہیں۔

Exercise 21

Translate the following sentences into Urdu.

1) This guest
2) This guest's room
3) This guest's room is not clean
4) That room
5) That room's door
6) Those rooms' doors
7) This class
8) This class's chair
9) This class's chair is new.
10) These classes' chairs are old.
11) That street
12) That street's houses
13) Those streets' houses

Notes:

If you want to ask about who owns something, you use the word کس کا.

یہ کس کا گھر ہے؟
Whose house is this?

وہ کس کا درخت ہے؟
Whose tree is that?

The word کا will change to کے and کی according to the word after it.

وہ کس کے صوفے ہیں؟
Whose sofas are those?

یہ کس کی کتابیں ہیں؟
Whose books are these?

If the owners are more than one, the word کس changes to کن.

یہ کن کی کتابیں ہیں؟ یہ بچوں کی کتابیں ہیں۔

Whose books are these? These are the children's books.

Exercise 22

Translation		Urdu	Translation		Urdu	Translation		Urdu
box	m	صندوق	father	m	والد صاحب	teacher	m	استاد
pen	m	قلم	people	m	لوگ	grandfather (father's father)	m	دادا

Translate the following sentences into English.

۱) یہ کس کا قلم ہے؟ یہ احمد کا قلم ہے۔

۲) یہ کس کا بچہ ہے؟ یہ احمد کا بچہ ہے۔

۳) یہ کس کا حصہ ہے؟ یہ عامر کا حصہ ہے۔

۴) وہ کس کا دول ہے؟ وہ مزدور کا دول ہے۔

۵) یہ کس کی سوئی ہے؟ یہ درزی کی سوئی ہے۔

۶) یہ کن کا کمرہ ہے؟ یہ احمد کی بہنوں کا کمرہ ہے۔

۷) یہ کس کا صندوق ہے؟ یہ تاجر کا صندوق ہے۔

۸) وہ کس کے درخت ہیں؟ وہ مالی کے درخت ہیں۔

۹) یہ کن کے بستر ہیں؟ یہ بھائی اور بہن کے بستر ہیں۔

۱۰) یہ کن کی چابیاں ہیں؟ یہ خزانچیوں کی چابیاں ہیں۔

۱۱) وہ کس کی چھریاں ہیں؟ یہ قصائی کی چھریاں ہیں۔

۱۲) یہ کن کی کلاسیں ہیں؟ یہ استادوں کی کلاسیں ہیں۔

۱۳) یہ کن کی سائیکلیں ہیں؟ یہ بچوں کی سائیکلیں ہیں۔

۱۴) یہ کن کی تھیلی ہے؟ یہ خدیجہ اور فاطمہ کی تھیلی ہے۔

۱۵) وہ کس کے تکیے ہیں؟ یہ دادا کے تکیے ہیں، یہ تکیے بہت نرم ہیں۔

۱۶) یہ کس کی لڑکی ہے؟ یہ طلحہ کی لڑکی ہے، یہ لڑکی بہت محنتی ہے۔

۱۷) یہ کن کی کاپیاں ہیں؟ یہ والد صاحب اور دادا کی پرانی کاپیاں ہیں۔

۱۸) یہ کن کا سامان ہے؟ یہ مہمانوں کا سامان ہے، یہ سامان بہت زیادہ ہے۔

Exercise 23

Translate the following sentences into Urdu.

1) Whose pen is this? This is Ahmad's pen.
2) Whose box is that? That is Fatima's box.
3) Whose milk is this? This is the lady's milk.
4) Whose sister is this? This is Zubair's sister.
5) Whose key is this? This is the school's key.
6) Whose goat is this? This is the farmer's goat.
7) Whose meat is that? That is the butcher's meat.
8) Whose cow is this? That is the gardener's cow.
9) Whose guest is this? That is the treasurer's guest.
10) Whose handle is that? That is the door's handle.
11) Whose brother is that? That is Yunus's brother.
12) Whose new book is that? That is the man's book.

Lesson 7
Prepositions

A preposition is a word added to a noun to show time or place.

نماز کے بعد	گھر میں
after namaz	*in the house*

In Urdu prepositions come after the noun. In English they come before the noun.
Below is a list of Urdu prepositions.

Translation		Urdu	Translation		Urdu	Translation		Urdu
before	prep	سے پہلے	Above	prep	کے اوپر	in	prep	میں
for	prep	کے لئے	underneath	prep	کے نیچے	from	prep	سے
towards	prep	کی طرف	Around	prep	کے گرد	on	prep	پر
because of	prep	کی وجہ سے	By	prep	کے پاس	until	prep	تک
like	prep	کی طرح	in between	prep	کے درمیان	inside	prep	کے اندر
close	prep	سے قریب	in the middle	prep	کے بیچ	outside	prep	کے باہر
far	prep	سے دور	With	prep	کے ساتھ	in front, opposite	prep	کے سامنے
			Without	prep	کے بغیر	in front	prep	کے آگے
			After	prep	کے بعد	behind	prep	کے پیچھے

Exercise 1

Translate the following phrases into English.

۱) دودھ میں
۲) اسکول سے
۳) درخت پر
۴) کلاس کے اندر
۵) باغ کے باہر
۶) ماں کے سامنے
۷) بھائی کے آگے
۸) صندوق کے نیچے
۹) دیوار کے پاس
۱۰) ٹوپی کے بغیر
۱۱) کلاس کے بعد
۱۲) اسکول سے پہلے
۱۳) دادا کے پاس
۱۴) شہر کی طرف
۱۵) قلم سے قریب
۱۶) گرمی کی وجہ سے
۱۷) کتاب میں
۱۸) گائے کے پیچھے
۱۹) گوشت کے اوپر
۲۰) قیمت کے بغیر
۲۱) سائیکل کے ساتھ
۲۲) رنگ کی وجہ سے
۲۳) شہد کی طرح
۲۴) آگ میں
۲۵) سوئی سے
۲۶) وردی کے لئے
۲۷) کتاب سے قریب
۲۸) کلاس کے بیچ
۲۹) چھری سے دور
۳۰) درخت کے گرد
۳۱) گاؤں کے درمیان
۳۲) استاد تک

Exercise 2

Translate the following phrases into Urdu.

1) from the man
2) on the stairs
3) until class
4) inside the garden
5) outside the house
6) in front the chair
7) in front of the shelf
8) behind the table
9) above the car
10) underneath the clock
11) around the street
12) by the wife
13) in between the city
14) in the middle of the village
15) with the turban
16) without a hat
17) after school
18) before school
19) for the tea
20) towards the city
21) because of the gun
22) like an ox
23) close to the bucket
24) far from paper

Note:

If a preposition comes after a word which ends in an alif (ا), it will change to a yaa (ے) to make pronunciation easier, just like they changed because of کا, کے and کی.

Masculine Word Followed by a Preposition	Normal Masculine Word on its Own
صوفے پر	صوفہ

Sometimes the ہ at the end is not written with a pronunciation ے, but it still has to be pronounced as ے. For example, the word مدرسہ میں will be pronounced مدرسے میں.

Exercise 3

Translate the following phrases into English.

۱) دستہ
۲) دستے پر
۳) پتہ
۴) پتے کے نیچے
۵) پیسہ
۶) پیسے کی وجہ سے
۷) چولھا
۸) چولھے پر
۹) کپڑا
۱۰) کپڑے کے اندر
۱۱) مدرسہ
۱۲) مدرسہ میں
۱۳) کیک
۱۴) کیک میں
۱۵) صندوق
۱۶) صندوق میں
۱۷) بیل
۱۸) بیل کے اوپر
۱۹) سوئی
۲۰) سوئی کے پاس
۲۱) سڑک
۲۲) سڑک پر
۲۳) دکان
۲۴) دکان میں
۲۵) بیوی کے ساتھ

Exercise 4

Translate the following phrases into Urdu.

1) for the baby boy
2) with the boy
3) behind the door
4) under the fan
5) with the handle
6) on the leaf
7) without a lock
8) after madrasah
9) under the pillow
10) in the room
11) for a share
12) in the middle of the sofa

Note

All plural words before a preposition change to وں.

لڑکوں کے ساتھ   لڑکیوں کے ساتھ

Exercise 5

Translate the following phrases into English

۱) دستے پر
۲) دستوں پر
۳) ہوا میں
۴) ہواؤں میں
۵) دودھ پر
۶) تالوں کے اوپر
۷) آڑے پر
۸) آڑوں پر
۹) قلم سے دور
۱۰) لوگوں کے لئے
۱۱) استاد کے لئے
۱۲) بکریوں کی طرف
۱۳) جگہوں میں
۱۴) مدرسہ کے اندر
۱۵) مدرسوں کے اندر
۱۶) صوفے تک
۱۷) پیسے کی وجہ سے
۱۸) پیسوں کی وجہ سے
۱۹) کپڑے کے نیچے
۲۰) آڑے کے ساتھ
۲۱) چولھے کے سامنے
۲۲) مہمان کے ساتھ
۲۳) مہمانوں کے ساتھ
۲۴) پنکھے کے پیچھے
۲۵) کمرے کے باہر
۲۶) صندوق کے اوپر
۲۷) صندوقوں کے اوپر
۲۸) دروازے کے آگے

Exercise 6

Translate the following phrases into Urdu.

1) for the wages
2) from the clothes
3) on the mosques
4) inside the shops
5) outside the cities
6) in front of the trees
7) between the leaves
8) behind the uniforms
9) above the classes
10) underneath the knives
11) around needles
12) by the books
13) in between the handles
14) in the middle of the fires
15) with bicycles
16) without the prices
17) after the mothers
18) before the milk
19) for the goats
20) towards the guests
21) because of the cows
22) like the people
23) close to the pens
24) far from the boxes

Note

A prepositional phrase becomes a part of sentence.

پانی مہمان کے لئے ہے۔	بچہ گھر میں ہے۔	کتاب میز پر ہے۔
The water is for the guest.	The boy is in the house.	The book is on the desk.

When translating, translate the subject first, then the joining word, and then the predicate.

Exercise 7

Translation		Urdu	Translation		Urdu	Translation		Urdu
sky	m	آسمان	rain	f	بارش	students	m	طلبہ
star	m	ستارہ	happy	adj	خوش	market	m	بازار

Translate the following sentences into English.

۱) سوئی میز پر ہے۔
۲) تکیہ بستر پر ہے۔
۳) قلم تھیلی میں ہے۔
۴) پانی دول میں ہے۔
۵) بازار شہر میں ہے۔
۶) کلاس نماز تک ہے۔
۷) ستارہ آسمان میں ہے۔
۸) طلبہ مدرسے میں ہیں۔
۹) ستارے آسمان میں ہیں۔
۱۰) صوفے کمروں میں ہیں۔
۱۱) گاڑی گھر کے پاس ہے۔
۱۲) پتے درخت کے اوپر ہیں۔
۱۳) سائیکل گھر کے پاس ہے۔
۱۴) پتے درختوں کے نیچے ہیں۔
۱۵) مکہ لندن سے بہت دور ہے۔
۱۶) یہ حصہ لڑکوں کے لئے ہے۔
۱۷) بچیاں درخت کے نیچے ہیں۔
۱۸) خزانچی کے پیسے تھیلی میں ہے۔

۱۹) شہر گاؤں سے کافی قریب ہے۔

۲۰) احمد زینب کے ساتھ نہیں ہے۔

۲۱) طلبہ مدرسے کی کلاسوں میں ہیں۔

۲۲) تاجروں کی دکانیں بازار میں ہیں۔

۲۳) لڑکے کی نئی کتابیں الماری پر ہیں۔

۲۴) قصائی کی چھریاں صندوق میں ہیں۔

۲۵) بھائی کی پگڑیاں اُس الماری پر ہیں۔

۲۶) یہ گاڑیاں پرانی دکان کے پاس ہیں۔

۲۷) ساجد کے دوست مسجد کے باہر ہیں۔

۲۸) میٹھا شہد اس صندوق میں نہیں ہے۔

۲۹) اِس گائے کا دودھ بڑے ڈول میں ہے۔

۳۰) سپاہیوں کی وردیاں بستر کے اوپر ہیں۔

Exercise 8

Translate the following sentences into Urdu.

1) The nurse is by the doctor.
2) The trees are in the garden.
3) The water is in the bucket.
4) The lawyer is near the judge.
5) The guests are in the house.
6) The cook is by the old stove.
7) The carpenter is on the stairs.
8) The money is by the treasurer.
9) The old cars are on the streets.
10) The new saw is by the carpenter.
11) The clean clothes are in this bag.
12) Are the leaves under the trees?

Note:

1. If the phrase with the preposition comes first, you will have to add the word there in the translation.

تپائیاں کلاس میں ہیں۔

The desks are in the class.

کلاس میں تپائیاں ہیں۔

There are desks in the class.

2. You can add the word ایک before a noun to give the meaning a.

گھر کے باہر ایک آدمی ہے۔

There is a man outside the house.

Exercise 9

Translate the following sentences into English.

۱) بستر پر تکیہ ہے۔

۲) کیک پر شہد ہے۔

۳) گھر میں آگ ہے۔

۴) میز پر گوشت ہے۔

۵) کلاس میں طلبہ ہیں۔

۶) بازار میں دکانیں ہیں۔

۷) صندوق میں قلم ہیں۔

۸) چولھے پر آگ ہے۔

۹) کاغذ پر ایک قلم ہے۔

۱۰) چائے میں شہد ہے۔

۱۱) تھیلی میں چھری ہے۔

۱۲) الماری پر کتابیں ہیں۔

۱۳) کلاس میں بچیاں ہیں۔

۱۴) شہر میں ہوا نہیں ہے۔

۱۵) کمرے میں مہمان ہیں۔

۱۶) آسمان میں ستارے ہیں۔

۱۷) دیوار پر ایک گھڑی ہے۔

۱۸) درخت کے نیچے پتے ہیں۔

۱۹) اسکول کے باہر طلبہ ہیں۔

۲۰) بستر کے نیچے وردیاں ہیں۔

۲۱) بیل کے پاس ایک گائے ہے۔

Exercise 10

Translate the following sentences into Urdu.

1) There is a knife in the box.
2) There is a star in the sky.
3) There is a shop on this street.
4) There is a tree in this garden.
5) There is a book on the shelf.
6) There is a needle in the bag.
7) There is a cow near the farmer.
8) There are guests in the house.
9) There is water in the bucket.
10) There is a bicycle near the fire.
11) There is a mosque in this village.
12) There are students in the madrasah.

Note:

If there is a نہیں in these types of sentences, it will be translated as there isn't any or there is no.

گلاس میں پانی نہیں ہے۔

There isn't any water in the glass.

Exercise 11

Translate the following sentences into English.

۱) بازار میں گائیں نہیں ہیں۔

۲) صندوق میں دودھ نہیں ہے۔

۳) اسکول میں طلبہ نہیں ہیں۔

۴) درخت پر آگ نہیں ہے۔

۵) تالے میں چابی نہیں ہے۔

۶) دروازے پر تالا نہیں ہے۔

۷) آسمان میں ستارے نہیں ہیں۔

۸) درزی کی دکان میں سوئی نہیں ہے۔

۹) مہمانوں کے لئے گوشت نہیں ہے۔

۱۰) الماری کے سامنے کرسی نہیں ہے۔

Exercise 12

Translate the following sentences into Urdu.

1) There isn't a pen in the box.
2) There isn't a key for this lock.
3) There isn't a fan in that school.
4) There isn't a pillow on the bed.
5) There isn't a desk in the room.
6) There isn't a book on the shelf.
7) There isn't a car on the street.
8) There isn't a carpet in this room.
9) There isn't a farmer in the garden.
10) There isn't a handle on the door.
11) There aren't any stars in the sky.
12) There aren't any books on the shelf.

Note:

You can use the word کوئی to give the meaning of any or a.

اِس کمرے میں کوئی صوفہ نہیں ہے۔

There isn't any sofa in this room.

اِس کمرے میں کوئی آدمی ہے۔

There is a man in this room.

If the word کوئی is followed by a preposition, it changes to کسی.

کسی تھیلی میں چابیاں نہیں۔

The keys aren't in any bag.

احمد کسی صوفے کے پیچھے ہے۔

Ahmad is behind a sofa.

Exercise 13

Translate the following sentences into English.

۱) دوا کسی جگہ پر نہیں ہے۔

۲) آسمان میں کوئی ستارہ نہیں ہے۔

۳) درخت پر کوئی پتہ نہیں ہے۔

۴) دیوار پر کوئی گھڑی نہیں ہے۔

۵) چولھے پر کوئی آگ نہیں ہے۔

۶) الماری میں کوئی کپڑا نہیں ہے۔

۷) وہ کتاب کسی صندوق میں ہے۔

۸) صندوق میں کوئی آڑا نہیں ہے۔

۹) بستر کے اوپر کوئی تکیہ نہیں ہے۔

۱۰) کسی استاد کے پاس وہ تھیلی ہے۔

۱۱) احمد کسی درخت کے نیچے ہے۔

۱۲) وہ بچی کسی کمرے میں نہیں ہے۔

۱۳) میز کے اوپر کوئی کاپی نہیں ہے۔

۱۴) فاطمہ کسی دوست کے پاس ہے۔

۱۵) ٹوپی کے اوپر کوئی پگڑی نہیں ہے۔

۱۶) گھر کے سامنے کوئی گاڑی نہیں ہے۔

۱۷) سڑک کے سامنے کوئی جگہ نہیں ہے۔

۱۸) بڑی سائیکل کسی گاڑی کے پیچھے ہے۔

Exercise 14

Translation		Urdu	Translation		Urdu	Translation		Urdu
a few, some	adv	کچھ	magazine	m	رسالہ	kitchen	m	باورچی خانہ
ship	f	کشتی	plate	f	رکابی	cat	f	بلی
food	m	کھانا	Ocean	m	سمندر	pencil	f	پنسل
glass	m	گلاس	apple	m	سیب	a few	adv	چند
fish	f	مچھلی	dog	m	کتا	river	m	دریا

Translate the following sentences into Urdu.

1) There is no cat in the house.
2) There is no food for the dog.
3) There is no apple in the box.
4) There is no fish on the plate.
5) There is no guest in the ship.
6) There is no food in the plate.
7) There is no ship in the river.
8) There is no milk in the glass.
9) Is there a pencil in the class?
10) There is no handle on the door.
11) There is no stove in this kitchen.
12) There is no school in that village.
13) There is no magazine on the table.
14) There are a few shops in this market.

Note:

You can add the word بہت سے before a noun to give the meaning of many. It will change to بہت سی if the word after it is feminine.

کلاس میں بہت سے طلبہ ہیں۔

There are many students in the class.

بازار میں بہت سی دکانیں ہیں۔

There are many shops in the market.

Exercise 15

Translate the following sentences into English.

۱) بہت سے طلبہ بیمار ہیں۔
۲) گھر میں بہت سا کھانا ہے۔
۳) بہت سی بچیاں گھر میں ہیں۔
۴) بازار میں بہت سے موچی ہیں۔
۵) بہت سی لڑکیاں محنتی ہیں۔
۶) درخت پر بہت سے پتے ہیں۔
۷) باغ میں بہت سے درخت ہیں۔
۸) بہت سی بہنیں کمرے میں ہیں۔
۹) بہت سے قاضی امانتدار نہیں ہیں۔
۱۰) بہت سے بچے اسکول میں نہیں ہیں۔
۱۱) اُس سمندر میں بہت سی کشتیاں ہیں۔
۱۲) اِس کمرے میں بہت سے صوفے ہیں۔

Exercise 16

Translate the following sentences into Urdu.

1) A lot of shops are closed.
2) A lot of glasses are empty.
3) A lot of knives are not sharp.
4) There are many fish in the river.
5) There are many stars in the sky.
6) A lot of people are in the shop.
7) A lot of clothes are in the bucket.
8) There are many ships in the ocean.
9) There are a lot of leaves around the tree.
10) There are many students in the school.

Exercise 17

Translate the following sentences into English.

۱) میز پر ایک سیب ہے۔
۲) کشتی کسی سمندر میں ہے۔
۳) سڑک پر کچھ لوگ ہیں۔
۴) اُس رکابی میں کھانا ہے۔
۵) کتاب کسی تھیلی میں ہے۔
۶) بازار میں کچھ دکانیں ہیں۔
۷) تھیلی میں ایک پنسل ہے۔
۸) دروازے پر دستہ نہیں ہے۔
۹) اس باغ میں چند درخت ہیں۔
۱۰) اُس کمرے میں پنکھے نہیں ہیں۔
۱۱) کلاس میں ایک نیا رسالہ ہے۔
۱۲) میز پر ایک بہت تیز چھری ہے۔
۱۳) صندوق میں ایک بڑھیا آڑا ہے۔
۱۴) اُس گلاس میں ٹھنڈا دودھ ہے۔
۱۵) بستر کے اوپر ایک پرانا تکیہ ہے۔
۱۶) کسی دکان میں اچھے قلم نہیں ہیں۔
۱۷) کعبہ کے گرد بہت سے لوگ ہیں۔
۱۸) گاؤں کے پیچھے ایک بڑا آگ ہے۔
۱۹) دریا میں بہت سی چھوٹی مچھلیاں ہیں۔
۲۰) اُس گاؤں میں کوئی مدرسہ نہیں ہے۔
۲۱) باورچی خانے میں ایک بڑا چولھا ہے۔
۲۲) اُس دیوار پر ایک بہت مہنگی گھڑی ہے۔
۲۳) اس مسجد کے پیچھے بہت سی سائیکلیں ہیں۔
۲۴) اس کمرے میں ایک بہت عمدہ قالین ہے۔

Note

Sometimes you can have three parts to a sentence i.e. you can add a prepositional phrase along with the two main parts of the sentence.

[کمرہ][گرم] ہے
The room is hot.

⇦

[آگ کی وجہ سے][کمرہ][گرم] ہے
Because of the fire the room is hot.
The room is hot because of the fire.

The prepositional phrase can come at the beginning, like in the example above, or it can come after the subject.

[کمرہ][آگ کی وجہ سے][گرم] ہے

[آگ کی وجہ سے][کمرہ][گرم] ہے

If there are two prepositional phrases in a sentence, and they both show place, it is better to mention that phrase first which is less precise, followed by the one that is more precise.

احمد مسجد میں دروازہ کے پاس ہے۔ ✓

احمد دروازے کے پاس مسجد میں ہے۔ ✗

Exercise 18

Translation		Urdu	Translation		Urdu	Translation		Urdu
free time	f	فُرصت	Path	m	رَاستہ	crowd	f	بھیڑ
work	m	کام	Eid	f	عید	sunshine	f	دھوپ

Translate the following sentences into English.

۱) بچے بارش کی وجہ سے خوش ہیں۔

۲) بارش کی وجہ سے بچے خوش ہیں۔

۳) ہواؤں کی وجہ سے دکانیں بند ہیں۔

۴) شہد کی وجہ سے چائے بہت میٹھی ہے۔

۵) زیادہ کام کی وجہ سے فرصت نہیں ہے۔

۶) اسکول گاؤں میں سڑک کے پاس ہے۔

۷) عید کی وجہ سے بڑھئی کی دکان بند ہے۔

۸) کپڑوں کی وجہ سے تھیلیاں بہت بھاری ہیں۔

۹) بھیڑ کی وجہ سے سڑک پر گاڑیاں نہیں ہیں۔

۱۰) گاڑیوں کی وجہ سے راستے میں جگہ نہیں ہے۔

۱۱) سوئی ایک صوفے کے نیچے ایک تھیلی میں ہے۔

۱۲) اس گائے کی وجہ سے گاؤں میں بہت دودھ ہے۔

۱۳) اس کھڑکی کی وجہ سے کمرے میں بہت دھوپ ہے۔

۱۴) ان بڑے صوفوں کی وجہ سے کمرے میں جگہ نہیں ہے۔

Exercise 19

Translate the following sentences into Urdu.

1) The book is on the shelf in that room.
2) The bucket is in the kitchen by the stove.
3) The gun is by the window under the table.
4) The watch is in this room behind the door.
5) The butcher’s knife is in the bag on the sofa.
6) Because of the dog, the cat is outside the house.
7) There are a lot of leaves around the tree in the garden.
8) In the village, by the washer man’s shop there is a big ox.

Lesson 8
Questions

Note:

If you want to ask where, use the word کہاں.

قلم کہاں ہے۔

Where is the pen?

Exercise 1

Translate the following sentences into English. Notice how کہاں is used.

۱) راستہ کہاں ہے؟

۲) کتا کہاں ہے؟

۳) آگ کہاں ہے؟

۴) پنسل کہاں ہے؟

۵) سیب کہاں ہے؟

۶) گلاس کہاں ہے؟

۷) رکابی کہاں ہے؟

۸) بازار کہاں ہے؟

۹) بھیڑ کہاں ہیں؟

۱۰) دادا کہاں ہیں؟

۱۱) لوگ کہاں ہیں؟

۱۲) ستارے کہاں ہیں؟

۱۳) بکریاں کہاں ہیں؟

۱۴) گوشت کہاں ہے؟

۱۵) سائیکل کہاں ہے؟

۱۶) زبیر کا کتا کہاں ہے؟

۱۷) شہر کا راستہ کہاں ہے؟

۱۸) دادا کی پنسل کہاں ہے؟

۱۹) درزی کی سوئی کہاں ہے؟

۲۰) وہ سست لڑکا کہاں ہے؟

۲۱) احمد کی نئی گاڑی کہاں ہے؟

Exercise 2

Translate the following sentences into Urdu.

1) Where is that gun?
2) Where is the sunshine?
3) Where is the magazine?
4) Where are the builders?
5) Where is the sick man?
6) Where is the cobbler's shop?
7) Where is the nurse's room?
8) Where is the gardener's bucket?
9) Where is the carpenter's saw?
10) Where is the lady's new watch?
11) Where is the key of this door?
12) Where are the exercise books?

Note:

If you want to ask when, use the word کب.

کھانا کب ہے۔

When is food?

The word کب تک is used to ask until when.

کلاس کب تک ہے؟

When is class till?

The word کب سے is used to ask from when or since when.

احمد کب سے بیمار ہے؟

When is Ahmad sick from?

Exercise 3

Translation		Urdu	Translation		Urdu	Translation		Urdu
holiday	f	چھٹی	Friday	m	جمعہ	Urdu	f	اردو
exam	m	امتحان	open	adj	کھلا	English	f	انگریزی

Translate the following sentences into English. Notice how کب is used.

۱) عید کب ہے؟
۲) جمعہ کب ہے؟
۳) چائے کب ہے؟
۴) فرصت کب ہے؟
۵) عید کب تک ہے؟
۶) بہن گھر میں کب ہے؟
۷) اردو کا امتحان کب ہے؟
۸) اسکول کی چھٹی کب ہے؟
۹) مدرسہ کب تک بند ہے؟
۱۰) مہمان کب سے بیمار ہیں؟
۱۱) یہ کتاب کب سے کھلی ہے؟
۱۲) دکان کب تک بند ہے؟
۱۳) دروازہ کب سے بند ہے؟
۱۴) یہ کپڑا کب سے میلا ہے؟
۱۵) یہ کمرہ کب سے گرم ہے؟
۱۶) کلاس کب سے خالی ہے؟
۱۷) اردو کی کلاس کب تک ہے؟
۱۸) تاجر دکان میں کب تک ہے؟
۱۹) انگریزی کا امتحان کب ہے؟
۲۰) وہ سائیکل باغ میں کب سے ہے؟
۲۱) کرسی صوفے کے پیچھے کب سے ہے؟

Exercise 4

Translate the following sentences into Urdu.

1) When is work?
2) When is work till?
3) When is free time?
4) When is school exam?
5) When is free time until?
6) Since when has Ahmad been ill?
7) Since when has the door been open?
8) Until when is the shop closed?
9) When are the madrasah holidays?
10) From when is the market open?
11) From when are the school holidays?
12) Since when have the guests been in the shop?

Note

1. If you want to ask why, use the word کیوں or کس وجہ سے.

اسکول کیوں بند ہے؟ اسکول کس وجہ سے بند ہے؟

Why is school closed?

2. If you want to ask for who or whose, use the word کس کے لئے.

یہ پنسل کس کے لئے ہے؟

Who is this pencil for? Whose pencil is this? Who does this pencil belong to?

The plural of کس کے لئے is کن کے لئے. See page 37.

Exercise 5

Translate the following sentences into English.

۱) دروازہ کیوں کھلا ہے؟

۲) اسکول کیوں بند ہے؟

۳) میز پر چھری کیوں ہے؟

۴) بلی گھر کے اوپر کیوں ہے؟

۵) قلم صندوق میں کیوں ہے؟

۶) یہ چھری کس کے لئے ہے؟

۷) یہ سوئی کس کے لئے ہے؟

۸) یہ وردی کس کے لئے ہے؟

۹) یہ سائیکل کس کے لئے ہے؟

۱۰) یہ قالین کس کے لئے ہے؟

۱۱) وہ بندوق کس کے لئے ہے؟

۱۲) یہ کپڑے کن کے لئے ہے؟

۱۳) دستے کی قیمت کیوں کم ہے؟

۱۴) یہ دودھ سفید کیوں نہیں ہے؟

۱۵) کمرے میں بہت گرمی کیوں ہے؟

۱۶) صوفہ کھڑکی کے پاس کیوں ہے؟

۱۷) سیب کی قیمت بہت زیادہ کیوں ہے؟

۱۸) آسمان میں ستارے کیوں نہیں ہیں؟

Exercise 6

Translate the following sentences into Urdu.

1) Who is the milk for?
2) Who is this plate for?
3) Who is this glass for?
4) Why is the car by the ship?
5) Why is the window closed?
6) Why is the dog on the sofa?
7) Why is the cat in the garden?
8) Why is the kitchen door open?
9) Why are the people on the streets?
10) Why are there no fish in the ocean?

Exercise 7

Translation		Urdu	Translation		Urdu	Translation		Urdu
So then	con	تو پھر	then	con	پھر	toy	m	کھلونا

Translate the following sentences into English.

۱) کھانا کب ہے؟ کھانا ظہر کے بعد ہے۔

۲) مچھلیاں کہاں ہیں؟ مچھلیاں دریا میں ہیں۔

۳) خدیجہ کہاں ہے؟ خدیجہ کمرے میں ہے۔

۴) بارش کی وجہ سے دودھ کی قیمت زیادہ ہے۔

۵) کھلونے کہاں ہیں؟ کھلونے کرسی کے نیچے ہیں۔

۶) مہمان کہاں ہیں؟ مہمان فاطمہ کے گھر میں ہیں۔

۷) قلم کہاں ہے؟ قلم کتابوں کے ساتھ تھیلی میں ہے۔

۸) تاجر کی کشتی کہاں ہے؟ تاجر کی کشتی سمندر میں ہے۔

۹) بچے کیوں خوش ہیں؟ بچے کیک کی وجہ سے خوش ہیں۔

۱۰) کیا سوئی بستر پر ہے؟ جی نہیں، بستر پر کوئی سوئی نہیں۔

۱۱) احمد کی سائیکل کہاں ہے؟ احمد کی سائیکل بازار میں ہے۔

۱۲) سیب کا درخت کہاں ہے؟ سیب کا درخت باغ میں ہے۔

۱۳) یہ کتابیں کن کے لئے ہیں؟ یہ کتابیں طلبہ کے لئے ہیں۔

۱۴) طلبہ کہاں ہیں؟ طلبہ گھر میں ہیں، مدرسے میں نہیں ہیں۔

۱۵) بڑھئی کا صندوق کہاں ہے؟ بڑھئی کا صندوق الماری پر ہے۔

۱۶) مسجد کیوں بھری ہے؟ جمعہ کی نماز کی وجہ سے مسجد بھری ہے۔

۱۷) کیا دریا میں مچھلیاں ہیں؟ جی ہاں، دریا میں بہت سی مچھلیاں ہیں۔

۱۸) اردو کی کلاس کب ہے؟ اردو کی کلاس انگریزی کی کلاس کے بعد ہے۔

۱۹) چائے کس وجہ سے بہت میٹھی ہے؟ شہد کی وجہ سے چائے بہت میٹھی ہے۔

۲۰) بازار کہاں ہے؟ بازار شہر میں ہے، گاؤں میں کچھ دکانیں ہیں، لیکن بازار نہیں۔

۲۱) باورچی خانہ کہاں ہے؟ باورچی خانہ گھر کے اندر ہے، لیکن چولھا گھر کے باہر ہے۔

۲۲) کیا اس گاؤں میں درزی کی کوئی دکان ہے؟ جی ہاں، اس گاؤں میں درزی کی ایک دکان ہے وہ دکان اِس سڑک پر ہے۔

۲۳) پانی کہاں ہے؟ پانی دول میں ہے۔ اور دول کہاں ہے؟ دول
باورچی خانے میں ہے۔ کیا باورچی خانہ بند ہے؟ جی نہیں، بند
نہیں ہے، کھلا ہے۔

Exercise 8

Translate the following sentences into Urdu.

1) Is the path to Makkah long? Yes, the path is very long.
2) Where is the food? The food is on the table near the stairs.
3) Whose bicycle is on the street? The farmer's bicycle is on the street.
4) Why is school closed? The school is closed because it is very cold.
5) Who is that? That is the English teacher. Is she stingy? No, she isn't stingy.
6) Where is the saw of the carpenter? The saw is in a box between the desk and bags.
7) Is this a box? Yes, this is a big box. What is inside the box? There are children's toys inside the box.
8) Is this knife sharp? Yes, it is sharp. But it is not for the children, so the knife is on the shelf far away from the children.
9) Who is this small pencil for? The pencil is for Zainab. Zainab is a little girl. Where is Zainab? Is she in school? No, Zainab is not at school, Zainab is at home.
10) Where is the small stove? The small stove is in the big kitchen. Where is the kitchen? The kitchen is behind the room. What is on the stove? There is a cake on the stove. Who is the cake for? The cake is for the guests. Where are the guests from? The guests are from the village.

Lesson 9
Numbers

In Urdu, numbers are just like adjectives.

دس آدمی

ten men

The word after numbers will be plural, except after the number one.

چار کتابیں	تین لڑکیاں	دو لڑکے	ایک لڑکا
four books	*three girls*	*two boys*	*one boy*

Numbers 1-12

Translation		Urdu	Translation		Urdu	Translation		Urdu
nine	adj	نَو	five	adj	پانچ	one	adj	ایک
ten	adj	دس	six	adj	چھ	two	adj	دو
eleven	adj	گیارہ	seven	adj	سات	three	adj	تین
twelve	adj	بارہ	eight	adj	آٹھ	four	adj	چار

Exercise 1

Translate the following sentences into English. Notice how the numbers are used.

۲۹) تین سائیکلیں	۲۲) چار دوائیں	۱۵) نو پنسلیں	۸) آٹھ قلم	۱) ایک اللہ
۳۰) ایک ماں	۲۳) آٹھ صندوق	۱۶) پانچ بلیاں	۹) نو مچھلیاں	۲) دو بھائی
۳۱) دو دستے	۲۴) بارہ قلم	۱۷) دو گلاس	۱۰) دس کشتیاں	۳) تین بہنیں
۳۲) چار رنگ	۲۵) سات سڑکیں	۱۸) چھ رکابیاں	۱۱) گیارہ سیب	۴) چار دوست
۳۳) چھ چھریاں	۲۶) نو بکریاں	۱۹) گیارہ بازار	۱۲) بارہ طلبہ	۵) پانچ نمازیں
۳۴) آٹھ سویاں	۲۷) سات سمندر	۲۰) سات رسالے	۱۳) ایک اسکول	۶) چھ صندوق
۳۵) دس وردیاں	۲۸) پانچ مہمان	۲۱) تین سیب	۱۴) دس ستارے	۷) سات آسمان

Exercise 2

Translate the following sentences into Urdu.

1) one carpet
2) two barbers
3) three nurses
4) four wives
5) five parts
6) six toys
7) seven cakes
8) eight uniforms
9) nine knives
10) ten buckets
11) three exams
12) two Eids
13) six plates
14) ten magazines
15) one ship
16) seven skies
17) four cows
18) nine guests
19) three colours
20) eight guns

Numbers 15-1,000

Translation		Urdu	Translation		Urdu	Translation		Urdu
eighty	adj	اسی	forty	adj	چالیس	fifteen	adj	پندرہ
ninety	adj	نوے	fifty	adj	پچاس	twenty	adj	بیس
hundred	adj	سو	sixty	adj	ساٹھ	twenty-five	adj	پچیس(پچ چیس)
thousand	adj	ہزار	seventy	adj	ستر	thirty	adj	تیس

Exercise 3

Translate the following sentences into English. Notice how the numbers are used.

۱) پندرہ گلاس
۲) بیس کتے
۳) تیس رکابیاں
۴) چالیس بلیاں
۵) پچاس طلبہ
۶) ساٹھ استاد
۷) ستر سپاہی
۸) اسی بکریاں
۹) نوے گائیں
۱۰) سو سائیکلیں
۱۱) ہزار سوئیاں
۱۲) دس شہر
۱۳) پندرہ مسجدیں
۱۴) پچیس دکانیں
۱۵) چالیس گاؤں
۱۶) پچاس آڑے
۱۷) ساٹھ کپڑے
۱۸) ستر دول
۱۹) اسی کیک
۲۰) نوے گھر
۲۱) سو سڑکیں
۲۲) ہزار پتے
۲۳) نوے حصے
۲۴) اسی پگڑیاں
۲۵) ساٹھ بستر
۲۶) پچاس کاپیاں
۲۷) چالیس گھڑیاں
۲۸) بیس دروازے
۲۹) تیس لوگ
۳۰) سات بکریاں
۳۱) ساٹھ گائیں
۳۲) ستر بیل
۳۳) ساٹھ بچے
۳۴) ستر ٹپائیاں
۳۵) سات بچیاں
۳۶) تین آدمی
۳۷) تیس بچے
۳۸) چار بچیاں
۳۹) چالیس بھائی
۴۰) نو لڑکے
۴۱) نوے لڑکیاں
۴۲) پانچ باغ
۴۳) پچیس بستر
۴۴) پچاس چابیاں
۴۵) پچیس صوفے

Exercise 4

Translate the following sentences into Urdu.

1) Twenty stoves
2) Thirty buckets
3) Forty boys
4) Fifty big leaves
5) Sixty shops
6) Seventy books
7) Eighty old clocks
8) Ninety small bags
9) Hundred cars
10) Twenty-five parts
11) A thousand locks
12) Forty new shelves
13) Twenty lawyers
14) Forty good cooks
15) Ninety farmers
16) Twenty-five exams
17) Twenty doors
18) Eighty apples
19) Fifty cats and dogs
20) One Hundred fish

Exercise 5

Translation		Urdu	Translation		Urdu	Translation		Urdu
bed	m	پلنگ	year	m	سال	day	m	دن
only	adj	صرف	heavy	adj	بھاری	week	m	ہفتہ
every	adj	ہر	bottle	f	بوتل	month	m	مہینہ

Translate the following sentences into English. Notice how the numbers are used in sentences.

۱) الماری پر بیس کتابیں ہیں۔
۲) اسکول میں سات کلاسیں ہیں۔
۳) سپاہی کے سامنے نو بندوق ہیں۔
۴) الماری پر دوا کی دو بوتلیں ہیں۔

۵) کلاس کے بیچ میں دو میزیں ہیں۔

۶) درزی کے گھر میں سو سوئیاں ہیں۔

۷) ٹپائی کے نیچے دو بھاری تھیلیاں ہیں۔

۸) معمار کے صندوق میں پانچ آڑے ہیں۔

۹) قصائی کی دکان میں دس چھریاں ہیں۔

۱۰) احمد کے گھر کے باہر چار پرانی گاڑیاں ہیں۔

۱۱) مدرسے کے مہمان استاد صاحب کے ساتھ ہیں۔

۱۲) ہفتے میں سات دن ہیں، اور مہینے میں چار ہفتے ہیں۔

۱۳) اِس سڑک کے پیچھے ایک بہت سستی دکان ہے۔

۱۴) باغ میں چار بڑے درخت ہیں اور بہت سے چھوٹے درخت ہیں۔

۱۵) اُس کمرے کے اندر تین پلنگ ہیں، اور چھ تکیے ہیں، ہر پلنگ پر دو تکیے ہیں۔

۱۶) اِس شہر میں چار اسکول ہیں اور اُس گاؤں میں صرف ایک اسکول ہے۔

Exercise 6

Translate the following sentences into Urdu.

1) There are five beds in the house.
2) There is a crowd on the four paths.
3) There are two lawyers by the judge.
4) There are ninety students in the school.
5) Behind the stove there are three sharp knives.
6) There are three holidays in a year and twenty exams.
7) There are a thousand books in the class in the school.
8) Those two white cows are behind the trees in the big garden.
9) There are twenty-five students and ten teachers in the class.
10) Where are those nine buckets? Those nine buckets are by the door.
11) The two Urdu teachers and the three English teachers are near the park.
12) There are twelve months in a year, and there are thirty days and four weeks in a month.

Note

If you want to ask how many, use the word کتنے.

کلاس میں کتنے بچے ہیں؟

How many children are there in the class?

If the word after کتنے is feminine it will change to کتنی.

کلاس میں کتنی بچیاں ہیں؟

Exercise 7

Translate the following sentences into English.

۱) مہینے میں کتنے ہفتے ہیں؟ مہینے میں چار ہفتے ہیں۔

۲) مہینے میں کتنے دن ہیں؟ مہینے میں تیس دن ہیں۔

۳) ہفتے میں کتنے دن ہیں؟ ہفتے میں سات دن ہیں۔

۴) سال میں کتنے مہینے ہیں؟ سال میں بارہ مہینے ہیں۔

۵) اِس سڑک پر کتنے گھر ہیں؟ اِس سڑک پر تیس گھر ہیں۔

۶) اُس دکان میں کتنے تاجر ہیں؟ اس دکان میں تین تاجر ہیں۔

۷) باغ میں کتنے گائیں ہیں؟ باغ میں صرف ایک گائے ہے۔

۸) اُس گھر میں کتنے کمرے ہیں؟ اس گھر میں چار کمرے ہیں۔

۹) اُس کلاس میں کتنے بچے ہیں؟ اُس کلاس میں تیس بچے ہیں۔

۱۰) آسمان میں کتنے ستارے ہیں؟ آسمان میں بہت سے ستارے ہیں۔

۱۱) اُس کمرے میں کتنے مہمان ہیں؟ اس کمرے میں نو مہمان ہیں۔

۱۲) سمندر میں کتنی مچھلیاں ہیں؟ سمندر میں ہزار مچھلیاں ہیں۔

۱۳) اس گاؤں میں کتنی سڑکیں ہیں؟اس گاؤں میں دس سڑکیں ہیں۔

۱۴) اُس کمرے میں کتنے صوفے ہیں؟اس کمرے میں دوصوفے ہیں۔

۱۵) اُس سڑک پر کتنے گھر ہیں؟اُس سڑک پر دس گھر ہیں اور ایک دکان۔

۱۶) کیااس سڑک پر کوئی دکان ہے؟جی نہیں۔اس سڑک پر کوئی دکان نہیں۔

Exercise 8

Translation		Urdu	Translation		Urdu	Translation		Urdu
short, brief	adj	مختصر	long	m	لمبا	exams	m	امتحانات

Translate the following sentences into Urdu.

1) How many Eids are there in a year? There are two Eids in a year.
2) How many cows are there in that village? There are ten cows in that village.
3) How many paths are there to the market? There are two paths to the market.
4) How many bottles are there under the bed? There are twelve bottles under the bed.
5) How many cakes are there in the cook's shop? There are thirty small cakes in the shop.
6) How many kitchens are there in that big house? There are five kitchens in that big house.
7) How many medicines are there in the nurse's box? There are a hundred medicines in the box.
8) In madrasah, how many exams are there in a year? There are three exams in a year in madrasah.
9) How many guests are in the cobbler's house? There are twenty-five guests in the cobbler's house.
10) How many holidays are there in a year? There are two short holidays and one long holiday in a year.

Notes:

1. By adding وں to a number it means all.

دونوں	تینوں	چاروں
both	all three	all four

   This is used for numbers 2-8. For numbers above that, you must use a structure like دس کے دس. This structure can also be used for numbers 2-8

   تین کے تین　　چار کے چار　　پانچ کے پانچ　　پندرہ کے پندرہ　　بیس کے بیس　　سو کے سو

2. The phrase سب کے سب means all.

   سب کے سب بچے ذہین ہیں۔

   All of the children are clever.

3. The word کئی means many. You can add the word کئی before سَو or ہزار to give the meaning of hundreds and thousands.

   کئی سو آدمی
   hundreds of men

   کئی ہزار ستارے
   thousands of stars

4. You can add the word ایک after another number to give the meaning of about or approximately.

   الماری پر بیس ایک کتابیں ہیں۔

There are approximately twenty books on the shelf.

You can also use the word تقریباً.

کلاس میں تقریباً تیس بچے ہیں۔

They are approximately twenty children in the class.

Exercise 9

Translation		Urdu	Translation		Urdu	Translation		Urdu
all	adj	سب	animal	m	جانور	today	adv	آج
absent	adj	غیر حاضر	jungle	m	جنگل	snow, ice	f	برف
minute	m	منٹ	clever	adj	ذہین	many	adj	کئی

Translate the following sentences into English.

۱) عامر کے تینوں بھائی محنتی ہیں۔

۲) اُس اسکول میں کئی سو بچے ہیں۔

۳) ہفتے کے ساتوں دن مدرسہ ہے۔

۴) آسمان میں کئی ہزار ستارے ہیں۔

۵) کلاس کی الماری پر کئی کتابیں ہیں۔

۶) اس کشتی پر تقریباً ہزار سپاہی ہیں۔

۷) قصائی کی دکان میں دس ایک تیز چھریاں ہیں۔

۸) اس گھر میں پانچ بچے ہیں، اور پانچوں حافظ ہیں۔

۹) یہ دو چابیاں کن کی ہیں؟ دونوں احمد کی چابیاں ہیں۔

۱۰) کمرے میں دو پلنگ ہیں، اور دونوں صاف اور نئے ہیں۔

۱۱) اُس جنگل میں کئی سو جانور اور کئی ہزار درخت ہیں۔

۱۲) اُس گھر میں چار لڑکیاں ہیں اور چار کے چار محنتی ہیں۔

۱۳) اس سڑک پر دو دکانیں ہیں اور دونوں کافی سستی ہیں۔

۱۴) تھیلی کے پاس چار قلم ہیں، لیکن چاروں قلم خراب ہیں۔

۱۵) فاطمہ اور فاطمہ کے دو بھائی بیمار ہیں، تینوں گھر پر ہیں اور مدرسہ سے غیر حاضر ہیں۔

۱۶) اس بازار میں تقریباً پندرہ دکانیں ہیں، لیکن آج سخت برف کی وجہ سے سب کے سب بند ہیں۔

Exercise 10

Translate the following sentences into Urdu.

1) There is a boy behind every table.
2) There are approximately fifty needles on the carpet.
3) There are two ships in the ocean and both are very big.
4) There are hundreds of clothes in the washer man's shop.
5) There are approximately seven thousand trees in this jungle.
6) There are thousands of stars in the sky and all of them are big.
7) There are seven bottles under the bed and all seven are heavy.
8) All the students of the big madrasah are absent because of the heat.
9) There are four boys and six girls in the class and all ten of them are clever.
10) There are approximately five paths to the river but all five of them are closed.
11) There are approximately seventy apples on those trees and all of them are good.
12) The box is near the magazine. There are seven pencils in the box and all seven of them are sharp.

Notes:

1. You can add the word ہر before a word to give the meaning of every.

ہر مہینہ

every month

2. You can add the word ہی after a word to give the meaning of only.

صندوق میں دو ہی قلم ہیں۔	احمد ہی بیمار ہے۔
There are only two pens in the box.	*Only Ahmad is sick.*

3. You can also add صِرَف before a noun to give the meaning of only.

صندوق میں صرف دو قلم ہیں۔	صرف احمد بیمار ہے۔
There are only two pens in the box.	*Only Ahmad is sick.*

Exercise 11

Translate the following sentences into English.

۱) یہ ڈاکیا ہی جھوٹا ہے۔

۲) صرف یہ ڈاکیا جھوٹا ہے۔

۳) گھر میں تین ہی پلنگ ہیں۔

۴) گھر میں صرف تین پلنگ ہیں۔

۵) دریا میں چند ہی کشتیاں ہیں۔

۶) دریا میں صرف چند کشتیاں ہیں۔

۷) الماری پر دو ہی بوتلیں ہیں۔

۸) صرف یہ باورچی امانتدار ہے۔

۹) کمرے میں صرف پانچ بستر ہیں۔

۱۰) میز پر صرف پانی ہے، کھانا نہیں۔

۱۱) اس کمرے میں ایک ہی گھڑی ہے۔

۱۲) آسمان میں صرف ایک سورج ہے۔

۱۳) اس بازار میں سات ہی دکانیں ہیں۔

۱۴) صندوق میں قلم ہی ہے، پنسل نہیں۔

۱۵) تھیلی میں دو ہی کاپیاں ہیں، کتابیں نہیں۔

۱۶) چھریاں ہی تیز ہیں، بڑھئی کا آڑا تیز نہیں۔

۱۷) یہ صوفہ ہی خراب ہے، وہ صوفہ اچھا ہے۔

۱۸) صرف یہ تکیہ نرم ہے، وہ تکیہ نرم نہیں ہے۔

۱۹) برف کی وجہ سڑک پر صرف چند گاڑیاں ہیں۔

۲۰) اس گاؤں میں صرف ایک مسجد اور ایک اسکول ہے۔

۲۱) تیز ہوا کی وجہ سے دروازہ ہی کھلا ہے، کھڑکیاں بند ہیں۔

۲۲) احمد ایک غریب آدمی ہے، احمد کے گھر میں صرف ایک پرانا چولھا ہے۔

۲۳) یہ کلاس بہت چھوٹی ہے، اس میں صرف چار بچے ہیں، لیکن چاروں محنتی اور ذہین ہیں۔

Exercise 12

Translate the following sentences into Urdu.

1) All the paths are closed.
2) There are only two Eids in a year.
3) There is only hot food on the plate.
4) There is only one book on the shelf.
5) There are only seven days in a week.
6) There is only one long holiday in a year.

7) The toys are in the box but all of them are broken.
8) This is the teacher's box, every pencil in the box is sharp.
9) This is the father's kitchen. Every knife is sharp and only one is bad.
10) There is bitter water in the bucket. Every bucket in the garden is filled.
11) This is the table of the brother, there are only two magazines on the table.
12) Every guest in the house is happy because there is tasty food on the table.

Exercise 13

Translation		Urdu	Translation		Urdu	Translation		Urdu
thing	f	چیز	story	m	قصہ	sugar	f	شکر

Translate the following sentences into English.

۱) آسمان میں بہت سے ستارے ہیں، وہ ستارے بہت چھوٹے ہیں۔

۲) اس شہر میں بہت سے اسکول ہیں، اور اُس گاؤں میں کوئی اسکول نہیں۔

۳) اس میز پر کچھ اچھے رسالے ہیں، ان رسالوں میں بہت اچھے قصے ہیں، وہ قصے سچے ہیں، جھوٹے نہیں۔

۴) اردو کی کلاس کب تک ہے؟ اردو کی کلاس نماز تک ہے، اور اردو کی کلاس کے بعد انگریزی کی کلاس ہے۔

۵) اِن تین کمروں میں سات صوفے ہیں اور ساتوں صوفے صاف اور اچھے ہیں، تین نئے ہیں اور چار پرانے ہیں۔

۶) یہ باغ ہے، اس باغ میں ایک بہت بڑا درخت ہے، اس درخت پر بہت پتے ہیں، اور درخت کے گرد بھی بہت پتے ہیں۔

۷) سمندر میں بہت سی کشتیاں ہیں، وہ کشتیاں بہت بڑی ہیں، ان کشتیوں میں ہزاروں لوگ ہیں۔ وہ لوگ بہت خوش ہیں۔

۸) اُن الماریوں پر کچھ کتابیں ہیں، وہ کتابیں بہت پرانی ہیں، اور ان کتابوں کے پاس کچھ پرانے قلم اور چند نئ پنسلیں ہیں۔

۹) اُس شہر میں چھ اسکول ہیں، چھ کے چھ اسکول بہت بڑے اور صاف ہیں، اور ان اسکولوں میں بہت محنتی طلبہ اور استاد ہیں۔

۱۰) بلی کہاں ہے؟ بلی درخت کے پیچھے ہے، لیکن بلی پتوں کے نیچے ہے۔ یہ بلی درخت کے پیچھے کیوں ہے؟ وہ بلی کتے کی وجہ سے درخت کے پیچھے ہے۔

۱۱) گھر کے باہر ایک پرانا صوفہ ہے، اس صوفے کے نیچے ایک بلی ہے، اور دروازے کے پیچھے بھی ایک صوفہ ہے، اس صوفے کے پیچھے بھی ایک بلی ہے۔ دونوں بلیاں بہت چھوٹی ہیں۔

۱۲) اس شہر کے بازار میں چند دکانیں ہیں، لیکن اُن دکانوں میں اچھا سامان نہیں ہے۔ اس گاؤں میں ایک بازار ہے، اس بازار میں اچھی دکانیں ہیں، ان دکانوں میں بہت سی اچھی چیزیں ہیں، وہ چیزیں اچھی بھی ہیں اور سستی بھی۔

۱۳) اس رکابی میں کیا ہے؟ اس رکابی میں مچھلیاں ہیں۔ اس رکابی کے پاس کیا ہے؟ اس رکابی کے پاس ایک گلاس ہے۔ اس گلاس میں کیا ہے؟ اس گلاس میں دودھ ہے۔ کیا وہ دودھ گرم ہے؟ جی نہیں، وہ گرم نہیں ہے، ٹھنڈا ہے۔

۱۴) یہ کیا ہے؟ یہ صندوق ہے۔ کیا یہ صندوق بھاری ہے؟ جی ہاں، یہ صندوق بھاری ہے۔ یہ صندوق کیوں بھاری ہے؟ یہ صندوق زیادہ قلموں اور پنسلوں کی وجہ سے بھاری ہے۔ کیا اِس صندوق میں قلم اور پنسلیں ہیں۔ جی ہاں، اس صندوق میں زیادہ قلم اور پنسلیں ہیں۔

۱۵) سمندر میں کیا ہے؟ سمندر میں ایک بہت بڑی کشتی ہے۔ کیا اُس کشتی میں بہت لوگ ہیں؟ جی نہیں، اس میں بہت لوگ نہیں ہیں، کم لوگ ہیں۔ کیا اس کشتی میں بہت سے صندوق ہیں؟ جی ہاں، اس کشتی میں بہت سے صندوق ہیں۔ ان صندوقوں میں کیا ہیں؟ ان صندوقوں میں کپڑے ہیں۔

۱۶) یہ کیا ہے؟ یہ دکان ہے۔ کیا یہ دکان سستی ہے؟ جی نہیں، یہ دکان سستی نہیں ہے، مہنگی ہے۔ کیا اِس دکان میں بڑھیا سامان ہے؟ جی ہاں، اس دکان میں بہت بڑھیا سامان ہے۔ وہ سامان کہاں سے ہے؟ وہ سامان لندن سے ہے۔ کیا اس دکان کا تاجر بھی لندن سے ہے؟ جی ہاں وہ تاجر بھی لندن سے ہے۔ کیا وہ تاجر امانتدار ہے؟ جی ہاں وہ امانتدار ہے، جھوٹا نہیں۔

۱۷) وہ احمد ہے۔ احمد محنتی لڑکا ہے۔ احمد کے کمرے میں ایک الماری ہے۔ اُس الماری پر بہت چیزیں ہیں۔ اس الماری پر کتابیں بھی ہیں۔ الماری کے پاس ایک صندوق ہے، اس صندوق میں بہت سے پرانے رسالے ہیں۔ اور اس صندوق کے پیچھے ایک تھیلی ہے، اس تھیلی میں چند نئی کاپیاں ہیں، وہ احمد کی کاپیاں نہیں ہیں، وہ احمد کے بھائی کی کاپیاں ہیں۔

۱۸) قصائی کی چھریاں کہاں ہیں؟ قصائی کی چھریاں دکان میں ایک بند صندوق میں ہیں۔ اس صندوق میں کتنی چھریاں ہیں؟ اس صندوق میں دس ایک چھریاں ہیں۔ کیا وہ چھریاں تیز ہیں؟ جی ہاں، وہ بہت تیز ہیں۔

۱۹) یونس کی کتابیں کہاں ہیں؟ یونس کی کتابیں اس پرانی الماری پر ہیں۔ تو پھر یہ کس کی کتابیں ہیں؟ یہ یونس کی بہن، خدیجہ کی کتابیں ہیں۔ خدیجہ کی کتنی کتابیں ہیں؟ اس کی پانچ کتابیں ہیں اور دس رسالے ہیں۔

۲۰) صندوق کے اندر کتنی چھریاں اور آڑے ہیں؟ صندوق میں دو آڑے ہیں اور سات چھریاں ہیں۔ وہ کس کے آڑے ہیں؟ وہ بڑھئی کے آڑے ہیں۔ کیا وہ آڑے تیز ہیں؟ ایک آڑا بہت تیز ہے اور ایک بالکل تیز نہیں۔ اور وہ کس کی چھریاں ہیں؟ وہ قصائی کی چھریاں ہیں۔ کیا وہ چھریاں تیز ہیں؟ جی ہاں، وہ چھریاں بہت تیز ہیں۔

۲۱) یہ کون ہے؟ یہ باورچی ہے۔ باورچی کے سامنے کیا ہے؟ اس کے سامنے ایک میز ہے۔ اس میز پر کیا ہے؟ اس پر ایک کیک، دو رکابیاں، اور تین گلاس ہیں۔ کیا وہ کیک میٹھا ہے؟ جی ہاں وہ کیک کافی میٹھا ہے۔ وہ کیک کیوں میٹھا ہے؟ وہ کیک شکر کی وجہ سے میٹھا ہے۔ رکابیوں میں کیا ہیں؟ ایک رکابی میں مچھلی ہے اور ایک میں گائے کا گوشت ہے۔ اور گلاسوں میں کیا ہے؟ ایک گلاس میں پانی ہے، ایک میں دودھ ہے اور ایک خالی ہے۔

Exercise 14

Translate the following sentences into Urdu.

1) What is this thing? This is a knife. Is the knife sharp? Yes, the knife is sharp.
2) Where is the book? The book is near the dog. There is only one long story in the book.
3) Is the house clean? No, there are clothes on the carpet and there are many things on the table.
4) Where is the classroom? The classroom is in the school. How many students are in the class? There are eight students in the class. Are the students hardworking? Yes, all are hardworking.
5) Is there sugar in the box for the tea? Yes, there is sugar in the box for the tea. Where is the sugar from? The sugar is from the market. Is the sugar expensive? Yes, the sugar is expensive.
6) Who is this? This is the soldier's teacher. Is the soldier's teacher honest? Yes, the soldier's teacher is honest and hardworking.

7) Is the fish on the stove? No, the fish is in the big box. Where is that box? The box is on the table near the toys. There are many toys near the table.

8) How many animals are in this jungle? There are thousands of animals in this jungle. How many trees are in this jungle? There are thousands of trees in the jungle.

9) This is the sister's new school and that is the brother's old school. The two schools are closed because of the rain.

10) Where is the bottle? The bottle is in the kitchen near to the plates. How many bottles are there in the kitchen? There are only six bottles in the kitchen but all six are very big.

11) How many knives are there in the box? There are twenty knives in the big box. Are all the knives sharp? Yes, all of the knives are sharp. Whose knives are these? These are the knives of the butcher.

12) Where are the guests? The guests are by the market. Where is the market? The market is near the masjid. Is the masjid big? No, the masjid is small. Is there a big masjid in this city? Yes, there is a big masjid in the city.

Lesson 10
Pronouns

A pronoun is a word you use instead of a noun.

احمد بیمار ہے، وہ گھر پر ہے، وہ اسکول میں نہیں۔

Ahmad is ill. He is at home and not at school.

Pronouns

Translation	Urdu
You	آپ
He, She, it, They	وہ

Translation	Urdu
You	تو
You	تم

Translation	Urdu
I	میں
We	ہم

Note:

The word وہ is used both as a pronoun and as a demonstrative pronoun i.e. it can mean both he/she/it and that. The context will help you decide what it is in that sentence.

Exercise 1
Translate the following sentences into English.

۱) یہ بلال ہے، وہ نیک ہے۔

۲) یہ محمد ہے، وہ سچا ہے۔

۳) یہ زید ہے، وہ امیر ہے۔

۴) وہ آدم ہے، وہ سخی ہے۔

۵) یہ کھڑکی ہے، وہ کھلی ہے۔

۶) یہ فاطمہ ہے، وہ ذہین ہے۔

۷) یہ کمرہ ہے، وہ بہت بڑا ہے۔

۸) وہ طلحہ ہے، وہ غیر حاضر ہے۔

۹) یہ کتاب ہے، وہ بھاری ہے۔

۱۰) یہ سفیان ہے، وہ غریب ہے۔

۱۱) وہ یوسف ہے، وہ محنتی ہے۔

۱۲) یہ زینب ہے، وہ نرس ہے۔

۱۳) وہ ارشد ہے، وہ کمزور ہے۔

۱۴) وہ پنکھا ہے، وہ صاف ہے۔

۱۵) وہ خدیجہ ہے وہ سست نہیں ہے۔

Exercise 2
Translate the following sentences into Urdu.

1) He is an ill worker.
2) He is a lazy student.
3) This is Khalid, he is little.
4) This is Yunus, he is clever.
5) This is Adam, he is a tailor.
6) He is small and she is tall.
7) This is Zainab, she is from London.
8) This is the guest, he is happy.
9) The wife is honest, she is active.
10) This is Ahmed, he is a carpenter.
11) That is a lawyer. He is on the ship.
12) That is the farmer. He is from the village.
13) He is a businessman; he is honest and hardworking.

Note:

When you use the word میں, the joining word ہے changes to ہوں.

میں احمد ہوں

I am Ahmad.

Exercise 3

Translate the following sentences into English.

۱) میں دور ہوں۔
۲) میں باغ میں ہوں۔
۳) میں پلنگ پر ہوں۔
۴) میں غیر حاضر ہوں۔
۵) میں آج یہاں ہوں۔
۶) میں خوش نہیں ہوں۔
۷) میں اس شہر سے ہوں۔
۸) میں اِس کلاس میں ہوں۔
۹) میں جنگل کے پیچھے ہوں۔
۱۰) میں دبلا ہوں، موٹا نہیں۔
۱۱) میں سچا ہوں، جھوٹا نہیں۔
۱۲) میں طلبہ کے ساتھ ہوں۔
۱۳) میں گاڑی کے اندر ہوں۔
۱۴) میں مہمانوں کے ساتھ ہوں۔
۱۵) میں سائیکل کے پاس ہوں۔

Exercise 4

Translate the following sentences into Urdu.

1) I am not evil.
2) I am a clean girl.
3) I am a clean boy.
4) I am on the street.
5) I am active, not lazy.
6) I am not on the path.
7) I am on the new ship.
8) I am strong, not weak.
9) I am outside the house.
10) I am skinny, I am not fat.
11) I am brave, not cowardly.
12) I am honest, not dishonest.

Note:

When you use the word تم, the joining word ہے changes to ہُو.

کیا تم بیمار ہو ؟

Are you ill?

Exercise 5

Translate the following sentences into English.

۱) تم قاضی ہو۔
۲) کیا تم سپاہی ہو ؟
۳) کیا تم باورچی ہو ؟
۴) تم بہت ذہین ہو۔
۵) تم اچھے آدمی ہو۔
۶) تم نیک عورت ہو۔
۷) تم بہت امانتدار ہو۔
۸) تم بہت چست ہو۔
۹) تم بالکل ماہر نہیں ہو۔
۱۰) تم کشتی میں نہیں ہو۔
۱۱) تم سخی ہو، کنجوس نہیں۔
۱۲) کیا تم دادا کے ساتھ نہیں ہو ؟
۱۳) تم بھائی اور بہن کے درمیان ہو۔
۱۴) تم اسکول میں ہو، گھر میں نہیں۔
۱۵) تم خوبصورت ہو، بدصورت نہیں۔

Exercise 6

Translate the following sentences into Urdu.

1) You are clever.
2) Where are you?
3) You are absent.
4) You are very sharp.
5) You are a teacher.
6) Are you in that story?
7) Why are you absent?
8) Where are you from?
9) You are near the box.
10) You are a lazy solider.
11) You are by the teacher.
12) You are not very skinny.
13) Why are you not in class?
14) Are only you in the class?
15) You are near the kitchen.

Note:

When you use the words ہم and آپ, the joining word ہے changes to ہیں.

آپ بہت محنتی آدمی ہیں۔   ہم سست نہیں ہیں

Exercise 7

Translate the following sentences into English.

۱) ہم بھائی ہیں۔

۲) آپ سچے ہیں۔

۳) ہم دبلے ہیں۔

۴) آپ موٹے ہیں۔

۵) ہم چھوٹے ہیں۔

۶) آپ بہت تیز ہیں۔

۷) آپ بڑے ہیں۔

۸) آپ دوست ہیں۔

۹) ہم جھوٹے نہیں ہیں۔

۱۰) ہم اسکول میں ہیں۔

۱۱) آپ مسجد کے باہر ہیں۔

۱۲) ہم دکان کے سامنے ہیں۔

۱۳) ہم درخت کے نیچے ہیں۔

۱۴) آپ اسکول کے اندر ہیں۔

۱۵) میں گاؤں کے قریب ہوں۔

Exercise 8

Translate the following sentences into Urdu.

1) We are absent.
2) You are expert.
3) We are sisters.
4) We are ladies.
5) We are honest.
6) We are skinny.
7) You are a barber.
8) We are honest boys.
9) You are weak soldiers.
10) You are hardworking.
11) You are an expert lawyer.
12) You are a businessman.

Notes:

1. Below is a table which explains the different joining words for pronouns.

They are	وہ--ہیں	You are	آپ--ہیں	You are	تو--ہے	I am	میں--ہوں
		He/ She /it is	وہ --ہے	You are	تم--ہو	We are	ہم--ہیں

2. There are three words for you: آپ, تم, تو.

   We will learn about the difference in details later on. For now, remember that تو is singular and

   تم is plural. آپ is also singular but it is used for respect.

آپ بیمار ہیں۔   تم بیمار ہو   تو بیمار ہے۔

You (singular-respect) *are ill.*   *You* (plural) *are ill.*   *You* (singular) *are ill.*

3. The word بلکہ is used like لیکن and مگر. بلکہ means rather.

کیا وہ لڑکا امیر ہے؟ نہیں بلکہ وہ بہت غریب ہے۔

Is that boy rich? No, rather he is very poor.

Exercise 9

Translation		Urdu	Translation		Urdu	Translation		Urdu
present	adj	حاضر	beloved, sweet	adj	پیارا	office	m	دفتر

Translate the following sentences into English.

۱) تو مالی ہے، لوہار نہیں۔

۲) ہم غریب ہیں، امیر نہیں۔

۳) آپ ڈاکٹر ہیں، نرس نہیں۔

۴) ہم دفتر پر ہیں، باغ میں نہیں۔

۵) میں وکیل ہوں، قاضی نہیں۔

۶) یہ ڈاکیا ہے، وہ بہت محنتی ہے۔

۷) میں کام پر ہوں، گھر میں نہیں۔

۸) میں بہت چھوٹا ہوں، بڑا نہیں۔

۹) یونس کہاں ہے؟ وہ دکان میں ہے۔

۱۰) یہ چھوٹی لڑکی ہے، وہ بہت پیاری ہے۔

۱۱) یہ خالد ہے، وہ معمار ہے، کسان نہیں۔

۱۲) تم کہاں ہو؟ میں دکان کے سامنے ہوں۔

۱۳) یہ سپاہی ہیں، وہ بہت بہادر اور طاقتور ہیں۔

۱۴) فاطمہ محنتی لڑکی ہے، وہ بالکل سست نہیں۔

۱۵) کلاس میں کتنے بچے ہیں؟ ہم تقریباً بیس ہیں۔

۱۶) کیا تو سست ہے؟ جی نہیں، میں سست نہیں ہوں۔

۱۷) یہ بہت بڑھیا پلنگ ہے۔ جی ہاں، وہ بہت مہنگا ہے۔

۱۸) کیا تم مدرسے میں ہو؟ جی ہاں ہم مدرسے میں ہیں۔

۱۹) مسجد کے اندر دو لڑکے ہیں، وہ دونوں بہت نیک ہیں۔

۲۰) آج فاطمہ اور احمد مدرسے میں نہیں ہیں، وہ بیمار ہیں۔

۲۱) ہم کلاس میں ہیں، لیکن بہت سے طلبہ غیر حاضر ہیں۔

۲۲) احمد اور عادل درزی ہیں، وہ امانتدار ہیں، جھوٹے نہیں۔

۲۳) الماری پر چار کتابیں ہیں، وہ سب کے سب بہت عمدہ ہیں۔

۲۴) کیا تو بیمار ہے؟ جی نہیں، میں بیمار نہیں بلکہ تندرست ہوں۔

۲۵) کیا آپ بازار میں ہیں؟ جی نہیں، میں مسجد میں ہوں، بازار میں نہیں۔

۲۶) یہ ساجد کا بھائی ہے، وہ احمد کی دکان میں مزدور ہے، وہ بہت امانتدار ہے۔

Exercise 10

Translate the following sentences into Urdu.

1) This is Zubair's shop. It is very big.
2) This is a needle. This is the tailor's needle.
3) This water is not a lot, rather it is quite less.
4) This is sweet honey. It is from the farmer's garden.
5) There are two judges in the office but both are dishonest.
6) Where is the mother's heavy bottle? It is under the old table.
7) Is the small boy honest? Yes, he is very honest, but he is very lazy.
8) Where is this milk from? This milk is from the farmer's cow. It is very clean and white.
9) There is a crowd in that shop. Whose shop is that? That is the butcher's shop. He is a very honest man.
10) This is a window. It is from the businessman's shop. It is cheap, not expensive but it is very good quality.
11) There are only two shops in this village, but both of them are very good and there are good quality things in both of them.
12) Are you a tailor? No, I am a builder. Where are you from? Are you from the village? No, I am not from the village, rather I am from London.

Note:

There are no separate pronouns for gender i.e. a pronoun can be used for both masculine and feminine. The context will help you decide whether the pronoun is masculine or feminine.

وہ سچا ہے۔	وہ سچی ہے۔
He is truthful.	*She is truthful.*

Exercise 11

Translate the following sentences into English.

۱) رقیہ بہن ہے، وہ سچی ہے۔

۲) طلحہ بڑھئی ہے، وہ سست ہے۔

۳) فاطمہ باورچی ہے، وہ ماہر ہے۔

۴) زینب لڑکی ہے، وہ محنتی ہے۔

۵) عمر درزی ہے، وہ ماہر نہیں ہے۔

۶) اسماء لڑکی ہے، وہ بیمار ہے۔

۷) یوسف سپاہی ہے، وہ بہادر ہے۔

۸) صفیہ ڈاکٹر ہے، وہ امانتدار ہے۔

۹) یونس قصائی ہے، وہ طاقتور ہے۔

۱۰) بلال دندان ساز ہے، وہ امیر ہے۔

۱۱) ہاجرہ بچی ہے، وہ پیاری بچی ہے۔

۱۲) ارشد بھائی ہے، وہ اچھا بھائی ہے۔

۱۳) عائشہ نرس ہے، وہ تندرست ہے۔

۱۴) محمد دوست ہے، وہ سچا دوست ہے۔

۱۵) ایوب تاجر ہے لیکن جھوٹا آدمی ہے۔

Exercise 12

Translate the following sentences into Urdu.

1) This is Aisha. She is active.
2) This cloth is new, but it is dirty.
3) Omar is a farmer, but he is lazy.
4) This is Ahmad. He is not honest.
5) That is Fatima. She is very honest.
6) Asma is a nurse. She is in the office.
7) Safiyya is a little girl. She is very beloved.
8) Reyhana is not ill, rather she is healthy.
9) That is Ahmad's sister. She is by the clock.
10) This is Fatima's daughter. She is near the bed.

Pronouns in Possession

A pronoun can also be used to show who owns something.

میرا گھر

my house

Pronouns

Translation	Urdu
theirs	اُن کا

Translation	Urdu
your	تُمہارا
your	آپ کا
his/hers/its	اُس کا

Translation	Urdu
my	میرا
our	ہمارا
your	تیرا

Notes:

1. The ا at the end of the pronoun will change to match the number and gender of the word after it.

میرا گھر　　　میری کتاب　　　میرے بچے

2. The pronouns میرا، ہمارا، تیرا، تمہارا have the word کا built-in them i.e. you do not need to add کا along with the pronoun. The pronoun on its own will suffice.

میرا گھر ✓　　　　　　　میرا کا گھر ✗

With آپ کا، اس کا، ان کا you have to keep the word کا.

اس کا گھر

Exercise 13

Translation		Urdu	Translation		Urdu	Translation		Urdu
tongue, language	f	زبان/زُبان	foot	m	پیر	eye	f	آنکھ
ear	m	کان	heart	m	دِل	hair	m	بال
hand	m	ہاتھ	brain	m	دِماغ	stomach	m	پیٹ

Translate the following sentences into English.

۱) میرے مہمان	۸) ان کے طلبہ	۱۵) ان کی وردی	۲۲) اس کا درخت	۲۹) میرا کاغذ
۲) ہمارے کان	۹) میری دکان	۱۶) میرا کھانا	۲۳) آپ کی ماں	۳۰) ہمارے کپڑے
۳) تیری کشتی	۱۰) اُن کے رسالے	۱۷) ہمارا دفتر	۲۴) اس کی قیمت	۳۱) اس کی دوائیں
۴) تمہارا باورچی خانہ	۱۱) اس کے چولھے	۱۸) تیری اجرت	۲۵) ہمارا اسکول	۳۲) میرا دل
۵) ہماری زبان	۱۲) ہماری رکابی	۱۹) تمہارا شہر	۲۶) اس کا سیب	۳۳) اس کے پیر
۶) آپ کا قلم	۱۳) ان کی بلی	۲۰) میرا گاؤں	۲۷) ان کا مدرسہ	۳۴) ہماری آنکھیں
۷) اُس کا صندوق	۱۴) تیرے کتے	۲۱) ان کی دکانیں	۲۸) اس کا آٹا	۳۵) ان کی سائیکلیں

Exercise 14

Translate the following sentences into Urdu.

1) his exam
2) her path
3) its work
4) my eyes
5) our hair
6) his hand
7) her ears
8) its day
9) our hearts
10) your feet
11) his office
12) her month
13) their tongues
14) my brain
15) her story
16) his week
17) its bed
18) its sugar
19) my ice
20) our animals
21) their things
22) your jungle
23) their toys
24) my Urdu
25) our English
26) your stomach
27) your holidays
28) their free time

Note:

The possessive pronoun can come with prepositions which start with کے or کی. It will not be translated as a possession.

اس کے پیچھے	ہمارے واسطے	میرے ساتھ	تمہارے لئے	تمہارے سامنے
Behind him	*For us*	*With me*	*For you*	*In front of you*

It is important to remember that the pronoun will always end in ے. It cannot end in ا when it has a preposition after it.

میرا پیچھے ✗   میرے پیچھے ✓

Exercise 15

Translate the following sentences into English.

۱) ہمارے سامنے
۲) تیرے پاس
۳) تمہاری وجہ سے
۴) آپ کے لئے
۵) آپ کی طرح
۶) ہماری طرف
۷) ہماری وجہ سے
۸) اس کی طرف
۹) تیرے لئے
۱۰) ان کے بعد
۱۱) تمہارے بغیر
۱۲) میرے ساتھ
۱۳) ان کے درمیان
۱۴) میرے پاس
۱۵) تمہارے لئے
۱۶) ہمارے اوپر
۱۷) ان کے گرد
۱۸) تیرے آگے
۱۹) ان کے بیچ
۲۰) اس کے بعد

Exercise 16

Translate the following sentences into Urdu.

1) by it
2) with me
3) after her
4) for them
5) like her
6) inside him
7) outside it
8) above her
9) around us
10) towards me
11) without you
12) because of him
13) with her
14) in front of me
15) behind you
16) because of you
17) in front of them
18) underneath him
19) in between them
20) in the middle of us

Note:

The word اس can be used in two ways; in the meaning of his/her or in the meaning of this/that.

When اس comes with کا i.e. اس کا, اس کی or اس کے it means his; and when it comes without it, it means that.

اس کا گھر	اس گھر میں
His house	In that house

The word اس کا will change to اس کے if it has a preposition after it.

اس کے گھر میں	اس کا گھر
in his house	his house

Exercise 17

Translate the following sentences into English. Make sure you differentiate between the two types of اس.

۱) اس آنکھ میں
۲) اس کی آنکھ
۳) اس کا پیر
۴) اس پیر پر
۵) اس کے پیر پر
۶) اس کا ہاتھ
۷) اس ہاتھ میں
۸) اس کے ہاتھ میں
۹) اس کا دفتر
۱۰) اس کے دفتر میں
۱۱) اس دفتر کے باہر
۱۲) اس جانور کی وجہ سے
۱۳) اس کا جانور
۱۴) اس بوتل کے بغیر
۱۵) اس کا بوتل
۱۶) اس کام میں
۱۷) اس کا کام
۱۸) اس کے کام کے لئے
۱۹) اس کا قصہ
۲۰) اس قصہ میں

Exercise 18

Translate the following sentences into Urdu.

1) his work
2) in her work
3) because of this work
4) her cat
5) behind her cat
6) on this cat
7) his dog
8) near his dog
9) with this dog
10) her fish
11) behind that fish
12) his pencil
13) with that pencil
14) her food
15) in her food

Exercise 19

Translation		Urdu	Translation		Urdu	Translation		Urdu
difficult	adj	مشکل	tired	adj	تھکا	Iman, belief	m	ایمان
blue	adj	نیلا	enemy	m	دشمن	turn	f	باری
hotel, restaurant	m	ہوٹل	fridge	m	فرج	hungry	adj	بھوکا
banana	m	کیلا	black	adj	کالا	thirsty	adj	پیاسا
age	f	عمر	work	m	کام کاج	gift	m	تُحفہ

Translate the following sentences into English.

۱) ہمارا گھر تمہاری دکان سے قریب ہے۔

۲) اس کا گاؤں میرے شہر سے دور ہے۔

۳) یہ کیلا کالا ہے، وہ خراب ہے، اچھا نہیں۔

۴) تمہارے مدرسے کے طلبہ بہت محنتی ہیں۔

۵) ہمارے مہمان لندن سے ہیں، وہ باغ میں ہیں۔

۶) تمہارے بال سفید ہیں اور میرے بال کالے ہیں۔

۷) میری آنکھیں کالی ہیں اور تمہاری آنکھیں نیلی ہیں۔

۸) ہماری زبان عربی ہے اور ان کی زبان انگریزی ہے۔

۹) سخت بارش اور برف کی وجہ سے ہمارا اسکول بند ہے۔

۱۰) ہم بہت بھوکے ہیں، ہمارے گھر کا چولھا خراب ہے۔

۱۱) تمہارا کھانا میز پر ہے، اس کے پاس ٹھنڈا پانی بھی ہے۔

۱۲) میں بہت تھکا ہوں، ہمارے گھر میں بہت کام کاج ہیں۔

۱۳) یہ زبیر کی گاڑی ہے، اس میں سات آدمی کے لئے جگہ ہے۔

۱۴) میری تھیلی کہاں ہے؟ تمہاری تھیلی میرے کمرے میں ہے۔

۱۵) اس کے گھر کا فرج خراب ہے، اُس کی وجہ سے وہ پیاسا ہے۔

۱۶) یہ آدمی نہیں ہے، یہ صرف لڑکا ہے، اس کی عمر بہت کم ہے۔

۱۷) ارشد اچھا آدمی ہے، اس کا دل صاف ہے، وہ میرا اچھا دوست ہے۔

۱۸) میری باری اُس کی باری سے پہلے ہے اور تمہاری باری کے بعد ہے۔

۱۹) شیطان ہمارا دوست نہیں، اور صرف دشمن نہیں، بلکہ بہت بڑا دشمن ہے۔

۲۰) وہ تحفہ تمہارے لئے ہے، وہ اس دکان سے ہے، وہ بہت مہنگا تحفہ ہے۔

۲۱) میری تھیلی کہاں ہے؟ تمہاری تھیلی اس کے باورچی خانے میں ہے۔

۲۲) ہماری کلاس میں تیس بچے ہیں، پندرہ لڑکے اور پندرہ لڑکیاں۔

۲۳) شہر کا بازار ہمارے گھروں سے کافی دور ہے، لیکن اس کی چیزیں بہت سستی ہیں۔

۲۴) یہ ہمارے شہر کی مسجد ہے، وہ بہت بڑی ہے، لیکن اس کا قالین بہت سستا ہے۔

۲۵) احمد بہت ذہین ہے اور اس کا دماغ بہت تیز ہے، اور وہ محنتی بھی ہے، سست بالکل نہیں۔

۲۶) احمد تاجر ہے، اس کی دکان بازار میں ہے، اس کی دکان کا سامان بڑھیا ہے لیکن مہنگا ہے۔

۲۷) یہ زبیر ہے، وہ باورچی ہے، اور اچھا باورچی ہے، اس کا ہوٹل شہر میں ہے، اس کے ہوٹل میں بہت عمدہ کھانا ہے۔

۲۸) یہ کون ہے؟ یہ میرا دوست ہے۔ اس کے والد کون ہیں؟ اس کے والد ہماری مسجد کے امام ہیں۔ تمہارے دوست کا گھر کہاں ہے؟ اس کا گھر بازار میں ہے، قالین کی دکان کے اوپر۔

Exercise 20

Translate the following sentences into Urdu.

1) All of his cars are near my house.
2) Your brain is very sharp. You are very clever.
3) Where is your hand? My hand is in my uniform.
4) Where is their office? Their office is near the small shop.
5) Are your eyes black? No, my eyes are not black, they are blue.
6) What is this? This is Ahmad's bottle. His bottle is like his sister's bottle.
7) Is he your enemy? No, he is not my enemy, rather he is my good friend.
8) Whose turn is it? It is your turn. No, it is not my turn, rather it is her turn.
9) Are you hungry? Yes, I am hungry. Is there food in your bag? No, there isn't any food in my bag. Are you thirsty? Yes, I am thirsty. Is there water in your bag? Yes, there is a bottle in my bag and there is water in it.

Lesson 11
To Have

He has three pens. *You have five brothers.* *I have a cold.*

To show that someone has something, you use the word has/have in English. In Urdu, there are different ways to say have. One way is to use the word کے پاس.

زید کے پاس تین قلم ہیں۔

Zaid has three pens.

The word کے پاس also means by. The context will help you determine the correct meaning.

دروازے کے پاس ایک کرسی ہے۔

There is a chair by the door.

میرے پاس ایک تھیلی ہے۔

I have a bag.

Exercise 1

Translation		Urdu	Translation		Urdu	Translation		Urdu
Pet, domesticated	adj	پالتو	bad behaviour	f	شرارت	brothers and sisters	m	بھائی بہن
red	adj	لال	bath	m	غسل	neighbour	m	پڑوسی
homework	m	ہوم ورک	library	m	کتب خانہ	extra	adj	زائد

Translate the following sentences into English. Notice how the phrase کے پاس is used.

۱) کیا تمہارے پاس فرج ہے؟

۲) اس درخت پر بہت پتے ہیں۔

۳) آج میرے پاس پیسے نہیں ہیں۔

۴) ماں کے پاس کچھ پرانی بوتلیں ہیں۔

۵) اس درخت کے پاس بہت پتے ہیں۔

۶) میرے پاس صرف دس منٹ ہیں۔

۷) کسان کے پاس بہت سے جانور ہیں۔

۸) درزی کے پاس بہت سی سوئیاں ہیں۔

۹) اس سپاہی کے پاس وردی نہیں ہے۔

۱۰) کیا میری چابیاں تمہارے پاس ہیں؟

۱۱) کسی کے پاس چھوٹا صندوق نہیں ہے۔

۱۲) میں پیاسی ہوں، کیا تمہارے پاس پانی ہے؟

۱۳) کسان کے پاس ایک بہت موٹی گائے ہے۔

۱۴) طلحہ کی بہن کے پاس ایک چھوٹی سائیکل ہے۔

۱۵) فاطمہ اور عائشہ کے پاس بہت ہوم ورک ہے۔

۱۶) اس قصائی کے پاس بہت سی تیز چھریاں ہیں۔

۱۷) کسان کے پاس سو بکریاں اور پچاس گائیں ہیں۔

۱۸) میرے پڑوسی کے پاس دو بلیاں اور تین کتے ہیں۔

۱۹) میں بہت بھوکا ہوں، تمہارے پاس کچھ کھانا ہے؟

۲۰) اس تاجر کے پاس دکان میں بہت پرانا سامان ہے۔

۲۱) میرے پاس بہت ٹوپیاں ہیں، لیکن کوئی پگڑی نہیں۔

۲۲) کیا تمہارے پاس سیب ہیں؟ جی ہاں میرے پاس دس ایک سیب ہیں۔

۲۳) کیا قصائی کے پاس مچھلی ہے؟ جی نہیں، اس کے پاس صرف گوشت ہے، مچھلی نہیں۔

۲۴) کیا تمہارے پاس کوئی زائد قلم ہے؟ جی ہاں، میرے پاس پانچ قلم ہیں، دو کالے، دو نیلے اور ایک لال، اور میرے پاس ایک پنسل بھی ہے۔

Exercise 2

Translate the following sentences into Urdu.

1) Do you have ice?
2) She has many toys.
3) Zainab has a pet cat.
4) I don't have any pen.
5) He does not have food.
6) Do you have five minutes?
7) My mother has a big bicycle.
8) The farmer has a lot of goats.
9) Do you have a sweet banana?
10) The cook does not have sugar.
11) Does she have a clean uniform?
12) They have a very expensive gift.
13) The library has a few magazines.
14) We only have three days for the home work.
15) Ahmad has extra homework but he does not have free time.

Notes

1. The word اس لئے کہ means because. This is added between sentences to join them together. The sentence after اس لئے کہ shows the reason for the sentence before it.

   آج اسکول بند ہے اس لئے کہ [برف بہت ہے]reason۔

   School is closed today because the snow is a lot (there is a lot of snow).

   The word اس لئے on its own without the particle کہ means so. The sentence before اس لئے shows the reason.

   [آج بہت برف ہے]reason اس لئے اسکول بند ہے۔

   The snow is a lot so school is closed today.

   Note that reason comes after اس لئے کہ and before اس لئے.

2. The word کیوں کہ can also be used like اس لئے کہ: the reason comes after it.

   میں تھکا ہوں کیوں کہ [آج بہت کام ہے]reason۔

   I am tired because there is a lot of work today.

3. The phrase اس کی وجہ سے also means because of this. The sentence before it will show the reason for the sentence after it.

   [گھر میں کھانا نہیں ہے]reason اس کی وجہ سے احمد بھوکا ہے۔

   There isn't any food in the house, so Ahmad is hungry.

4. Note this is always pronounced اِس لئے and not اُس لئے.

Exercise 3

Translate the following sentences into English.

۱) احمد بھوکا ہے کیوں کہ گھر میں کھانا نہیں ہے۔

۲) احمد بھوکا ہے اس لئے کہ گھر میں کھانا نہیں ہے۔

۳) گھر میں کھانا نہیں ہے اس لئے احمد بھوکا ہے۔

۴) گھر میں کھانا نہیں ہے اس کی وجہ سے احمد بھوکا ہے۔

۵) اس بچے کی سائیکل خراب ہے اس لئے وہ گھر میں ہے۔

۶) آج زبیر کام پر نہیں ہے اس لئے کہ اس کی گاڑی خراب ہے۔

۷) یہ فاطمہ ہے، وہ بیمار ہے اس لئے وہ گھر پر ہے، اسکول میں نہیں۔

۸) احمد آج کام پر ہے گھر پر نہیں کیوں کہ اس کے پاس بہت کام ہے۔

۹) اس قصائی کا گوشت تازہ نہیں ہے اس لئے اس میں لوگ بہت کم ہیں۔

۱۰) اس تاجر کی دکان میں بہت سے لوگ ہیں اس لئے کہ اس کا سامان بہت عمدہ ہے۔

۱۱) فاطمہ اور عائشہ کتب خانے میں ہیں اس لئے کہ ان کے پاس بہت ہوم ورک ہے۔

۱۲) احمد اور زبیر کے پاس بہت ہوم ورک ہے اس لئے وہ کتب خانہ میں ہیں، گھر پر نہیں۔

۱۳) ماجد کے پاس بہت اچھے کھلونے ہیں، لیکن اس کی شرارت کی وجہ سے وہ سب ایک کمرے میں بند ہیں۔

۱۴) احمد اسکول میں کیوں نہیں ہے؟ احمد بیمار ہے اس لئے احمد اسکول میں نہیں ہے۔ کیا احمد کی بہن اسکول میں ہے؟ احمد کی بہن اسکول میں ہے اس لئے کہ وہ بیمار نہیں ہے۔

۱۵) میز پر ایک گلاس ہے، اس گلاس میں چائے ہے، اس چائے میں بہت شکر ہے اس لئے وہ چائے بہت میٹھی ہے۔ اور چائے کے گلاس کے پاس دودھ کا گلاس ہے، اور اس دودھ میں شہد ہے، اس لئے وہ دودھ بھی میٹھا ہے۔

۱۶) یہ کیا ہے؟ یہ ایک شہر ہے۔ کیا اس شہر میں اسکول ہے؟ جی ہاں، اس شہر میں اسکول ہے۔ کیا یہ اسکول بڑا ہے؟ جی ہاں یہ اسکول بڑا ہے۔ کیا شہر کے پاس گاؤں ہے؟ جی ہاں، اس شہر کے پاس ایک گاؤں ہے، لیکن وہ گاؤں بہت چھوٹا ہے اور اس میں بہت کم گھر ہیں، اس لئے اس میں اسکول اور مدرسہ نہیں ہے۔

Exercise 4
Translate the following sentences into Urdu.
1) This shop is cheap so there are many people in it.
2) There is a crowd outside the hall because there is a fire inside it.
3) There are many guests in our home so the rooms are not empty.
4) Why is the room cold? It is cold because the window is not closed.
5) There are many people in the shop because its things are very cheap.
6) The library is closed today because there is a lot of snow on the streets.
7) Fatima is hardworking so she is beloved, but her sister is lazy so she is not beloved.
8) This fan is very good so this room is cold, but that fan is not good so that room is very hot.
9) The carpenter is sick today so his shop is closed, but the blacksmith is not sick so his shop is open.
10) I don't have a good car because the streets of our city are not good and there is no space outside my house for a car.

Note:
If you want to use the word has/have with relatives or things that are long term you have to take out the word پاس. Now the کا agrees with the word after it.

محمد کے پاس کوئی بھائی نہیں۔	زبیر کے پاس دو گھر ہیں۔	احمد کے پاس تین بہنیں ہیں۔
[محمد کا] کوئی بھائی نہیں۔	[زبیر کے] دو گھر ہیں۔	[احمد کی] تین بہنیں ہیں
[Muhammad doesn't have] a brother.	*[Zubair] has two houses.*	*[Ahmad has] three sisters.*

Exercise 5

Translation		Urdu	Translation		Urdu	Translation		Urdu
compulsory acts	adj	فرض	right	m	حق	building	f	عمارت
hall	m	ہال	rights	m	حقوق	owner	m	مالک
fasting	m	روزہ	pillar	m	ستون	importance	f	اہمیت
charity	f	زکوۃ	Sunnah	f	سنت	blessing	f	برکت
pilgrimage	m	حج	parents	m	ماں باپ	uncle	m	چچا

Translate the following sentences into English.

۱) ماں باپ کے بہت حقوق ہیں۔
۲) اس عمارت کے دو مالک ہیں۔
۳) اس غریب آدمی کا کوئی گھر نہیں۔
۴) اسلام میں نماز کی بڑی اہمیت ہے۔
۵) نبی ﷺ کی سنت کی بہت برکتیں ہیں۔
۶) وضو کے چار فرض ہیں اور غسل کے تین۔
۷) تمہارے کتنے چچا ہیں؟ میرے دو چچا ہیں۔
۸) ہمارے دو کان ہیں لیکن صرف ایک زبان۔
۹) ہماری دو آنکھیں، دو پیر، دو ہاتھ اور دو کان ہیں۔
۱۰) ہفتے کے سات دن ہیں، اور مہینے کے چار ہفتے ہیں۔
۱۱) میرے والد کے پانچ بچے ہیں، دو لڑکے اور تین لڑکیاں۔
۱۲) اسلام کے پانچ ستون ہیں، ایمان، نماز، روزہ، زکوۃ اور حج۔
۱۳) عبداللہ کے کتنے بھائی بہن ہیں؟ اس کا ایک بھائی اور دو بہنیں ہیں۔
۱۴) ہمارے گاؤں کی مسجد کافی بڑی ہے، اس کے بہت سے دروازے ہیں۔
۱۵) یہ گھر بہت چھوٹا ہے، اس کے صرف دو کمرے ہیں، اور وہ گھر بھی ذرا چھوٹا ہے، اس کے تین ہی کمرے ہیں۔
۱۶) اس مسجد کا ایک بہت بڑا ہال ہے، وہ نماز کے لئے ہے، اور بہت سے چھوٹے کمرے، اور وہ کلاسوں کے لئے ہیں۔

Exercise 6
Translate the following sentences into Urdu.

1) He has blue eyes.
2) You have black hair.
3) They have good ears.
4) He has many friends.
5) You have a good brain.
6) He has two daughters.
7) You have a good heart.
8) She has a sharp tongue.
9) He does not have a wife.
10) She does not have children.
11) I have two hands and two feet.
12) Ahmad does not have brothers and sisters.
13) My uncle has two neighbors. Both are good.
14) This school has two halls, one is in front of it and the second is behind of it.

Notes:

1. If you want to ask or tell about age, you use a similar style. i.e. you say کتنے سال کے.

تم [کتنے سال کے] ہو؟
How old are you?

میں دس سال کا ہوں۔
I am ten years old.

The word کا will change to کی if you are talking about a female.

زینب کتنے سال کی ہے؟
How old is Zainab?

وہ تین سال کی ہے۔
Zainab is three years old.

2. You can also ask about age by saying:

تمہاری عمر کتنی ہے؟
How much is your age? (How old are you?)

3. If you want to ask about the age of a non-living thing you will say کتنا پرانا.

The کتنا will change to کتنی and کتنے if the word after it is feminine or plural.

یہ گاڑی کتنی پرانی ہے؟
How old is this car?

یہ پنکھا کتنا پرانا ہے؟
How old is this fan?

یہ چولھے کتنے پرانے ہیں؟
How old are these stoves?

Exercise 7

Translate the following sentences into English.

۱) طلحہ کتنے سال کا ہے؟ طلحہ پندرہ سال کا ہے۔
۲) یونس کی عمر کیا ہے؟ یونس کی عمر چھ سال ہے۔
۳) فاطمہ کتنے سال کی ہے؟ فاطمہ نو سال کی ہے۔
۴) زبیر کی عمر کتنی ہے؟ زبیر کی عمر پانچ سال ہے۔
۵) عادل کی عمر کیا ہے؟ عادل کی عمر بیس سال ہے۔
۶) سمیر کی عمر کتنی ہے؟ سمیر کی عمر تیس سال ہے۔
۷) یوسف کتنے سال کا ہے؟ یوسف دس سال کا ہے۔
۸) خدیجہ کتنے مہینے کی ہے؟ خدیجہ پندرہ مہینے کی ہے۔
۹) زینب کتنے سال کی ہے؟ زینب گیارہ سال کی ہے۔
۱۰) یہ عمارت کتنی پرانی ہے؟ یہ عمارت سو سال پرانا ہے۔
۱۱) عبدالرحمن کتنے سال کا ہے؟ عبدالرحمن چھ سال کا ہے۔
۱۲) یہ ہال کتنا پرانا ہے؟ یہ ہال نیا ہے، صرف ایک سال کا ہے۔

Exercise 8

Translate the following sentences into Urdu.

1) How old is he? He is five years old.
2) How old is Aisha? She is forty years old.
3) How old is she? She is ten years old.
4) How old is that boy? He is five years old.
5) How old is Shakir? He is thirty years old.
6) How old is Zakir? He is twenty years old.
7) How old is Hashim? He is sixty years old.
8) How old is that girl? She is nine years old.
9) How old is Asma? She is fifteen years old.
10) How old is Siraj? He is twenty-five years old.
11) How old is this hotel? This hotel is ten years old.
12) How old is that man? He is seventy years old.
13) How old is that woman? She is forty years old.
14) How old is this library? This library is very old. It is three hundred years old.

Note:

To ask about price you say کتنے کا.

یہ گھر کتنے کا ہے؟

How much is this house for?

The کا will change to کی and کے if the word after it is feminine or plural.

یہ کتاب کتنے کی ہے؟

How much is this book for?

(How much does this book cost?)

یہ صوفے کتنے کے ہیں؟

How much are these sofas for?

Exercise 9

Translation		Urdu	Translation		Urdu	Translation		Urdu
jubbah	m	جبہ	rupee	m	روپیہ	Pound (£)	m	پونڈ
price	m	دام	riyal	m	رِیال	Dollar ($)	m	ڈالر

Translate the following sentences into English.

۱) وہ جبہ کتنے کا ہے؟ وہ دس ریال کا ہے۔

۲) یہ نیا پلنگ کتنے کا ہے؟ یہ سو روپیہ کا ہے۔

۳) یہ فرج کتنے کا ہے؟ یہ فرج پانچ سو پونڈ کا ہے۔

۴) یہ بڑا صندوق کتنے کا ہے؟ یہ چھ ریال کا ہے۔

۵) یہ میز کتنے کی ہے؟ یہ میز صرف ایک ڈالر کی ہے۔

۶) یہ پانچ کیلے کتنے کے ہیں؟ یہ پانچ روپیے کے ہیں۔

۷) یہ لال گاڑی کتنے کی ہے؟ یہ تین ہزار پاؤنڈ کی ہے۔

۸) یہ رسالے کتنے کے ہیں؟ یہ رسالے بیس پاؤنڈ کے ہیں۔ یہ بہت مہنگے ہیں۔ جی ہاں، اس لئے کہ یہ بہت نئے اور عمدہ ہیں۔

۹) یہ دس مچھلیاں کتنے کی ہیں؟ یہ دس مچھلیاں صرف دو ڈالر کی ہیں۔ یہ بہت اچھا دام ہے۔ جی ہاں، آج مچھلیاں بہت سستی ہیں اس لئے کہ بازار میں بہت مچھلیاں ہیں۔

Exercise 10

Translate the following sentences into Urdu.

1) How much is milk for? This milk is for thirty rupees.
2) How much is that apple for? This apple is for ten rupees.
3) How much are these toys for? These toys are for fifty riyals.
4) How much is this gift for? This gift is for twenty-five pounds.
5) How much does this plate cost? This plate cost two pounds.
6) How much is that knife for? That knife is for only one pound.
7) How much is this hall for? This hall is for five hundred dollars.
8) How much are these rooms for? These rooms are for forty rupees.
9) How much does this bicycle cost? This bicycle costs ninety pounds.
10) How much are these things for? These things are for a hundred riyals.
11) How much are those goods? These goods are for hundreds of pounds.
12) How much are these ships for? These ships are for eighty thousand pounds.

Note:

The word کو is used to show the meaning has/have. This is used to show abstract things like illness, feelings, habits etc.

میری امی کو چائے کی عادت نہیں۔	احمد کو نزلہ ہے
My mother does not have a habit of tea.	*Ahmad has a cold.*

Exercise 11

Translation		Urdu	Translation		Urdu	Translation		Urdu
Cough	f	کھانسی	especially	adv	خاص طور پر	prophet	m	انبیاء/انبیا
story, tale	f	کہانی	Pain	m	درد	respectful	adj	باادب
sin	m	گناہ	Interest	f	دلچسپی	fever	m	بخار
sinful	adj	گنہگار، گناہ گار	Asthma	m	دمہ	illness	f	بیماری
love	f	محبت	Interest	m	شوق	business	f	تجارت
cold	m	نزلہ	Need	f	ضرورت	experience	m	تجربہ
dislike	f	نفرت	Habit	f	عادت	relationship	m	تعلق
courage	f	ہمت	Worry	m/f	فکر	education	f	تعلیم

Translate the following sentences into English.

۱) یہ آدمی بزدل ہے، اس کو ہمت نہیں۔

۲) آج احمد کام پر نہیں، کیوں کہ اُس کو سخت بخار ہے۔

۳) مسلمانوں کو گناہوں سے نفرت ہے، گنہگاروں سے نہیں۔

۴) کیا تمہارے والد کو چائے کی عادت ہے؟ جی نہیں، لیکن دادا کو ہے۔

۵) تمہاری بہن کو پیٹ میں درد ہے، اس لئے وہ آج مدرسے میں نہیں۔

۶) میں بیمار ہوں۔ تم کو کیا بیماری ہے؟ دمہ اور کھانسی کی بیماری ہے۔

۷) کیا کسی کے پاس زائد قلم ہے؟ کیوں؟ احمد کو اُس کی ضرورت ہے۔

۸) مسلمانوں کو اللہ اور اللہ کے رسول ﷺ سے بہت محبت ہے۔

۹) کیا تم کو دینی کتابوں کا شوق ہے؟ جی ہاں! دینی کتابوں کا بہت شوق ہے۔

۱۰) زینب کو رسالوں کا بہت شوق ہے، اس کے پاس گھر میں کافی رسالے ہیں۔

۱۱) میرے بھائی کئی سالوں سے تاجر ہے، اور اس کو تجارت کا کافی تجربہ ہے۔

۱۲) یہ لڑکا میرا اچھا دوست ہے، وہ بہت با ادب ہے، اس کو استادوں کے ساتھ بہت تعلق ہے۔

۱۳) میرے بڑے بھائی کو قصوں اور کہانیوں کی بہت دلچسپی ہے، خاص طور پر انبیاء اور صحابہ کے قصے۔

۱۴) کیا اس لڑکے کو فٹ بال کا شوق ہے؟ جی ہاں، اس کو شوق ہے، لیکن تعلیم اور کلاسوں کی وجہ سے اس کو بہت کم فرصت ہے۔

Exercise 12

Translate the following sentences into Urdu.

1) He dislikes bitter medicine.
2) He does not have any illness.
3) Everyone does not have experience.
4) They have a lot of interest in English and Urdu.
5) My neighbour has a fever, so he is by the doctor.
6) My father has a good relationship with his father.
7) She has a pain in her stomach so she is absent today.
8) The cook needs (has a need for) a new kitchen and a new stove.
9) He is very clever and he is not lazy but he does not have courage.
10) My friend has a lot of love for books. He has many shelves in his house and he has hundreds of books.
11) Does your brother have asthma? My big brother does not have asthma but my little brother has.

Exercise 13

Translate the following sentences into English. Notice how the structures have been mixed up.

۱) زید کے دوست اچھے بچے ہیں۔

۲) زید کے بہت سے دوست ہیں۔

۳) خدیجہ کی بہن بہت چھوٹی ہے۔

۴) خدیجہ کی دو بہنیں ہیں۔

۵) کسان کے دو لڑکے بہت محنتی ہیں۔

۶) کسان کے دو لڑکے ہیں، اور ایک لڑکی۔

۷) میری سائیکل مسجد کے پاس ہے۔

۸) میرے پاس دو سائیکلیں ہیں۔

۹) کھانا فرج کے پاس ہے۔

۱۰) اس غریب کے پاس کھانا نہیں ہے۔

۱۱) اس تاجر کے پاس بہت پیسہ ہے۔

۱۲) میرا دوست اس تاجر کے پاس ہے۔

Exercise 14

Translate the following sentences into Urdu.

1) The farmer has two oxen.
2) The farmer has a lot of experience.
3) The farmer has many friends.
4) Fatima does not have paper.
5) Fatima does not have a cough.
6) Fatima does not have a little sister.
7) You have a lot of courage.
8) Do you have a new uniform?
9) Do you have a cake?
10) The school has two big halls.
11) The school has a lot of books.
12) There are only ten teachers in the school.

Lesson 12
Past Tense

Until now, all the sentences that we have used were in the present tense. i.e. they told us about something happening now. Now we are going to learn about the past tense i.e. how to say something happened in the past.

To make a sentence into the past tense, change the joining word ہے to تھا. The word is will change to was.

لڑکا بیمار تھا   لڑکا بیمار ہے۔

The boy was ill.   *The boy is ill.*

Exercise 1
Translate the following sentences into English.

۱) کھانا کم تھا۔

۲) وہ جانور بیمار تھا۔

۳) زبیر کافی ذہین تھا۔

۴) احمد غیر حاضر تھا۔

۵) وہ آدمی گنہگار تھا۔

۶) میرا قلم خراب تھا۔

۷) کیک بہت میٹھا تھا۔

۸) پانی بہت زیادہ تھا۔

۹) میرا دوست دبلا تھا۔

۱۰) یہ بچہ بہت خوش تھا۔

۱۱) قلم صندوق میں تھا۔

۱۲) تکیہ بستر پر نہیں تھا۔

۱۳) گھر میں کوئی نہیں تھا۔

۱۴) تمہارا قلم تھیلی میں تھا۔

۱۵) گائے کا دودھ سفید تھا۔

۱۶) تمہارا کمرہ صاف نہیں تھا۔

۱۷) ہوم ورک بہت مشکل تھا۔

۱۸) میرا اسکول گھر سے دور تھا۔

۱۹) کمرہ کلاس سے پہلے خالی تھا۔

۲۰) گلاس بھرا نہیں تھا، خالی تھا۔

۲۱) بکری کا گوشت بہت عمدہ تھا۔

Exercise 2
Translate the following sentences into Urdu.

1) She had asthma.
2) He had a fever.
3) Fatima had a cold.
4) The banana was bad.
5) The hotel was closed.
6) That man was respectful.
7) The hall was not very big.
8) You had interest in Urdu.
9) She had a lot of experience.
10) They had pain in the stomach.
11) The price of the jubbah was a lot.
12) Their neighbour was a very good man.

Note:

If the subject is masculine plural, change the joining word ہیں to تھے. The word are will change to were.

لڑکے بیمار تھے   لڑکے بیمار ہیں۔

The boys were ill.   *The boys are ill.*

Exercise 3
Translate the following sentences into English.

۱) وہ طلبہ محنتی تھے۔
۲) بستر پر دو تکیے تھے۔
۳) اس شہر میں چار ہوٹل تھے۔
۴) اِس آدمی کے بال کالے تھے۔
۵) اُس عمارت میں پانچ دفتر تھے۔
۶) اس صندوق میں کھلونے تھے۔
۷) تمہارے ہاتھ صاف نہیں تھے۔
۸) محمد کے جبے اُس الماری پر تھے۔
۹) باورچی خانے میں تین فرج تھے۔
۱۰) اُس کتاب میں بہت سے قصے تھے۔
۱۱) فاطمہ کے ماں باپ بہت نیک تھے۔
۱۲) میری تھیلی میں صرف دو پاؤنڈ تھے۔
۱۳) وکیل کے پاس بہت سے رسالے تھے۔
۱۴) ہمارے پاس ریال نہیں تھے، صرف ڈالر تھے۔

Exercise 4
Translate the following sentences into Urdu.

1) My hair was black.
2) His feet were dirty.
3) The boys were tired.
4) His ears were closed.
5) The boys were absent.
6) We only had five minutes.
7) The students were present.
8) These stories were not true.
9) All three exams were very difficult.
10) There were many animals in the jungle.
11) I had many toys, but they are all broken.
12) There were only two trees in the garden.

Note:

If the subject is feminine singular, the joining word ہے will change to تھی .

لڑکی بیمار ہے۔ — *The girl is ill.*

لڑکی بیمار تھی — *The girl was ill.*

Exercise 5
Translate the following sentences into English.

۱) کاپی نیلی تھی۔
۲) تپائی دور تھی۔
۳) تھیلی عمدہ تھی۔
۴) پگڑی لال تھی۔
۵) بیوی خوش تھی۔
۶) لڑکی تھکی تھی۔
۷) گھڑی تیز تھی۔
۸) برف سخت تھی۔
۹) میری عمر کم تھی۔
۱۰) کیا یہ بچی بھوکی تھی؟
۱۱) بڑی کھڑکی کھلی تھی۔
۱۲) وہ عورت پیاسی تھی۔
۱۳) وہ آگ بہت گرم تھی۔
۱۴) دیوار صاف نہیں تھی۔
۱۵) طلحہ کی بہن کہاں تھی؟
۱۶) فرصت زیادہ نہیں تھی۔
۱۷) تاجر کی گاڑی بڑھیا تھی۔
۱۸) میری چابی تھیلی میں تھی۔
۱۹) کلاس کی میز بہت بڑی تھی۔
۲۰) الماری صوفے کے پاس تھی۔
۲۱) کپڑوں کی تجارت مشکل تھی۔
۲۲) آگ کی وجہ سے عمارت بند تھی۔
۲۳) دل میں اردو کی اہمیت نہیں تھی۔
۲۴) کرسی دروازے کے سامنے تھی۔

Exercise 6

Translate the following sentences into Urdu.

1) She had a cough.
2) He had a bad habit.
3) My age was not a lot.
4) The pet cat was thirsty.
5) The story was not true.
6) You had a lot of courage.

7) They had a severe illness.
8) My father had a lot of love.
9) The farmer's goat was hungry.
10) There was a lot of blessing in the food.
11) Her heart was clean. She was a good lady.
12) There was a new building next to the shop.

Note:

If the subject is feminine plural change the joining word ہیں to تھیں.

لڑکیاں بیمار تھیں ۔ لڑکیاں بیمار ہیں۔

The girls were ill. *The girls are ill.*

Exercise 7

Translate the following sentences into English.

۱) کتابیں اچھی تھیں۔

۲) آنکھیں بند تھیں۔

۳) بلیاں کمزور تھیں۔

۴) پنسلیں نئی تھیں۔

۵) رکابیاں بھری تھیں۔

۶) بارش بہت تیز تھی۔

۷) قیمتیں معقول تھیں۔

۸) بہنیں کافی بیمار تھیں۔

۹) کشتیاں سمندر میں تھیں۔

۱۰) کلاسیں بہت عمدہ تھیں۔

۱۱) شہر کی سڑکیں چوڑی تھیں۔

۱۲) وردیاں صاف نہیں تھیں۔

۱۳) دھوبی کی گائیں دبلی تھیں۔

۱۴) کسان کی بکریاں موٹی تھیں۔

۱۵) گاڑیوں کی جگہیں خالی تھیں۔

۱۶) زبیر کی چھریاں کافی تیز تھیں۔

۱۷) کیا بلال کی سوئیاں چھوٹی تھیں؟

۱۸) شہر کی مسجدیں بہت بڑی تھیں۔

۱۹) بچوں کی سائیکلیں خراب تھیں۔

۲۰) انگلینڈ کی ہوائیں بہت تیز تھیں۔

۲۱) بازار کی دکانیں سستی نہیں تھیں۔

۲۲) اس ڈاکٹر کی دوائیں بہت کڑوی تھیں۔

۲۳) نبی ﷺ کی سنتیں بہت پیاری تھیں۔

۲۴) مزدوروں کی اجرتیں بہت کم تھیں۔

Exercise 8

Translate the following sentences into Urdu.

1) Their eyes were blue.
2) She had three bicycles.
3) All five bottles were heavy.
4) Those things were expensive.
5) Your things were not in this box.
6) The holidays were not very long.

7) There are five cats in the garden.
8) There were ten ships in the ocean.
9) There were many books on that shelf.
10) There were only two bottles in the box.
11) The cows are in the garden by the trees.
12) In my school there were only five classes.

Note:
All of the past tense joining words are mentioned in the table below:

	Singular	Plural
Masculine	تھا	تھے
Feminine	تھی	تھیں

Exercise 9

Translation		Urdu	Translation		Urdu	Translation		Urdu
morning	adv	صُبح	fog	f	دھند	now	adv	اب
army	m	لشکر	at night	adv	رات کو	stale	adj	باسی
yesterday	adv	کل	last night	adv	کل رات	idol	m	بُت
yesterday	adv	گزشتہ کل	alcohol	f	شراب	day before yesterday	adv	پرسوں

Translate the following sentences into English. The different types of past tense joining words have been mixed together.

۱) وہ کون تھا؟
۲) احمد کب بیمار تھا؟
۳) فاطمہ کہاں تھی؟
۴) میرا قلم خراب تھا۔
۵) دکان کب بند تھی؟
۶) میں بہت پیاسی تھی۔
۷) ڈاکیا سڑک پر تھا۔
۸) کل بارش سخت تھی۔
۹) احمد کا بستر صاف تھا۔
۱۰) مسجد کا دروازہ کھلا تھا۔
۱۱) گھر کے باہر کون تھا؟
۱۲) کل رات بہت برف تھی۔
۱۳) اِس ہوٹل کا کھانا باسی تھا۔
۱۴) وہ کیوں غیر حاضر تھیں؟
۱۵) وہ جگہ بہت سستی تھی۔
۱۶) فاطمہ کی گاڑی لال تھی۔
۱۷) کلاس کا قالین نیا نہیں تھا۔
۱۸) اِس گھر کا باغ بہت بڑا تھا۔
۱۹) ہماری گاڑیاں کہاں تھیں؟
۲۰) گزشتہ کل سخت دھند تھی۔
۲۱) اُس کے ماں باپ نیک تھے۔
۲۲) احمد کو کھانسی کی بیماری تھی۔
۲۳) اُس دکان کا شہد کافی میٹھا تھا۔
۲۴) دکان کی دیواریں پرانی تھیں۔
۲۵) مسجد میں تقریباً بیس آدمی تھے۔
۲۶) میری میز پر کس کی پگڑی تھی؟
۲۷) برف کی وجہ سے اسکول بند تھا۔
۲۸) تمہاری کلاس میں کتنے طلبہ تھے؟
۲۹) صندوق میں کس کی چھری تھی؟
۳۰) کتب خانے میں نئی کتابیں تھیں۔
۳۱) اُس لشکر کے سپاہی بہت بہادر تھے۔
۳۲) دکان کی الماریاں بہت مہنگی تھیں۔
۳۳) اس آدمی کو شراب کی عادت تھی۔
۳۴) میری چابیاں تمہاری تھیلی میں تھیں۔
۳۵) اسلام سے پہلے مکہ میں بہت بت تھے۔
۳۶) یہ وکیل غریب تھا، اب بہت امیر ہے۔

Exercise 10

Translate the following sentences into Urdu.

1) Their eyes were not sharp.
2) There was stale food in that hotel.
3) Her age was not a lot, she was only a little girl.
4) The price of the alcohol was a lot, now it is cheap.
5) Junaid had a lot of work and he did not have free time.
6) There was a lot of fog last night, now there is no fog at all.
7) He needed (He has a need for) milk but he only had one dollar.
8) There were a lot of things in that old box, but all of the things were old and broken.
9) Yesterday he was ill, he had a cough. Today he is healthy and now does not have a cough.
10) There were a lot of animals in the jungle but because of the fire there are now no animals in it.
11) There were three ships in the ocean and all three of them were very big, and there were many people in all three of them.
12) Was your uniform red? No, my uniform was not red, rather it was black. My uniform was black and my sister's uniform was blue.

Note:

The pronouns have the following endings in the past tense.

He/it was	وہ — تھا	You (f) were	تو - تھی	I was	میں — تھا
She /it was	وہ — تھی	You were	تم — تھے	I (f) was	میں — تھی
They were	وہ — تھے	You (f) were	تم — تھیں	We were	ہم — تھے
They (f) were	وہ — تھیں	You were	آپ — تھے	We (f) were	ہم — تھیں
		You (f) were	آپ — تھیں	You were	تو - تھا

Exercise 11

Translate the following sentences into English.

۱) وہ پیارا تھا۔
۲) وہ پیاری تھی۔
۳) تو پیاسا تھا۔
۴) تو پیاسی تھی۔
۵) ہم گنہگار تھے۔
۶) ہم گنہگار تھیں۔
۷) میں بھوکا تھا۔
۸) تم تھکے تھے۔
۹) وہ فرض تھا۔
۱۰) وہ پانچ تھے۔
۱۱) وہ پانچ تھیں۔
۱۲) میں خوش تھا۔
۱۳) تو دشمن تھا۔
۱۴) تم دس تھے۔
۱۵) وہ بھاری تھا۔
۱۶) وہ بند تھیں۔
۱۷) تو اچھا تھا۔
۱۸) وہ سفید تھا۔
۱۹) تو بڑھئی تھا۔
۲۰) تم خزانچی تھے۔
۲۱) ہم کمزور تھیں۔
۲۲) وہ صاف تھے۔
۲۳) تم چھوٹے تھے۔
۲۴) آپ سچے تھے۔
۲۵) وہ خراب تھے۔
۲۶) میں بہت تیز تھا۔
۲۷) آپ قصائی تھے۔
۲۸) وہ بہت محنتی تھیں۔
۲۹) میں چھوٹا لڑکا تھا۔
۳۰) آپ بہت سخت تھے۔
۳۱) آپ غیر حاضر تھے۔
۳۲) میں سست نہیں تھی۔

Exercise 12

Translate the following sentences into Urdu.

1) I (f) was under the fan.
2) He was on the bicycle.
3) It (f) was full, not half.
4) She was skinny, not fat.
5) They were in the class.
6) It (m) was bitter, not sweet.
7) It (f) was wide, not narrow.

8) It (f) was cold, not hot.
9) They (f) were in the car.
10) She had a severe cough.
11) You (m/p) were on the street.
12) They (f) were outside the school.
13) There were many stars in the sky.
14) I was happy, but you were not happy.

Exercise 13

Translation		Urdu	Translation		Urdu	Translation		Urdu
busy	adj	مشغول	on (opposite of off)	adj	چالو	easy	adj	آسان
			head	m	سر	before	adv	پہلے
			marks	m	مارکس	police	m	پولیس

Translate the following sentences into English.

۱) اِس رسالہ میں ایک بہت اچھی کہانی تھی۔

۲) پہلے اِس گاؤں کی سڑکیں چوڑی نہیں تھیں۔

۳) یہ کتاب بہت مہنگی تھی، وہ تیس پونڈ کی تھی۔

۴) اس بوتل میں پانی تھا، لیکن اب وہ خالی ہے۔

۵) گزشتہ کل کتب خانے میں بہت سے طلبہ تھے۔

۶) کمرے کے صوفے نئے نہیں تھے، پرانے تھے۔

۷) وہ چھری بہت سستی تھی، صرف دو ریال کی تھی۔

۸) کمرہ بہت گرم تھا، پنکھے چالو تھے، لیکن خراب تھے۔

۹) فاطمہ کی بلی بزدل تھی، لیکن اس کا کتا بزدل نہیں تھا۔

۱۰) ہم بہت بھوکے تھے لیکن باورچی خانے میں کھانا نہیں تھا۔

۱۱) پرسوں میرے پڑوسی کے گھر کے باہر پولیس کی گاڑیاں تھیں۔

۱۲) فاطمہ اسکول سے غیر حاضر تھی کیوں کہ اُس کو سر میں درد تھا۔

۱۳) کیا ارشد کی بہن بیمار تھی؟ جی نہیں وہ بیمار نہیں تھی، لیکن اس کا بھائی بیمار تھا۔

۱۴) اردو کا امتحان بہت آسان تھا، مشکل نہیں تھا اور سب کے مارکس اچھے تھے۔

۱۵) فاطمہ کو کھلونوں میں بہت دلچسپی تھی، اب اس کو جانوروں میں دلچسپی ہے۔

۱۶) میرے دوست کے پاس بہت کتابیں تھیں کیوں کہ اس کو کتابوں کا بہت شوق تھا۔

۱۷) احمد اور اس کی بہن فاطمہ، دونوں مدرسے سے غیر حاضر تھے اس لئے کہ دونوں کو نزلہ تھا۔

۱۸) میں پارک میں نہیں تھا کیوں کہ میں بہت مشغول تھا اور میرے پاس فرصت نہیں تھی۔

۱۹) یہ خالد ہے، وہ بڑھئی ہے، اس کی نئی دکان بہت خوبصورت ہے، لیکن اس کی پرانی دکان کافی بدصورت تھی۔

Exercise 14

Translate the following sentences into Urdu.

1) The children were in the rooms.
2) The honey was sweet, not bitter.
3) There weren't any ships in the ocean.
4) Without honey the milk was not sweet.
5) Approximately five students were absent.
6) The cake was nice but it was a bit expensive.
7) Yesterday, there was a lot of fog in the morning.
8) Despite the snow the teachers were in the school.
9) The dishonest butcher was ill so he was not in the shop.
10) When was the Urdu exam? The Urdu exam was last week.
11) Where was your pencil? My pencil was in the bag on top of the shelf.
12) What is this? This is a car. Is the car clean? It was clean but because of the rain it is dirty now.

Lesson 13
Future Tense

The future tense shows that something will happen in the future.

There will be a lecture after Salah.

Note:

If the subject is masculine singular, the joining word will change from ہے to ہوگا.

اسکول بند ہوگا ⇦ اسکول بند ہے

School will be closed — *School is closed.*

Exercise 1

Translate the following sentences into English.

۱) یہ کیلا اچھا ہوگا۔

۲) ہوٹل بند ہوگا۔

۳) یہ کھلونا کتنے کا ہوگا؟

۴) یہ درد کب تک ہوگا؟

۵) دھند زیادہ نہیں ہوگا۔

۶) اردو کا امتحان آسان ہوگا۔

۷) ہوم ورک زیادہ نہیں ہوگا۔

۸) اُس ہال میں کوئی ستون نہیں ہوگا۔

۹) ان شاءاللہ ہمارا نیا پڑوسی اچھا ہوگا۔

۱۰) ایک مہینے کے بعد یہ شوق پرانا ہوگا۔

۱۱) گاؤں کے پیچھے دشمن کا بڑا لشکر ہوگا۔

۱۲) ایک سال کے بعد یہ فرج خراب ہوگا۔

۱۳) اُس کمرے میں صرف ایک پلنگ ہوگا۔

۱۴) اِس اسکول میں ایک بڑا کتب خانہ ہوگا۔

۱۵) تم کو ہاتھ ہی میں درد ہوگا، سر میں نہیں۔

۱۶) اس نئی عمارت میں صرف ایک دفتر ہوگا۔

۱۷) رمضان کے بعد میرے پاس ایک نیا جبہ ہوگا۔

۱۸) اب عید ہے، تو اس قصائی کی دکان میں بہت کام ہوگا۔

۱۹) ہوٹل کا مالک اس گھر میں صرف ایک دن کے لئے ہوگا۔

۲۰) تمہارے مارکس اچھے تھے اس لئے تمہارے لئے ایک اچھا تحفہ ہوگا۔

۲۱) کل بازار میں مچھلیاں بہت کم تھیں اس لئے آج ان کا دام زیادہ ہوگا۔

Exercise 2

Translation		Urdu	Translation		Urdu	Translation		Urdu
reckoning, last day	f	قیامت	tomorrow	adv	آئندہ کل	next (week, month, year etc)	adj	آئندہ

Translate the following sentences into Urdu.

1) She will have a cold.
2) The fridge will be cold.
3) The work will be a lot.
4) Ahmad will be present.
5) The hotel will be closed.
6) The army will be very big.
7) The school hall will be empty.
8) The teacher's office will be open.
9) Tomorrow, you will have a headache.
10) There will be a lot of sugar in the tea.
11) The owner of the building will be in the office.
12) Your neighbour will not be at home tomorrow.

Note:

If the subject is masculine plural the joining word will change from ہیں to ہوں گے.

شہر کے اسکول بند ہوں گے ⇐ شہر کے اسکول بند ہیں

Schools of the city will be closed.   *Schools of the city are closed.*

Exercise 3

Translate the following sentences into English.

۱) اس کے کان صاف ہوں گے۔

۲) اس تاجر کے پاس بہت پیسے گے۔

۳) اُس مہینے میں پانچ ہفتے ہوں گے۔

۴) چھ ہفتے کے بعد امتحانات ہوں گے۔

۵) تمہارے دونوں پیر اچھے ہوں گے۔

۶) اب مسجد کے نئے پنکھے چالو ہوں گے۔

۷) اسکول کے بعد سب کمرے بند ہوں گے۔

۸) ظہر کی نماز سے پہلے بچے کلاس میں ہوں گے۔

۹) اس کتب خانہ میں بہت سے رسالے ہوں گے۔

۱۰) آئندہ ہفتے کلاس میں صرف دو بچے ہوں گے۔

۱۱) قیامت کے دن برے دوست دشمن ہوں گے۔

۱۲) آئندہ سال ہمارے اسکول میں نئے بچے ہوں گے۔

۱۳) میرے ماں باپ سات ہفتے کے لئے لندن میں ہوں گے۔

۱۴) بازار میں پولیس بہت ہوں گے اس لئے کہ کل بہت لوگ تھے۔

۱۵) امتحان بہت آسان تھا اس لئے امتحان کے مارکس زیادہ ہوں گے۔

۱۶) یہ بچے بہت خوش ہوں گے اس لئے کہ آئندہ کل اسکول اور مدرسہ نہیں ہو گا۔

۱۷) میرے لئے صرف ایک حصہ ہو گا اور تمہارے لئے دو حصے ہوں گے۔

۱۸) تمہارے بھائی بہن چچا کے گھر پر ہوں گے اس لئے کہ تمہارے ماں باپ گھر پر نہیں ہیں۔

۱۹) احمد کے گھر پر بہت مہمان ہیں اس لئے گھر میں بہت کام کاج ہوں گے اور وہ بہت مشغول ہو گا۔

Exercise 4

Translate the following sentences into Urdu.
1) His hair will not be clean.
2) Her hands will be empty.
3) The boys will be hungry.
4) Will their rooms be open?
5) The books will be in the bag.
6) Will the sofas be by the door?
7) There will be food after school.
8) The students will be in that hall.
9) There will be a lot of toys in the box.
10) There will be six glasses on the table.
11) There will be three rooms in this house.
12) There will be two dogs outside his house.

Note:

If the subject is feminine singular, the joining word will change from ہے to ہو گی.

آئندہ کل بارش ہو گی۔

There will be rain tomorrow.

Exercise 5
Translate the following sentences into English.

۱) مہمانوں کی زبان اردو ہو گی۔
۲) جمعہ کے دن مسجد بھری ہو گی۔
۳) عید کے دن دھند نہیں ہو گی۔
۴) قصائی کی چھری بہت تیز ہو گی۔
۵) شکر کی وجہ سے چائے میٹھی ہو گی۔
۶) آئندہ کل دھند بہت سخت ہو گی۔
۷) جمعہ کے دن بہت تیز بارش ہو گی۔
۸) بارش کی وجہ سے گاڑی صاف نہیں ہو گی۔
۹) زیادہ چیزوں کی وجہ سے تھیلی بھاری ہو گی۔
۱۰) ہال میں کوئی نہیں تھا اس لئے وہ صاف ہو گا۔
۱۱) آئندہ سال مزدوروں کی اجرت زیادہ ہو گی۔
۱۲) مسجد کی کھڑکیاں بند تھیں اس لئے مسجد گرم ہو گی۔
۱۳) زینب آئندہ کل غیر حاضر ہو گی اس لئے کہ اس کو کھانسی ہے۔
۱۴) یہ لوگ بہت تھکے ہوں گے اس لئے کہ آج بہت گرمی تھی۔
۱۵) اس تھیلی میں بہت سی کتابیں ہیں اس لئے وہ بہت بھاری ہو گی۔
۱۶) وہ میرا دشمن تھا اور اس کو نفرت تھی لیکن اب وہ میرا اچھا دوست ہے۔

Exercise 6
Translate the following sentences into Urdu.

1) She will need a bag.
2) His age will be less.
3) Today will be snow.
4) Her eyes will be closed.
5) The bottle will be empty.
6) That tale will not be true.
7) The girl will be in the garden.
8) The chair will be by the window.
9) There will be a lady in the room.
10) You will have a lot of interest in these books.
11) The building will be closed because there is a fire in it.
12) There will be blessing in this business because the owner is honest.

Note:

If the subject is feminine plural the joining word will change from ہیں to ہوں گی.

بچیاں خوش ہیں۔	⇦	بچیاں خوش ہوں گی۔
The girls are happy.		*The girls will be happy.*

Exercise 7
Translate the following sentences into English.

۱) کسان کے پاس بکریاں ہوں گی۔
۲) کسی کے پاس چھریاں نہیں ہوں گی۔
۳) احمد کے پاس بہت سی کاپیاں ہوں گی۔
۴) اس سڑک پر تین بڑی عمارتیں ہو گی۔
۵) اس کتاب میں بہت سی کہانیاں ہوں گی۔
۶) درزی کے پاس بہت سی سوئیاں ہوں گی۔
۷) دفتر میں چار میزیں اور بیس کرسیاں ہوں گی۔
۸) آج عید ہے اس لئے مسجدیں کھلی ہوں گی اور دکانیں بند۔
۹) سڑکوں پر برف ہے اس لئے گاڑیاں سڑکوں پر نہیں ہوں گی۔
۱۰) کل بہت بارش تھی اس لئے گاڑیاں صاف نہیں ہوں گی۔
۱۱) استاد کلاس میں نہیں، اس لئے بچوں کی شرارتیں زیادہ ہوں گی۔
۱۲) یہ دکان بہت بڑی ہے اس لئے اس میں بہت چیزیں ہوں گی۔
۱۳) اسکول میں بہت سے طلبہ ہیں، اس لئے اب زیادہ کلاسیں ہوں گی۔

۱۴) اِس ہال میں صرف بچے اور بچیاں ہوں گی اور مائیں اُس ہال میں ہوں گی۔

۱۵) یہ مزدور خوش ہیں اس لئے کہ آئندہ سال سے ان کی اجرتیں زیادہ ہوں گی۔

۱۶) دھند، برف اور تیز ہواؤں کی وجہ سے اسکول بند ہوں گے اور کلاسیں نہیں ہوں گی۔

۱۷) یہ شہر صاف نہیں ہے اور اس کا پانی بھی صاف نہیں، اس لئے اس میں بہت بیماریاں ہوں گی۔

۱۸) اس کلاس میں دو الماریاں ہوں گی اس لئے کہ اس میں زیادہ بچے ہیں اور ان کے پاس بہت سی کتابیں اور کاپیاں ہیں۔

Exercise 8

Translate the following sentences into Urdu.

1) The pencils will be in the boxes.
2) The plates will be on the table.
3) The goats will be in the garden.
4) The cows will be in the jungle.
5) Will there be stairs in the hall?
6) Where will the small bags be?
7) When will the holidays be until?
8) The girls will be with the women.
9) The chairs will be behinds the tables.
10) There will be three ships in the river.
11) There will be many fishes in the river.
12) The bicycles will be outside the school.

Note:

All of the future tense words are mentioned below in the table below.

	Singular	Plural
Masculine	ہو گا	ہوں گے
Feminine	ہو گی	ہوں گی

Exercise 9

Translation		Urdu	Translation		Urdu	Translation		Urdu
wedding	f	شادی	feast	f	دعوت	dad	m	ابو
soon	adv	عنقریب	revision	m	دور	ready	adj	تیار
breakfast	m	ناشتہ	journey	m	سفر	ok	adj	ٹھیک
			weekend		سنیچر اتوار	snacks	m	چائے ناشتہ

Translate the following sentences into English. Notice how the future tense is used.

۱) کام کے بعد ارشد تھکا ہوگا۔

۲) اس کی تھیلی بہت بھاری ہوگی۔

۳) یہ نرس ڈاکٹر کے دفتر میں ہوگی۔

۴) کھانے کے بعد چائے ناشتہ ہوگا۔

۵) آج سبق نہیں ہوگا، بلکہ دور ہوگا۔

۶) اسکول کے بعد بچے بھوکے ہوں گے۔

۷) ہفتے میں اردو کی صرف دو کلاسیں ہوں گی۔

۸) کل بہت برف تھی اور پرسوں بہت بارش۔

۹) کل سے مغرب کی نماز کلاس سے پہلے ہوگی۔

۱۰) آئندہ مہینے چچا کے گھر پر ایک بڑی دعوت ہوگی۔

۱۱) رات کو ٹھنڈی ہوگی لیکن دن میں بہت گرمی ہوگی۔

۱۲) عائشہ ایک سال کے لئے ہی اردو کی کلاس میں ہوگی۔

۱۳) لندن مکہ سے بہت دور ہے، اس لئے سفر کافی لمبا ہو گا۔

۱۴) وہ اب بیمار ہے، لیکن ان شاءاللہ عنقریب ٹھیک ہو گا۔

۱۵) اِس سال ہماری کلاس میں صرف تین بچیاں ہوں گی۔

۱۶) کل مدرسے کی چھٹی ہے تو پارک میں بہت لوگ ہوں گے۔

Exercise 10

Translate the following sentences into Urdu.

1) When will Eid be?
2) Where will the guests be?
3) Your parents will be happy.
4) The buildings will not be clean.
5) The alcohol will be in that bottle.
6) The price of the sugar will be a lot.
7) The police will be inside the market.
8) There will be a lot of blessings in Ramadhan.
9) This boy was lazy but his brother will be active.
10) This book will not be difficult, rather it will be very easy.
11) The Urdu exam was difficult but the English exam will be easy.
12) The hall was empty yesterday, but there will be a lot of people in it today because there is a wedding today.

Notes:

The pronouns have the following joining words. See the table below.

He/ it will be	وہ ہو گا	You will be (f)	تو ہو گی	I will be (m)	میں ہوں گا
She /it will be	وہ ہو گی	You will be (m)	تم ہوُ گے	I will be (f)	میں ہوں گی
They will be (m)	وہ ہوں گے	You will be (f)	تم۔ہوُ گی	We will be (m)	ہم ہوں گے
They will be (f)	وہ ہوُں گی	You will be (m)	آپ ہوں گے	We will be (f)	ہم ہوں گی
		You will be (f)	آپ۔ہوُں گی	You will be (m)	تو ہو گا

Exercise 11

Translate the following sentences into English. Notice how the joining word changes for the different pronouns.

۱) تو دور ہو گی۔
۲) تم بیس ہو گی۔
۳) تو خوش ہو گا۔
۴) وہ بھوکی ہوں گی۔
۵) وہ تھکے ہوں گے۔
۶) تم دس ہوُ گے۔
۷) وہ اچھا معمار ہو گا۔
۸) وہ نیک عورت ہو گی۔
۹) میں تاجر ہوں گی۔
۱۰) ہم بہادر ہوں گے۔
۱۱) ہم نرسیں ہوں گی۔
۱۲) میں باورچی ہوں گا۔
۱۳) وہ سچی مائیں ہوں گی۔
۱۴) وہ صاف ہوں گے۔
۱۵) آپ حاضر ہوں گے۔
۱۶) آپ غیر حاضر ہوں گی۔

Exercise 12

Translate the following sentences into Urdu.

1) It (f) will be cheap.
2) It (m) will be expensive.
3) He will be a strong builder.
4) I will be (f) active, not lazy.
5) We will be (m) in the garden.
6) You will be (m) on the stairs.
7) You will be (m) a strong man.
8) I will be (m) brave, not cowardly.
9) We will be (f) behind the sofas.
10) They will be (f) in this building.

11) You will be (f) in front of the shelf.
12) You will be (f) an honest woman.
13) When will you be (m) in the class?

14) She will be a rich business woman.
15) They will be (m) in that restaurant.
16) You will be (f) between the two sisters.

Exercise 13

Translation		Urdu	Translation		Urdu	Translation		Urdu
successful	adj	کامیاب	hell	m	دوزخ	voice, sound, noise	f	آواز
playing	m	کھیل کود	dust	m	دھول	noise	m	شور
Muslim	m	مسلمان	religion	m	دین	difficulty	f	تکلیف
gift, blessing	f	نعمت	type	f	قسم	punishment	m	عذاب
clever	adj	ہوشیار	papers	m	کاغذات	heaven	f	جنت

Translate the following sentences into English.

۱) میری بہنیں صبح میں گھر پر نہیں ہوں گی، بلکہ اسکول پر ہوں گی۔

۲) میری باری کب ہو گی؟ تمہاری باری زبیر کی باری کے بعد ہو گی۔

۳) کل کلاسیں نہیں ہوں گی، اس لئے کہ مدرسے کی چھٹیاں ہوں گی۔

۴) اس دکان میں بہت دھول تھا، اس کی وجہ سے ساجد کو کھانسی ہے۔

۵) آج بازار میں بہت آواز اور شور تھا اس لئے صبح میں ہم کو سر میں درد ہو گا۔

۶) آئندہ ہفتے ہمارے گھر میں مہمان ہوں گے اور گھر میں کام کاج زیادہ ہوں گے۔

۷) کل احمد اور زبیر کے امتحانات ہیں، تو ان کو کاغذ، قلم اور پنسل کی ضرورت ہو گی۔

۸) احمد محنتی لڑکا ہے اور ہوشیار بھی، اس لئے وہ ان شاءاللہ امتحان میں کامیاب ہو گا۔

۹) جنت میں ہر قسم کی نعمتیں ہوں گی، اور دوزخ میں ہر قسم کی تکلیفیں اور عذاب ہو گا۔

۱۰) اس سنیچر اتوار گھر میں بہت کام کاج ہو گا، اس لئے ہم کو کھیل کود کی فرصت نہیں ہو گی۔

۱۱) امتحانات قریب ہیں تو ہمارے پاس بہت ہوم ورک ہو گا اور کھیل کود کے لئے فرصت نہیں ہو گی۔

۱۲) ہمارے ہوٹل کے کمرے میں صرف تین پلنگ ہوں گے، لیکن ہم چار آدمی ہیں، تو بہت مشکل ہو گا۔

۱۳) نماز دین کا ستون ہے، نماز مسلمانوں کے لئے فرض ہے، اور اس کے بغیر مسلمان کامیاب نہیں ہوں گے۔

۱۴) میز کے اوپر کس کے کاغذات ہیں؟ یہ ابو کے کاغذات ہیں، کیا ابو کو ان کاغذات کی ضرورت ہو گی؟ جی ہاں، ابو کو ان کی ضرورت ہو گی۔

Exercise 14

Translate the following sentences into Urdu.

1) This knife will be sharp because it is new.
2) The school will be closed because it is holiday.
3) The books are dirty because there is dust on them.
4) The cook will not be in the hotel because he is busy.
5) Yesterday we were at your house and tomorrow we will be at my house.
6) There will be many people in the house because there is a wedding today.

Exercise 15

All of the tenses have been used in this exercise. Ensure you translate the tenses correctly.

۱) کلاس میں بہت شور ہے۔
۲) بازار میں بہت آواز تھی۔
۳) گھر میں بہت آواز ہو گی۔
۴) کھانا تیار نہیں ہو گا۔
۵) چائے تیار تھی۔
۶) ناشتہ تیار ہے۔
۷) چھٹیاں لمبی تھیں۔
۸) چھٹیاں چھوٹی ہیں۔
۹) چھٹیاں کافی لمبی ہو گی۔
۱۰) فاطمہ کامیاب ہے۔
۱۱) احمد کامیاب تھا۔
۱۲) احمد اور محمد کامیاب تھے۔
۱۳) فاطمہ اور زینب کامیاب تھیں۔
۱۴) مریم کامیاب ہو گی۔
۱۵) مریم اور اسماء کامیاب ہوں گی۔
۱۶) کتاب پر بہت دھول ہے۔
۱۷) کاپی پر بہت دھول تھا۔
۱۸) الماری پر دھول نہیں ہو گا۔
۱۹) آج سمیر کے گھر پر دعوت ہے۔
۲۰) میرے گھر پر ایک بڑی دعوت تھی۔
۲۱) دکان پر ایک چھوٹی دعوت ہو گی۔
۲۲) ہمارا فرج خراب تھا اس لئے دودھ گرم ہو گا، ٹھنڈا نہیں۔
۲۳) صبح میں مہمان بازار میں تھے اس لئے وہ بہت تھکے ہوں گے۔
۲۴) میرا پڑوسی امانتدار تھا، تمہارا پڑوسی جھوٹا ہے اور احمد کا پڑوسی محنتی ہو گا۔

Exercise 16

Translate the following sentences into Urdu.

1) Where was the heavy bottle?
2) Who will be in the school hall?
3) There was dust on the papers.
4) There was a feast at your house.
5) My grandfather had two sisters.
6) There wasn't any sugar in the tea.
7) There will be a feast at my house.
8) There was a cake in the fridge for you.
9) Were the exams easy? Yes, the exams were quite easy.
10) I will be ready in five minutes but my brother was ready twenty minutes ago.
11) My sister's wedding was very small, but my friend's wedding will be quite big.
12) This boy is successful in his exams, his father was also successful and insha'allah his son will also be successful.

Lesson 14
Adverbs

An adverb is a word that shows where or when an action took place. Some adverbs can be made using prepositions.

احمد اسکول میں بہت بیمار تھا۔	ہم کلاس کے بعد تھکے تھے۔
Ahmad was very ill in school.	*After class, we were tired.*

Days of the Week

Translation		Urdu	Translation		Urdu	Translation		Urdu
yesterday	adv	کل	Thursday	f	جمعرات	Monday	m	سوموار
tomorrow	adv	کل	Friday	m	جمعہ	Monday	m	پیر
day before yesterday	adv	پرسوں	Saturday	m	سنیچر	Tuesday	m	منگل
day after tomorrow	adv	پرسوں	Sunday	m	اتوار	Wednesday	m	بدھ

Notes:

1. When using a day of the week, the word کو can come after it. This is translated as on.

   پیر کو چچا کے گھر پر دعوت ہے۔

   On Monday, there is a feast at our uncle's house.

   It can also be used as کے دن.

   پیر کے دن چچا کے گھر پر دعوت ہے۔

2. When translating a sentence with an adverb, sometimes it is best to translate the adverb first, as can be seen from the translation above.

Exercise 1

Translate the following sentences into English.

١) عید سنیچر کو ہو گی۔

٢) بدھ کے دن بہت دھند تھا۔

٣) پیر کو میرا گھر خالی ہو گا۔

۴) منگل کو گاڑی تیار ہو گی۔

۵) جمعہ کے دن بہت ٹھنڈی ہو گی۔

٦) جمعرات کے دن احمد غیر حاضر تھا۔

٧) سنیچر کے دن مدرسہ کی چھٹی ہو گی۔

٨) بدھ کے دن حجام کی دکان بند تھی۔

٩) اتوار کی صبح سڑکیں بالکل خالی تھیں۔

١٠) سنیچر اتوار کو وکیل کا دفتر کھلا نہیں تھا۔

١١) جمعرات کو گاؤں میں ایک بازار ہو گا۔

١٢) سنیچر کو بازار میں زیادہ لوگ ہوں گے۔

١٣) سوموار کے دن میرے گھر پر ایک مالی تھا۔

١۴) پیر کے دن تمہارے کلاس میں کیوں بہت شور تھا؟

١۵) منگل کو زینب غیر حاضر تھی اس لئے کہ وہ بیمار تھی۔

١٦) اتوار کے دن دکان عصر کی نماز سے پہلے بند ہو گی۔

۱۷) جمعہ کو ہمارے باورچی خانے میں ایک نیا چولھا ہو گا۔

۱۸) سوموار کی رات آسمان میں بہت سے خوبصورت ستارے تھے۔

۱۹) جمعہ کے دن بچے بہت خوش تھے اس لئے کہ ایک ہفتے کے لئے چھٹی تھی۔

Exercise 2

Translate the following sentences into Urdu.

1) His wedding will be on Saturday.
2) On Monday, there will be holiday.
3) Yesterday, there was a lot of homework.
4) The new chairs will be ready on Thursday.
5) On Monday, the lawyer's office will be closed.
6) On Wednesday, there was a lot of time for playing.
7) The day before yesterday, the students were in the library.
8) The masjid hall will not be empty the day after tomorrow.
9) Where is my jubbah? On Sunday the jubbah was on that shelf.
10) Tomorrow, the building will be empty and the keys will be in your hands.
11) On Friday, there will be a big feast at my house and there will be a lot of people.
12) On Tuesday, there was a lot of noise in the class because the teacher was absent from madrasah.

Note:

1. The word کل is used for both yesterday and tomorrow. The context of the sentence will help determine which is meant.

کل احمد غیر حاضر ہو گا۔
Tomorrow, Ahmad will be absent.

کل احمد غیر حاضر تھا۔
Yesterday, Ahmad was absent.

The word گزشتہ can be added before کل to show that it means yesterday, and آئندہ can be added to show that it means tomorrow.

آئندہ کل احمد غیر حاضر ہو گا۔
Tomorrow, Ahmad will be absent.

گزشتہ کل احمد غیر حاضر تھا۔
Yesterday, Ahmad was absent.

The same applies to پرسوں: it can be used for both the day before yesterday or the day after tomorrow. The context of the sentence will help you determine which is meant.

پرسوں احمد غیر حاضر ہو گا۔
The day after tomorrow, Ahmad will be absent.

پرسوں احمد غیر حاضر تھا۔
The day before yesterday, Ahmad was absent.

Look at the table below, it shows how all these words are used.

⇨

Day before Yesterday	*Yesterday*	*Today*	*Tomorrow*	*Day after Tomorrow*
پرسوں	کل گزشتہ کل	آج	کل آئندہ کل	پرسوں

Exercise 3

Translate the following sentences into English.

۱) پرسوں چھٹی تھی۔

۲) پرسوں چھٹی ہو گی۔

۳) کل میرے گھر پر ناشتہ ہو گا۔

۴) کل تمہارے گھر پر ناشتہ تھا۔

۵) تمہاری گاڑی پرسوں تیار ہو گی۔

۶) پرسوں میری سائیکل تیار تھی۔

۷) پرسوں بہت دھند اور برف ہو گی۔

۸) پرسوں بہت دھوپ اور گرمی تھی۔

۹) کل فاطمہ کو گاڑی کی ضرورت ہو گی۔

۱۰) کل زینب کو ڈاکٹر کی ضرورت تھی۔

۱۱) کل میرے گھر پر ایک بڑی دعوت تھی۔

۱۲) کل دکان پر ایک چھوٹی دعوت ہو گی۔

۱۳) گزشتہ کل امتحانات تھے اس لئے آج چھٹی ہے۔

۱۴) کل لندن کا سفر تھا، اس لئے میں بہت تھکا ہوں۔

۱۵) کل حج کا سفر ہو گا اس لئے میں بہت مشغول ہوں۔

۱۶) آئندہ کل امتحان ہو گا اس لئے آج دورہ ہے، سبق نہیں۔

Exercise 4

Translate the following sentences into Urdu.

1) Yesterday, the nurse was sick.
2) Today, the plates were in the box.
3) The day after tomorrow will be Eid.
4) The day before yesterday was Sunday.
5) Yesterday, there was a big fire in the jungle.
6) Tomorrow, the butcher will be in the shop.
7) Tomorrow, the lawyer will not be at the office.
8) Yesterday, there was a big ship in the ocean.
9) The day before yesterday, there was a lot of rain.
10) The day after tomorrow there will be a lot sunshine.
11) Tomorrow, the school will be closed because there will be holidays.
12) Yesterday was the Urdu exam and tomorrow will be the English exam.

Times of the Day

Translation		Urdu	Translation		Urdu	Translation		Urdu
day	m	دن	afternoon	f	دوپہر	morning	f	صبح
night	f	رات	evening	f	شام	early morning		صبح سویرے

1. The word کو can come on times of the day. This gives the meaning of in.

صبح کو گرمی تھی۔

It was hot in the morning.

2. You can add the word کل before صبح and رات to give the meaning of yesterday morning or last night.

کل صبح	کل رات
yesterday morning	last night

3. You can also add a day of the week before a time of the day.

بدھ کی رات	منگل کی شام	پیر کی صبح
Wednesday night	Tuesday evening	Monday morning

Exercise 5

Translate the following sentences into English.

۱) دن میں سفر تھا۔

۲) میری باری صبح کو ہے۔

۳) صبح میں ناشتہ تیار ہوگا۔

۴) کل رات بڑھئی بیمار تھا۔

۵) رات کو میں بہت تھکا تھا۔

۶) کتب خانہ دوپہر کو بند تھا۔

۷) صبح سویرے ہوٹل کھلا تھا۔

۸) شام کو سب بچے حاضر تھے۔

۹) رات کو ہم بہت پیاسے تھے۔

۱۰) صبح سویرے اردو کا امتحان ہے۔

۱۱) شام کو کھیل کود کی فرصت ہوگی۔

۱۲) منگل کی دوپہر کو ڈاکٹر کا دفتر بند ہوگا۔

۱۳) سنیچر کی صبح سب دکانیں کھلی ہوں گی۔

۱۴) پرسوں کی صبح انگریزی کا امتحان ہوگا۔

۱۵) دن میں جنگل کے اندر بڑی آگ تھی۔

۱۶) دوپہر کو اسکول کے باہر کوئی گاڑی نہیں تھی۔

۱۷) بدھ کی شام نئی عمارت میں ایک بڑی آگ تھی۔

۱۸) پیر کی صبح بہت سے طلبہ مدرسے سے غیر حاضر تھے۔

۱۹) جمعہ کی دوپہر مسجد کے گرد بہت سی گاڑیاں ہوں گی۔

۲۰) جمعرات کی رات کو دادا کے گھر پر سب لوگ ہوں گے۔

Exercise 6

Translate the following sentences into Urdu.

1) Where were you last night?
2) There was a lot of rain at night.
3) The masjid was full last night.
4) The hall was full during the day.
5) There was a lot of fog in the morning.
6) The building will be closed tomorrow night.
7) My neighbour was not at home this morning.
8) The class will be empty on Wednesday morning.
9) The tailor's shop was closed on Sunday afternoon.
10) My uncle will be at my house tomorrow evening.

Months of the Year

Translation		Urdu	Translation		Urdu	Translation		Urdu
September	m	ستمبر	May	f	مئی	January	f	جنوری
October	m	اکتوبر	June	m	جون	February	f	فروری
November	m	نومبر	July	f	جولائی	March	m	مارچ
December	m	دسمبر	August	m	اگست	April	m	اپریل

Exercise 7

Translation		Urdu	Translation		Urdu	Translation		Urdu
Pakistan	m	پاکستان	India	m	انڈیا	Christmas	m	کرسمس
America	m	امریکہ	servant	m	خادم	India	m	ہندوستان

Translate the following sentences into English.

۱) پاکستان میں جون سے ستمبر تک بہت بارش تھی۔

۲) دسمبر کے مہینے میں امریکہ میں بہت برف تھی۔

۳) گزشتہ سال میرے بھائی بہن ہندوستان میں تھے۔

۴) آئندہ سال اردو کے امتحانات اپریل میں ہوں گے۔

۵) گزشتہ مہینے کتب خانے میں بہت سی پرانی کتابیں تھیں۔

۶) سب مہمانوں کے لئے مدرسے کے ہال میں چائے ناشتہ ہوگا۔

۷) سنیچر کے دن میرے دوست کو میری گاڑی کی ضرورت ہوگی۔

۸) جمعرات کو ہمارے گھر پر مکہ کے مہمانوں کے لئے دعوت ہوگی۔

۹) یہ چھوٹا بچہ بہت ذہین ہے، بعد میں ان شاءاللہ حافظ، عالم اور دین کا خادم ہوگا۔

۱۰) جنوری اور فروری میں بہت ٹھنڈی ہوگی، اور جون جولائی میں بہت گرمی ہوگی۔

۱۱) دسمبر کی چھٹیاں بہت مختصر ہوں گی، لیکن مارچ اپریل میں کافی لمبی چھٹیاں ہوں گی۔

۱۲) جمعہ کے دن سب مشغول ہوں گے، اس لئے ہم کو کھیل کود کی فرصت نہیں ہوگی۔

Exercise 8

Translate the following sentences into Urdu.

1) Holidays were in June.
2) Eid will be in October.
3) Exams will be in March.
4) Next year, holidays will be in July.
5) There will be school in September.
6) My sister will be in London in November.
7) There were guests at your house in February.
8) This shop was closed for two weeks in April.
9) In January, the prices of things were very cheap.
10) From May, that building will be closed for a year.
11) There was a market in this small village in August.
12) In December, there will be a lot of people in the shops because of Christmas.

Note:

When you want to say this/that day, this/that week, this/that month, or this/that year you will always use the word اِس or اُس. You won't use the word یہ or وہ.

اُس مہینے بہت ٹھنڈی تھی۔

It was very cold that month.

اُس دن بہت لوگ ہوں گے۔

There will be a lot of people that day.

امتحانات اِس ہفتے ہیں۔

Exams are this week.

اِس سال کلاس میں بچے کم ہیں۔

This year, there are fewer students in the class.

Exercise 9

Translate the following sentences into English.

۱) اس ہفتے اسکول کی چھٹی ہے۔

۲) اُس مہینے میں غیر حاضر ہوں گا۔

۳) اس ہفتے قصائی کی دکان بند ہو گی۔

۴) اُس سال اسکول میں کم بچے تھے۔

۵) اِس سال فاطمہ بہت مشغول ہو گی۔

۶) اُس ہفتے پانچوں وکیل مشغول تھے۔

۷) اُس دن کسی کے پاس ڈالر نہیں تھے۔

۸) اُس دن مسجد میں گرم پانی نہیں ہو گا۔

۹) اس مہینے ہمارے گھر میں مہمان تھے۔

۱۰) اُس دن کسی کی گاڑی مسجد کے باہر تھی۔

۱۱) اِس سال رمضان اپریل کے مہینے میں ہو گا۔

۱۲) اس مہینے میرا اچھا دوست پاکستان میں تھا۔

Exercise 10

Translate the following sentences into Urdu.

1) There was no snow this year.
2) There was no rain this month.
3) Ahmed was with me that day.
4) That month, the building was closed.
5) There will be no Urdu class this week.
6) That day, there was a lot of noise in your class.
7) I was ill that day so I was not in the madrasah.
8) That day my brother was in the market, not at home.
9) He was very busy that month so he was absent from work.
10) That day, the mosque window was open because it was very hot.
11) That month, the carpenter's shop was closed because he was in Hajj.
12) On Friday, there was a lot of people outside the mosque because that day there was a wedding.

Time

The word بجے is used to tell time. It means o'clock. You add the number before it to say what time you want.

پانچ بجے	تین بجے	نو بجے
Five o'clock	Three o'clock	*9 o'clock*

Exercise 11

۱) ایک بجے　۵) تین بجے　۹) دو بجے　۱۳) گیارہ بجے　۱۷) آٹھ بجے　۲۱) چھ بجے

۲) آٹھ بجے　۶) چار بجے　۱۰) سات بجے　۱۴) تین بجے　۱۸) سات بجے　۲۲) نو بجے

۳) بارہ بجے　۷) چھ بجے　۱۱) گیارہ بجے　۱۵) پانچ بجے　۱۹) دو بجے　۲۳) چار بجے

۴) پانچ بجے　۸) دس بجے　۱۲) نو بجے　۱۶) بارہ بجے　۲۰) دس بجے　۲۴) ایک بجے

Exercise 12

Translate the following sentences into Urdu.

1) one o'clock
2) two o'clock
3) three o'clock
4) four o'clock
5) five o'clock
6) six o'clock
7) seven o'clock
8) eight o'clock
9) nine o'clock
10) ten o'clock
11) eleven o'clock
12) twelve o'clock

Notes:

1. You use the following words to show clock time:

Quarter Past	Half Past	Quarter to
سَوّا	ساڑھے	پَونے
سوا تین بجے	ساڑھے تین بجے	پونے چار بجے

2. The times 1:30 and 2:30 have special words for them.

ڈھائی بجے	ڈیڑھ بجے
half past two	*half past one*

Exercise 13

Translate the following sentences into English.

۱) سوا بارہ بجے　۷) پونے دو بجے　۱۳) سوا تین بجے　۱۹) پونے پانچ بجے

۲) ساڑھے بارہ بجے　۸) دو بجے　۱۴) ساڑھے تین بجے　۲۰) پانچ بجے

۳) پونے ایک بجے　۹) سوا دو بجے　۱۵) پونے چار بجے　۲۱) سوا پانچ بجے

۴) ایک بجے　۱۰) ڈھائی بجے　۱۶) چار بجے　۲۲) ساڑھے پانچ بجے

۵) سوا ایک بجے　۱۱) پونے تین بجے　۱۷) سوا چار بجے　۲۳) پونے چھ بجے

۶) ڈیڑھ بجے　۱۲) تین بجے　۱۸) ساڑھے چار بجے　۲۴) چھ بجے

Exercise 14

Translate the following sentences into Urdu.

1) quarter past twelve
2) half past ten
3) quarter to eight
4) quarter past six
5) half past four
6) quarter to two
7) quarter past one
8) half past three
9) quarter to five
10) quarter past seven
11) half past nine
12) quarter to eleven
13) quarter past six
14) half past nine
15) quarter to twelve
16) quarter past five
17) half past eight
18) quarter to eleven
19) quarter past four
20) half past seven
21) quarter to nine
22) quarter past three
23) half past one
24) quarter to two

Note:

1. To ask What time is it? you say:

کتنے بجے ہیں؟

What time is it?

2. You can add the word صبح for AMand شام or رات for PM.

رات گیارہ بجے	شام پانچ بجے	صبح دس بجے
11pm	5pm	10am

Exercise 15

Translate the following sentences into English.

۱) کتنے بجے ہیں؟ چھ بجے ہیں۔
۲) کتنے بجے ہیں؟ سوا چھ بجے ہیں۔
۳) کتنے بجے ہیں؟ ساڑھے چھ بجے ہیں۔
۴) کتنے بجے ہیں؟ پونے سات بجے ہیں۔
۵) کتنے بجے ہیں؟ سات بجے ہیں۔
۶) کتنے بجے ہیں؟ سوا سات بجے ہیں۔
۷) کتنے بجے ہیں؟ ساڑھے سات بجے ہیں۔
۸) کتنے بجے ہیں؟ پونے آٹھ بجے ہیں۔
۹) کتنے بجے ہیں؟ آٹھ بجے ہیں۔
۱۰) کتنے بجے ہیں؟ سوا آٹھ بجے ہیں۔
۱۱) کتنے بجے ہیں؟ ساڑھے آٹھ بجے ہیں۔
۱۲) کتنے بجے ہیں؟ پونے نو بجے ہیں۔
۱۳) کتنے بجے ہیں؟ نو بجے ہیں۔
۱۴) کتنے بجے ہیں؟ سوا نو بجے ہیں۔
۱۵) کتنے بجے ہیں؟ ساڑھے نو بجے ہیں۔
۱۶) کتنے بجے ہیں؟ پونے دس بجے ہیں۔
۱۷) کتنے بجے ہیں؟ دس بجے ہیں۔
۱۸) کتنے بجے ہیں؟ سوا دس بجے ہیں۔
۱۹) کتنے بجے ہیں؟ ساڑھے دس بجے ہیں۔
۲۰) کتنے بجے ہیں؟ پونے گیارہ بجے ہیں۔
۲۱) کتنے بجے ہیں؟ گیارہ بجے ہیں۔
۲۲) کتنے بجے ہیں؟ سوا گیارہ بجے ہیں۔
۲۳) کتنے بجے ہیں؟ ساڑھے گیارہ بجے ہیں۔
۲۴) کتنے بجے ہیں؟ پونے بارہ بجے ہیں۔

Exercise 16

Translate the following sentences into Urdu.

1) What time is it? It is eleven o'clock.
2) What time is it? It is nine o'clock.
3) What time is it? It is seven o'clock.
4) What time is it? It is five o'clock.
5) What time is it? It is half-past three.
6) What time is it? It is a quarter past one.
7) What time is it? It is half-past one.
8) What time is it? It is half-past two.
9) What time is it? It is quarter to ten.
10) What time is it? It is quarter past eight.
11) What time is it? It is half-past six.
12) What time is it? It is a quarter to four.

Exercise 17

Translation		Urdu	Translation		Urdu	Translation		Urdu
hour, period	m	گھنٹہ	special	adj	خاص	assembly	f	اسمبلی
meeting	f	میٹنگ	another	adj	دوسرا	Tajweed (the science of reciting the Quran)	f	تجوید
unsuccessful	adj	ناکام	Arabic	f	عربی	play, stroll, holiday	f	تفریح
return	f	واپسی	flight	f	فلائٹ	train	f	ٹرین
time	m	وقت	conference	m	کانفرنس	teacher	m	ٹیچر

Translate the following sentences into English.

۱) کھانا کب ہو گا؟ کھانا ایک بجے ہو گا۔

۲) ناشتہ کب ہو گا؟ ناشتہ ساڑھے گیارہ بجے ہو گا۔

۳) ساڑھے تین بجے سب ٹیچروں کی میٹنگ ہو گی۔

۴) احمد، اب کتنے بجے ہیں؟ میرے پاس گھڑی نہیں ہے۔

۵) ہماری اسکول کی اسمبلی جمعہ کے دن پونے نو بجے ہو گی۔

۶) آج عشاء کی نماز نو بجے تھی، لیکن کل سے آٹھ بجے ہو گی۔

۷) سیرت کا کانفرنس کب ہو گا؟ سیرت کا کانفرنس مئی میں ہو گا۔

۸) دکانیں کب کھلی ہوں گی؟ دکانیں صبح پونے دس بجے کھلی ہوں گی۔

۹) اسکول کا دروازہ کب بند تھا؟ اسکول کا دروازہ شام پونے پانچ بجے سے بند تھا۔

۱۰) لندن کی ٹرین صبح دس بجے ہے، اور مانچسٹر (Manchester) کی ٹرین رات پونے چھ بجے ہے۔

۱۱) چھٹیوں سے پہلے اپریل میں امتحانات تھے، لیکن بہت سے بچے ناکام تھے تو چھٹیوں کے بعد ستمبر میں ان کا دوسرا امتحان ہو گا، اور چھٹیوں میں ان کے لئے خاص کلاسیں ہوں گی۔

۱۲) تمہاری فلائٹ کب ہے؟ میری فلائٹ پیر کے دن شام پونے سات بجے ہے۔ اور تمہاری واپسی کب ہو گی؟ میری واپسی چار مہینے کے بعد، اگست میں ہو گی۔

۱۳) قرآن کا گھنٹہ صبح سات بجے ہو گا، اور وہ تیس منٹ کے لئے ہو گا، پھر ساڑھے سات بجے تجوید کا گھنٹہ ہو گا۔ اور وہ ایک گھنٹے کے لئے ہو گا، پھر ساڑھے آٹھ بجے تفریح کا وقت ہو گا، پھر پونے دس بجے اردو کا گھنٹہ ہو گا، اور اس کے بعد عربی کا گھنٹہ ہو گا۔

Exercise 18
Translate the following sentences into Urdu.
1) Her train was at eight o'clock in the evening.
2) The flight is at four o'clock in the afternoon.
3) I have had a fever from nine o'clock last night.
4) The meeting is at eleven o'clock in the morning.
5) There wasan assembly yesterday at quarter past seven.
6) There will be an assembly on Friday at quarter to eight
7) On Saturday night, there was lot of noise in the market.
8) The conference is on Saturday at six o'clock in the evening.
9) My neighbour was at home yesterday at five o'clock in the evening.
10) There will be a wedding in this hall on Monday morning at eleven o'clock.
11) Tomorrow, in this hotel breakfast will be ready from five o'clock in the morning.
12) Yesterday, the shop was open from seven o'clock in the morning. But today it was closed at 10 o'clock because the businessman did not have the keys.

جنت اور دوزخ

Vocab

Translation		Urdu
enjoyment, taste	m	مزہ
death	f	موت
fruit	m	میوہ
river	f	نہر

Translation		Urdu
blood	m	خون
grief	f	رنج
transparent	adj	شفاف
type	f	طرح
rich	adj	مالدار
palace	m	محل

Translation		Urdu
mountain	m	پہاڑ
fruit	m	پھل
pus	f	پیپ
servants	m	خدام
service	f	خدمت
happiness	f	خوشی

Note:

1. You can repeat an adjective to give emphasis:

   بڑے بڑے پہاڑ

   very big mountains

   You can also repeat the noun قسم or طرح to give the meaning of different.

   قسم قسم کے لوگ، طرح طرح کے لوگ

   different types of people

2. Sometimes you can have two words joint with اور which have the same meaning. This is very common in Urdu. In such cases, you can translate just one of the words.

   تکلیف اور رنج — *difficulty*

   پھل اور میوہ — *fruits*

Text

موت کے بعد اچھے لوگ جنت میں ہوں گے، جنت میں سب اچھی چیزیں ہوں گی، اچھا اچھا کھانا ہوگا، بڑے بڑے محل ہوں گے، طرح طرح کے پھل اور میوے ہوں گے، خوبصورت باغ ہوں گے، نہریں ہوں گی، دودھ، شراب اور شہد کی نہریں ہوں گی۔ ان نہروں میں صاف شفاف پانی ہوگا، خدمت کے لئے خدام ہوں گے۔ ہر قسم کی خوشی اور مزے کی چیزیں ہوں گی، اور رنج اور تکلیف کی کوئی چیز نہیں ہوگی۔ کوئی بیمار نہیں ہوگا، سب تندرست ہوں گے۔ کوئی غریب نہیں ہوگا، سب مالدار ہوں گے۔ اللہ جنت کے لوگوں سے خوش ہوگا۔

اور موت کے بعد برے لوگ دوزخ میں ہوں گے۔ دوزخ میں آگ ہوگی، وہ آگ بہت ہی گرم ہوگی، طرح طرح کے عذاب ہوں گے، خون کی نہریں ہوں گی، پیپ ہوگا، ہر قسم کی تکلیف اور رنج کی چیزیں ہوں گی۔

Lesson 15
Respect

In Urdu, when you are talking about someone older or respectable, you use plural words to show respect.

استاد صاحب غیر حاضر ہیں۔	دادا بیمار تھے۔	والد صاحب مسجد کے باہر ہوں گے۔
The teacher is absent.	*The grandfather was ill.*	*The father will be outside the masjid.*

When translating in English, you do not use the plural words; you just translate as normal.

Exercise 1

Translation		Urdu	Translation		Urdu	Translation		Urdu
mother	f	والدہ	grandmother (father's mother)	f	دادی	imam	m	امام صاحب
aunt (mother's sister)	f	خالہ	grandfather (mother's father)	m	نانا	mother	f	امی
uncle (khala's husband)	m	خالو	grandmother (mother's mother)	f	نانی	aunt (chacha's wife)	f	چچی

Translate the following sentences into English.

۱) نانا ذہین تھے۔
۲) چچا بڑھئی ہیں۔
۳) چچی خوش تھیں۔
۴) دادا ہوشیار آدمی تھے۔
۵) فاطمہ کی دادی پیاسی ہیں۔
۶) تمہاری والدہ بھوکی ہیں۔
۷) خالو دفتر میں مزدور ہیں۔
۸) تمہاری امی بہت محنتی ہیں۔
۹) استاد صاحب بہت سچے ہیں۔
۱۰) ان کی خالہ بہت تیز تھیں۔
۱۱) میری امی بہت باادب ہیں۔
۱۲) ہماری نانی بہت تھکی ہوں گی۔
۱۳) والد صاحب کامیاب تاجر ہیں۔
۱۴) امام صاحب مشغول ہوں گے۔
۱۵) استاد صاحب کلاس میں حاضر تھے۔

Exercise 2

Translate the following sentences into Urdu.

1) The mother is rich.
2) The father is on the mountain.
3) The mother was ill in the morning.
4) The imam was in the masjid before salah.
5) The grandmother (father's mother) was a nurse.
6) The grandfather (mother's father) is in the train.
7) The grandmother (mother's mother) is on that flight.
8) The uncle (khala's husband) will be a successful lawyer.
9) On Sunday, the aunt (mother's sister) was in your house.
10) The aunt (chacha's wife) was not in the wedding because her mother was ill.

Note:

If a person of respect is mentioned in a possessive phrase the word کا must change to کے.

احمد کا استاد ✘ ⇦ احمد کے استاد ✔

میرا نانا ✘ ⇦ میرے نانا ✔

The word کی will not change even if the word after it is a person of respect.

احمد کی دادی   میری نانی

Exercise 3

Translate the following sentences into English.

۱۱) بلال کے خالو	۶) تمہاری چچی	۱) میرے دادا
۱۲) اس تاجر کی خالہ	۷) یونس کی دادی	۲) عائشہ کے چچا
۱۳) احمد کے والد صاحب	۸) یوسف کے نانا	۳) میری خالہ
۱۴) مسجد کے امام صاحب	۹) عبداللہ کی نانی	۴) تمہارے خالو
۱۵) کلاس کے استاد صاحب	۱۰) آدم کی والدہ	۵) ہماری امی

Exercise 4

Translate the following sentences into English.

1) Your mother
2) Omar's mother
3) The masjid's imam
4) Abdullah's mother
5) His aunt (mother's sister)
6) Her uncle (khala's husband)
7) Hashim's aunt (chacha's wife)
8) Talha's grandmother (father's mother)
9) Zakariyya's grandfather (mother's father)
10) Hajara's grandmother (mother's mother)

Note:

We have learnt three words that mean you in Urdu: تو, تم and آپ. All three are used slightly differently.

When you are talking to someone younger than you, use the word تو.

تو بہت سست لڑکا ہے۔

You are a very lazy boy.

When you are talking to someone the same age as you, use the word تم.

تم کیسے ہو؟

How are you?

You also use تم when you are talking to more than one person.

کیا تم مسجد میں تھے؟

Were you in the masjid?

When you are talking to someone older than you, you use the word آپ.

آپ میرے استاد ہیں۔

You are my teacher.

Sometimes you can add a word after تم or آپ to explain whom you mean by it.

آپ لوگ بہت تھکے ہیں۔

You all are very tired.

تم لوگ بہت محنتی ہو۔

You people are hardworking.

The same rule will apply in possession; you will use either one of تیرا , تمہارا or آپ کا depending on who you are talking to.

آپ کا دوست	تمہارا دوست	تیرا دوست
Your friend	Your friend	Your friend

Exercise 5

Translate the following sentences and the meaning of you.

۱) تم تاجر ہو۔
۲) تم ناکام تھے۔
۳) کیا آپ بیمار ہیں؟
۴) تم امانتدار نہیں ہو۔
۵) تو بہت سست ہے۔
۶) تو میرا دوست ہے۔
۷) آپ کی امی کیسی ہیں؟
۸) تیرے ابو کیسے ہیں؟
۹) آپ میرے والد ہیں۔
۱۰) تو میرا اچھوٹا بھائی ہے۔
۱۱) تو بہت ہوشیار بچہ ہے۔
۱۲) تم لوگ امریکہ سے ہو۔
۱۳) آپ کی ٹرین کب ہے؟
۱۴) تیری کلاس کہاں ہے؟
۱۵) کیا آپ پاکستان سے ہیں؟
۱۶) آپ بہت سچی عورت ہیں۔
۱۷) کیا تمہارے پاس جبہ ہے؟
۱۸) کیا تمہارے پاس پونڈ ہیں؟
۱۹) آپ کی آواز بہت پیاری ہے۔
۲۰) تم بہت مشغول ہو، تمہارے پاس وقت نہیں۔

Exercise 6

Translate the following sentences into Urdu. For تو the word You (1) will be used, for تم You (2), and for آپ You (3). The number in brackets represents the level.

1) Your (2) heart is clean.
2) You (1) are on a journey.
3) Your (1) hair is very long.
4) Your (3) eyes are closed.
5) You (3) are my neighbour.
6) You (1) are like my father.
7) You (2) will be on that flight.
8) You (2) are not in a restaurant.
9) You (3) were with their teacher.
10) You (1) were absent on Tuesday.

Exercise 7

Translation		Urdu	Translation		Urdu	Translation		Urdu
hospital	m	ہسپتال	Mrs.	adj	مسز	better	adj	بہتر
son	m	بیٹا	health	f	طبیعت	Mr.	adj	مسٹر

Translate the following sentences into English.

۱) مولانا یونس صاحب ہماری مسجد کے امام ہیں۔
۲) یہ فاطمہ کے ابو ہیں، ان کی دکان بازار میں ہے۔
۳) آپ کی والدہ کہاں ہیں؟ میری والدہ نانی کے گھر پر ہیں۔
۴) احمد کے چچا ہسپتال میں ہیں، اس لئے کہ ان کا بیٹا بیمار ہے۔
۵) آج دادا مسجد میں ہیں، اس لئے کہ نماز کے بعد بیان ہوگا۔
۶) میری امی نانا کے گھر پر ہیں اس لئے کہ نانی بہت بیمار ہیں۔
۷) تمہارے استاد کون ہیں؟ مولانا احمد صاحب میرے استاد ہیں۔
۸) میری ماں ہوٹل میں ہیں۔ ان کے بھائی بھی اس ہوٹل میں ہیں۔
۹) میرے والد صاحب کو تمہارے والد صاحب سے بہت تعلق تھا۔
۱۰) مسٹر ملز (Mr. Mills) بہت صاف آدمی ہیں اور ان کی کلاس بھی بہت صاف ہے۔

۱۱) کیا تمہارے ابو گھر پر ہیں؟ جی نہیں، میرے والد صاحب دکان میں ہیں۔

۱۲) تیرے دادا کیسے ہیں؟ دادا کل رات کافی بیمار تھے، لیکن آج صبح بہت بہتر تھے۔

۱۳) اسکول میں تمہارا ٹیچر کون ہیں؟ گزشتہ سال مسز جین (.Mrs Jean) ہماری ٹیچر تھیں، لیکن اِس سال مسٹر ملز ہمارے ٹیچر ہیں۔

۱۴) وہ میرے والد ہیں، ان کی طبیعت آج اچھی نہیں ہے، بلکہ کل رات سے بیمار ہیں۔

۱۵) چچا بہت تھکے ہیں اس لئے کہ ان کے گھر پر بہت مہمان تھے اور بہت کام کاج تھے۔

۱۶) میرے استاد کے پاس بہت سی عربی اور اردو کتابیں ہیں، لیکن ان کے پاس بہت کم انگریزی کتابیں ہیں۔

Words of Respect:

1. The word آپ is also used instead of وہ when it is someone very respected like a prophet.

محمدﷺ اللہ کے نبی ہیں، آپ بہت سچے اور امانتدار تھے۔

Muhammad ﷺ is Allah's prophet. He was very honest and trustworthy.

Make sure you do not translate this آپ as you.

2. In Urdu, there are some words which are added to other words to show respect. These do not have a direct English translation.

   a. The word حضرت is added before names of prophets, companions and saints.

حضرت ابو بکر رضی اللہ عنہ

   b. The word آنحضرت is used for the prophet.

آنحضرتﷺ بہت امانتدار تھے۔

   c. The word رضی اللہ عنہ is used after the names of male companions.

حضرت علی رضی اللہ عنہ نبیﷺ کے صحابی ہیں۔

The word رضی اللہ عنہا is used after the names of female companions.

حضرت فاطمہ رضی اللہ عنہا نبیﷺ کی صاحب زادی ہیں۔

   d. The word علیہ السلام is used after the names of prophets.

حضرت عیسی علیہ السلام اللہ کے پیغمبر ہیں۔

   e. The word صاحب comes after names for respect.

والد صاحب   امام صاحب

The feminine of صاحب is صاحبہ.

بیوی صاحبہ   والدہ صاحبہ

f. The word جان can be added after the names of family members.

بھائی جان، دادا جان

g. The words شریف and پاک is added after words like قرآن, مکہ, مدینہ etc.

مکہ شریف	مدینہ شریف	درودِ پاک	درود شریف	قران شریف
Holy Makkah	Holy Madeenah	Pure salutations	Blessed salutations	The Noble Quran

رمضان مبارک — The blessed month of Ramadhan

روضہ پاک — (A portion in the Prophet's ﷺ Mosque in Madeenah)

3. Some words have alternative words which are more respectful.

Translation	Respect	Urdu
father	والد صاحب	باپ
sister	باجی	بہن
mother	والدہ	ماں

Translation	Respect	Urdu
wife	اہلیہ	بیوی
son	صاحبزادہ	بیٹا
daughter	صاحبزادی	بیٹی

Exercise 8

Translation		Urdu
virtuous	adj	افضل

Translation		Urdu
last	adj	آخری

Translation		Urdu
messenger	m	پیغمبر

Translate the following sentences into English.

۱) ابو طالب نبی ﷺ کے چچا تھے۔

۲) حضرت عمر رضی اللہ عنہ ایک صحابی ہیں۔

۳) حضرت موسی علیہ السلام اللہ کے پیغمبر تھے۔

۴) آپ کی والدہ کہاں ہیں؟ میری والدہ نانی کے گھر پر ہیں۔

۵) حضرت فاطمہ رضی اللہ عنہا نبی ﷺ کی صاحبزادی تھیں۔

۶) حضرت مریم علیہا السلام حضرت عیسی علیہ السلام کی ماں ہیں۔

۷) کیا تمہارے ابو گھر پر ہیں؟ جی نہیں، میرے والد صاحب دکان میں ہیں۔

۸) حضرت عائشہ رضی اللہ عنہا حضرت ابو بکر رضی اللہ عنہ کی صاحبزادی ہیں، اور نبی ﷺ کی اہلیہ۔

۹) نوح علیہ السلام اور لوط علیہ السلام اللہ کے پیغمبر تھے، لیکن ان کی بیویاں مسلمان نہیں تھیں۔

۱۰) حضرت ابراہیم علیہ السلام اللہ کے پیغمبر تھے، اور بہت بڑے پیغمبر تھے، لیکن آپ کے والد مسلمان نہیں تھے۔

۱۱) محمد ﷺ اللہ کے آخری پیغمبر ہیں، آپ کے بعد کوئی نبی نہیں ہو گا، اور قرآن اللہ کی آخری کتاب ہے، اور اس کے بعد کوئی دوسری کتاب نہیں ہو گی۔

Lesson 16
Comparison

If you want to compare two things, use the word سے or سے زیادہ.

احمد [خالد سے] محنتی ہے۔   احمد [خالد سے زیادہ] محنتی ہے۔

Ahmad is more hardworking than Khalid.

You can add the word بھی to give the meaning of even more.

زبیر بہت غریب ہے، لیکن عمر اس سے بھی زیادہ غریب ہے۔

Zubair is very poor, but Omar is even poorer than him.

Exercise 1

Translation		Urdu	Translation		Urdu	Translation		Urdu
method, way	m	طریقہ	season, weather	m	موسم	tasty	adj	مزے دار

Translate the following sentences into English. Notice how the comparison is used.

۱) میں تم سے زیادہ بیمار تھا۔

۲) تاجر حجام سے زیادہ امیر ہے۔

۳) احمد کو زبیر سے زیادہ ہمت ہے۔

۴) یہ میز اُس میز سے زیادہ لمبی ہے۔

۵) سپاہی پولیس سے زیادہ بہادر ہے۔

۶) یہ کیلا اس کیلے سے زیادہ میٹھا ہوگا۔

۷) باورچی بڑھئی سے زیادہ امانتدار ہے۔

۸) درزی دندان ساز سے زیادہ بزدل ہے۔

۹) اردو کا گھنٹہ عربی کے گھنٹے سے زیادہ مختصر ہے۔

۱۰) زید کا نیا گھر ہمارے پرانے گھر سے زیادہ بڑا ہے۔

۱۱) جولائی کا موسم جنوری کے موسم سے زیادہ گرم ہے۔

۱۲) اِس دکان کی چیزیں اُس دکان کی چیزوں سے بہتر ہیں۔

۱۳) میرے دادا کو میرے والد صاحب سے زیادہ تجربہ ہے۔

۱۴) صبح نو بجے کی ٹرین رات پانچ بجے کی ٹرین سے زیادہ خالی تھی۔

۱۵) لندن کے راستے پاکستان کے راستوں سے زیادہ چوڑے ہیں۔

۱۶) اردو کے امتحانات بہت آسان تھے، لیکن عربی کے امتحانات ان سے بھی آسان تھے۔

جنت کے میوے اور پھل دنیا کے میوں اور پھلوں سے زیادہ میٹھے اور مزے دار ہوں گے۔

۱۷) احمد بہت ہوشیار ہے، لیکن اس کا بھائی اس سے بھی زیادہ ہوشیار ہے، اور زیادہ محنتی بھی۔

۱۸) جمعہ سنیچر سے زیادہ ٹھنڈا تھا اس لئے کہ جمعہ کو بہت برف اور بارش تھی، اور ٹھنڈی ٹھنڈی ہوائیں بھی تھیں، لیکن اتوار جمعہ سے بھی زیادہ ٹھنڈا ہوگا۔

Exercise 2

Translate the following sentences into Urdu.

1) My hair is blacker than your hair.
2) This girl is stronger than that boy.
3) The fridge is bigger than the shelf.
4) My sister is richer than my brother.
5) This army is bigger than that army.
6) The mountain is bigger than the palace.
7) The messengers are more virtuous than us.
8) This hospital was better than that hospital.
9) The jubbah is more expensive than the hat.
10) The hall was bigger than the teacher's office.

11) In the Urdu exam, your marks were more than my marks.

12) My grandmother (mother's mother) is older than my grandmother (father's mother).

Note

If you want to use the superlative i.e. to compare one thing to many things, add the word سب سے or سب سے زیادہ.

اللہ سب سے بڑا ہے۔
Allah is the greatest.

نبی ﷺ سب سے زیادہ سچے ہیں۔
The prophet is the most truthful.

Exercise 3

Translation		Urdu	Translation		Urdu	Translation		Urdu
Russia	m	روس	Japan	m	جاپان	populated	adj	آباد
football	m/f	فٹ بال	China	m	چین	stadium	m	اسٹیڈیم
country	m	ملک	Dubai	m	دبئی	England	m	انگلینڈ
Wembley		ومبلی	world	f	دنیا	bullet train		بلٹ ٹرین

Translate the following sentences. Notice how the superlative is used.

۱) فاطمہ سب سے زیادہ محنتی ہے۔

۲) روس دنیا کا سب سے بڑا ملک ہے۔

۳) چین دنیا کا سب سے آباد ملک ہے۔

۴) یہ سیب سب سے زیادہ مزے دار ہے۔

۵) قرآن سب کتابوں سے افضل ہے۔

۶) جنت کی سب نعمتیں دنیا کی چیزوں سے بہتر ہیں۔

۷) نبی ﷺ کی سنت سب طریقوں سے بہتر ہے۔

۸) مکہ کی مسجدِ حرام دنیا کی سب سے بڑی مسجد ہے۔

۹) جاپان کی بلٹ ٹرین دنیا کی سب سے تیز ٹرین ہے۔

۱۰) دبئی کی بُرج خلیفہ دنیا کی سب سے بڑی عمارت ہے۔

۱۱) ومبلی اسٹیڈم انگلینڈ کا سب سے بڑا فٹ بال اسٹیڈیم ہے۔

۱۲) ہماری سڑک کی دکان بازار کی دکانوں سے زیادہ سستی ہے۔

۱۳) جہنم کی تکلیفیں اور رنج دنیا کی سب تکلیفوں سے زیادہ سخت ہوں گے۔

۱۴) نبی ﷺ سب سے آخری پیغمبر ہیں، آپ کے بعد کوئی نبی نہیں ہو گا۔

۱۵) قرآن سب سے آخری کتاب ہے، اس کے بعد کوئی کتاب نہیں ہو گا۔

۱۶) انگلینڈ آباد ملک ہے، لیکن انڈیا اس سے بھی زیادہ آباد ہے، اور چین سب سے آباد ہے۔

۱۷) پاکستان بڑا ملک ہے، لیکن انڈیا اس سے بڑا ہے، اور امریکہ ان دونوں ملکوں سے بڑا ہے، اور روس سب سے بڑا ملک ہے۔

Exercise 4

Translation		Urdu	Translation		Urdu	Translation		Urdu
sun	m	سورج	elephant	m	ہاتھی	game, sport	f	کھیل

Translate the following sentences into Urdu. Notice how the superlative is used.

1) Football is my best sport.
2) The sun is the biggest star.
3) Ahmad is the cleverest student in the class.
4) Amazon is the biggest river in the world.
5) For me, Saturday is the best day of the week.
6) The elephant is the biggest animal in the jungle.
7) The story of the Prophet Yusuf (peace be upon him) is the best story.

عبدالرحمن اوراس کی فیملی

Translation		Urdu	Translation		Urdu	Translation		Urdu
pink	adj	گُلابی	Green	adj	سبز	sitting room	m	بیٹھنے کا کمرہ
Leicester	-	لیسٹر	Grey	adj	سُرمَئی	yellow	adj	پیلا
orange	adj	نارنگی	bedroom	m	سونے کا کمرہ	whilst	conj	جب کہ
etc.	adv	وغَیرہ	Family	f	فِیملی	South Africa	-	جُنوبی افریقہ

میرانام عبدالرحمن ہے، میں چھ سال کا ہوں، میرا گھر لیسٹر شہر میں ہے۔ میرا گھر بہت بڑا نہیں ہے اور بہت چھوٹا بھی نہیں، اس میں سات کمرے ہیں، چار سونے کے کمرے، دو بیٹھنے کے کمرے، اور ایک باورچی خانہ۔

میرا ایک بھائی اور میری دو بہنیں ہیں۔ میری بہن کا نام خدیجہ ہے، وہ صرف دو سال کی ہے، میں اس سے بڑا ہوں، لیکن میری چھوٹی بہن زینب اس سے بھی چھوٹی ہے، وہ صرف پندرہ مہینے کی ہے، اور میرے بڑے بھائی کا نام عبداللہ ہے، وہ نو سال کا ہے اور وہ سب سے بڑا ہے۔

میرا بستر اور میرے بڑے بھائی کا بستر ایک ہی کمرے میں ہیں، ہمارے کمرے میں تین الماریاں ہیں، ایک الماری میرے لئے ہے، اس میں میرے کپڑے وغیرہ ہیں، ایک میرے بھائی کے لئے ہے، اس میں ان کے کپڑے وغیرہ ہیں، اور ایک الماری پرانے سامان کے لئے ہے۔

میری بہنوں کا کمرہ ہمارے کمرے سے بڑا ہے، لیکن میرے والدین کا کمرہ سب سے بڑا ہے۔

ہمارے کمرے کی دیواریں لال ہیں، جب کہ میری بہنوں کے کمرے کی دیواریں نیلی اور سفید ہیں، اور میرے والدین کا کمرہ پیلا اور گلابی ہے۔ ایک بیٹھنے کے کمرے میں سرمئی رنگ کا قالین ہے، جب کہ دوسرے میں نارنگی رنگ کا قالین ہے۔

میرے نانا کا گھر ہمارے گھر سے کافی دور ہے، ان کا گھر لندن میں ہے، لیکن میرے دادا اور دادی کا گھر اس سے بھی زیادہ دور ہے، ان کا گھر دوسرے ملک میں ہے، اس ملک کا نام جنوبی افریقہ ہے۔

Lesson 17
Verbs

A verb is a word that shows an action e.g. I ate. In Urdu, the verb ends in the letters نا.

جانا

to go

Vocab

Translation		Urdu	Translation		Urdu	Translation		Urdu
to wake up	v	جاگنا	to sit	v	بیٹھنا	to lift up	v	اُٹھانا
to go	v	جانا	to sell	v	بیچنا	to get up	v	اُٹھنا
to walk	v	چلنا	to read	v	پڑھنا	to come	v	آنا
to buy	v	خریدنا	to ask	v	پوچھنا	to change	v	بدلنا
to see	v	دیکھنا	to drink	v	پینا	to make	v	بنانا
to keep, to put	v	رکھنا	to break	v	توڑنا	to send	v	بھیجنا

The Present Tense

To make a verb in the present tense, remove the نا and add تا ہے at the end.

آنا⇦آتا ہے

احمد آتا ہے۔

Ahmad comes.

Exercise 1

Translate the following sentences into English.

۱) احمد اٹھاتا ہے۔
۲) زید اٹھتا ہے۔
۳) آدمی آتا ہے۔
۴) موسم بدلتا ہے۔
۵) عامر بناتا ہے۔
۶) وکیل بھیجتا ہے۔
۷) ہاشم بیٹھتا ہے۔
۸) تاجر بیچتا ہے۔
۹) بچہ پڑھتا ہے۔
۱۰) لڑکا پوچھتا ہے۔
۱۱) مزدور پیتا ہے۔
۱۲) بھائی توڑتا ہے۔
۱۳) آدمی جاگتا ہے۔
۱۴) مالی جاتا ہے۔
۱۵) طریقہ بدلتا ہے۔
۱۶) معمار چلتا ہے۔
۱۷) بیٹا رکھتا ہے۔
۱۸) پولیس پوچھتا ہے۔
۱۹) پڑوسی جاتا ہے۔
۲۰) تاجر خریدتا ہے۔
۲۱) درزی دیکھتا ہے۔
۲۲) دھوبی آتا ہے۔
۲۳) قاضی پڑھتا ہے۔
۲۴) خزانچی رکھتا ہے۔

Exercise 2

Translate the following sentences into Urdu.

1) The ox goes.
2) America buys.
3) The police ask.
4) The army breaks.
5) The enemy walks.
6) The servant lifts up.
7) Pakistan makes.
8) The owner sends.
9) The neighbour sits.
10) The restaurant sells.
11) The Muslim gets up.
12) The punishment changes.

Note:

If the **subject**, the person doing the action, is pluralor someone due respect, the end of the verb will change to تے ہیں.

ٹیچر بیٹھتے ہیں	لڑکے بیٹھتے ہیں۔
The teacher sits.	*The boys sit.*

Exercise 3

Translation		Urdu	Translation		Urdu	Translation		Urdu
to fall	V	گِرنا	to speak	v	بولنا	to grow	v	اُگنا
to fight	V	لڑنا	to live	v	جینا	to increase	v	بڑھنا
to die	V	مرنا	to shine	v	چمکنا	to flow	v	بِہنا

Translate the following sentences into English.

۱) کتا چلتا ہے۔
۲) کتے چلتے ہیں۔
۳) بچہ پیتا ہے۔
۴) بچے پیتے ہیں۔
۵) بچہ لڑتا ہے۔
۶) بچے لڑتے ہیں۔
۷) لڑکا بیٹھتا ہے۔
۸) دادا بیٹھتے ہیں۔
۹) احمد آتا ہے۔
۱۰) چچا آتے ہیں۔
۱۱) ستارہ چمکتا ہے۔
۱۲) ستارے چمکتے ہیں۔
۱۳) تالا گرتا ہے۔
۱۴) تالے گرتے ہیں۔
۱۵) آدمی بولتا ہے۔
۱۶) لوگ بولتے ہیں۔
۱۷) طلبہ پوچھتے ہیں۔
۱۸) بال اگتے ہیں۔
۱۹) پتے گرتے ہیں۔
۲۰) لوگ جیتے ہیں۔
۲۱) جانور مرتے ہیں۔
۲۲) درخت اگتے ہیں۔
۲۳) لڑکے پڑھتے ہیں۔
۲۴) طریقے بدلتے ہیں۔
۲۵) مہمان جاگتے ہیں۔
۲۶) مسلمان دیکھتے ہیں۔
۲۷) دوست خریدتے ہیں۔
۲۸) امام صاحب جاتے ہیں۔

Exercise 4

Translate the following sentences into Urdu.

1) The parents drink.
2) The uncle wakes up.
3) The tailors see.
4) The leaves grow.
5) The children increase.
6) The water flows.
7) The servant keeps.
8) The men speak.
9) The animals live.
10) The fans shine.
11) The stars fall.
12) The boys fight.

Note

If the subject is feminine singular, the verb will change to تی ہے.

فاطمہ بیٹھتی ہے۔

Fatima sits.

Exercise 5

Translate the following sentences into English.

۱) دنیا بدلتی ہے۔
۲) رقیہ بیچتی ہے۔
۳) بچی پوچھتی ہے۔
۴) ہاجرہ پیتی ہے۔
۵) لڑکی توڑتی ہے۔
۶) حلیمہ جاگتی ہے۔
۷) فیملی جاتی ہے۔
۸) گاڑی چلتی ہے۔
۹) بیٹی دیکھتی ہے۔
۱۰) نہر بہتی ہے۔
۱۱) برف گرتی ہے۔
۱۲) پیپ بہتی ہے۔
۱۳) خدیجہ بناتی ہے۔
۱۴) عائشہ رکھتی ہے۔
۱۵) فاطمہ بھیجتی ہے۔
۱۶) بہن بولتی ہے۔
۱۷) ریحانہ بیٹھتی ہے۔
۱۸) اسماء اٹھاتی ہے۔
۱۹) زبان بولتی ہے۔
۲۰) آنکھ چمکتی ہے۔
۲۱) زینب اٹھتی ہے۔
۲۲) قیمت بڑھتی ہے۔
۲۳) کتاب گرتی ہے۔
۲۴) بلٹ ٹرین آتی ہے۔

Exercise 6

Translate the following sentences into Urdu.

1) Alcohol flows.
2) The cow lives.
3) The river shines.
4) The knife falls.
5) The goat dies.
6) The girl reads.
7) The wife comes.
8) The train changes.
9) The sister sends.
10) The family comes.
11) Happiness increases.
12) The daughter sits.

Note

If the subject is feminine plural or respect, the verb will change to تی ہیں.

لڑکیاں کھاتی ہیں۔

The girls eat.

Remember, the verb چلنا has various meanings depending on its subject.

کشتی چلتی ہے — *The ship sails.*

گاڑی چلتی ہے — *The car moves.*

ہوا چلتی ہے — *The wind blows.*

احمد چلتا ہے — *Ahmad walks.*

Exercise 7

Translation		Urdu	Translation		Urdu	Translation		Urdu
to cut	v	کاٹنا	to graze	v	چرنا	to spread	v	پھیلنا
to hit	v	مارنا	to ring	v	بجنا	to swim	v	تیرنا

Translate the following sentences into English.

۱) امی پیتی ہیں۔
۲) خالہ بناتی ہیں۔
۳) والدہ آتی ہیں۔
۴) چچی بیچتی ہیں۔
۵) گائیں چرتی ہیں۔
۶) گاڑیاں چلتی ہیں۔
۷) تھیلیاں گرتی ہیں۔
۸) اجرتیں بڑھتی ہیں۔
۹) کلاسیں چلتی ہیں۔
۱۰) محبتیں پھیلتی ہیں۔
۱۱) آنکھیں چمکتی ہیں۔
۱۲) قیمتیں بڑھتی ہیں۔
۱۳) سائیکلیں چلتی ہیں۔
۱۴) مچھلیاں تیرتی ہیں۔
۱۵) کشتیاں چلتی ہیں۔
۱۶) دادی بولتی ہیں۔
۱۷) ماں مارتی ہیں۔
۱۸) گاڑیاں جاتی ہیں۔
۱۹) بکریاں چرتی ہیں۔
۲۰) چھریاں کاٹتی ہیں۔
۲۱) یہ لڑکیاں مارتی ہیں۔
۲۲) بہنیں لڑتی ہیں۔
۲۳) نہریں بہتی ہیں۔
۲۴) نفرتیں پھیلتی ہیں۔
۲۵) مائیں تیرتی ہیں۔
۲۶) گھڑیاں بجتی ہیں۔
۲۷) زبانیں بولتی ہیں۔
۲۸) آنکھیں دیکھتی ہیں۔

Exercise 8

Translate the following sentences into Urdu.

1) The mother reads.
2) The aunt asks.
3) The grandmother drinks.
4) The sisters sell.
5) The cats wake up.
6) The girls break.
7) The goats fight.
8) The cows lift up.
9) The women get up.
10) The girls walk.
11) The wives buy.
12) The turbans fall.

Exercise 9

Translate the following sentences into English.

۱) اللہ بناتا ہے۔
۲) بیل چرتا ہے۔
۳) بلی توڑتی ہے۔
۴) طلبہ آتے ہیں۔
۵) بچیاں بیٹھتی ہیں۔
۶) خدیجہ اٹھتی ہے۔
۷) عورت بیچتی ہے۔
۸) آگ پھیلتی ہے۔
۹) کتے تیرتے ہیں۔
۱۰) بیوی پوچھتی ہے۔
۱۱) لڑکیاں پیتی ہیں۔
۱۲) بچے جاگتے ہیں۔
۱۳) گاڑی چلتی ہے۔
۱۴) تاجر خریدتا ہے۔
۱۵) لڑکے پڑھتے ہیں۔
۱۶) مہمان جاتے ہیں۔
۱۷) لڑکیاں توڑتی ہیں۔
۱۸) لڑکیاں بدلتی ہیں۔
۱۹) مزدور اٹھاتے ہیں۔
۲۰) محمد اور احمد بھیجتے ہیں۔
۲۱) ماں اور بہن پڑھتی ہیں۔
۲۲) شبیر اور عادل بیٹھتے ہیں۔
۲۳) فاطمہ اور عائشہ دیکھتی ہیں۔
۲۴) احمد اور سلیمان جاتے ہیں۔

Exercise 10

Translate the following sentences into Urdu.

1) The world changes.
2) The ways change.
3) The elephant walks.
4) The sons come.
5) The daughters send.
6) The sisters sit.
7) The mother asks.
8) The father sells.
9) The fruits fall.
10) The blood flows.
11) Death comes.
12) Noise comes.

Note:

When the subject is a pronoun like میں or تم, the ہے after the verb will change just like it did in normal sentences.

He /it comes (m)	وہ جاتا ہے	You come (f)	تو جاتی ہے	I come (m)	میں جاتا ہوں
She/it comes (f)	وہ جاتی ہے	You come (m)	تم جاتے ہو	I come (f)	میں جاتی ہوں
They come (m)	وہ جاتے ہیں	You come (f)	تم جاتی ہو	We come (m)	ہم جاتے ہیں
They come (f)	وہ جاتی ہیں	You come (m)	آپ جاتے ہیں	We come (f)	ہم جاتی ہیں
		You come (f)	آپ جاتی ہیں	You come (m)	تو جاتا ہے

Exercise 11

Translate the following sentences into English. Notice how the pronouns are used as subjects and how the joining word after the verb changes.

۱) وہ رکھتا ہے۔
۲) وہ بیٹھتی ہے۔
۳) وہ گرتی ہیں۔
۴) وہ اگتے ہیں۔
۵) تم بناتے ہو۔
۶) تم جاگتی ہو۔
۷) میں پڑھتا ہوں۔
۸) میں تیرتی ہوں۔
۹) ہم پوچھتے ہیں۔
۱۰) ہم بولتی ہیں۔
۱۱) وہ چمکتے ہیں۔
۱۲) وہ بڑھتی ہیں۔
۱۳) وہ بہتا ہے۔
۱۴) وہ جیتی ہے۔
۱۵) آپ بولتی ہیں۔

۱۶) تو پیتا ہے۔
۱۷) تو خریدتی ہے۔
۱۸) تم بیٹھتے ہو۔
۱۹) تم بیچتی ہو۔
۲۰) تو چلتا ہے۔
۲۱) تو چلتی ہے۔
۲۲) وہ بدلتے ہیں۔
۲۳) وہ بدلتی ہیں۔
۲۴) ہم جاتے ہیں۔
۲۵) تم خریدتے ہو۔
۲۶) آپ دیکھتے ہیں۔
۲۷) میں جاگتا ہوں۔
۲۸) وہ پھسلتے ہیں۔
۲۹) وہ پھسلتی ہیں۔
۳۰) آپ توڑتے ہیں۔

Exercise 12

Translate the following sentences into Urdu.

1) I (m) hit.
2) I (f) cut.
3) We (m)swim.
4) We (f) fight.
5) You (m) fall.
6) You (f) live.
7) You (m) lift up.
8) You (f) get up.
9) You (m) come.
10) You (f) change.
11) He makes.
12) It (m) grazes.
13) She sends.
14) It (f) rings.
15) They (m) sell.
16) They (f) read.

Note:

To make the verb negative, add the word نہیں before the verb.

فاطمہ نہیں جاتی ہے۔

Fatima doesn't go.

The joining words ہے or ہیں sometimes drop from the end of the verb when there is نہیں in the sentence.

فاطمہ نہیں جاتی۔

Fatima doesn't go.

If the verb is negative, and the subject is feminine plural and the word ہیں has been dropped, the verb changes to feminine plural as well:

بچیاں نہیں جاتی ہیں

The girls don't go.

بچیاں نہیں جاتیں

The girls don't go.

Exercise 13

Translation		Urdu	Translation		Urdu	Translation		Urdu
to write	V	لِکھنا	to eat	v	کھانا	to cry	v	رُونا
to wipe out, to erase	V	مِٹانا	to open	v	کھولنا	to understand	v	سمجھنا
to meet	V	مِلنا	to play	v	کھیلنا	to listen	v	سُننا
to laugh	V	ہنسنا	to stitch	v	سِینا	to sleep	v	سُونا

Translate the following sentences into English.

۱) پانی نہیں بہتا۔
۲) فون نہیں بجتا۔
۳) قیمتیں بڑھتی ہیں۔
۴) یونس نہیں روتا۔
۵) وہ لڑکا نہیں لڑتا۔
۶) گھڑی نہیں بجتی۔
۷) یہ لڑکی نہیں بولتی۔
۸) بیل نہیں چرتا۔
۹) طلبہ نہیں سمجھتے۔
۱۰) فاطمہ نہیں سنتی۔
۱۱) ماں نہیں کھاتیں۔
۱۲) ڈاکیا نہیں مٹاتا۔
۱۳) زینب نہیں سیتی۔
۱۴) برف نہیں گرتی۔
۱۵) پتے نہیں گرتے۔

۱۶) ستارہ نہیں چمکتا۔

۱۷) یہ بچہ نہیں لڑتا۔

۱۸) طلبہ نہیں سیتے۔

۱۹) یہ کتا نہیں تیرتا۔

۲۰) قصائی نہیں دیکھتا۔

۲۱) یہ ٹیچر نہیں مارتیں۔

۲۲) چست بچہ اٹھتا ہے۔

۲۳) مہمان نہیں آتے۔

۲۴) اجرتیں نہیں بڑھتیں۔

۲۵) ستارے نہیں چمکتے۔

۲۶) یہ چھریاں نہیں کاٹتیں۔

۲۷) یہ درخت نہیں اگتے۔

۲۸) یہ لڑکیاں نہیں پڑھتیں۔

۲۹) استاد صاحب نہیں مارتے۔

۳۰) احمد اور زکریا نہیں مٹاتے۔

۳۱) ارشد اور زبیر نہیں ہنستے۔

۳۲) سست مزدور نہیں اٹھاتا۔

Exercise 14

Translate the following sentences into Urdu.

1) Fatima does not eat.
2) The aunt does not cry.
3) Ahmad does not listen.
4) The judge does not laugh.
5) The lawyer does not meet.
6) The servant does not play.
7) My mother does not stitch.
8) The teacher does not erase.
9) The elephant does not sleep.
10) Suleman does not understand.
11) The grandfather does not open.
12) The businessman does not write.

Note:

Some verbs are made up of two parts, the last part being کرنا.

صاف+کرنا

In these verbs, only the last part changes.

لڑکا شرارت کرتا ہے۔

The boy misbehaves.

To make a کرنا verb negative, the particle نہیں is usually added between the two parts.

لڑکا شرارت نہیں کرتا ہے۔

The boy does not misbehave.

It can also come after the کرتا. This will show emphasis.

لڑکا شرارت کرتا نہیں ہے۔

The boy does not misbehave.

Exercise 15

Translation		Urdu
to use	V	استعمال کرنا
to spend	V	خرچ کرنا

Translation		Urdu
to misbehave	v	شرارت کرنا
to recite	v	تِلاوت کرنا

Translation		Urdu
to say السلام علیکم, to greet someone	v	سلام کرنا
to clean	v	صاف کرنا

Translate the following sentences into English.

۱) وہ صاف کرتی ہے۔

۲) وہ تلاوت کرتی ہیں۔

۳) تم خرچ کرتے ہو۔

۴) میں خرچ نہیں کرتا۔

۵) تو خرچ نہیں کرتا۔

۶) تاجر خرچ کرتا ہے۔

۷) میں سلام کرتا ہوں۔

۸) وہ شرارت کرتا ہے۔

۹) وہ سلام نہیں کرتا ہے۔

۱۰) بچے صاف کرتے ہیں۔

۱۱) وہ استعمال کرتے ہیں۔

۱۲) وہ استعمال نہیں کرتیں۔

۱۳) یہ لڑکا شرارت کرتا نہیں۔

۱۴) مسلمان سلام کرتے ہیں۔

۱۵) لوگ استعمال کرتے ہیں۔

۱۶) ہم پنسل استعمال کرتے نہیں۔

۱۷) یہ بچیاں شرارت نہیں کرتیں۔

۱۸) امام صاحب تلاوت کرتے ہیں۔

Exercise 16

Translate the following sentences into Urdu.

1) The wife uses.
2) The family spends.
3) The sisters recite.
4) I don't misbehave.
5) The sons don't recite.
6) The imam does salaam.
7) You don't misbehave.
8) The laundryman cleans.
9) The daughters don't use.
10) The generous cobbler spends.
11) The grandmother doesn't do salaam.
12) The stingy businessman does not spend.

Lesson 18
Objects

Some sentences have an object in them. The **object** is the person or thing on which the action took place.

In Urdu, the object usually comes between the subject and the verb.

میں قرآن شریف سنتا ہوں۔

I listen to the Quran.

When translating, you must bring the subject first, and then the verb, then the object i.e. start from the beginning, go to the end and then come back to the middle.

[تم]1-Subject [اردو]3-Object [بولتی ہو]2-Verb

[You]Subject [speak]Verb [Urdu]Object.

Exercise 1
Translate the following sentences into English.

۱) تم اردو بولتی ہو۔

۲) طلبہ سبق سنتے ہیں۔

۳) بچے سبق لکھتے ہیں۔

۴) میں عربی بولتا ہوں۔

۵) مالی درخت کاٹتا ہے۔

۶) فاطمہ سیب کھاتی ہے۔

۷) درزی کپڑے سیتا ہے۔

۸) ہم انگریزی سمجھتی ہیں۔

۹) بچے تھیلیاں اٹھاتے ہیں۔

۱۰) بڑھئی کرسیاں بناتا ہے۔

۱۱) میں ڈالر خرچ کرتا ہوں۔

۱۲) رقیہ ہوم ورک لکھتی ہے۔

۱۳) لوگ صوفے بدلتے ہیں۔

۱۴) طلبہ الماریاں خریدتے ہیں۔

۱۵) یہ آدمی گوشت نہیں کھاتا۔

۱۶) میں قلم استعمال کرتا ہوں۔

۱۷) تاجر گاڑی استعمال کرتا ہے۔

۱۸) وہ عورتیں چائے نہیں پیتیں۔

۱۹) خدام محل صاف کرتے ہیں۔

۲۰) حجام لوگوں کے بال کاٹتا ہے۔

۲۱) طلبہ کلاس صاف کرتے ہیں۔

۲۲) تم پنسل استعمال نہیں کرتے۔

۲۳) لوہار چابیاں اور تالے بناتا ہے۔

۲۴) معمار گھر اور عمارتیں بناتا ہے۔

۲۵) لوگ ٹرین استعمال کرتے ہیں۔

۲۶) تو اللہ کی نعمتیں استعمال کرتا ہے۔

۲۷) بچے استاد صاحب کو سلام کرتے ہیں۔

Exercise 2
Translate the following sentences into Urdu.

1) She speaks Urdu.
2) The sister sews hats.
3) Ahmad plays football.
4) The servant eats apples.
5) I don't listen to the noise.
6) The tailor cuts the turban.
7) The aunt spends money.
8) The mother uses the train.
9) The boy cleans the masjid.
10) The uncle opens the door.
11) The boy writes the homework.
12) You don't understand the lesson.

Exercise 3

Translation		Urdu	Translation		Urdu	Translation		Urdu
to teach	v	سکھانا	board	m	تختہ	mango	m	آم
rule, law	m	قانون	shoe	m	جوتا	trustworthiness	f	امانتداری
cricket	m	کرکٹ	guard	m	چوکیدار	email	m	ای میل
player	m	کِھلاڑی	to wash	v	دھونا	to cook	v	پکانا
iron	m	لوہا	honesty	f	سچّائی	to wear	v	پَہننا

Translate the following sentences into English. Notice how the objects are used.

۱) یہ تاجر میٹھے آم بیچتا ہے۔
۲) لوگ ای میل بھیجتے ہیں۔
۳) میرے بھائی پگڑی پہنتے ہیں۔
۴) لوہار لوہے کی چیزیں بناتا ہے۔
۵) یہ موچی اچھے جوتے بناتا ہے۔
۶) تاجر سامان خریدتا ہے اور بیچتا ہے۔
۷) یہ مالدار آدمی پیسہ خرچ نہیں کرتا۔
۸) قصائی گوشت کاٹتا ہے اور بیچتا ہے۔
۹) یہ مزدور سڑکیں صاف کرتے ہیں۔
۱۰) کرکٹ کے کھلاڑی ٹوپیاں پہنتے ہیں۔
۱۱) بڑھئی کرسیاں اور صوفے بناتا ہے۔
۱۲) دھوبی لوگوں کے کپڑے دھوتا ہے۔
۱۳) اسلام سچائی اور امانتداری سکھاتا ہے۔
۱۴) فٹ بال کے کھلاڑی ٹوپیاں نہیں پہنتے۔
۱۵) یہ باورچی بہت مزے دار گوشت پکاتا ہے۔
۱۶) میری امی ایک نیا چولھا استعمال کرتی ہیں۔
۱۷) چوکیدار اسکول کے دروازے کھولتا ہے۔
۱۸) اچھے بچے اسکول کے قانون نہیں توڑتے۔
۱۹) عامر اردو سمجھتا ہے، لیکن عربی نہیں سمجھتا۔
۲۰) ہوٹل کا مزدور مہمانوں کا سامان اٹھاتا ہے۔
۲۱) احمد دودھ پیتا ہے، اور فاطمہ چائے پیتی ہے۔
۲۲) احمد کی خالہ ایک خوبصورت گھڑی پہنتی ہیں۔
۲۳) احمد کرکٹ کھیلتا ہے، لیکن فٹ بال نہیں کھیلتا۔
۲۴) عبداللہ کیک پکاتا ہے اور خدیجہ کیک کھاتی ہے۔
۲۵) یہ آدمی بہت کنجوس ہے، وہ پرانے کپڑے نہیں بدلتا۔
۲۶) زبیر کو کتابوں کا بہت شوق ہے، وہ بہت کتابیں پڑھتا ہے۔

Exercise 4

Translate the following sentences into Urdu.

1) My mother cooks tasty meat.
2) The workers lift up the goods.
3) The students read a lot of good books.
4) This shop sells pillows, carpets and sofas.
5) These two boys are friends but they fight.
6) Fatima listens to the Quran and understands.
7) The butcher uses a very sharp knife and cuts the meat.
8) The carpenter makes chairs, tables and shelves and sells.
9) This rich businessman spends a lot of money in the shops.
10) The laundryman washes the dirty clothes and people give money.
11) I drink tea but my sister drinks milk, and my father drinks only water.
12) I wear a topi and turban, Ahmad wears only a topi, and Zubair does not wear a topi.

Notes:

1. If the object is a living being, you will put a کو after it.

احمد زید کو مارتا ہے۔
Ahmad hits Zaid.

میں قرآن شریف سنتا ہوں۔
I listen to the Quran.

2. The word کو is a preposition, so if the word before it ends in ا or ہ, it will change to ے.

ماں بچے کو اٹھاتی ہے۔
The mother lifts up the child.

3. Sometimes two verbs can be joined together without the word اور.

کھلاتا ہے اور پلاتا ہے ⇦ کھلاتا پلاتا ہے۔

Exercise 5

Translation		Urdu	Translation		Urdu	Translation		Urdu
everyone	m	سب	letter, handwriting	m	خط	each other	-	ایک دوسرے
to feed, to give s.o food to eat	v	کھلانا	to tease	v	ستانا	to bring up	v	پالنا
to make s.o cry	v	رلانا	to put to sleep	v	سُلانا	to teach	v	پڑھانا
to make s.o. laugh	v	ہنسانا	to explain s.t to s.o	v	سمجھانا	to give s.o (someone) s.t (something) to drink	v	پِلانا
to slaughter	v	ذبح کرنا	to make listen, to read to s.o	v	سنانا	to wake up s.o	v	جگانا

Translate the following sentences into English.

۱) ڈاکٹر خط بھیجتا ہے۔
۲) شبیر بھائی کو بھیجتا ہے۔
۳) احمد زبیر کو پوچھتا ہے۔
۴) زبیر احمد کو پوچھتا ہے۔
۵) ماں تھیلی اٹھاتی ہے۔
۶) ماں بچے کو اٹھاتی ہیں۔
۷) نانی بچوں کو پلاتی ہیں۔
۸) بھائی درخت دیکھتا ہے۔
۹) بھائی بہن کو دیکھتا ہے۔
۱۰) بہن بھائی کو دیکھتی ہے۔

۱۱) تم سب کو سلام کرتے ہو۔
۱۲) ٹیچرز بچوں کو پڑھاتے ہیں۔
۱۳) ٹیچر طلبہ کو سکھاتے ہیں۔
۱۴) فاطمہ بھائی کو نہیں رلاتی۔
۱۵) ماں باپ بچوں کو پالتے ہیں۔
۱۶) استاد صاحب بچوں کو بھیجتے ہیں۔
۱۷) اچھے لوگ بچوں کو نہیں ستاتے۔
۱۸) والد صاحب بچوں کو ہنساتے ہیں۔
۱۹) یہ آدمی میرے بھائی کو ستاتا ہے۔
۲۰) یہ لڑکا بچوں کو مارتا ہے اور ستاتا ہے۔

۲۱) بچے ایک دوسرے کو دیکھتے ہیں۔
۲۲) ہمارے ٹیچر بچوں کو نہیں مارتے۔
۲۳) احمد استاد صاحب کو سبق سناتا ہے۔
۲۴) استاد صاحب بچوں کو پڑھاتے ہیں۔
۲۵) اللہ تعالیٰ انسانوں کو کھلاتا پلاتا ہے۔
۲۶) ابو بچوں کو فجر کے لئے جگاتے ہیں۔
۲۷) استاد صاحب بچوں کو سمجھاتے ہیں۔
۲۸) یہ لڑکیاں ایک دوسری کو نہیں ستاتیں۔
۲۹) میں دوستوں کو انبیا کے قصے سناتا ہوں۔
30) میری امی میری چھوٹی بہن کو سلاتی ہیں۔

Exercise 6

Translate the following sentences into Urdu.

1) Ahmad makes Fatima laugh.
2) That boy makes my sister cry.
3) The teacher explains the lesson.
4) I don't see the guard in school.
5) The rich businessman feeds the poor people.
6) The father wakes up the children for school.
7) My mother does not lift up my little brother.
8) The students read the lesson to the teacher.
9) This boy is a good boy, he does not tease the friends.
10) You do not hit the dog, but your brother hits the cat.
11) I do salaam to everyone, but my sister does not do salaam to everyone.
12) The students have an interest in school, but this lesson puts the students to sleep.

Notes:

1. If an inanimate object is followed by اس or ان etc.; or کا etc. it may have a کو after it.

احمد اس کتاب کو پڑھتا ہے۔   احمد تمہاری کتاب کو پڑھتا ہے۔

2. Similarly, if both words are inanimate and it is confusing as to who the subject and object is, you will need to put کو after the object.

حسد نیکوں کو کھاتا ہے۔

Jealousy wipes out good deeds.

Exercise 7

Translation		Urdu	Translation		Urdu	Translation		Urdu
charity	m	صدقہ	jealousy	m	حَسَد	teacher (f)	f	آپا
anger	m	غصہ	to remove	v	دور کرنا	to extinguish, to put out (fire)	v	بجھانا
dirt	m	میل کچیل	to milk	v	دوہنا	evil	f	برائی
to soften	v	نرم کرنا	juice	m	رس	repentance	f	توبہ
good deed	f	نیکی	earth, ground	f	زمین	to burn s.t, to switch on	v	جلانا

Translate the following sentences into English.

۱) نماز برائی کو مٹاتی ہے۔
۲) پانی آگ کو بجھاتا ہے۔
۳) میں آم کا رس نہیں پیتا۔
۴) حسد نیکیوں کو مٹاتا ہے۔
۵) پانی زمین کو نرم کرتا ہے۔
۶) توبہ گناہوں کو مٹاتی ہے۔
۷) آگ درخت کو جلاتی ہے۔
۸) مالی اس درخت کو نہیں کاٹتا۔
۹) کون ان چیزوں کو کھاتا ہے؟
۱۰) کون اس گائے کو دوہتا ہے؟
۱۱) میں ان چیزوں کو نہیں دیکھتا۔
۱۲) پانی دھول کو صاف کرتا ہے۔
۱۳) سپاہی اُس بندوق کو اٹھاتا ہے۔
۱۴) فاطمہ کمرے کو صاف کرتی ہے۔
۱۵) پانی میل کچیل کو دور کرتا ہے۔
۱۶) بڑھئی اس آڑے کو نہیں رکھتا۔
۱۷) تم اِن کھڑکیوں کو صاف کرتی ہو۔
۱۸) میں تمہاری زبان کو نہیں سمجھتا۔
۱۹) مزدور اس سامان کو نہیں اٹھاتا۔
۲۰) صدقہ اللہ کے غصہ کو دور کرتا ہے۔
۲۱) قصائی اس دول کو صاف نہیں کرتا۔

Exercise 8

Translation		Urdu	Translation		Urdu	Translation		Urdu
rice	m	چاول	stick, wood	f	لکڑی	chapatti	f	روٹی

Translate the following sentences into Urdu.

1) The fire burns the wood.
2) Water removes the blood.
3) You don't wear this jubbah.
4) The children don't eat rice.
5) The milk softens the chapatis.
6) Fatima does not wear this shoe.
7) The workers don't lift this box.
8) The people don't use this train.
9) The guard does not open that door.
10) The blacksmith does not use this iron.
11) The teacher does not erase this board.
12) The farmer looks after (brings up) this cow.
13) The businessman does not change the honest workers.

Verbs with Two Objects

Sometimes one verb can have two objects.

I gave [you]$_{\textit{1st object}}$ *[a pen]*$_{\textit{2nd object}}$.

One object will have کو, and the other object will come as normal without کو.

اللہ تعالیٰ [ہم کو] [کھانا] دیتا ہے۔

Allah gives us food.

Exercise 9

Translation		Urdu	Translation		Urdu	Translation		Urdu
questions	m	سُوالات	question	m	سُوال	to give	v	دِینا

Translate the following sentences into English.

۱) احمد زبیر کو رس دیتا ہے۔

۲) امی بچی کو شہد پلاتی ہے۔

۳) رقیہ احمد کو کھانا دیتی ہے۔

۴) ماں بچے کو سیب دیتی ہیں۔

۵) آپا ہم کو سبق سمجھاتی ہیں۔

۶) ڈاکیا لوگوں کو خط دیتا ہے۔

۷) زینب عمر کو دودھ دیتی ہے۔

۸) اللہ انسانوں کو کھانا کھلاتا ہے۔

۹) احمد مہمانوں کو چائے پلاتا ہے۔

۱۰) ٹیچر ہم کو ہوم ورک دیتے ہیں۔

۱۱) قصائی لوگوں کو گوشت دیتا ہے۔

۱۲) یہ ڈاکٹر بیمار لوگوں کو دوا دیتا ہے۔

۱۳) اللہ تعالیٰ انسانوں کو پانی پلاتا ہے۔

۱۴) ہم استاد صاحب کو دور سناتے ہیں۔

۱۵) اللہ تعالیٰ جانوروں کو پانی پلاتا ہے۔

۱۶) مسز جبین بچیوں کو اردو سکھاتی ہیں۔

۱۷) اللہ تعالیٰ جانوروں کو کھانا کھلاتا ہے۔

۱۸) مسٹر ملز بچوں کو انگریزی سکھاتے ہیں۔

۱۹) زینب آپا لڑکوں کو قرآن پڑھاتی ہیں۔

۲۰) والد صاحب بچوں کو پانچ پاؤنڈ دیتے ہیں۔

۲۱) یہ تاجر گاؤں کے غریبوں کو پیسہ دیتا ہے۔

۲۲) مولانا افضل صاحب لڑکوں کو عربی پڑھاتے ہیں۔

Exercise 10

Translate the following sentences into Urdu.

1) I pray the lesson to the apa.
2) The farmer feeds the cat apples.
3) The man feeds the children water.
4) People give that poor man money.
5) The doctor gives sick people medicine.
6) The father explains the story to the girl.
7) This teacher does not give us homework.
8) Mawlana Zaahir teaches the boys English.
9) The teachers teach the students good things.
10) This rich man gives the mother expensive things.

Exercise 11

Translation		Urdu	Translation		Urdu	Translation		Urdu
strength	f	قُوّت	interesting	adj	دِلچسپ	important	adj	اہم
date	f	کھجور	post	f	ڈاک	to show, to tell	v	بتلانا
to be called	v	کہلانا	math	f	رِیاضی	some	adj	بعض
to believe	v	ماننا	to hand over	v	سُپرد کرنا	to find	v	پانا
area, locality	m	محلّہ	deed, action	m	عمل	followers	m	پیرو
Christians	m	نصاری	deeds	m	اعمال	encouragement	f	ترغیب
point	m	نُکتہ	food	f	غذا	body	m	جِسم
Jews	m	یہود	poor man	m	فقیر	to show	v	دِکھانا

Translate the following sentences into English

۱) اچھی غذائیں جسم کو قوت دیتی ہے۔

۲) یہ آدمی لوگوں کو مدرسہ دکھاتا ہے۔

۳) ہم اللہ تعالی کے سب نبی کو سچ مانتے ہیں۔

۴) استاد صاحب امتحان میں سب کو اچھے مارکس دیتے ہیں۔

۵) میں اردو کی کلاسوں کو بہت دلچسپ اور آسان پاتا ہوں۔

۶) میری امی بچوں کو رات کے وقت انبیا اور صحابہ کے قصے سناتی ہیں۔

۷) مہمان اس گاؤں کو بہت صاف پاتے ہیں، لیکن شہر کو میلا پاتے ہیں۔

۸) لیاقت ریاضی کو مشکل پاتا ہے لیکن انگریزی کو آسان پاتا ہے۔

۹) ہم قرآن کو سچ مانتے ہیں اور محمد ﷺ کو اللہ تعالی کا آخری پیغمبر مانتے ہیں۔

۱۰) ہم عیسی علیہ السلام کو اللہ کا پیغمبر مانتے ہیں، لیکن بعض نصاری آپ کو اللہ کا بیٹا مانتے ہیں۔

۱۱) ڈاکیا کے پاس ایک تھیلی ہے، وہ اس میں ڈاک رکھتا ہے اور پھر لوگوں کے گھر جاتا ہے، اور وہ ڈاک ان کو سپرد کرتا ہے۔

۱۲) موسی علیہ السلام کے پیرو یہود کہلاتے ہیں، عیسی علیہ السلام کے پیرو نصاری کہلاتے ہیں، اور محمد ﷺ کے پیرو مسلمان کہلاتے ہیں۔

۱۳) رمضان مبارک میں میرے والد صاحب ہمارے محلہ کے فقیروں کو کھلاتے ہیں۔ اور میرے چچا جان ان کو کھجور اور زمزم کا پانی دیتے ہیں۔

۱۴) ہماری مسجد میں ایک مولانا صاحب ہیں، وہ ہر جمعرات ایک کتاب میں سے لوگوں کو صحابہ کے قصے سناتے ہیں، اور ہر قصے سے ان کو اہم نکتے بتلاتے ہیں، اور ان کو عمل کی ترغیب دیتے ہیں۔

۱۵) مسٹر ملز ہم کو انگریزی سکھاتے ہیں اور مسز جین ہم کو ریاضی سکھاتی ہیں، اور مولانا یونس صاحب ہم کو قرآن شریف پڑھاتے ہیں اور مولانا یوسف صاحب ہم کو اردو پڑھاتے ہیں۔

Object Pronouns

The same way the subject can be a pronoun, the object can also be a pronoun.

The teacher teaches us.

However, the object pronouns are different to the subject pronouns

Pronouns

Translation	Urdu
Them	اُن کو / اُنہیں

Translation	Urdu
You	تُم کو / تُمہیں
You	آپ کو
Him/Her/It	اُس کو / اُسے

Translation	Urdu
Me	مُجھ کو / مُجھے
Us	ہم کو / ہمیں
you	تجھ کو / تجھے

You would have noticed that many of the pronouns have two forms. You can use either.

Exercise 12

Translate the following sentences into English. Notice how the object pronouns are used.

۱) فاطمہ مجھے اٹھاتی ہے۔

۲) احمد مجھ کو جگاتا ہے۔

۳) دادی ہم کو کھلاتی ہیں۔

۴) دادا ہمیں کھلاتے ہیں۔

۵) میں آپ کو پلاتا ہوں۔

۶) عادل اسے ستاتا ہے۔

۷) آپا ان کو پڑھاتی ہیں۔

۸) ٹیچر انہیں پڑھاتی ہیں۔

۹) ٹیچر اس کو سکھاتے ہیں۔

۱۰) تم مجھ کو بہت رلاتے ہو۔

۱۱) آپ مجھے بہت ہنساتے ہیں۔

۱۲) زینب تجھے سلام نہیں کرتی۔

۱۳) امی جان ہمیں نہیں مارتیں۔

۱۴) والد صاحب ہم کو نہیں مارتے۔

۱۵) استاد صاحب تجھ کو سلام کرتے ہیں۔

Exercise 13

Translate the following sentences into Urdu.

1) They don't read it.
2) She doesn't clean it.
3) He does not listen to her.
4) The cook does not cook it.
5) You wake me up for school.
6) He does not make them cry.
7) You send me to the mosque.
8) The mother puts her to sleep.
9) The teacher teaches me Urdu.
10) She does not make you laugh.
11) This rich man does not give him food.
12) Ahmad does not show me the homework.
13) Fatima does not hand over the keys to the mother.

Exercise 14

Translation		Urdu	Translation		Urdu	Translation		Urdu
to hand over (to give responsibility)	v	سونپنا	even then	adv	پھر بھی	right now	adv	ابھی
lap	m	گود	to scold	v	ڈانٹنا	to give the call to prayer (athan)	v	اذان دینا
occasion, time of	m	موقع	lord	m	رب	calf	m	بچھڑا
sheep	m	مینڈھا	to stop	v	روکنا	Eidul-Adha	f	بکری عید
to move s.o away	v	ہٹانا	mature, responsible	adj	سنجیدہ	ewe (female sheep)	f	بھیڑ

Translate the following sentences into English. Notice how the object is used as a pronoun.

۱) چچاجان تمہیں بازار میں بھیجتے ہیں۔

۲) یہ بچے بہت برے ہیں، وہ مجھے ستاتے ہیں۔

۳) یہ درخت بہت بڑا ہے تو مالی اس کو کاٹتا ہے۔

۴) کسان کے پاس دو گائیں ہیں، وہ انہیں دوہتا ہے۔

۵) یہ تمہارا قلم ہے لیکن میں اس کو استعمال کرتا ہوں۔

۶) اللہ تعالی ہمارا رب ہے، وہ ہمیں کھلاتا ہے اور پلاتا ہے۔

۷) میری چھوٹی بہن بہت پیاری ہے، سب اسے اٹھاتے ہیں۔

۸) مسجد حرم میں بہت مزدور ہیں، وہ اس کو صاف کرتے ہیں۔

۹) یہ میرے بھائی کے جوتے ہیں لیکن میری بہن ان کو پہنتی ہے۔

۱۰) میں تم کو سمجھاتا ہوں، لیکن پھر بھی تم بہت شرارت کرتے ہو۔

۱۱) رکابی میں گوشت ہے، ماں اس کو نرم کرتی ہیں پھر بچی کو کھلاتی ہیں۔

۱۲) میرے ٹیچر بہت سخت ہیں، وہ بہت ڈانٹتے ہیں لیکن ہمیں نہیں مارتے۔

۱۳) مسجد کا مؤذن فجر کی نماز سے پہلے اذان دیتا ہے اور ہم کو نماز کے لئے جگاتا ہے۔

۱۴) میں ہوم ورک لکھتا ہوں لیکن میرا خط صاف نہیں ہے تو میرے ٹیچر اس کو نہیں سمجھتے۔

۱۵) عمرہ کے بعد میرے گھر پر بہت مہمان آتے ہیں، میں انہیں زمزم کا پانی اور کھجوریں دیتا ہوں۔

۱۶) برھئی کے پاس بہت سی پرانی لکڑیاں ہیں، وہ ان کو آگ میں جلاتا ہے پھر پانی کے ساتھ اس آگ کو بجھاتا ہے۔

۱۷) میرے بڑے بھائی بہت سنجیدہ ہیں، میری امی ان کو بہت کام سونپتی ہیں اور الحمد للہ وہ سب کام کرتے ہیں۔

۱۸) میری دو بہنیں ہیں، ایک کا نام سمیہ ہے اور ایک کا نام امینہ ہے، سمیہ سب سے بڑی ہے، اور امینہ سب سے چھوٹی ہے، سمیہ امینہ کو اٹھاتی ہے اور گود میں لیتی ہے، میری امی اس کو روکتی ہے، لیکن پھر بھی وہ اٹھاتی ہے۔

۱۹) کسان بھیڑ کے بچے اور بچھڑے خریدتا ہے، اور ایک سال تک ان کو کھلاتا پلاتا ہے اور ان کو پالتا ہے، پھر بکری عید کے موقع پر وہ ان کو اچھی قیمت میں بیچتا ہے۔ دوسرے مسلمان ان سے خریدتے ہیں اور ان کو ذبح کرتے ہیں۔

Exercise 15

Translate the following sentences into Urdu.

1) Our parents stop us from bad things (works).
2) The police move people away from the street.
3) This boy teases the girls so the teacher scolds him.
4) This boy's hair is very long because he does not cut it.
5) Fatima is very mature so her mother gives her a lot of work.
6) My mother has many old letters but she does not show me them.
7) Sumaiyya is very little so her father does not send her to the shop.
8) This man has a lot of books but he does not read them. He is quite lazy.
9) This lady is not a good lady. She has many cats but she does not feed them or give them water to drink.
10) There are many good things in the businessman's shop, but people do not buy them because they are very expensive.

The Pronoun اپنا

If there is a pronoun that refers to the subject, the pronoun اپنا will be used instead of the normal pronoun.

زید اپنا سبق لکھتا ہے۔

Zaid writes his lesson.

In this sentence, the word اپنا is used instead of a normal pronoun, اس کا, because his refers to the subject Zaid. You will not say:

زید اس کا سبق لکھتا ہے۔

✗

Remember, the meaning of the word اپنا changes depending on who the subject is.

میں اپنا سبق لکھتا ہوں۔	تم اپنا سبق لکھتے ہو۔	وہ اپنا سبق لکھتا ہے۔	وہ اپنا سبق لکھتی ہے۔
I write my sabaq.	*You write your sabaq.*	*He writes his sabaq.*	*She writes her sabaq.*

If the word after اپنا is plural or feminine it will change to اپنے or اپنی.

میں اپنی کتاب پڑھتا ہوں۔

I read my book.

تم اپنے بچوں کو پڑھاتے ہیں۔

You teach your children.

Exercise 16

Translate the following sentences into English. Notice how the pronoun اپنا is used.

۱) تم اپنے گھر میں ہو۔

۲) نانی اپنے گھر میں ہے۔

۳) وہ اپنی کلاس میں تھی۔

۴) میں اپنے گھر میں ہوں۔

۵) احمد اپنے گھر میں ہو گا۔

۶) فاطمہ اپنے گھر میں ہے۔

۷) تاجر اپنی دکان میں تھا۔

۸) احمد اپنے بھائی کو روکتا ہے۔

۹) احمد اپنے بیٹے کے ساتھ ہو گا۔

۱۰) جنید اپنی بیٹی کے ساتھ تھا۔

۱۱) سمیہ اپنے کمرے میں تھی۔

۱۲) لوگ اپنی زبان بولتے ہیں۔

۱۳) فاطمہ اپنے کمرے میں ہے۔

۱۴) زینب اپنے کمرے میں ہو گی۔

۱۵) میں اپنے دوست کو روکتا ہوں۔

۱۶) آپ اپنے بھائی کو روکتے ہیں۔

۱۷) زینب اپنی بہن کو روکتی ہے۔

۱۸) والد اپنے بچوں کو ڈانٹتے ہیں۔

۱۹) مسلمان اپنے نبی کو سچ مانتے ہیں۔

۲۰) تم مجھے اپنی چیزیں نہیں بتاتے۔

۲۱) کسان اپنی گائیوں کو دوہتا ہے۔

۲۲) امی اپنے بچوں کو نہیں ڈانٹتیں۔

۲۳) وہ آدمی اپنی بیوی کے ساتھ ہے۔

۲۴) لوگ اپنے پیسے خرچ کرتے ہیں۔

۲۵) لوگ اپنے گھروں میں سوتے ہیں۔

۲۶) امی اپنے بچوں کے ساتھ کھیلتی ہیں۔

۲۷) بچے اپنے کمرے صاف کرتے ہیں۔

۲۸) فاطمہ اپنے بھائی کو سچائی سکھاتی ہے۔

۲۹) میں اپنی چیزیں تم کو سپرد کرتا ہوں۔

۳۰) زبیر اپنی دادی کے لئے چائے بناتا ہے۔

Exercise 17

Translate the following sentences into Urdu.

1) No one burns his (own) house.
2) We believe our prophet to be true.
3) Ahmad plays cricket with his friends.
4) After Fajr, my father sits on his chair and reads the Quran.
5) Fatima does not use her own pen, rather she uses my pen.
6) This is a good boy. He cleans his room and washes his clothes.
7) Talha is not a good boy. He teases his sister and makes her cry.
8) This lady puts her children to sleep, wakes them up for school and gives them milk.
9) Abdullah writes his homework after school and Abdurrahman writes his homework after madrasah.
10) Khadeejah sleeps in her bed, but in the night she wakes up and goes to her parent's room and sleeps with them.

Exercise 18

Translation		Urdu	Translation		Urdu	Translation		Urdu
to waste	v	ضائع کرنا	spoon	m	چمّچ	children	f	اولاد
amazing, strange	adj	عجیب	to protect, to look after	adj	حفاظت کرنا	childhood	m	بچپن
to sacrifice	v	قربان کرنا	dry	adj	خشک	punctual	adj	پابند
sometimes	adv	کبھی کبھی	to put, to throw	v	ڈالنا	to reach	v	پہنچنا
coat	m	کوٹ	comfort	f	راحت	to wipe	v	پونچھنا
to spend (time)	v	گزارنا	life	f	زندگی	oil	m	تیل
to put on, to apply	v	لگانا	laziness	f	سستی	youth	f	جوانی

Translate the following sentences into English. Notice how the word اپنا is used.

۱) تم اپنے چھوٹے بھائی کے ساتھ کھیلتے ہو۔

۲) ہم اپنے والد صاحب کے ساتھ مسجد جاتے ہیں۔

۳) میں اپنی چائے میں صرف ایک چمچ شکر ڈالتا ہوں۔

۴) یہ لڑکا اپنی سستی کی وجہ سے امتحان میں ناکام ہوگا۔

۵) تمہارے بال بہت خشک ہیں، کیا تم اپنے بال میں تیل نہیں لگاتے؟

۶) یہ لڑکا بہت عجیب ہے، وہ اپنے دوستوں کو ستاتا ہے اور ان کو رلاتا ہے۔

۷) ہمارے مدرسے کے طلبہ بہت پابند ہیں، سب اپنی کلاسیں وقت پر پہنچتے ہیں۔

۸) عید کے موقع پر میں اپنے والد صاحب کے ساتھ کسان کے پاس جاتا ہوں اور ہم اس سے مینڈھے خریدتے ہیں۔

۹) احمد رمضان سے پہلے اپنے استادوں کے لئے کھجور اور زمزم کا پانی خریدتا ہے اور ان کو دیتا ہے؛ وہ بہت خوش ہوتے ہیں اور اس کو دعائیں دیتے ہیں۔

۱۰) اولاد کے اوپر ماں باپ کے بہت حقوق ہیں اس لئے کہ وہ اپنی اولاد کے لئے اپنی راحت قربان کرتے ہیں اور اپنی اولاد کے لئے سب کچھ کرتے ہیں۔

۱۱) بعض لوگ اپنی زندگیوں کو گناہوں اور برے کاموں میں ضائع کرتے ہیں، اور بعض لوگ ماشاءاللہ اپنی زندگیوں کو نیکیوں میں اور اچھے کاموں میں گزارتے ہیں۔

۱۲) نانا جان ہم کو اپنے بچپن اور جوانی کے قصے سناتے ہیں، اور وہ قصے بہت عجیب ہیں۔

۱۳) احمد کا گھر لیسٹر میں ہے، لیکن اس کے والدین کا گھر لندن میں ہے، تو وہ اپنی فیملی کے ساتھ لندن جاتا ہے اور اپنے والدین سے ملتے ہیں۔

۱۴) میرے والد صاحب بہت اچھے اور نیک آدمی ہیں، وہ اپنی والدہ کی بہت خدمت کرتے ہیں۔

۱۵) ہم اپنا ناشتہ گھر میں کھاتے ہیں، لیکن میرے بھائی اپنا ناشتہ اسکول میں کھاتا ہے۔

۱۶) میں اپنے پڑوسی کے بچوں کے ساتھ کھیلتا ہوں، وہ میرے اچھے دوست ہیں، ہم ایک دوسرے کے ساتھ کھیلتے ہیں اور نہیں لڑتے۔

Note:

The word خود shows that the subject does the verb by him/herself.

تم خود آتے ہو۔

You come yourself.

If there is an object in the sentence, the word خود can come before or after it.

میں خود کپڑے دھوتا ہوں۔

I wash the clothes myself.

میں کپڑے خود دھوتا ہوں۔

I wash the clothes myself.

Exercise 19

Translate the following sentences into Urdu.

۱) یہ کتا خود پیتا ہے۔

۲) احمد خود سوتا ہے۔

۳) وہ بلی خود کھاتی ہے۔

۴) آپ خود جاگتے ہیں۔

۵) جانور خود چرتے ہیں۔

۶) ہم کھانا خود پکاتے ہیں۔

۷) وہ خود جھوٹ بولتا ہے۔

۸) میں خود تیل لگاتا ہوں۔

۹) تم قانون خود توڑتے ہو۔

۱۰) وہ اسکول خود پہنچتی ہے۔

۱۱) یہ بچے خود سبق پڑھتے ہیں۔

۱۲) رقیہ خود کپڑے پہنتی ہے۔

۱۳) یہ لوگ اردو خود سیکھتے ہیں۔

۱۴) دادا خود چائے بناتے ہیں۔

۱۵) یہ بچی خود اپنا کپڑا پہنتی ہے۔

۱۶) فاطمہ خود سبق سمجھتی ہے۔

۱۷) احمد اپنا ہوم ورک خود لکھتا ہے۔

۱۸) طلبہ اپنی جگہوں میں خود بیٹھتے ہیں۔

Exercise 20

Translate the following sentences into Urdu.

1) Fatima puts oil in her hair herself.
2) The guests go to their rooms themselves.
3) I don't make you laugh, you laugh yourself.
4) My grandfather comes to the masjid himself.
5) Fatima reads the book and understands it herself.
6) Omar swims with his father but his friend swims by himself.
7) My friend reaches school with his father, but I reach by myself.
8) Ahmad wakes up in the morning and writes his homework himself.
9) My mother does not go to the tailor, rather she sews her clothes herself.
10) Asma is a big girl and she eats by herself but her sister is very small so her mother feeds her.

Note:

The word خود بخود is used to show that something happened by itself.

دروازہ خود بخود بند ہوتا ہے۔

The door closes by itself.

Exercise 21

Translate the following sentences into Urdu.

۱) ہوا خود بخود چلتی ہے۔
۲) پانی خود بخود بہتا ہے۔
۳) وہ فون خود بخود بجتا ہے۔
۴) آگ خود بخود پھیلتی ہے۔
۵) پتے خود بخود گرتے ہیں۔
۶) سورج خود بخود چلتی ہے۔
۷) جانور خود بخود مرتے ہیں۔
۸) یہ درخت خود بخود اگتا ہے۔
۹) جانور خود بخود چرتے ہیں۔
۱۰) یہ الماری خود بخود گرتی ہے۔
۱۱) گاڑیاں خود بخود نہیں چلتیں۔
۱۲) کتابیں الماری سے خود بخود گرتی ہیں۔

Exercise 22

Translate the following sentences into Urdu.

1) This coat falls by itself.
2) The star shines by itself.
3) Illness spreads by itself.
4) The water flows by itself.
5) The river flows by itself.
6) Prices increase themselves.
7) The trees fall by themselves.
8) The cows graze by themselves.
9) The school does not run by itself.
10) This ship flows by itself in the sea.

Note:

The word اپنے اپنے is used when the subject is plural and the subjects carry out the action on different things.

عید کی نماز کے بعد لوگ اپنے اپنے گھر جاتے ہیں۔

After Eid Salah, people go to their homes (different homes)

لوگ جمعہ کی نماز کے لئے اپنے محلے کی مسجد میں جاتے ہیں۔

People go to the masjid (one masjid) of the area for Jumua Salah.

Exercise 23

Translate the following sentences into Urdu.

۱) مہمان اپنا اپنا کھانا کھاتے ہیں۔

۲) بچے اپنی اپنی تھیلیاں اٹھاتے ہیں۔

۳) تاجر اپنی اپنی دکانیں کھولتے ہیں۔

۴) بچے اپنے اپنے اسکول جاتے ہیں۔

۵) طلبہ اپنے اپنے ٹیچروں کو پوچھتے ہیں۔

۶) بچے اپنی اپنی کلاسوں میں جاتے ہیں۔

۷) لوگ اپنے اپنے پیسے خرچ کرتے ہیں۔

۸) لوگ اپنے اپنے دین کو سچ مانتے ہیں۔

۹) لوگ اپنی اپنی گاڑیوں میں بیٹھتے ہیں۔

۱۰) لوگ اپنی اپنی زندگیاں گزارتے ہیں۔

۱۱) سب بچوں کے پاس اپنی اپنی ای میل ہیں۔

۱۲) ہم اپنی اپنی فرصت میں ہوم ورک لکھتے ہیں۔

۱۳) لوگ اپنی اپنی چیزیں اپنے گھروں میں رکھتے ہیں۔

۱۴) عید کی نماز کے بعد لوگ اپنے اپنے جانور ذبح کرتے ہیں۔

۱۵) لوگ حج کے لئے مکہ آتے ہیں، پھر حج کے بعد اپنے اپنے ملک جاتے ہیں۔

Exercise 24

Translate the following sentences into Urdu.

1) We use our own things.
2) People spend their own money.
3) People learn their own language.
4) The girls sleep on their own beds.
5) The children wear their own coats.
6) The workers read their own emails.
7) The teachers teach their own students.
8) The farmers look after their own cows.
9) The children write their own homework.
10) People perform salah in their own masjids.

Lesson 19
Adverbs

Adverbs of Time and Place

As mentioned before, an adverb shows where or when an action takes place.

ابو[گھر میں] کھاتے ہیں۔

My father eats at home.

Exercise 1

Translate the following sentences into English.

۱) پانی سڑک پر بہتا ہے۔
۲) بچے ہال میں بیٹھتے ہیں۔
۳) آدم کتاب میں دیکھتا ہے۔
۴) بارش جنگل میں گرتی ہے۔
۵) پھل درختوں پر اگتے ہیں۔
۶) پتے درخت سے گرتے ہیں۔
۷) برف آسمان سے گرتی ہے۔
۸) یہ تاجر امریکہ سے آتا ہے۔
۹) درخت زمین سے اگتے ہیں۔
۱۰) گاڑیاں سڑکوں پر چلتی ہیں۔
۱۱) لوگ جمعہ سے پہلے آتے ہیں۔
۱۲) ہم اسکول کے بعد کھاتے ہیں۔
۱۳) عمر اسکول کی طرف جاتا ہے۔
۱۴) میں نماز سے پہلے کھاتا ہوں۔
۱۵) ستارے آسمان میں چمکتے ہیں۔
۱۶) یہ رسالہ پاکستان سے آتا ہے۔
۱۷) مچھلیاں سمندر میں تیرتی ہیں۔
۱۸) مہمان میرے گھر پر کھاتے ہیں۔
۱۹) دادا جان اس کرسی پر بیٹھتے ہیں۔
۲۰) ہم مدرسہ میں قالین پر بیٹھتے ہیں۔
۲۱) عبدالرحمن کلاس سے پہلے کھیلتا ہے۔

Exercise 2

1) The girls sit on the sofa.
2) The men eat on the table.
3) The stars shine in the sky.
4) The water flows in the river.
5) The boys don't laugh in class.
6) My mother sleeps on the bed.
7) This boy gets up from his bed.
8) Ahmad comes from the village.
9) The dogs play behind the house.
10) The children play in front of the school.

Exercise 3

Translation		Urdu	Translation		Urdu	Translation		Urdu
to work	v	کام کرنا	snow ball	m	برف کا گولہ	to return	v	واپس آنا
to load	v	لادنا	to close, to stop	v	بند کرنا	to come down, to land	v	اترنا
hypocrisy	m	نِفاق	bird	m	پرندہ	to fly	v	اڑنا
to come out	v	نکلنا	to fly	v	پرواز کرنا	teachers	m	اساتذہ
plane	m	ہوائی جہاز	to prepare	v	تیار کرنا	to make grow, to plant	v	اگانا
there		وہاں	to switch on	v	چالو کرنا	airport	m	ایرپورٹ
to learn, to remember	v	یاد کرنا	report	m	رِپورٹ	to talk	v	بات کرنا
UK		یوکے	family member	m	رشتہ دار	cloud	m	بادَل
			to stay, to live	v	رہنا	to fall (rain)	v	برَسنا

Translate the following sentences into English.

۱) امتحانات کی وجہ سے طلبہ نہیں کھیلتے۔

۲) استاد صاحب صبح میں مدرسہ آتے ہیں۔

۳) طلبہ استاد صاحب کے سامنے بیٹھتے ہیں۔

۴) قصائی اپنی چھریاں صندوق میں رکھتا ہے۔

۵) طلبہ اپنے اپنے قلم صندوق میں رکھتے ہیں۔

۶) قاضی اپنے کاغذات اپنی تھلی میں رکھتا ہے۔

۷) اِس فلائٹ کے بعد دوسرا فلائٹ نہیں جاتا۔

۸) چوکیدار اس چابی کے ساتھ دروازہ کھولتا ہے۔

۹) بعض لوگ اپنے اپنے دفتروں میں کھاتے ہیں۔

۱۰) دھند کی وجہ سے لوگ اپنے گھروں سے نہیں نکلتے۔

۱۱) پرندے ہوامیں اڑتے ہیں اور درختوں پر رہتے ہیں۔

۱۲) رمضان میں، ہم مغرب کے بعد کھجوریں کھاتے ہیں۔

۱۳) میں گرمی کے موسم میں پانی برف کے ساتھ پیتا ہوں۔

۱۴) رمضان میں میری امی ہمارے پڑوسیوں کو کھانا دیتی ہیں۔

۱۵) انسان زمین پر رہتے ہیں اور فرشتے آسمان میں رہتے ہیں۔

۱۶) کبھی کبھی داداجان ہمیں اپنے بچپن اور جوانی کے قصے سناتے ہیں۔

۱۷) میں گوشت چاول کے ساتھ کھاتا ہوں، اور مچھلی روٹی کے ساتھ کھاتا ہوں۔

۱۸) لوگ دودھ فرج کے اندر رکھتے ہیں، لیکن پھل اور چاول فرج کے باہر رکھتے ہیں۔

۱۹) بلال مدرسہ کے باہر بات کرتا ہے، لیکن اس کا دوست کلاس کے اندر بات کرتا ہے۔

۲۰) چوکیدار اسکول سے قریب رہتا ہے، لیکن بعض اساتذہ اسکول سے بہت دور رہتے ہیں۔

۲۱) یہ کسان شہر میں نہیں رہتا، بلکہ گاؤں میں رہتا ہے اور وہ گاؤں شہر سے کافی دور ہے۔

۲۲) ہم گرمی کے موسم میں پنکھا چالو کرتے ہیں، اور اس سے ٹھنڈی ہوا نکلتی ہے۔

۲۳) ٹھنڈی کے موسم میں برف گرتی ہے، اور بچے اپنے اپنے گھروں سے نکلتے ہیں اور برف کے ساتھ کھیلتے ہیں۔ بعض بچے برف کے گولے بناتے ہیں اور ایک دوسرے پر پھینکتے ہیں۔

۲۴) میں ناشتے میں دودھ پیتا ہوں، اور میرے والد صاحب شکر کے ساتھ چائے پیتے ہیں، اور میرے دادا شکر کے بغیر چائے پیتے ہیں، اور میری امی پھل کھاتی ہیں۔

۲۵) اسکول میں ہر دس ہفتے کے بعد ٹیچر ہمارا امتحان لیتے ہیں، اور امتحان کے بعد ٹیچر رپورٹ تیار کرتے ہیں اور پھر ان رپورٹوں کو طلبہ کے گھر پر بھیجتے ہیں۔

۲۶) یہ تاجر ہوائی جہاز میں چین جاتا ہے، پھر وہاں سے قسم قسم کا سستا سامان خریدتا ہے، اور وہ سامان کشتی پر یو کے آتا ہے، اور پھر تاجر اُن چیزوں کو اپنی دکان میں رکھتا ہے، اور لوگ اس کی دکان میں آتے ہیں اور وہ سامان خریدتے ہیں۔

۲۷) ہوائی جہاز ایک ایرپورٹ پر اترتا ہے، اس میں لوگ اپنا سامان لادتے ہیں، اور اس میں بیٹھتے ہیں، پھر وہ ہوائی جہاز اس ایرپورٹ سے پرواز کرتا ہے، پھر ہوامیں اڑتا ہے، پھر دوسرے ایرپورٹ پر اترتا ہے۔ لوگ اس سے نکلتے ہیں اور اپنا اپنا سامان لیتے ہیں، پھر بعض لوگ ہوتل جاتے ہیں اور بعض لوگ اپنے رشتہ دار کے گھر جاتے ہیں۔

۲۸) قصائی اپنی دکان میں گوشت بیچتا ہے، بڑھئی اپنی دکان میں کرسیاں اور الماریاں بناتا ہے، لوہار اپنی دکان میں تالے اور چابیاں بناتا ہے، درزی اپنی دکان میں کپڑے سیتا ہے، حجام اپنی دکان میں لوگوں کے بال کاٹتا ہے، اور باورچی اپنی باورچی خانے میں کھانا پکاتا ہے۔

Exercise 4

Translate the following sentences into Urdu.

1) My father is not a carpenter but he buys goods from the shop and makes tables and shelves in our home.
2) Omar talks a lot in class. Sometimes the teacher tells him off and sends him outside the class but still, he does not listen. Sometimes the teacher calls his father and his father scolds him.
3) On weekends, the children do not go to school. Instead, some play in their homes and some play in the park. They play until night, then they all go to their homes and eat food. Then they go to sleep.
4) My father goes to the butcher's shop and buys meat. The butcher cuts the meat and puts it in bags and my father gives him money. Then my father comes home and gives the meat to my mother. She cooks the meat with rice and feeds all her children.
5) Fatima is a good girl. She wakes up in the morning and cleans her room. Then she eats breakfast herself and wears her clothes. Then she goes to school, sits in class and listens to the teacher. After school she plays with her friends in the park, then she sits in her room and writes her homework.

Note

Sometimes adverbs showing place or time have کو after them.

رات کو بچے سوتے ہیں۔

Children sleep at night.

Exercise 5

Translate the following sentences into English. Notice how the adverbs are used.

١) سنیچر اتوار کو ہم کھیلتے ہیں۔
٢) شام کو ہم باہر باغ میں بیٹھتے ہیں۔
٣) صبح کو کسان اپنی گائیوں کو دوہتا ہے۔
٤) پیر کو استاد صاحب ہوم ورک دیکھتے ہیں۔
٥) میرے بھائی عید کے دن پگڑی پہنتا ہے۔
٦) یہ بچے ایک گھنٹے کے لئے فٹ بال کھیلتے ہیں۔
٧) ہم اتوار کے دن دس گھنٹے کے لئے سوتے ہیں۔
٨) میں دن میں اسکول جاتا ہوں اور شام کو مدرسہ۔
٩) میرا بھائی مجھے ایک گھنٹہ کے لئے سبق سمجھاتا ہے۔
١٠) میں اپنا سبق رات کو یاد کرتا ہوں اور میری بہن صبح کو یاد کرتی ہے۔

Exercise 6

Translate the following sentences into Urdu.

1) At night my mother reads books.
2) The guard does not sleep at night.
3) My little brother does not cry at night.
4) My father reads the Quran in the morning.
5) All Muslims go to the mosque on Fridays.
6) During the day, my big brother goes to work.
7) In the evening, the girls play outside the house.
8) On the weekend, my friends spend time in football.
9) My sister goes to school during the day and goes to madrasah at night.
10) Abdullah puts his books in his bag at night and Abdurrahman puts them in the morning.

Note:

You can add the word جب (when) before a sentence. The second sentence sometime has the word تو before it.

جب مؤذن صاحب اذان دیتے ہیں تو ہم مسجد کی طرف چلتے ہیں۔

When the muazzin sahib gives the azan, we go to the masjid.

Here, the entire sentence after جب acts like an adverb.

Exercise 7

Translation		Urdu	Translation		Urdu	Translation		Urdu
passengers	m	مسافرین	bell	f	گھنٹی	to show thanks	v	شکر ادا کرنا

Translate the following sentences into English. Notice how the adverbs are used.

۱) جب تم اس کو مارتے ہو وہ روتا ہے۔

۲) جب فون بجتا ہے احمد اس کو اٹھاتا ہے۔

۳) جب برف گرتی ہے ہم کوٹ پہنتے ہیں۔

۴) جب بارش برستی ہے تو درخت اگتے ہیں۔

۵) جب استاد سبق سمجھاتے ہیں ہم سنتے ہیں۔

۶) جب بارش نہیں برستی تو درخت مرتے ہیں۔

۷) جب میں پانی پیتا ہوں تو اللہ کا شکر ادا کرتا ہوں۔

۸) جب تم مجھے اچھے قصے سناتے ہو میں ہنستا ہوں۔

۹) جب بارش برستی ہے تو سڑکوں میں پانی بہتا ہے۔

۱۰) جب ٹھنڈی کا موسم آتا ہے سب پتے گرتے ہیں۔

۱۱) جب مزدور کام کرتے ہیں تاجران کو اجرت دیتا ہے۔

۱۲) جب میں کمرے میں آتا ہوں تو میں سلام کرتا ہوں۔

۱۳) جب لوگ درزی کو کپڑا دیتے ہیں وہ ان کے لئے سیتا ہے۔

۱۴) جب ہم پارک جاتے ہیں ہم فٹ بال اور کرکٹ کھیلتے ہیں۔

۱۵) جب طلبہ اسکول سے نکلتے ہیں چوکیدار کلاسیں بند کرتا ہے۔

۱۶) صبح کو جب میں جاگتا ہوں تو میں اپنے بستر کو صاف کرتا ہوں۔

۱۷) جب اسکول کی گھنٹی بجتی ہے سب طلبہ کلاسوں سے نکلتے ہیں۔

۱۸) جب مسافرین ہوائی جہاز میں بیٹھتے ہیں، ہوائی جہاز پرواز کرتا ہے۔

Exercise 8

Translate the following sentences into Urdu.

1) When rain falls the trees grow.
2) When the children fight the teacher stops them.
3) When the teacher teaches us the lesson, we listen to him.
4) When I come home I learn my lesson then I go to madrasah.
5) When my grandmother wakes up my brother I get up myself.
6) When the plane reaches the airport, the passengers come out.
7) When the school bell rings, the teacher does not stop the class.
8) When the girl teases her brother, he cries and goes to his mother.
9) When my brother throws his toys on the floor I lift them up and put them on the shelf.
10) When people go to Makkah they stay in hotels, but my sister lives in Makkah so I stay in her house.

Exercise 9

Translate the following sentences into English.

۱) جب تم بولتے ہو میں سنتا ہوں، لیکن جب میں بولتا ہوں تم نہیں سنتے، یہ اچھی بات نہیں ہے۔

۲) جب والد صاحب بازار سے آم خریدتے ہیں تو امی ہمارے لئے کاٹتی ہیں اور ہم سب اسے کھاتے ہیں۔

۳) جب بہت برف گرتی ہے تو بچے اس کے ساتھ کھیلتے ہیں اور برف کے گولے بناتے ہیں اور ایک دوسرے کے ساتھ لڑتے ہیں۔

۴) جب زبیر اسکول سے واپس آتا ہے وہ چائے پیتا ہے پھر اپنا ہوم ورک لکھتا ہے پھر مدرسہ کا سبق یاد کرتا ہے پھر مدرسہ جاتا ہے۔

۵) جب ہم گھر سے نکلتے ہیں تو ڈاکیا ہمارا ڈاک ہمارے پڑوسی کو دیتا ہے اور جب ہم گھر واپس آتے ہیں تو ہمارا پڑوسی ہمیں ہمارا ڈاک دیتا ہے۔

۶) میرا ایک دوست مدینہ منورہ میں رہتا ہے، اس کا گھر مدینہ منورہ میں ہے، جب ہم وہاں جاتے ہیں تو وہ ہم کو مدینہ منورہ کی اہم جگہیں دکھاتا ہے۔

۷) جب استاد صاحب کلاس میں نہیں ہوتے تو طلبہ بات کرتے ہیں، لیکن جب استاد صاحب کلاس میں آتے ہیں تو طلبہ بات نہیں کرتے، بلکہ وہ سبق سنتے ہیں۔

۸) جب لوگ حج اور عمرہ کے لئے مکہ جاتے ہیں تو مدینہ منورہ بھی جاتے ہیں، پھر واپس آتے ہیں۔ وہ وہاں سے کھجوریں خریدتے ہیں اور زمزم کا پانی اپنے پاس اپنے ملک لاتے ہیں۔

Exercise 10

Translate the following sentences into Urdu.

1) When the bell rings, the teacher stops the lesson and the students come out of the class.
2) When the children misbehave the teacher scolds them and sometimes gives them punishment.
3) When I read the book I put it on the shelf, but my sister leaves the books and magazines on the table.
4) When the train comes the doors open and some passengers come off the train and some passengers go into the train.
5) When the passengers go into the plane, they sit in their seats and put their bags under their chairs. Then the plane takes off. Then when the plane lands everyone takes their bags and come out of the plane.

Adverbs of Manner

An adverb of manner shows how an action takes place.

I learn my homework properly.

In English, these words usually end in –ly. In Urdu, these are usually words with سے or طرح after them.

میں اچھی طرح ہوم ورک یاد کرتا ہوں۔

I learn the homework properly.

Exercise 11

Translation		Urdu	Translation		Urdu	Translation		Urdu
carefully	adv	غور سے	slowly	adv	آہستہ	properly	adv	اچھی طرح
attention	f	توجّہ	attention	m	دھیان	care (fully)	adv	اِحتیاط (سے)
punctuality	f	پابندی	loudly, forcefully	adv	زور سے	quickly	adv	جلدی
force	m	زور	hard work	f	مِحنت	punctually	adv	اِہتمام سے

Translate the following sentences into English. Notice how the adverb of manner is used.

۱) وہ بہت تیز بولتا ہے۔
۲) وہ جلدی نہیں آتی۔
۳) امی آہستہ پیتی ہیں۔
۴) پانی زور سے نکلتا ہے۔
۵) پتے آہستہ اگتے ہیں۔
۶) بارش زور سے گرتی ہے۔
۷) نہر کا پانی آہستہ بہتا ہے۔
۸) قیمتیں جلدی بڑھتی ہیں۔
۹) مزدور جلدی لادتے ہیں۔
۱۰) امی اچھی طرح پونچھتی ہے۔
۱۱) ہوائی جہاز آہستہ اترتا ہے۔
۱۲) ہم جلدی جلدی پڑھتے ہیں۔
۱۳) بچے توجہ سے سبق سنتے ہیں۔
۱۴) لڑکیاں محبت سے کھیلتی ہیں۔
۱۵) بچے محنت سے یاد کرتے ہیں۔
۱۶) یہ فون بہت زور سے بجتا ہے۔
۱۷) ڈاکٹر پابندی سے دفتر آتا ہے۔
۱۸) ہوائی جہاز آہستہ پرواز کرتا ہے۔
۱۹) دھوبی زور سے کپڑے دھوتا ہے۔
۲۰) آدمی جلدی سے کپڑے پہنتا ہے۔
۲۱) ٹیچر توجہ سے ہوم ورک دیکھتے ہیں۔
۲۲) احمد اچھی طرح بات نہیں کرتا ہے۔
۲۳) والدین محبت سے بچوں کو پالتے ہیں۔
۲۴) قاضی بہت احتیاط سے کام کرتا ہے۔

Exercise 12

Translate the following sentences into Urdu.

1) The rain falls very lightly.
2) The children talk very loudly.
3) This worker works very hard.
4) My uncle laughs very loudly.
5) This lady puts on oil regularly.
6) The judge listens very carefully.
7) The postman walks very quickly.
8) My father wakes me up properly.
9) The people close this door very hard.
10) Omar comes to madrasah punctually.
11) Fatima writes her homework carefully.
12) This boy does not understand quickly.

Notes:

1) When you add the word بالکل before a verb with نہیں it gives the meaning of "at all".

میں شراب بالکل نہیں پیتا۔

I do not drink alcohol at all.

2) The word صاحب is a better and more respectful way of saying آدمی.

یہ صاحب ہندوستان میں رہتا ہے۔

This gentleman lives in India.

Exercise 13

Translation		Urdu	Translation		Urdu	Translation		Urdu
mistakenly	adv	غلطی سے	to drive	v	چلانا	income	f	آمدنی
unintelligent	adj	کم عقل	to trick	v	دھوکہ دینا	loud, high	adj	بُلند
ball	m,f	گیند	everyday	adv	روزانہ	to close	v	بند ہو جانا
to help	v	مدد کرنا	time	m	زمانہ	carelessness	f	بے احتیاطی
namazi (one who is punctual in his salat)	adj	نمازی	student	m	شاگرد	team	f	ٹیم

Translate the following sentences into English.

۱) تم اپنا سبق اچھی طرح یاد نہیں کرتے۔

۲) یہ کتابیں غلطی سے الماری سے گرتی ہیں۔

۳) چھوٹے بچے بہت جلدی نئ چیزیں سیکھتے ہیں۔

۴) ہوائی جہاز آسمان میں پرندے کی طرح اڑتا ہے۔

۵) ماں باپ اپنے بچوں کو بہت محبت سے پالتے ہیں۔

۶) تمہاری آواز بہت بلند ہے، تم بہت زور سے بولتے ہنستے ہو۔

۷) چوکیدار دروازہ زور سے بند کرتا ہے اور دروازے پر تالا لگاتا ہے۔

۸) ہوا کی وجہ سے کبھی کبھی یہ دروازہ بہت زور سے بند ہو جاتا ہے۔

۹) بڑھئی بہت جلدی چیزیں تیار کرتا ہے، اور اچھی چیزیں تیار کرتا ہے۔

۱۰) میرے والد صاحب میرا اسکول کا رپورٹ بہت غور سے پڑھتے ہیں۔

۱۱) تم کوٹ کے بغیر ٹھنڈی میں جاتے ہو، اور وضو کے بعد اپنے جسم کو اچھی طرح نہیں پونچھتے ہو۔

۱۲) یہ استاد اپنے شاگردوں کو بہت محنت اور محبت سے پڑھاتے ہیں، اور اس کے شاگرد بھی بہت محنت اور محبت سے پڑھتے ہیں۔

۱۳) کم عقل لوگ بے احتیاطی سے اپنے پیسے خرچ کرتے ہیں، اور ہوشیار لوگ احتیاط سے اپنے پیسے خرچ کرتے ہیں۔

۱۴) احمد بہت طاقتور ہے، وہ اپنی ٹیم میں سب سے طاقتور ہے، اور سب سے اچھا کھلاڑی بھی۔ وہ گیند بہت زور سے پھینکتا ہے۔

۱۵) وہ صاحب بہت نیک اور نمازی ہیں، وہ بہت دھیان سے نماز پڑھتے ہیں، اور روزانہ عصر اور مغرب کے درمیان مسجد میں بیٹھتے ہیں اور قرآن کی تلاوت کرتے ہیں۔

۱۶) یہ تاجر بہت مالدار ہے اس لئے کہ وہ اپنی تجارت میں بہت محنت کرتا ہے، اور بہت امانتداری اور سچائی کے ساتھ کام کرتا ہے، وہ جھوٹ بالکل نہیں بولتا اور دھوکہ بالکل نہیں دیتا، وہ اپنی آمدنی میں سے تھوڑا حصہ فقیروں اور غریبوں پر خرچ کرتا ہے۔

Exercise 14

Translate the following sentences into Urdu.

1) The money comes out of my coat by mistake.
2) The students come to class quickly after salah.
3) Khadeejah helps in the house with a lot of love.
4) We listen to the talk of our parents very attentively.
5) The teacher writes my name on the paper by mistake.
6) When a lot of rain falls, water flows in the street very forcefully.
7) When my father wakes me up, I get up quickly and clean my teeth.
8) When the bell rings the students quickly come out of the classroom.
9) When we sleep at night, my mother closes the doors and windows carefully.
10) Abdullah writes his homework carelessly but his brother writes his homework carefully.

Adverbs of Frequency

Adverbs of frequency show how often an action happens.

I go to school every day.

Below are some common words used to show this.

Translation		Urdu	Translation		Urdu	Translation		Urdu
always	adv	ہمیشہ	time	m	مرتبہ	over and over again, often	adv	بار بار
at least	adv	کم از کم	every time	adv	ہر وقت	every so often	adv	وقتاً فوقتاً

The word مرتبہ will usually have a number before.

میں ہفتے میں ایک مرتبہ بازار جاتا ہوں۔

I go to the shops once a week.

Exercise 15

Translate the following sentences into English.

۱) یہ بچے ہمیشہ لڑتے ہیں۔
۲) یہ بچی ہمیشہ روتی ہے۔
۳) ہم وقتاً فوقتاً پارک جاتے ہیں۔
۴) میں روزانہ دو مرتبہ کھاتا ہوں۔
۵) ہر ہفتے ہم کپڑے دھوتے ہیں۔
۶) بچے روزانہ کلاس صاف کرتے ہیں۔
۷) ہم روزانہ اپنے کپڑے بدلتے ہیں۔
۸) ہر ہفتے ہم اپنے چچا کے گھر جاتے ہیں۔
۹) ستارے ہر رات آسمان میں چمکتے ہیں۔
۱۰) سال میں ایک مرتبہ پتے گرتے ہیں۔
۱۱) شبیر دن میں ایک مرتبہ چائے پیتا ہے۔
۱۲) ہر سال ہم تفریح کے لئے جاتے ہیں۔
۱۳) ہم دن میں پانچ مرتبہ نماز پڑھتے ہیں۔
۱۴) ہر رات ابو گھر کے تالے بند کرتے ہیں۔
۱۵) مؤذن دن میں پانچ مرتبہ اذان دیتا ہے۔
۱۶) امی مجھے روزانہ کلاس کے لئے جگاتی ہیں۔
۱۷) یہ استاد روزانہ مدرسہ وقت پر آتے ہیں۔
۱۸) یہ ٹیچر ہمیشہ آہستہ اور صاف بولتی ہیں۔
۱۹) یہ قاضی ہمیشہ سچائی کے ساتھ بولتا ہے۔
۲۰) یہ گائے دن میں دو مرتبہ دودھ دیتی ہے۔
۲۱) یہ درزی ہمیشہ محنت کے ساتھ کام کرتا ہے۔
۲۲) ہم استاد صاحب کو بار بار سوالات پوچھتے ہیں۔

۲۳) کسان گائیوں کو دن میں دو مرتبہ دوہتا ہے۔

۲۴) یہ آدمی ہفتے میں گاڑی ایک مرتبہ دھوتا ہے۔

۲۵) ہم ہمیشہ جلدی سوتے ہیں اور جلدی جاگتے ہیں۔

۲۶) اچھے مسلمان دن میں پانچ مرتبہ نماز پڑھتے ہیں۔

۲۷) اس تاجر کی دکان میں ہر مہینہ نیا سامان آتا ہے۔

۲۸) میں ان مولانا صاحب کے بیانات کو بار بار سنتا ہوں۔

Exercise 16

Translate the following sentences into Urdu.

1) Every day I learn my lessons.
2) The students always wear coats.
3) My friend goes for holiday twice in a year.
4) Every week the teacher gives us homework.
5) This man is not honest. He always tricks people.
6) Every two weeks this team plays in that stadium.
7) This man is very busy. His phone is always ringing.
8) This phone is broken, it goes off over and over again.
9) Every two minutes, one plane lands and one plane takes off.
10) Allah feeds us and gives us to drink, this is why we give thanks over and over again.

Exercise 17

Translation		Urdu	Translation		Urdu	Translation		Urdu
never ever	adv	کبھی بھی	wish	f	تمنا	most, usually	adj adv	اکثر
to take	v	لے جانا	to annoy	v	تنگ کرنا	even now	adv	اب بھی
to celebrate	v	منانا	to win	v	جیتنا	together	adv	ایک ساتھ
match	m	میچ	two blessed mosques (Makkah & Madeenah)	m	حرمین شریفین	to trouble	v	پریشان کرنا
to bathe	v	نہانا	to lose	v	شکست کھانا	sweat	m	پسینہ

Translate the following sentences into English.

۱) گرمی کے موسم میں جسم سے بہت پسینہ نکلتا ہے، اس لئے میں روزانہ نہاتا ہوں۔

۲) فٹ بال کے کھلاڑی ہفتے میں ایک میچ کھیلتے ہیں، جب وہ جیتتے ہیں تو وہ خوشیاں مناتے ہیں، اور جب شکست کھاتے ہیں تو روتے ہیں۔

۳) میرے والدین کو کتابوں کا بہت شوق ہیں، وہ ہر وقت کتابیں پڑھتے ہیں، اور ہم کو بھی ترغیب دیتے ہیں، اس لئے میں روزانہ کم از کم دس منٹ کے لئے کوئی کتاب پڑھتا ہوں۔

۴) میں تم کو بار بار سمجھاتا ہوں، لیکن پھر بھی تم بہت شرارت کرتے ہو، اور ٹیچر کو تنگ کرتے ہو، اچھے بچے کبھی بھی شرارت نہیں کرتے، اور اپنے ٹیچروں کو تنگ نہیں کرتے اور ان کو پریشان نہیں کرتے۔

۵) اس آدمی کو حرمین شریفین سے بہت محبت ہے، وہ سال میں کم از کم ایک مرتبہ عمرہ کے لئے جاتا ہے، اس کو حج کی بھی تمنا ہے، لیکن حج کی قیمت کافی زیادہ ہے، اس لئے وہ صرف عمرہ کے لئے جاتا ہے۔

۶) احمد بہت اچھا لڑکا ہے، وہ اپنے کپڑے خود دھوتا ہے، اور اپنا کمرہ خود صاف کرتا ہے، اور کبھی کبھی وہ پورے گھر کو بھی صاف کرتا ہے، اس کی امی اس کو بہت دعائیں دیتی ہیں۔

۷) اس آدمی کو اپنی اولاد سے بہت محبت ہے، وہ ان کے ساتھ اسکول کے بعد کھیلتا ہے، اور ہر ہفتے ان کو پارک لے جاتا ہے، جب بارش برستی ہے تو وہ ان کے ساتھ کبھی کتابیں پڑھتا ہے، کبھی ان کے ساتھ گھر کے اندر کھیلتا ہے، اور کبھی ان کو قصے کہانیاں سناتا ہے۔

۸) یہ طالب علم اپنے امتحانات میں ہمیشہ کامیاب ہوتا ہے اس لئے کہ وہ روزانہ اپنا سبق یاد کرتا ہے اور اہتمام سے سنیچر اتوار کو پورے ہفتے کا دور کرتا ہے، اور پھر امتحان کے زمانے میں وہ محنت سے سب چیزیں یاد کرتا ہے اور وقت بالکل ضائع نہیں کرتا۔

Exercise 18

Translate the following sentences into Urdu.

1) The judge always uses a computer, but sometimes he writes with a pencil.
2) At night these boys always go to sleep early, and they always wake up early in the morning.
3) My mother cooks for us herself, however, every so often she buys food from the shop for us.
4) This butcher slaughters hundreds of chickens every day, and people buy those chickens from him.
5) This teacher is very punctual, he always comes to school on time, and he always finishes the class on time.
6) My father plays with us and he comes to the park with us, but when we misbehave, he sometimes tells us off.
7) Now, most people don't send letters, rather they send emails. However, some people even write and send letters.
8) Every week I go with my friends to the park and we play football, but my brother does not come, rather he stays at home and reads books.
9) Before exams, I look at my books over and over again and sometimes I write the important things on a piece of paper, and before the exam, I read that paper at least five times.
10) These boys love their father a lot. They always go to the masjid together; they always go to work together and sometimes they play cricket together.

Note:

If the word کو comes in a sentence with a verb it will show the object and will not be translated.

میں سب کو سلام کرتا ہوں۔

I do salaam to everyone.

However, if it comes in a sentence without a verb it will mean "to have".

مجھ کو نزلہ ہے۔

I have a cold.

If it comes after a time or place like دن or رات it means "at".

رات کو ٹھنڈی تھی۔

It was cold at night.

Exercise 19

Translate the following sentences into English. Notice how the کو is being used.

۱) اُس بیمار آدمی کو دمہ ہے۔

۲) ہم مہمانوں کو کھلاتے ہیں۔

۳) طلبہ اس بچہ کو نہیں مارتے۔

۴) سنیچر کے دن احمد کو نزلہ تھا۔

۵) زبیر مجھ کو اپنا نیا جبہ بتلاتا ہے۔
۶) اس گھر کو قالین کی ضرورت ہے۔
۷) مجھ کو اپنی بہن سے بہت محبت ہے۔
۸) اس امانتدار قاضی کو بہت تجربہ ہے۔
۹) یہ لڑکا اپنے چھوٹے بھائی کو رلاتا ہے۔
۱۰) دادا مسٹر ملز کو اسکول کے باہر دیکھتے ہیں۔
۱۱) یہ لڑکی اپنی بہن کو اپنی کتابیں دکھاتی ہیں۔
۱۲) یہ آدمی چھوٹے بچوں کو بھی سلام کرتا ہے۔
۱۳) میرے والد صاحب کو دودھ کی عادت نہیں۔
۱۴) مسز جین اس بچی کو کلاس کے باہر بھیجتی ہے۔
۱۵) ماں کو دن میں فرصت نہیں تھی، لیکن رات کو تھی۔
۱۶) مزدوران بوتلوں کو اٹھاتا ہے اور الماری پر رکھتا ہے۔

Exercise 20
Translate the following sentences into Urdu.
1) I never trouble my parents.
2) There was snow in the evening.
3) These boys annoy the carpenter.
4) That man had a habit of alcohol.
5) There was a lot of rain in the morning.
6) I had a cough and my sister had a cold.
7) My father had a lot of interest in cricket.
8) My teacher has a lot of interest in books.
9) Every week, the butcher slaughters at least one cow.
10) It is cold at night, even then the children play outside.

Adverbs of Reason

An adverb of reason shows why an action takes place.

I go to the shop for milk.

In Urdu, this comes with کے لئے.

میں دودھ کے لئے دکان جاتا ہوں۔

Sometimes, the adverb of reason can be an entire sentence.

I go the shop because there are cheap things in it.

This type of adverb comes with اس لئے کہ.

میں دکان جاتا ہوں اس لئے کہ اس میں سستی چیزیں ہیں۔

The phrase اس لئے کہ can also be separated i.e. اس لئے comes before the verb and the particle کہ comes after it.

میں دکان اس لئے جاتا ہوں کہ اس میں سستی چیزیں ہیں۔

Refer back to page 70 for more details.

Exercise 21
Translate the following sentences into English.
1) میں جمعہ کے دن اس لئے نہاتا ہوں کہ سنت ہے۔
۲) میں جمعہ کے دن نہاتا ہوں اس لئے کہ سنت ہے۔
۳) میں اسکول میں نہیں تھا اس لئے کہ میں بیمار تھا۔
۴) میں اس لئے اسکول میں نہیں ہوں کہ میں بیمار ہوں۔
۵) میں لوگوں کو دھوکہ نہیں دیتا اس لئے کہ یہ بہت بڑا گناہ ہے۔
۶) طلبہ اس لئے بات کرتے ہیں کہ کلاس میں کوئی ٹیچر نہیں ہے۔
۷) میں گھر سے پانی لے جاتا ہوں اس لئے کہ پارک میں پانی نہیں ہے۔

٨) بلال سنیچر کے دن مدرسہ اس لئے نہیں آتا ہے کہ سنیچر اتوار چھٹی ہے۔

٩) استاد کلاس میں پنکھے چالو کرتے ہیں اس لئے کہ کلاس میں بہت گرمی ہے۔

١٠) احمد اسکول کے بعد اپنے چچا کے ساتھ رہتا ہے اس لئے کہ اس کے والدین کام پر جاتے ہیں۔

١١) رات کے وقت چوکیدار پارک کے دروازے اس لئے بند کرتا ہے کہ رات کو کتے اندر آتے ہیں۔

١٢) میری ٹیم اس لئے جیتتی ہے کہ ہم بہت محنت کے ساتھ میچ کے لئے تیاری کرتے ہیں۔

Exercise 22
Translate the following sentences into Urdu.
1) The teacher scolds the students because they misbehave.
2) In December, people wear coats because rain falls a lot.
3) I read my lesson at least five times because it is very difficult.
4) I take my books home because at night I write my homework at home.
5) We go for Hajj at least once in our life because it is the command of Allah.
6) Ahmad makes many mistakes because he writes very quickly and carelessly.
7) My mother hands over a lot of work to my sister because she is very mature.
8) Parents sacrifice their comfort for their kids because they have a lot of love for them.
9) Fatima listens to the teacher very carefully because she has a lot of interest in her lessons.
10) My brother is a businessman and he has a shop, so every year he goes to China and buys goods.

Note:

The joining word ہوتا ہے can be used instead of ہے when you are talking about something which happens generally. In English, this is translated as a normal sentence.

حج میں بہت لوگ ہیں
There are a lot of people in Hajj (right now).

آج بہت ٹھنڈی ہے
Today it is very cold.

حج میں بہت لوگ ہوتے ہیں
There are a lot of people in Hajj (generally).

سردی کے موسم میں بہت ٹھنڈی ہوتی ہے
It is very cold in winter (generally).

The verb will change to ہوتے ہیں, ہوتی ہے and ہوتی ہیں according to the subject.

You can also use the verb رہتا ہے as a joining word to show to something occurs frequently.

دادا بیمار ہیں
Dada is ill. (now)

دادا بیمار رہتے ہیں
Dada is (always) sick.

Exercise 23
Translate the following sentences into English.

١) شکر میٹھا ہوتا ہے۔
٢) خون لال ہوتا ہے۔
٣) برف سفید ہوتا ہے۔
٤) پیغمبر سچے ہوتے ہیں۔
٥) قاضی سنجیدہ ہوتے ہیں۔
٦) جوتے صاف نہیں ہوتے۔
٧) سیب کا رس کڑوا ہوتا ہے۔
٨) امی کا کھانا مزے دار ہوتا ہے۔
٩) اردو کا گھنٹہ مختصر ہوتا ہے۔
١٠) شام کو بچے تھکے ہوتے ہیں۔
١١) پولیس امانتدار ہوتے ہیں۔
١٢) کرکٹ کی میچ لمبی ہوتی ہے۔

۱۳) اس جمعہ کو اسکول نہیں ہے۔

۱۴) سنیچر اسکول نہیں ہوتا ہے۔

۱۵) سال میں بارہ مہینے ہوتے ہیں۔

۱۶) ہفتے میں سات دن ہوتے ہیں۔

۱۷) گاؤں میں ہوٹل نہیں ہوتے۔

۱۸) شہروں میں ہوٹل ہوتے ہیں۔

۱۹) میری طبیعت اچھی نہیں رہتی۔

۲۰) سنیچر اتوار کو اسکول نہیں ہوتا۔

۲۱) اسکول کا ڈاک زیادہ ہوتا ہے۔

۲۲) فٹ بال کی میچ لمبی نہیں ہوتی۔

۲۳) روٹی میں زیادہ ٹیل نہیں ہوتا۔

۲۴) سنت کی بہت برکتیں ہوتی ہیں۔

۲۵) مدینہ کی کھجوریں میٹھی ہوتی ہیں۔

۲۶) ایرپورٹ پر بہت بھیڑ ہوتی ہے۔

۲۷) لائبریری میں دلچسپ کتابیں ہوتی ہیں۔

Exercise 24

Translate the following sentences into Urdu using the verb ہونا.

1) Blood is red.
2) Beds are soft.
3) Dates are sweet.
4) Leaves are green.
5) The kitchen is hot.
6) The windows are open.
7) The board is not clean.
8) Mango juice is sweet.
9) The key is under the bed.
10) Questions are important.
11) This lesson is for one hour.
12) Children's attention is less.

Note:

The conjunction یا is used in the meaning of or.

احمد یا زبیر کمرہ صاف کرتا ہے۔

Ahmad or Zubair cleans the room.

Exercise 25

Translation		Urdu	Translation		Urdu	Translation		Urdu
worker	m	کام کرنے والا	lesson	m	درس	end	m	آخر
hospitable	adj	مہمان نواز	late	adv	دیر	lessons	m	اسباق
or	conj	یا	generally	adv	عام طور پر	likewise, similarly	adv	اسی طرح

Translate the following sentences into English. Notice how the present tense joining word is used.

۱) اس گاؤں میں بہت کتے ہوتے ہیں۔

۲) جنگل میں قسم قسم کے جانور ہوتے ہیں۔

۳) اس ہسپتال میں اچھے ڈاکٹر ہوتے ہیں۔

۴) سال کے آخر میں امتحانات ہوتے ہیں۔

۵) میری چابیاں اس کمرے میں ہوتی ہیں۔

۶) اس شہر میں ہسپتال دیر تک کھلا رہتا ہے۔

۷) سردی کے موسم میں بہت برف ہوتی ہے۔

۸) اس طالب علم کے سوالات اچھے ہوتے ہیں۔

۹) میں کلاس کے بعد بھی مدرسہ میں رہتا ہوں۔

۱۰) دسمبر کے آخر میں اسکول کی چھٹیاں ہوتی ہیں۔

۱۱) مسلمانوں کو نبی ﷺ سے بہت محبت ہوتی ہے۔

۱۲) یہ فرج خراب ہے، اس میں پانی ٹھنڈا نہیں رہتا۔

۱۳) اس کسان کے باغ کے کیلے بہت میٹھے ہوتے ہیں۔

۱۴) جب یہ راستہ بند ہوتا ہے ہم دوسرا راستہ لیتے ہیں۔

۱۵) جمعہ کے دن، جمعہ کی نماز سے پہلے مختصر بیان ہوتا ہے۔

۱۶) گھر میں سنیچر اور اتوار کے دن بہت کام کاج ہوتے ہیں۔

۱۷) جب ایرپورٹ پر بھیڑ ہوتی ہے تو پولیس زیادہ ہوتے ہیں۔

۱۸) رمضان مبارک کی وجہ سے گھر میں بہت برکت ہوتی ہے۔

۱۹) بدھ کے دن میرے والد صاحب بہت مشغول ہوتے ہیں۔

۲۰) ہمارے محلہ کی مسجد میں پیر کے دن قرآن شریف کا درس ہوتا ہے۔

۲۱) اِس سڑک کے گھروں میں عام طور پر تین یا چار سونے کے کمرے ہوتے ہیں۔

۲۲) جب ٹھنڈی ہوتی ہے ہم کوٹ پہنتے ہیں، اور جب گرمی ہوتی ہے ہم کوٹ نہیں پہنتے۔

۲۳) دسمبر میں دکانوں میں بہت زیادہ لوگ ہوتے ہیں اور چیزوں کی قیمت بہت زیادہ ہوتی ہیں۔

۲۴) جب استاد صاحب کلاس میں نہیں ہوتے تو بعض بچے بہت شرارت کرتے ہیں۔

۲۵) میرے ابو اور امی بہت سخی اور مہمان نواز ہیں، ہمارے گھر میں بہت مہمان ہوتے ہیں۔

۲۶) اس استاد صاحب کی کلاسیں بہت دلچسپ ہوتی ہیں، اور ان کے اسباق بہت آسان ہوتے ہے، مشکل بالکل نہیں ہوتے۔

۲۷) یہ شہر بہت بڑا ہے، لیکن اس میں صرف ایک مسجد ہے، اور اس میں کافی بھیڑ ہوتی ہے، اور جمعہ کے دن بہت ہی زیادہ بھیڑ ہوتی ہے۔

۲۸) ماشاءاللہ مسجد حرم ہمیشہ صاف رہتی ہے، اس لئے کہ اس میں بہت کام کرنے والے ہوتے ہیں، اسی طرح وہ ہمیشہ کھلی ہوتی ہے، بند نہیں ہوتی۔

۲۹) یوسف اور یونس بھائی ہیں، اور وہ میرے دوست ہیں، لیکن ان کے والدین کافی غریب ہیں، ان کے پاس پیسے نہیں ہوتے اور کبھی کبھی وہ بھوکے رہتے ہیں۔

Exercise 26

Translate the following sentences into Urdu using the verb ہونا.

1) There is a lot of heat in Dubai.
2) Good children are hardworking.
3) Planes are big and cars are small.
4) There are three holidays in a year.
5) The coats are (usually) on the door.
6) Punctuality is rare (less) in people.
7) Elephants are big and sheep are small.
8) The two blessed mosques are always clean.
9) There is not (usually) a lot of snow in the UK.
10) There are usually a lot of people in this stadium.
11) On Friday, they are many people in the mosque.
12) A cricket match is long and a football match is short.

Lesson 20
Questions

If you want to ask who is doing an action you add the word کون at the beginning.

کون سوتا ہے؟

Who sleeps?

If the thing carrying out the action is a thing and not a person you will add the word کیا.

کیا کاٹتا ہے؟

What cuts?

Exercise 1

Translate the following sentences into English.

۱) کیا اترتا ہے؟
۲) کیا کاٹتا ہے؟
۳) کون کاٹتا ہے؟
۴) کون کھاتا ہے؟
۵) کیا بجتا ہے؟
۶) کیا اگتا ہے؟
۷) کیا گرتا ہے؟
۸) کون گرتا ہے؟
۹) کیا بہتا ہے؟
۱۰) کیا برستا ہے؟
۱۱) کون نہاتے ہیں؟
۱۲) کون سیتا ہے؟
۱۳) کون مارتی ہیں؟
۱۴) کون سمجھتا ہے؟
۱۵) کون مناتی ہے؟
۱۶) کون کھیلتی ہیں؟
۱۷) کون جیتتا ہے؟
۱۸) کیا بڑھتا ہے؟
۱۹) کون دیکھتے ہیں؟
۲۰) کون آتا ہے؟
۲۱) کیا چمکتا ہے؟
۲۲) کون لادتا ہے؟
۲۳) کون توڑتا ہے؟
۲۴) کون کام کرتا ہے؟
۲۵) کیا پرواز کرتا ہے؟
۲۶) کون کھاتے ہیں؟
۲۷) کون مٹاتے ہیں؟
۲۸) کون دھوتا ہے؟
۲۹) کون دھوکہ دیتی ہے؟
۳۰) کون شکر ادا کرتا ہے؟
۳۱) کون پریشان کرتے ہیں؟
۳۲) کون صاف کرتے ہیں؟
۳۳) کون شکست کھاتا ہے؟
۳۴) کون شرارت کرتا ہے؟
۳۵) کون سلام نہیں کرتا؟
۳۶) کون استعمال نہیں کرتی؟

Exercise 2

Translate the following sentences into Urdu.

1) Who annoys?
2) Who wins?
3) Who helps?
4) Who tricks?
5) Who applies oil?
6) Who cooks rice?
7) Who gives athan?
8) Who gives thanks?
9) Who rings the bell?
10) Who talks in class?
11) Who milks the cow?
12) Who does not return?
13) Who bathes at home?
14) Who takes the books?
15) Who reaches on time?
16) Who stops the children?
17) Who lives in the village?
18) Who switches on the fan?
19) Who puts the children to sleep?
20) Who does not close the door?
21) Who learns the homework?

Note:

If you want to ask what someone does, you add the word کیا with the verb کرنا (to do) after the subject.

احمد کیا کرتا ہے؟

What does Ahmad do?

Exercise 3

Translate the following sentences into English.

۱) وہ کیا کرتا ہے؟
۲) وہ کیا کرتی ہے؟
۳) وہ کیا کرتے ہیں؟
۴) تو کیا کرتا ہے؟
۵) تم کیا کرتے ہو؟
۶) ہم کیا کرتے ہیں؟
۷) کون اٹھاتا ہے؟
۸) تم کیا کرتے ہو؟
۹) کون آتا ہے؟
۱۰) آپ کیا کرتے ہیں؟
۱۱) کون بدلتا ہے؟
۱۲) کون بناتا ہے؟
۱۳) وہ کیا کرتی ہے؟
۱۴) کون بھیجتا ہے؟
۱۵) وہ کیا کرتی ہیں؟
۱۶) کون روتا ہے؟
۱۷) کون سنتا ہے؟
۱۸) ہم کیا کرتے ہیں؟
۱۹) کون کھاتا ہے؟
۲۰) کون کھیلتا ہے؟
۲۱) فاطمہ کیا کرتی ہے؟
۲۲) ٹیچر کیا کرتے ہیں؟
۲۳) کون ہنستا ہے؟
۲۴) کون رکھتا ہے؟

Exercise 4

Translate the following sentences into Urdu.

1) What to you (3) do on Fridays?
2) What do Muslims do in mosques?
3) What do these girls do on Eid day?
4) What does the imam do after salah?
5) What does the nurse do in the office?
6) What does the father do on Mondays?
7) What does the cook do in the kitchen?
8) What do the children do on Saturdays?
9) What do the women do in the market?
10) What does the gardener do in his garden?

Note:

If you want to make a question about the object you use the word کیا.

عامر کیا لکھتا ہے؟

What does Amir write?

Exercise 5

Translate the following sentences into English. Notice how the word کیا is used.

۱) تاجر کیا دیتا ہے؟
۲) قصائی کیا کاٹتا ہے؟
۳) وہ کیا یاد کرتا ہے؟
۴) طلبہ کیا پوچھتے ہیں؟
۵) کسان کیا جلاتا ہے؟
۶) تم کیا تیار کرتے ہو؟
۷) دھوبی کیا دھوتا ہے؟
۸) کھلاڑی کیا پہنتا ہے؟
۹) باورچی کیا پونچھتا ہے؟
۱۰) پولیس کیا ہٹاتے ہیں؟
۱۱) زینب کیا سیکھتی ہے؟
۱۲) طلبہ کیا یاد کرتے ہیں؟
۱۳) نصاری کیا مناتے ہیں؟
۱۴) احمد کیا ضائع کرتا ہے؟
۱۵) کھلاڑی کیا مناتے ہیں؟
۱۶) مزدور کیا لادتے ہیں؟
۱۷) لوگ کیا لے جاتے ہیں؟
۱۸) تم سنیچر اتوار کیا کھیلتے ہو؟
۱۹) ٹیچر تم کو کیا سکھاتے ہیں؟
۲۰) تم اس کتے کو کیا پلاتے ہو؟
۲۱) باورچی کیا تیار کرتے ہیں؟
۲۲) یہ بچہ اس کو کیا سمجھاتا ہے؟
۲۳) مسجد میں اذان کون دیتا ہے؟
۲۴) فاطمہ خدیجہ کو کیا بتلاتی ہے؟
۲۵) تم مہمانوں کو کیا کھلاتے ہیں؟
۲۶) یہ لوگ کیا صاف کرتے ہیں؟
۲۷) ساجد ان لوگوں کو کیا سونپتے ہیں؟

Exercise 6

Translate the following sentences into Urdu.

1) What do the cats eat?
2) What does the farmer buy?
3) What does the cook make?
4) What do the students ask?
5) What does your father sell?

6) What does the farmer send?
7) What does the gardener cut?
8) What does the man listen to?
9) What does the carpenter make?
10) What does your grandmother drink?

Note

If the word کیا comes at the beginning of a sentence, it makes the sentences into a yes or no question.

کیا تم سمجھتے ہو؟

Do you understand?

If it comes in the middle of the sentence it will be translated as what?

تم کیا پڑھتے ہو؟

What do you read?

Exercise 7

Translate the following sentences into English. Notice the difference between the two types of کیا.

۱)   تو کیا لکھتا ہے؟

۲)   یہ درزی کیا سیتا ہے؟

۳)   تم کیا صاف کرتے ہو؟

۴)   کیا یہ بچے بہت ہنستے ہیں؟

۵)   احمد صبح میں کیا کھاتا ہے؟

۶)   کیا یہ بچی جلدی سوتی ہے؟

۷)   کیا تم سب کو سلام کرتے ہو؟

۸)   یہ قصائی کیا استعمال کرتا ہے؟

۹)   کیا زینب فٹ بال کھیلتی ہے؟

۱۰) کیا تمہاری امی روٹی پکاتی ہیں؟

۱۱) یہ بچے کلاس میں کیا کرتے ہیں؟

۱۲) کیا یہ کھلاڑی اچھی طرح کھیلتا ہے؟

Exercise 8

Translate the following sentences into Urdu.

1) What does this boy learn?
2) What does Mr. Jones teach?
3) What does an elephant eat?
4) Does this plane fly in the sky?
5) Does this train go to London?
6) Does this teacher scold a lot?

7) What do people do in this hall?
8) In America do people use dollars?
9) What does the servant do at night?
10) Do you listen to the lesson attentively?
11) Do these students reach school on time?
12) What does the cook put (throw) in the rice?

Note

If the object in the question is a person, you use the word کس کو.

تم اپنا ہوم ورک کس کو بتلاتے ہو؟

Who do you show your homework to?

If the object is a person and **plural** you use the word کن کو.

آپ کن کو قصے سناتے ہیں۔

Who do you tell stories to?

Exercise 9

Translate the following sentences into English. Notice how the questions are made.

۱) یہ تاجر کیا بیچتا ہے؟
۲) عادل کن کو سنتا ہے؟
۳) امی کس کو بھیجتی ہیں؟
۴) شبیر کن کو پوچھتا ہے؟
۵) عادل کس کو ستاتا ہے؟
۶) دھوبی کس کو مارتا ہے؟
۷) کون قصائی کو مارتا ہے؟
۸) یونس کس کو اٹھاتا ہے؟
۹) امی کس کو سلاتی ہے؟
۱۰) آپا کن کو ڈانٹتی ہیں؟
۱۱) تم کن کو جگاتے ہیں؟
۱۲) زینب کس کو ستاتی ہے؟
۱۳) کون فاطمہ کو ستاتی ہے؟
۱۴) آدم کن کو سناتے ہیں؟
۱۵) عمار کس کو بتلاتے ہیں؟
۱۶) کون بچے کو سلاتا ہے؟
۱۷) پولیس کن کو ہٹاتے ہیں؟
۱۸) زبیر کس کو لے جاتا ہے؟
۱۹) وہ بچی کس کو دیکھتی ہے؟
۲۰) آپ کس کو یاد کرتے ہیں؟
۲۱) آپا کن کو اردو سکھاتی ہیں؟
۲۲) بچے کو کون اردو سکھاتا ہے؟
۲۳) بلال کس کو سلام نہیں کرتا؟
۲۴) کون احمد کو سلام نہیں کرتا؟
۲۵) بچیاں کن کو تنگ کرتی ہیں؟
۲۶) بڑھئی کن کو دھوکہ دیتا ہے؟
۲۷) یونس کس کو سوال پوچھتا ہے؟
۲۸) عادل کس کو پریشان کرتا ہے؟
۲۹) کون بچوں کو پریشان کرتے ہیں؟
۳۰) والد صاحب کس کو سونپتے ہیں؟

Exercise 10

Translate the following sentences into Urdu.

1) Who (p) do you tease?
2) Who does she annoy?
3) Who (p) does he deceive?
4) Who does the mother lift up?
5) Who does the child remember?
6) Who does this girl not do salaam to?
7) Who does the uncle give mangoes to?
8) Who (p) does the teacher teach Urdu?
9) Who does the father send to the shop?
10) Who does the father hand over work to?

Note

If you want to ask about the time of an action you use the word کب.

اسکول کے دروازے کب بند ہو جاتے ہیں؟

When do the school doors close?

The word کب تک means until when.

آپ کب تک پڑھتے ہیں۔

Until when do you read.

Exercise 11

Translate the following sentences into English.

۱) تم کب تیرتے ہو؟
۲) فون کب بجتا ہے؟
۳) مہمان کب آتا ہے؟
۴) یہ ٹیم کب جیتتی ہے؟
۵) تاجر آم کب بیچتے ہیں؟
۶) مزدور کب جاگتے ہیں؟
۷) جانور کب مرتے ہیں؟
۸) نانی جان کب جاتی ہیں؟
۹) بکریاں کب چرتے ہیں؟
۱۰) لڑکی کب کوٹ پہنتی ہے؟
۱۱) بارش کب تک برستی ہے؟
۱۲) ٹیچر دفتر میں کب بیٹھتے ہیں؟
۱۳) ٹیچر رپورٹ کب بھیجتے ہیں؟
۱۴) کھلاڑی گیند کب بدلتے ہیں؟
۱۵) مانچسٹر کی ٹرین کب آتی ہے؟

۱۶) باورچی کھانا کب تیار کرتا ہے؟
۱۷) تاجر اپنی دکان کب کھولتا ہے؟
۱۸) مزدور سامان کب لادتے ہیں؟
۱۹) چوکیدار کب ہال بند کرتا ہے؟
۲۰) مسافرین سامان کب اٹھاتے ہیں؟
۲۱) قصائی گائے کو کب ذبح کرتا ہے؟
۲۲) یہ ہوائی جہاز کب پرواز کرتا ہے؟
۲۳) تم قرآن شریف کب پڑھتے ہو؟
۲۴) آپ پنسل کب استعمال کرتے ہیں؟

Exercise 12

Translate the following sentences into Urdu.

1) When does the river flow?
2) When do you go to the bedroom?
3) When does the London train come?
4) When does your family go Leicester?
5) When do the children go for a stroll?
6) When does the imam usually come?
7) When do the children take the boxes?
8) When do the workers generally come?
9) When do you wake up in the morning?
10) When does the grandmother go to sleep?
11) When does the shop close in the evening?
12) When does the teacher go to sleep at night?

Note

1. If you want to ask about the place of an action you use the word کہاں.

سیب کہاں اگتے ہیں؟

Where do apples grow?

2. You can add the words سے or تک to the word کہاں.

یہ سامان کہاں سے آتا ہے؟

Where do these goods come from?

یہ ٹرین کہاں تک جاتی ہے؟

Where does this train go until?

3. The word کہاں can also be used to give a sentence a negative meaning with emphasis.

تم کہاں سبق یاد کرتے ہو؟

You don't learn you lesson!

This can only be understood from the tone and context.

Exercise 13

Translate the following sentences into English.

۱) دادا کہاں چلتے ہیں؟
۲) پانی کہاں بہتا ہے؟
۳) گائے کہاں رہتی ہے؟
۴) برف کہاں گرتی ہے؟
۵) بارش کہاں گرتی ہے؟
۶) لوگ کہاں نہاتے ہیں؟
۷) طلحہ کہاں کام کرتا ہے؟
۸) کھجوریں کہاں اگتی ہیں؟
۹) جانور کہاں رہتے ہیں؟
۱۰) ستارے کہاں چمکتے ہیں؟
۱۱) ڈاکیا کہاں کام کرتا ہے؟
۱۲) ٹرین کہاں تک چلتی ہے؟
۱۳) یہ سامان کہاں سے آتا ہے؟
۱۴) باورچی کھانا کہاں پکاتا ہے؟
۱۵) یہ ای میل کہاں پہنچتی ہے؟
۱۶) وہ کہاں پیسے ضائع کرتی ہے؟
۱۷) مسلمان کہاں نماز پڑھتے ہیں؟
۱۸) دھوبی کپڑے کہاں دھوتا ہے؟
۱۹) کھلاڑی کرکٹ کہاں کھیلتے ہیں؟
۲۰) کسان اپنی گائیں کہاں رکھتا ہے؟
۲۱) یہ ہوائی جہاز کہاں سے آتا ہے؟
۲۲) استاد صاحب کہاں بات کرتے ہیں؟
۲۳) سیب کے درخت کہاں اگتے ہیں؟
۲۴) قصائی اپنی چھریاں کہاں رکھتا ہے؟
۲۵) تم اپنا فون کہاں استعمال کرتے ہو؟
۲۶) بڑھئی پرانی لکڑیاں کہاں جلاتا ہے؟
۲۷) خالہ سامان کہاں سے خریدتی ہیں؟

Exercise 14

Translate the following sentences into Urdu.

1) Where do you play?
2) Where does the bird fly?
3) Where does the rain fall?
4) Where does the plane land?
5) Where do you use this saw?
6) Where do your relatives work?
7) Where does the man give athaan?
8) Where do you sit in the classroom?
9) Where do you spend the weekend?
10) Where do you throw your old shelves?
11) Where does the cook prepare the food?
12) Where does the teacher (f) burn the old papers?

Note

If you want to ask how many times about an action you use the word کتنی مرتبہ .

تم دن میں کتنی مرتبہ پانی پیتے ہو؟

How many times do you drink water in a day?

Exercise 15

Translate the following sentences into English.

۱) وہ ہفتے میں کتنی مرتبہ نہاتا ہے؟

۲) تم اپنا سبق کتنی مرتبہ یاد کرتے ہو؟

۳) سال میں کتنی مرتبہ چھٹیاں ہوتی ہیں؟

۴) یہ بیمار آدمی رات کو کتنی مرتبہ جاگتا ہے؟

۵) اس فلائٹ میں کتنی مرتبہ کھانا ہوتا ہے؟

۶) سال میں کتنی مرتبہ امتحانات ہوتے ہیں؟

۷) یہ تاجر سال میں چین کتنی مرتبہ جاتا ہے؟

۸) آپ ہفتے میں کتنی مرتبہ کپڑے بدلتے ہیں؟

۹) اس بچی کو پیٹ میں کتنی مرتبہ درد ہوتا ہے؟

۱۰) یہ آدمی ہفتے میں کتنی مرتبہ فٹ بال کھیلتا ہے؟

۱۱) تم اپنے پڑوسیوں کو کھانا کتنی مرتبہ دیتے ہو؟

۱۲) یہ ٹرین دن میں کتنی مرتبہ لندن سے آتا ہے؟

۱۳) عام طور پر تم کتنی مرتبہ دن میں چائے پیتے ہو؟

۱۴) یہ آدمی سال میں تقریباً کتنی مرتبہ سفر کرتا ہے؟

۱۵) لڑکے ہفتے میں کتنی مرتبہ کتب خانے جاتے ہیں؟

۱۶) وہ دندان ساز اپنے دفتر میں کتنی مرتبہ جاتا ہے؟

Exercise 16

Translate the following sentences into Urdu.

1) How many times do you fall?
2) How many times do the cows graze?
3) How many times does the bell ring?
4) How many times do you eat in a day?
5) How many times do the lazy boys walk?
6) How many times do you ask good questions?
7) How many times does this little girl cry in a day?
8) How many times does she read a book in a month?
9) How many times do you clean your room in a week?
10) How many times does his uncle go to Leicester in a year?
11) How many times does this postman come in a week?
12) How many times does this little boy wake up in the night?

Note

If you want to ask "why" about an action you use the word کیوں.

تم یہاں کیوں بیٹھتے ہو؟

Why do you sit here?

Exercise 17

Translate the following sentences into English.

۱) وہ اردو کیوں سیکھتے ہیں؟

۲) وہ فاطمہ کو کیوں ستاتی ہیں؟

۳) یہ کتابیں یہاں کیوں ہیں؟

۴) یہ آدمی تیز کیوں بولتا ہے؟

۵) وہ میرا دماغ کیوں کھاتا ہے؟

۶) وہ ہر وقت کیوں بازار جاتی ہے؟

۷) زینب کیوں جلدی نہیں سوتی؟

۸) یہ مزدور کیوں کام نہیں کرتے؟

۹) تم اپنا وقت کیوں ضائع کرتے ہو؟

۱۰) تو اسکول کی چیزیں کیوں توڑتا ہے؟

۱۱) پولیس اُس آدمی کو کیوں دیکھتے ہیں؟

۱۲) لوگ اللہ کو کیوں یاد نہیں کرتے؟

۱۳) تم زور سے سلام کیوں نہیں کرتے؟

۱۴) چوکیدار دروازہ کیوں بند کرتا ہے؟

۱۵) بچے اسکول میں کیوں بات کرتے ہیں؟

۱۶) تو چھوٹے بچے کی طرح کیوں روتا ہے؟

۱۷) تمہارے کان سے خون کیوں نکلتا ہے؟

۱۸) تم اپنے بال میں تیل کیوں نہیں لگاتے؟

۱۹) ٹیچر اس کو بہت زیادہ کام کیوں سونپتے ہیں؟

۲۰) احمد اپنا ہوم ورک اچھی طرح کیوں نہیں لکھتا؟

Exercise 18

Translate the following sentences into Urdu.

1) Why do you generally come late?
2) Why does this team always lose?
3) Why does that little girl talk a lot?
4) Why does this boy waste his time?
5) Why does your mother scold you?
6) Why does she not bathe on Fridays?
7) Why does the lazy worker not help?
8) Why does that team win sometimes?
9) Why does he not take his bag with him?
10) Why do you not put oil in your dry hair?
11) Why does that rich businessman deceive people?
12) Why does the clothes shop close early on Saturdays?

Note

If you want to ask "for how long" about an action, you use the word کتنی دیر or کتنی دیر کے لئے.

سراج کتنی دیر کے لئے کھیلتا ہے؟

How long does Siraj play for?

You can also use the word کتنی with other words like دن, ہفتے etc.

بچے کتنے گھنٹے کے لئے باہر کھیلتے ہیں؟

For how many hours do the children play outside?

Exercise 19

Translate the following sentences.

۱) فون کتنی دیر تک بجتا ہے؟

۲) وہ کتنی دیر تک تیرتی ہے؟

۳) بیل کتنی دیر کے لئے چڑتے ہیں؟

۴) بچے کتنی دیر کتب خانہ جاتے ہیں؟

۵) امتحانات کتنے دن کے لئے چلتے ہیں؟

۶) یہ کانفرنس کتنے گھنٹے کے لئے چلتا ہے؟

۷) یہ دفتر کتنی دیر کے لئے بند ہوتا ہے؟

۸) کھلاڑی کتنی دیر تک فٹ بال کھیلتے ہیں؟

۹) وہ دکان کتنی دیر کے لئے کھلی رہتی ہے؟

۱۰) سپاہی کتنی دیر کے لئے وردی پہنتا ہے؟

۱۱) جمعہ کے دن بیان کتنی دیر تک چلتا ہے؟

۱۲) ابراہیم کو کتنی دیر کے لئے دمہ رہتا ہے؟

۱۳) تاجر گاؤں میں کتنی دیر کے لئے رہتا ہے؟

۱۴) تم کتنے کے لئے اس ہوٹل میں ہوں گے؟

۱۵) اردو کی کلاس کتنے منٹ کے لئے چلتی ہے؟

۱۶) وہ بچی اس اسکول میں کتنے سال کے لئے تھی؟

Exercise 20

Translate the following sentences into Urdu.

1) How long was the fog for?
2) How long will the lecture be?
3) How long will this love be for?
4) How long does the snow fall for?
5) How long do the two sisters play?
6) How long does the teacher teach Urdu?
7) For how many years does an elephant live?
8) For how many days does Ahmad stay absent?
9) For how many minutes does she swim every day?
10) For how many months has this fridge been broken?
11) For how many weeks does your neighbour go to Pakistan?
12) For how many hours do the police stay on the streets?

Note

If you want to ask "how" an action is done, you use the word کیسے.

احمد کیسے لکھتا ہے؟

How does Ahmad write?

Exercise 21

Translate the following sentences.

۱) فون کیسے بجتا ہے؟

۲) گاڑی کیسے چلتی ہے؟

۳) درخت کیسے اگتے ہیں؟

۴) مچھلیاں کیسے تیرتی ہیں؟

۵) وہ سبق کیسے سنتی ہے؟

۶) تم اسکول کیسے آتے ہو؟

۷) لوگ کیسے خط بھیجتے ہیں؟

۸) بچے پارک کیسے جاتے ہیں؟

۹) قصائی گوشت کیسے کاٹتا ہے؟

۱۰) کسان آگ کیسے جلاتا ہے؟

۱۱) یہ ٹیچر اردو کیسے سکھاتے ہیں؟

۱۲) وہ لوگ آگ کیسے بجھاتے ہیں؟

۱۳) تاجر اپنی دکان کیسے کھولتا ہے؟

۱۴) احمد اپنے دوست کو کیسے ستاتا ہے؟

۱۵) استاد صاحب تختہ پر کیسے لکھتے ہیں؟

۱۶) یہ ہوائی جہاز کیسے پرواز کرتا ہے؟

۱۷) بچیاں اپنے کمروں کو کیسے صاف کرتی ہیں؟

۱۸) دھوبی لوگوں کے کپڑے کیسے دھوتا ہے؟

۱۹) وہ وضو کے بعد اپنے ہاتھ کو کیسے پونچھتا ہے؟

۲۰) اس باورچی کا چاول بہت مزے دار ہوتا ہے، وہ چاول کیسے پکاتا ہے؟

Exercise 22

Translate the following sentences into Urdu.

1) How does the plane land?
2) How does the boy annoy you?
3) How do Muslims celebrate Eid?
4) How does this team always win?
5) How do people generally go to Hajj?
6) How does the cook prepare the meat?
7) How does this window close by itself?
8) How do the workers come to the office?
9) How do the children listen to the teacher?
10) How do the Christians celebrate Christmas?

Note

Below is a list of all of the question words we have used.

Translation		Urdu	Translation		Urdu	Translation		Urdu
who	ques.	کون	who	ques.	کس کو	when	ques.	کب
what	ques.	کیا	where	ques.	کہاں	until when	ques	کب تک
how	ques.	کیسے	until where	ques.	کہاں تک	how often	ques.	کتنی مرتبہ
why	ques.	کیوں	from where	ques.	کہاں سے	how long	ques.	کتنی دیر

Exercise 23

Translation		Urdu	Translation		Urdu	Translation		Urdu
bus	m	بس	dustbin	f	ردی کی ٹوکری	well	m	کنواں

Translate the following sentences.

۱) کون پنکھے کو چالو کرتا ہے؟
۲) بارش کب تک برستی ہے؟
۳) یہ پرندہ کہاں تک اڑتا ہے؟
۴) وہ بچے کو کب تنگ کرتا ہے؟
۵) یہ لوگ خوشیاں کیسے مناتے ہیں؟
۶) یہ عورت لوگوں کو کیسے دھوکہ دیتی ہے؟
۷) کون غسل کے بعد اپنے جسم کو نہیں پونچھتا؟
۸) اس دکان کے دروازے کب بند ہو جاتے ہیں؟
۹) لوگ ہوائی جہاز میں کتنی دیر کے لئے رہتے ہیں؟
۱۰) تمہارے پاس گاڑی ہے، سائیکل کیوں چلاتے ہو؟
۱۱) یہ لوگ کیا مناتے ہیں؟ یہ عید کی خوشیاں مناتے ہیں۔
۱۲) تمہاری تھیلی بہت بھری ہے! تم اسکول کیا لے جاتے ہو؟
۱۳) اس کی فیملی ہر مہینہ کھانے پر کتنے پیسے خرچ کرتے ہیں؟
۱۴) اس ہوٹل میں وہ کتنی مرتبہ کمروں کو صاف کرتے ہیں؟
۱۵) وہ کب نہاتی ہے؟ وہ کبھی صبح میں نہاتی ہے اور کبھی شام کو۔
۱۶) ہوائی جہاز کیسے اترتا ہے؟ یہ ہوائی جہاز بہت آہستہ اترتا ہے۔
۱۷) میں تم کو پارک میں نہیں دیکھتا، تم اپنا وقت کہاں گزارتے ہو؟
۱۸) تمہارے بال بہت خشک ہیں، تم اس میں تیل کیوں نہیں لگاتے؟
۱۹) کمرے میں بہت گرمی ہے، یہ لوگ پنکھے کو کیوں چالو نہیں کرتے؟
۲۰) یہ آدمی گاڑی کیسے چلاتا ہے؟ یہ آدمی گاڑی بہت تیز چلاتا ہے۔
۲۱) کیا یہ آدمی لوگوں کو دھوکہ دیتا ہے؟ جی ہاں، یہ آدمی سب کو دھوکہ دیتا ہے۔
۲۲) تم اسکول کے بعد کیا تیار کرتے ہو؟ میں اپنی امی کے لئے چائے تیار کرتا ہوں۔
۲۳) والد صاحب کس کو ڈانٹے ہیں؟ والد صاحب کسی کو نہیں ڈانٹے ہیں۔
۲۴) دادا اور دادی کب تک بات کرتے ہیں؟ وہ رات تک بات کرتے ہیں۔

۲۵) احمد اپنا وقت کس چیز میں گزارتا ہے؟ احمد اپنا وقت کتابوں اور ہوم ورک میں گزارتا ہے۔

۲۶) یہ قصائی پہلے کافی مالدار تھا، لیکن اب بہت غریب ہے، وہ اپنا پیسہ کہاں ضائع کرتا ہے؟

۲۷) زمزم کا پانی کہاں سے نکلتا ہے؟ مکہ میں کعبہ کے پاس ایک کنواں ہے، اس سے پانی نکلتا ہے۔

۲۸) تمہارے لئے کون چائے بناتا ہے؟ میں چھوٹا بچہ نہیں! میں اپنی چائے خود بناتا ہوں۔

۲۹) فجر کی نماز کے لئے کون اذان دیتا ہے؟ مؤذن صاحب اذان دیتا ہے، لیکن کبھی کبھی زبیر کے چچا اذان دیتے ہیں۔

۳۰) تم اپنی پرانی چیزیں کہاں پھینکتے ہو؟ میرے کمرے کے سامنے ایک ردی کی ٹوکری ہے، ہم اس میں پرانی چیزیں پھینکتے ہیں۔

۳۱) وہ اپنے دوست کو کیوں پریشان کرتا ہے؟ وہ بہت شرارت کرتا ہے، اس لئے وہ ان کو پریشان کرتا ہے اور ان کو ستاتا ہے۔

۳۲) یہ کسان دن میں کتنی مرتبہ گائیوں کو دوہتا ہے؟ وہ دن میں دو مرتبہ دوہتا ہے، ایک مرتبہ صبح میں اور ایک مرتبہ شام کو۔

۳۳) اس بازار کی دکانیں کب بند ہو جاتی ہیں؟ بعض دکانیں چار بجے بند ہو جاتی ہیں، اور بعض ساڑھے چار بجے بند ہو جاتی ہیں، اور بعض رات تک کھولی رہتی ہیں۔

۳۴) یہ ہوائی جہاز ہوا میں کتنی دیر کے لئے اڑتا ہے؟ جب لمبا سفر ہوتا ہے تو چھ یا سات گھنٹے کے لئے اڑتا ہے، اور جب مختصر سفر ہوتا ہے تو ایک یا دو گھنٹے کے لئے اڑتا ہے۔

۳۵) یہ بچہ گھر سے اسکول کتنی دیر میں پہنچتا ہے؟ اس کا گھر اسکول سے کافی دور ہے، کبھی گاڑی میں آتا ہے، اور بیس منٹ میں پہنچتا ہے، اور کبھی بس میں آتا ہے، اور چالیس منٹ میں پہنچتا ہے۔

۳۶) تم اپنے کمرے کو کیوں بند نہیں کرتے ہو؟ میرے کمرے میں کوئی مہنگی چیز نہیں ہے، اور کوئی میرے کمرے میں نہیں جاتا ہے، اس لئے میں اپنا کمرہ بند نہیں کرتا، بلکہ کھلا رکھتا ہوں۔

۳۷) تم روزانہ کتنی دیر کے لئے تلاوت کرتے ہو؟ میں روزانہ آدھے گھنٹے کے لئے تلاوت کرتا ہوں، لیکن سنیچر اتوار اسکول نہیں ہوتا، اور میرے پاس زیادہ وقت ہوتا ہے، اس لئے ایک گھنٹے کے لئے تلاوت کرتا ہوں۔

۳۸) یہ ٹیم کیوں جیتتی ہے اور وہ ٹیم کیوں شکست کھاتی ہے؟ یہ ٹیم اس لئے جیتتی ہے کہ وہ بہت محنت سے تیاری کرتی ہے، اور بہت محنت سے کھیلتے ہیں، اور وہ ٹیم اچھی طرح تیاری نہیں کرتی ہے، اور محنت سے نہیں کھیلتے، اس لئے وہ شکست کھاتے ہیں۔

Lesson 21
Past Habitual

The past habitual tense shows that an action used to take place in the past over a period of time.

We used to go to the park in the summer.

Note:

The past habitual for masculine singular is made by dropping the نا and adding تا تھا.

آنا—آتا تھا

Exercise 1

Translate the following sentences into English.

۱) تاجر بیچتا تھا۔
۲) احمد پوچھتا تھا۔
۳) پیسہ بڑھتا تھا۔
۴) پانی بہتا تھا۔
۵) بچہ بولتا تھا۔
۶) بیل چرتا تھا۔
۷) فون بجتا تھا۔
۸) آڑا کاٹتا تھا۔
۹) تو سمجھتا تھا۔
۱۰) بچہ روتا تھا۔
۱۱) معمار جاتا تھا۔
۱۲) تاجر اٹھتا تھا۔
۱۳) درزی آتا تھا۔
۱۴) آدمی بدلتا تھا۔
۱۵) بڑھئی بناتا تھا۔
۱۶) ڈاکیا بھیجتا تھا۔
۱۷) مہمان بیٹھتا تھا۔
۱۸) مزدور اٹھاتا تھا۔
۱۹) شہد میٹھا ہوتا تھا۔
۲۰) کسان توڑتا تھا۔
۲۱) مؤذن جگاتا تھا۔
۲۲) بھائی دیکھتا تھا۔
۲۳) خزانچی رکھتا تھا۔
۲۴) درخت اگتا تھا۔
۲۵) ستارہ چمکتا تھا۔
۲۶) کپڑا پھیلتا تھا۔
۲۷) میں تیرتا تھا۔
۲۸) وہ نہیں سنتا تھا۔
۲۹) دوست کھاتا تھا۔
۳۰) دروازہ گرتا تھا۔

Exercise 2

Translate the following sentences into Urdu.

1) The boy used to put on oil.
2) This window used to close.
3) My little brother used to help.
4) Ahmad used to annoy the girl.
5) This plane used to fly in the sky.
6) The cook used to put a lot of salt.
7) The guard used to close the door.
8) The builder used to live in London.
9) The businessman used to deceive.
10) This dirty man did not use to bathe.
11) That plane used to land in that country.
12) The worker did not use to reach on time.

Note:

The past habitual for feminine singular is made by dropping the نا and adding تی تھی.

آنا—آتی تھی

Exercise 3

Translate the following sentences into English.

۱) بچی ہنستی تھی۔
۲) بہن ملتی تھی۔
۳) لڑکی لکھتی تھی۔
۴) آواز آتی تھی۔
۵) عورت سیتی تھی۔
۶) گاڑی چلتی تھی۔
۷) آگ پھیلتی تھی۔
۸) بارش برستی تھی۔
۹) چھری کاٹتی تھی۔
۱۰) بلی کھاتی تھی۔
۱۱) باری آتی تھی۔
۱۲) مچھلی تیرتی تھی۔
۱۳) کشتی چلتی تھی۔
۱۴) برف گرتی تھی۔
۱۵) آنکھ دیکھتی تھی۔
۱۶) زبان بولتی تھی۔
۱۷) بیماری پھیلتی تھی۔
۱۸) نفرت پھیلتی تھی۔
۱۹) ایک چیز آتی تھی۔
۲۰) ہمت بڑھتی تھی۔

۲۱) دھند پھیلتی تھی۔
۲۲) کتاب گرتی تھی۔
۲۳) قیمت بڑھتی تھی۔
۲۴) سائیکل چلتی تھی۔
۲۵) گائے چرتی تھی۔
۲۶) تکلیف آتی تھی۔
۲۷) دھوپ پھیلتی تھی۔
۲۸) ای میل پہنچتی تھی۔
۲۹) بیوی سلام کرتی تھی۔
۳۰) لڑکی خرچ کرتی تھی۔
۳۱) بچی شرارت کرتی تھی۔
۳۲) عمارت بند ہو جاتی تھی۔

Exercise 4

Translate the following sentences into Urdu.

1) Fatima used to move away.
2) This girl used to waste milk.
3) The elder sister used to scold.
4) The sister used to burn the roti.
5) The grandmother used to get up.
6) The girl used to show her brother.
7) The mother used to lift up the child.
8) This girl used to ask a lot of questions.
9) The mother used to stop the children.
10) The aunt used to come to our house.
11) The rich lady used to give a lot of money.
12) The mother used to send the boy to school.

Note:

The past habitual for masculine plural is made by dropping the نا and adding تے تھے.

آنا—آتے تھے

Exercise 5

Translation		Urdu	Translation		Urdu	Translation		Urdu
inkpot	f	دوات	telegram	m	تار	camel	m	اونٹ
to start	v	شروع کرنا	to search	v	تلاش کرنا	to go bad	v	بگڑنا/جانا
to come to use	v	کام آنا	sword	f	تلوار	to run away	v	بھاگنا
to sing	v	گانا	cannon	f	توپ	ox cart	f	بیل گاڑی
to pass (time)	v	گزرنا	to break	v	ٹوٹنا/جانا	to catch	v	پکڑنا
to forgive	v	معاف کرنا	to kiss	v	چومنا	to finish	v	پورا ہونا

Translate the following sentences into English.

۱) کتے بھاگتے تھے۔
۲) کان سنتے تھے۔
۳) لوگ گاتے تھے۔
۴) بندوق چلتے تھے۔
۵) چولھے چلتے تھے۔
۶) پتے گرتے تھے۔
۷) مہینے گزرتے تھے۔
۸) تکیے کام آتے تھے۔
۹) جانور بھاگتے تھے۔
۱۰) ستارے چمکتے تھے۔
۱۱) لوگ خط لکھتے تھے۔
۱۲) لوگ تار بھیجتے تھے۔
۱۳) سیب بگڑ جاتے تھے۔
۱۴) پنکھے نہیں چلتے تھے۔
۱۵) نبی معاف کرتے تھے۔
۱۶) کام پورے ہوتے تھے۔
۱۷) ہاتھ پیر کام کرتے تھے۔
۱۸) طلبہ تلاش کرتے تھے۔
۱۹) صوفے ٹوٹ جاتے تھے۔
۲۰) کمرے بند ہو جاتے تھے۔
۲۱) دادا شروع کرتے تھے۔
۲۲) والد صاحب چومتے تھے۔
۲۳) سپاہی توپ استعمال کرتے تھے۔
۲۴) سپاہی تلوار استعمال کرتے تھے۔
۲۵) لوگ اونٹ استعمال کرتے تھے۔
۲۶) لوگ دوات استعمال کرتے تھے۔
۲۷) لوگ بیل گاڑی استعمال کرتے تھے۔

Exercise 6

Translate the following sentences into Urdu.

1) The men used to sing.
2) The toys used to break.
3) The fruits used to go bad.
4) The money used to finish.
5) The boys used to catch fish.
6) The servants used to run away.
7) The pillow used to come to use.
8) The boys used to kiss their mothers.
9) The police used to search for knives.
10) The prophets used to forgive people.
11) The brothers used to swim in this river.
12) The lessons did not used to start on time.

Note:

The past habitual for feminine plural is made by dropping the نا and adding تی تھیں.

آنا—آتی تھیں

Exercise 7

Translation		Urdu	Translation		Urdu	Translation		Urdu
scissors	f	قینچی	to go bad	v	سڑ جانا	to become ripe	v	پکنا
to dance	v	ناچنا	to make a mistake	v	غلطی کرنا	thief	m	چور

Translate the following sentences into English.

۱) بہنیں جیتتی تھیں۔
۲) مائیں کھاتی تھیں۔
۳) خالہ گاتی تھیں۔
۴) نہریں بہتی تھیں۔
۵) قینچی کاٹتی تھیں۔
۶) چھٹیاں آتی تھیں۔
۷) ٹیمیں جیتتی تھیں۔
۸) لڑکیاں ناچتی تھیں۔
۹) بچیاں بھاگتی تھیں۔
۱۰) فیملیاں جاتی تھیں۔
۱۱) روٹیاں پکتی تھیں۔
۱۲) ٹرینیں چلتی تھیں۔
۱۳) راتیں گزرتی تھیں۔
۱۴) عمریں گزرتی تھیں۔
۱۵) کھجوریں پکتی تھیں۔
۱۶) اولاد یاد کرتی تھیں۔
۱۷) کھڑکیاں ٹوٹتی تھیں۔
۱۸) طبیعتیں بگڑتی تھیں۔
۱۹) عورتیں ناچتی تھیں۔
۲۰) راتیں گزرتی تھیں۔
۲۱) مچھلیاں تیرتی تھیں۔
۲۲) عورتیں کھاتی تھیں۔
۲۳) نانی غلطی کرتی تھیں۔
۲۴) فلائٹیں پہنچتی تھیں۔
۲۵) نیکیاں کام آتی تھیں۔
۲۶) زندگیاں گزرتی تھیں۔
۲۷) امی شروع کرتی تھیں۔
۲۸) بیٹیاں تنگ کرتی تھیں۔
۲۹) گھڑیاں بگڑ جاتی تھیں۔
۳۰) شرارتیں بڑھتی تھیں۔
۳۱) محنتیں ضائع ہوتی تھیں۔
۳۲) دادی معاف کرتی تھیں۔

Note

Below is a summary of the different forms of the past habitual tense.

کھیلنا	Singular	Plural
Masculine	تا تھا احمد کھیلتا تھا۔ Ahmad used to play.	تے تھے لڑکے کھیلتے تھے۔ The boys used to play.
Feminine	تی تھی فاطمہ کھیلتی تھی Fatima used to play.	تی تھیں لڑکیاں کھیلتی تھیں The girls used to play

Exercise 8

Translate the following sentences into English.

۱) لڑکا پوچھتا تھا۔

۲) لڑکی پوچھتی تھی۔

۳) بارش برستی تھی۔

۴) درخت اگتے تھے۔

۵) یہ بچہ بہت روتا تھا۔

۶) ہوائی جہاز اڑتا تھا۔

۷) میں وقت پر کھاتا تھا۔

۸) وہ بالکل نہیں ہنستا تھا۔

۹) کسان پھل اگاتا تھا۔

۱۰) اس نہر کا پانی بہتا تھا۔

۱۱) تم شکست کھاتے تھے۔

۱۲) یہ لڑکی نہیں سمجھتی تھی۔

۱۳) احمد اپنے بھائی کو روکتا تھا۔

۱۴) میری امی مجھے سلاتی تھیں۔

۱۵) یہ عورت دھوکہ دیتی تھی۔

۱۶) پولیس حفاظت کرتے تھے۔

۱۷) امی کھانا میز پر رکھتی تھیں۔

۱۸) ہم سب لوگوں سے ملتے تھے۔

۱۹) یہ لڑکے اچھی طرح سنتے تھے۔

۲۰) یہ پھل بہت جلدی پکتے تھے۔

۲۱) یہ امیر اپنے فقیروں کو کھلاتا تھا۔

۲۲) لوگ پانی ضائع نہیں کرتے تھے۔

۲۳) وہ لوگ بہت کتابیں پڑھتے تھے۔

۲۴) یہ مزدور محنت سے کام کرتا تھا۔

۲۵) یہ آدمی اپنے بچے کو بہت مارتا تھا۔

۲۶) زینب اپنا کمرہ صاف کرتی تھی۔

۲۷) احمد پارک میں وقت گزارتا تھا۔

۲۸) ہم ہر ہفتے کتب خانے جاتے تھے۔

۲۹) دندان ساز اپنا دفتر وقت پر پہنچتا تھا۔

۳۰) مالی باغ کو اچھی طرح صاف کرتا تھا۔

۳۱) یہ لڑکیاں وقت پر نہیں سوتی تھیں۔

۳۲) کیا تم دوستوں کے ساتھ کھیلتے تھے؟

۳۳) رقیہ اپنی دوستوں کو سلام کرتی تھی۔

Notes:

1. The word جناب can be added before someone's name for respect.

جناب جنید صاحب

2. The word مرحوم can be added after the name of someone who has passed away.

میرے دادا مرحوم

3. In a sentence, if there is more than one verb with تھا, the تھا can be removed from the second sentence.

ہم جھوٹ نہیں بولتے تھے اور دھوکہ نہیں دیتے۔

We did not use to lie or deceive.

Exercise 9

Translation		Urdu	Translation		Urdu	Translation		Urdu
for the sake of	prep	کی خاطر	because	conj	چونکہ	old	adj	بوڑھا
Knee	m	گھٹنا	line	f	صف	unemployed	adj	بے روزگار
joke	m	لطیفہ	to say	v	کہنا	rock	m	پتھر
to ask for	v	مانگنا	Game	m	کھیل	picture	f	تصویر
Gift	m	ہدیہ	to pull, to take (a picture)	v	کھینچنا	wage	f	تنخواہ

Translate the following sentences into English.

۱) صحابہ رضی اللہ عنہم اپنی راحت اسلام کی خاطر قربان کرتے تھے۔

۲) پہلے فون بہت بڑے ہوتے تھے، اب فون بہت چھوٹے ہوتے ہیں۔

۳) ہم ایک ساتھ کھیلتے تھے، لیکن ہم جیتتے تھے اور تم شکست کھاتے تھے۔

۴) میں یہ کتاب شروع کرتا تھا، لیکن وہ کتاب بہت لمبی ہے، اس لئے پوری نہیں ہوتی تھی۔

۵) تم اسکول کہاں جاتے تھے؟ میں Uplands جاتا تھا، لیکن اب میں Crown Hills جاتا ہوں۔

۶) پہلے ٹیچر بچوں کو جانوروں کی تصویریں کتابوں میں دکھاتے تھے، لیکن وہ اب کمپیوٹر پر دکھاتے ہیں۔

۷) جنید رمضان میں اپنا وقت قرآن کی تلاوت میں گزارتا تھا، جب کہ اس کا بھائی اپنا وقت ضائع کرتا تھا۔

۸) ہمارے گاؤں کے پاس سے ہوائی جہاز اڑتے تھے، لیکن اب نہیں اڑتے کیوں کہ وہ ائیر پورٹ بند ہے۔

۹) اس دکان میں بہت سستی چیزیں ہوتی تھیں، لیکن لوگ کہتے ہیں کہ اب اس میں اچھی چیزیں ہوتی ہیں۔

۱۰) ہم اپنے بچپن میں ایک کھیل کھیلتے تھے، میں کسی کو مارتا تھا پھر بھاگتا، پھر وہ میرے پیچھے بھاگتا تھا اور مجھے پکڑتا۔

۱۱) دادا جان گاڑی چلاتے تھے، لیکن چونکہ اب بہت بوڑھے ہیں اور ان کی آنکھیں کمزور ہیں، اس لئے اب نہیں چلاتے۔

۱۲) یہ ٹیچر بہت ہوم ورک دیتے تھے، ہم دو گھنٹے کے لئے لکھتے تھے، پھر بھی ہوم ورک پورا نہیں ہوتا تھا، اب وہ ٹیچر زیادہ ہوم ورک نہیں دیتے۔

۱۳) پہلے ہم کلاس میں بہت شرارت کرتے تھے تو استاد صاحب بہت ڈانٹتے تھے، لیکن اب ہم شرارت نہیں کرتے تو استاد صاحب نہیں ڈانٹے بلکہ خوش ہوتے ہیں۔

۱۴) یہ آدمی ہوٹل میں مزدور تھا، وہ بہت طاقتور ہے لیکن سست ہے، اس لئے وہ مہمانوں کا سامان نہیں اٹھاتا تھا، بلکہ دوسروں کو کام سونپتا تھا۔ اب وہ ہوٹل میں مزدور نہیں، بلکہ بے روزگار ہے۔

۱۵) استاد صاحب بچوں کو بہت ڈانٹتے تھے اس لئے کہ وہ اپنا ہوم ورک نہیں لکھتے تھے، لیکن اب وہ اچھی طرح ہوم ورک لکھتے ہیں، تو استاد ان کو نہیں ڈانٹتے، بلکہ وہ ان کو ہدیہ دیتے ہیں۔

۱۶) ہمارے پاس باغ میں ایک بڑا درخت ہے، وہ آم کا درخت ہے، اس پر بہت آم اگتے تھے، ہم خود کھاتے تھے، اور دوسروں کو بھی دیتے تھے، لیکن چند سالوں سے آم نہیں اگتے۔

۱۷) مجھے بچپن میں دمہ کی بیماری تھی، اور وہ بہت سخت تھی، لیکن الحمد للہ اب بہت بہتر ہے۔ میری امی بہت اہتمام سے دوائیں لگاتی تھیں، اور اس کے ساتھ میرے لئے بہت دعائیں بھی کرتی تھیں۔

۱۸) ہمارے گھر کے پاس ایک دھوبی رہتا ہے، ہم اپنے کپڑے اس کو دیتے تھے اور وہ ہمارے کپڑے دھوتا تھا، لیکن اب وہ زیادہ پیسے مانگتا ہے، تو اب ہم ان کو کپڑے نہیں دیتے، بلکہ ہم کپڑے خود گھر میں دھوتے ہیں۔

۱۹) میرے بڑے بھائی پہلے فٹ بال بہت کھیلتے تھے، لیکن اب نہیں کھیلتے اس لئے کہ اس کو اپنے گھٹنوں میں سخت درد ہوتا ہے۔ لیکن اس کے دوست کہتے ہیں کہ وہ بہت اچھا کھلاڑی تھے، بلکہ وہ ٹیم میں سب سے اچھا کھیلتے تھے۔

۲۰) کیا تم اپنے بھائی کو ستاتے تھے؟ جی نہیں، بلکہ ہم ساتھ کھیلتے تھے، اور اچھے دوست تھے، اور اب بھی اچھے دوست ہیں، لیکن وہ اپنے کام میں مشغول ہوتا ہے، اور میں اپنے ہوم ورک میں مشغول ہوتا ہوں، اس لئے ہمارے پاس کھیل کھود کی فرصت نہیں۔

۲۱) یہ آدمی بہت غریب تھا اس لئے کہ وہ بے روزگار تھا، وہ لوگوں سے پیسہ مانگتا تھا اس لئے کہ اس کے پاس کھانے کے لئے پیسہ نہیں ہوتا تھا، لیکن اب وہ ایک بڑی کمپنی میں کام کرتا ہے، اور اب اس کی اجرت بہت زیادہ ہے، وہ اب لوگوں سے پیسہ نہیں مانگتا، بلکہ وہ خود غریبوں کو پیسہ دیتا ہے۔

۲۲) پہلے احمد کے پاس ایک بہت پرانا فون تھا، وہ عمدہ فون تھا، لیکن خراب تھا اور وقتاً فوقتاً وہ خود بخود بند ہو جاتا تھا۔ اب احمد کے پاس ایک نیا فون ہے، یہ بہت مہنگا ہے، لیکن بہت اچھا چلتا ہے، وہ اس کو کافی استعمال کرتا ہے۔ وہ پرانے فون پر تصویریں نہیں کھینچتا تھا، اس لئے کہ تصویریں اچھی نہیں ہوتیں، لیکن نئے فون پر تصویریں بہت صاف نکلتی ہیں، اس لئے وہ بہت تصویریں لیتا ہے۔

۲۳) ہم سردی کے موسم میں رات کو سبق یاد کرتے تھے، اب چونکہ فجر جلدی ہے اور فجر کی نماز اور کلاس کے درمیان کافی وقت ہوتا ہے، اس لئے ہم اب سبق فجر کے بعد یاد کرتے ہیں۔ میرے والد صاحب کہتے ہیں کہ فجر کی نماز کے بعد وقت میں بہت برکت ہوتی ہے، اور وہ خود فجر کی نماز کے بعد نہیں سوتے بلکہ اپنے کام کاج کرتے ہیں۔

۲۴) جناب یونس صاحب مرحوم ہمارے محلے کی مسجد کے مؤذن تھے، وہ کئی سالوں تک اذان دیتے تھے، وہ بہت اچھے نیک نمازی اور پابند تھے۔ وہ مسجد میں بہت جلدی آتے تھے، وہ ہمیشہ پہلی صف میں نماز پڑھتے تھے، اور مسجد کی چابیاں ان کے پاس رہتی تھیں۔ وہ بچوں سے بہت محبت کرتے تھے، ان کی تنخواہ بہت کم تھی، پھر بھی وہ اپنے پیسے سے ہدیہ خریدتے تھے اور بچوں کو دیتے تھے، اور ان کو لطیفے اور قصے سناتے تھے، بچے بھی ان سے محبت کرتے تھے۔ ان کے جنازے کی نماز میں بہت لوگ تھے، ابھی بھی سب لوگ ان کو یاد کرتے ہیں اور ان کو بہت دعائیں دیتے ہیں۔

Note:

The word معنی is treated like a plural even though it is singular.

قیمتی کے معنی مہنگا ہیں۔

(The word) قیمتی *means expensive.*

ہمارے نبی ﷺ

Translation		Urdu	Translation		Urdu	Translation		Urdu
despite	adv	کے باوجود	tribe	m	خاندان	name (respect)	m	اسمِ گرامی
Swear	f	گالی	simplicity	f	سادگی	thing	f	بات
Meaning	m	معنی	simple	adj	سَادہ	King	m	بادشاہ
to dislike	v	نفرت کرنا	health	f	صحت	to visit the sick	v	بیمار پرسی کرنا
father (respect)	m	والد ماجد	cleanliness	f	صفائی	to like	v	پسند کرنا
mother (respect)	f	والدہ ماجدہ	slave	m	غُلام	fodder	m	چارہ

ہمارے نبی ﷺ کا اسم گرامی محمد تھا، آپ کے والد ماجد کا نام عبد اللہ تھا اور آپ کی والدہ ماجدہ کا نام آمنہ تھا۔ آپ کے دادا کا نام عبد المطلب تھا۔ آپ قریش کے خاندان سے تھے۔ قریش کا خاندان مکہ شریف میں رہتا تھا۔ کعبہ شریف بھی مکہ مکرمہ میں ہے۔

آپ ﷺ بچپن سے بہت سچے اور امانتدار تھے، اس وجہ سے لوگ آپ کو "الامین" کہتے تھے، الامین کے معنی امانتدار ہیں۔

لوگ اپنی اہم اور قیمتی چیزیں نبی ﷺ کے پاس رکھتے تھے، اور نبی ﷺ ان چیزوں کی حفاظت کرتے تھے۔

نبی ﷺ سب سے محبت کرتے تھے، آپ کسی کو بری بات نہیں کہتے، آپ ﷺ بری باتوں اور گالیوں سے نفرت کرتے تھے۔

آپ اللہ کے پیغمبر تھے، اور پوری دنیا میں آپ سب سے افضل ہیں، لیکن اُس کے باوجود بادشاہ کی طرح نہیں رہتے تھے، بلکہ ایک غلام کی طرح رہتے۔ آپ کی زندگی بہت سادی تھی، اور آپ بہت سادگی کے ساتھ زندگی گزارتے تھے۔ آپ کا گھر بہت ہی چھوٹا تھا، گھر میں قیمتی چیزیں نہیں ہوتی تھی۔

آپ ہر چھوٹے بڑے کو سلام کرتے تھے۔ بیماروں کی بیمار پرسی کرتے تھے۔ ان کے لئے صحت کی دعا کرتے تھے، آپ ﷺ ہمیشہ سچ بولتے تھے اور جھوٹ سے نفرت کرتے تھے۔ آپ ﷺ اپنا کام اپنے ہاتھ سے کرتے تھے، جانوروں کو اپنے ہاتھوں سے خود چارہ دیتے تھے۔ آپ ﷺ ہر کھانا خوشی سے کھاتے تھے اور کسی کھانے کو برا نہیں کہتے۔

آپ ہمیشہ صاف رہتے تھے اور صفائی کو پسند کرتے تھے۔

Lesson 22
Present Continuous

The present tense we have been using shows that something happens regularly. This is called the **present habitual tense.**

عائشہ مدرسہ جاتی ہے	احمد اسکول جاتا ہے
Aisha goes to madrasah.	*Ahmad goes to school.*

To show that something is happening right now you use the present continuous tense.

Ahmad is going to school.

Note:

In Urdu, the present continuous tense of the singular masculine is made by removing the نا and adding رہا ہے.

کھانا ⇦ کھا رہا ہے

Exercise 1

Translation		Urdu	Translation		Urdu	Translation		Urdu
birthday	f	سال گرہ	to finish	v	ختم ہونا	to be made	m	بننا
			to pain	v	درد کرنا	to improve, to develop	v	ترقّی کرنا

Translate the following sentences into English. Notice how the present continuous tense is formed.

۱) کیک پک رہا ہے۔
۲) آدمی گا رہا ہے۔
۳) محل بن رہا ہے۔
۴) رس بگڑ رہا ہے۔
۵) آدمی نہا رہا ہے۔
۶) پانی نکل رہا ہے۔
۷) وقت گزر رہا ہے۔
۸) پیٹ درد کر رہا ہے۔
۹) ملک ترقی کر رہا ہے۔
۱۰) موسم بدل رہا ہے۔
۱۱) یہ دودھ بگڑ رہا ہے۔
۱۲) یہ سیب بگڑ رہا ہے۔
۱۳) مزدور کام کر رہا ہے۔
۱۴) یہ اونٹ کام آ رہا ہے۔
۱۵) یہ دروازہ ٹوٹ رہا ہے۔
۱۶) مدرسہ بند ہو رہا ہے۔
۱۷) ڈاکٹر بات کر رہا ہے۔
۱۸) زبیر سبق یاد کر رہا ہے۔
۱۹) پرندہ ہوا میں اڑ رہا ہے۔
۲۰) مزدور سامان لاد رہا ہے۔
۲۱) یہ بچہ پریشان کر رہا ہے۔
۲۲) چوکیدار چور کو پکڑ رہا ہے۔
۲۳) بڑھئی کام شروع کر رہا ہے۔
۲۴) یہ تاجر دھوکہ دے رہا ہے۔
۲۵) ہوائی جہاز پرواز کر رہا ہے۔
۲۶) عبداللہ سوال پوچھ رہا ہے۔
۲۷) یہ آدمی بیمار پرسی کر رہا ہے۔
۲۸) یہ آدمی سال گرہ منا رہا ہے۔
۲۹) یہ لڑکا دوست تلاش کر رہا ہے۔
۳۰) کسان آم کا درخت اگا رہا ہے۔

Note:

In Urdu, the present continuous tense of the singular feminine is made by removing the ‍نا and adding رہی ہے.

کھانا ⇐ کھا رہی ہے

Exercise 2
Translate the following sentences into English.

۱) عید آ رہی ہے۔

۲) گھنٹی بج رہی ہے۔

۳) ڈاک آ رہی ہے۔

۴) مسجد بن رہی ہے۔

۵) دوات گر رہی ہے۔

۶) برف گر رہی ہے۔

۷) دنیا بدل رہی ہے۔

۸) پیپ بہہ رہی ہے۔

۹) بھیڑ بھر رہی ہے۔

۱۰) جولائی آ رہی ہے۔

۱۱) آمدنی بڑھ رہی ہے۔

۱۲) چائے پک رہی ہے۔

۱۳) دھند پھیل رہی ہے۔

۱۴) اولاد کھیل رہی ہے۔

۱۵) کھانسی بڑھ رہی ہے۔

۱۶) زندگی ختم ہو رہی ہے۔

۱۷) دلچسپی ختم ہو رہی ہے۔

۱۸) سچائی ختم ہو رہی ہے۔

۱۹) آگ پھیل رہی ہے۔

۲۰) یہ بچی ترقی کر رہی ہے۔

۲۱) جوانی ختم ہو رہی ہے۔

۲۲) فروری چل رہی ہے۔

۲۳) تجارت چل رہی ہے۔

۲۴) جنوری ختم ہو رہی ہے۔

۲۵) اس کی باری آ رہی ہے۔

۲۶) بیل گاڑی ٹوٹ رہی ہے۔

۲۷) امانتداری ختم ہو رہی ہے۔

۲۸) تمہاری سستی بڑھ رہی ہے۔

۲۹) مسز جین کرسمس منا رہی ہے۔

۳۰) یہ لڑکی اپنی سالگرہ منا رہی ہے۔

Note:

In Urdu, the present continuous tense of the plural masculine is made by removing the نا and adding رہے ہیں.

کھانا ⇐ کھا رہے ہیں

Exercise 3
Translate the following sentences into English.

۱) خالو مانگ رہے ہیں۔

۲) چچا چوم رہے ہیں۔

۳) پڑوسی جا رہے ہیں۔

۴) ہفتے گزر رہے ہیں۔

۵) کیلے پک رہے ہیں۔

۶) کان سن رہے ہیں۔

۷) سال گزر رہے ہیں۔

۸) بچے بھاگ رہے ہیں۔

۹) طریقے بدل رہے ہیں۔

۱۰) دفتر بند ہو رہے ہیں۔

۱۱) جانور بھاگ رہے ہیں۔

۱۲) پیسے ختم ہو رہے ہیں۔

۱۳) پیر درد کر رہے ہیں۔

۱۴) گھنٹے گزر رہے ہیں۔

۱۵) امتحانات آ رہے ہیں۔

۱۶) بال لمبے ہو رہے ہیں۔

۱۷) اچھے دن آ رہے ہیں۔

۱۸) میوے پک رہے ہیں۔

۱۹) لڑکے ناچ رہے ہیں۔

۲۰) سیب اگ رہے ہیں۔

۲۱) طلبہ سمجھ رہے ہیں۔

۲۲) مہمان جارہے ہیں۔

۲۳) پتے گر رہے ہیں۔

۲۴) درخت اگ رہے ہیں۔

۲۵) ستارے چمک رہے ہیں۔

۲۶) طلبہ ترقی کر رہے ہیں۔

۲۷) کاغذات جل رہے ہیں۔

۲۸) نئے ہوٹل بن رہے ہیں۔

۲۹) دادا بیمار پرسی کر رہے ہیں۔

۳۰) والد تلاش کر رہے ہیں۔

Note:

In Urdu, the present continuous tense of the feminine plural is made by removing the نا and adding رہی ہیں.

کھانا⇦ کھا رہی ہیں

Exercise 4

Translate the following sentences into English. Notice how the future tense is formed.

۱) گائیں چر رہی ہیں۔

۲) بکریاں جا رہی ہیں۔

۳) لڑکیاں جا رہی ہیں۔

۴) آوازیں آ رہی ہیں۔

۵) چھٹیاں آ رہی ہیں۔

۶) بیٹیاں جا رہی ہیں۔

۷) نہریں بہہ رہی ہیں۔

۸) روٹیاں بگڑ رہی ہیں۔

۹) مچھلیاں تیر رہی ہیں۔

۱۰) رکابیاں گر رہی ہیں۔

۱۱) کشتیاں چل رہی ہیں۔

۱۲) قیمتیں کم ہو رہی ہیں۔

۱۳) یہ ٹیم جیت رہی ہے۔

۱۴) مسجد بند ہو رہی ہے۔

۱۵) گھڑیاں بج رہی ہیں۔

۱۶) ہمتیں ٹوٹ رہی ہیں۔

۱۷) ٹرینیں چل رہی ہیں۔

۱۸) تکلیفیں بڑھ رہی ہیں۔

۱۹) میٹنگیں چل رہی ہیں۔

۲۰) بوتلیں ٹوٹ رہی ہیں۔

۲۱) کھجوریں پک رہی ہیں۔

۲۲) بیماریاں پھیل رہی ہیں۔

۲۳) قینچیاں کاٹ رہی ہیں۔

۲۴) تلواریں کاٹ رہی ہیں۔

۲۵) باتیں ختم ہو رہی ہیں۔

۲۶) ٹپائیاں ٹوٹ رہی ہیں۔

۲۷) لڑکیاں کھیل رہی ہیں۔

۲۸) راتیں ختم ہو رہی ہیں۔

۲۹) بہنیں تیل لگا رہی ہیں۔

۳۰) وہ عمارتیں گر رہی ہیں۔

Notes

1. In the table, below all four forms of the present continuous are shown together.

	Singular	Plural
Masculine	رہا ہے	رہے ہیں
Feminine	رہی ہے	رہی ہیں

احمد اسکول جا رہا ہے
Ahmad is going to school.

اور عائشہ مدرسہ جا رہی ہے
Aisha is going to school.

بچے کھیل رہے ہیں۔
The boys are playing.

بچیاں ہنس رہی ہیں۔
The girls are laughing

2. When you add the word نہیں to this verb, you can drop the word ہے.

تمہاری آواز نہیں آ رہی۔

Exercise 5

Translate the following in English.

۱) یہ بچی رو رہی ہے۔
۲) سب سو رہے ہیں۔
۳) لوگ آ رہے ہیں۔
۴) یہ بلی مر رہی ہے۔
۵) ستارہ چمک رہا ہے۔
۶) گائیں چر رہی ہیں۔
۷) امی مدد کر رہی ہیں۔
۸) احمد ابھی آ رہا ہے۔
۹) تمہارا فون بج رہا ہے۔
۱۰) ہم بازار جا رہے ہیں۔
۱۱) امی چائے بنا رہی ہیں۔
۱۲) فاطمہ ہنس نہیں رہی۔
۱۳) وہ کتابیں گر رہی ہیں۔
۱۴) باورچی کھانا پکا رہا ہے۔
۱۵) یہ درخت اگ رہا ہے۔
۱۶) معمار ایک گھر بنا رہا ہے۔
۱۷) میری ٹیم جیت نہیں رہی۔
۱۸) فیصل کپڑے بدل رہا ہے۔
۱۹) مزدور سامان اٹھا رہا ہے۔
۲۰) لوگ ہال میں بیٹھ رہے ہیں۔
۲۱) ہوائی جہاز پرواز کر رہا ہے۔
۲۲) چچا جان چائے پی رہے ہیں۔
۲۳) بچیاں کلاس میں بیٹھ رہی ہیں۔
۲۴) دھوبی ہمارا کپڑا دھو رہا ہے۔
۲۵) پانی بہت زور سے بہہ رہا ہے۔
۲۶) ہمارا پڑوسی اپنا گھر بیچ رہا ہے۔
۲۷) رقیہ اپنا ہوم ورک لکھ رہی ہے۔
۲۸) پولیس گاڑیاں ہٹا رہے ہیں۔
۲۹) باورچی بیل کو ذبح کر رہا ہے۔
۳۰) تمہاری ٹیم شکست کھا رہی ہے۔
۳۱) کسان اس بیل گاڑی کو چلا رہا ہے۔
۳۲) لڑکے اپنے کوٹ پہن رہے ہیں۔
۳۳) یہ آدمی تمہاری بات سن رہا ہے۔
۳۴) امی ایک نئی گاڑی خرید رہی ہیں۔
۳۵) طلبہ ٹیچر کو پریشان کر رہے ہیں۔
۳۶) یہ کتابیں الماری سے گر رہی ہیں۔
۳۷) یہ بچی مدرسہ کا قانون توڑ رہی ہے۔
۳۸) یہ عورت تم کو دھوکہ دے رہی ہے۔
۳۹) مہمان کمرے میں کھانا کھا رہے ہیں۔
۴۰) دادا جان قرآن شریف پڑھ رہے ہیں۔
۴۱) میرے دوست باغ میں کھیل رہے ہیں۔
۴۲) طلبہ استاد صاحب سے سوال پوچھ رہے ہیں۔

Exercise 6

Translation		Urdu	Translation		Urdu	Translation		Urdu
Hole	m	سوراخ	to prepare	v	تیاری کرنا	unpleasant smell	f	بدبو
Dead	adj	مردہ	to chew	v	چبانا	to speak	v	بولنا
heavy (rain)	adj	موسلادھار	tooth	m	دانت	lecture	m	بیان
Stream	f	ندی	glove	m	دستانہ	toilet, washroom	m	بیتُ الخلا
a place to make wudhu	m	وضوخانہ	to run	v	دوڑنا	kite	f	پتنگ
			vegetable	f	سبزی	flower	m	پھول

Translate the following in English.

۱) استاد صاحب احمد کو گھر بھیج رہے ہیں کیوں کہ احمد بیمار ہے۔

۲) میر اپتنگ ہوا میں نہیں اڑ رہا اس لئے کہ اس میں سوراخ ہے۔

۳) موسلادھار بارش برس رہی ہے جب کہ کل بہت دھوپ تھا۔

۴) ہم باہر باغ میں تھے، لیکن بہت بارش ہو رہی ہے تو ہم اندر آ رہے ہیں۔

۵) احمد سو رہا ہے، لیکن اسکول کا وقت قریب ہے تو میں اس کو جگا رہا ہوں۔

۶) تم کیا کر رہے ہو؟ میں دودھ پی رہا ہوں اس لئے کہ میں بہت بھوکا ہوں۔

۷) پنکھا چل رہا ہے اور کھڑکیاں کھلی ہیں، پھر بھی کمرے میں بہت گرمی ہے۔

۸) ہم گھر کے سب صوفے کو صاف کر رہے ہیں اس لئے ان سے بدبو آ رہی ہے۔

۹) امام صاحب منبر پر ہیں، اور بیان دے رہے ہیں اور لوگ ان کا بیان سن رہے ہیں۔

۱۰) یہ بڑھئی تمہارے گھر میں کیا کر رہا ہے؟ وہ کتابوں کے لئے چند الماریاں بنا رہا ہے۔

۱۱) احمد اپنے گھر پر نہیں کیوں کہ وہ اس سنیچر اتوار کو دادا دادی کے گھر پر گزار رہا ہے۔

۱۲) میری چچی کو سبزیوں کا بہت شوق ہے، وہ اپنے گھر کے باغ میں کچھ سبزیاں اگا رہی ہیں۔

۱۳) عید قریب ہے تو لوگ بازار جا رہے ہیں اور عید کے لئے قسم قسم کی چیزیں خرید رہے ہیں۔

۱۴) احمد کو کھانسی ہے، اور اس کو تین دن سے کھانسی ہے، اس لئے وہ گرم پانی اور شہد پی رہا ہے۔

۱۵) یہ چھریاں تیز نہیں ہیں، تو قصائی ان کو تیز کر رہا ہے اس لئے کہ وہ ان کو روزانہ استعمال کرتا ہے۔

۱۶) تم کیا کر رہے ہو؟ میں بازار جا رہا ہوں لیکن باہر بہت ٹھنڈی ہے اس لئے میں کوٹ اور دستانے پہن رہا ہوں۔

۱۷) چونکہ نماز کا وقت بہت قریب ہے اس لئے امام صاحب وضو کر رہے ہیں اور نماز کے لئے تیاری کر رہے ہیں۔

۱۸) یہ لڑکیاں کیا کر رہی ہیں؟ بعض لڑکیاں قرآن شریف کی تلاوت کر رہی ہیں اور بعض لڑکیاں اپنا ہوم ورک لکھ رہی ہیں۔

۱۹) میں پانچ منٹ میں آ رہا ہوں، میں اپنے دستانے اور کوٹ پہن رہا ہوں اس لئے کہ برف گر رہی ہے اور باہر بہت ٹھنڈی ہے۔

۲۰) کیا یہ پھول مردہ ہیں؟ جی نہیں، وہ مردہ نہیں، بلکہ وہ اگ رہے ہیں، ہم ان کو پانی دے رہے ہیں اور دھوپ میں رکھتے ہیں۔

۲۱) اُس کمرے سے بہت آواز آرہی ہے اس لئے کہ اس میں بہت لوگ ہیں اور وہ زور سے بات کر رہے ہیں اور ہنس رہے ہیں۔

۲۲) بچے ندی کے پاس ہیں، وہ اس میں تیر رہے ہیں، اور ندی کے پاس ایک باغ ہے، وہ اس میں کھیل رہے ہیں اور دوڑ رہے ہیں۔

۲۳) تمہارا چھوٹا بھائی کہاں جا رہا ہے؟ وہ دندان ساز کے پاس جا رہا ہے اس لئے کہ اس کو ایک ڈانٹ میں بہت درد ہے، جب وہ چباتا ہے تو سخت تکلیف ہوتی ہے۔

۲۴) تمہارے ابو کہاں ہیں؟ میرے ابو مہمانوں کے ساتھ ہیں۔ وہ مہمانوں کے ساتھ کیا کر رہے ہیں؟ وہ مہمانوں کو ان کا کمرہ اور بیت الخلا وغیرہ دکھا رہے ہیں۔

۲۵) کل عید ہے اور ہمارے گھر پر بہت مہمان ہوں گے اس لئے کہ ہمارے بہت رشتہ دار ہیں اور ہمارا خاندان بڑا ہے۔ اس وجہ سے ہم سب اپنے اپنے کمروں کو صاف کر رہے ہیں۔

۲۶) تم اپنا وقت کیوں ضائع کر رہے ہو؟ امتحانات بہت قریب ہیں اور تم ناکام ہوں گے، دوسری کلاسوں میں بچے بہت محنت سے اپنا سبق یاد کر رہے ہیں اور وہ ان شاء اللہ کامیاب ہوں گے۔

۲۷) آج ہمارے استاد صاحب کے والد صاحب بیمار ہیں اس لئے وہ مدرسہ سے غیر حاضر ہیں، لیکن ان کی کلاس میں کوئی استاد نہیں، تو بچے بہت شرارت کر رہے ہیں اور شور کر رہے ہیں اور بہت آواز کر رہے ہیں اور ان کی آواز دوسری کلاسوں کو پریشان کر رہی ہے۔

Note:

If the subject is the pronoun میں the present continuous will be made by adding رہاہوں.

میں آرہاہوں۔

If the subject is the pronoun تم the present continuous will be made by adding رہے ہو.

تم جارہے ہو۔

The table below explains the present continuous with pronouns

He is doing	وہ کررہاہے	You are doing	تو کررہی ہے	I am doing (m)	میں کررہاہوں
She is doing	وہ کررہی ہے	You are doing	تم کررہے ہو	I am doing (f)	میں کررہی ہوں
They are doing	وہ کررہے ہیں	You are doing	تم کررہی ہو	We are doing	ہم کررہے ہیں
They are doing	وہ کررہی ہیں	You are doing	آپ کررہے ہیں	We are doing	ہم کررہی ہیں
		You are doing	آپ کررہی ہیں	You are doing	تو کررہاہے

Exercise 7

Translate the following sentences into English. Notice how the pronouns are being used.

۱) تو جارہی ہے۔
۲) وہ نہارہی ہے۔
۳) وہ ختم ہورہاہے۔
۴) وہ منارہی ہے۔
۵) وہ چلارہی ہے۔
۶) ہم دوڑرہی ہیں۔
۷) میں چبارہاہوں۔
۸) تو ترقی کررہاہے۔
۹) میں پہن رہی ہوں۔
۱۰) تو ترقی کررہی ہے۔
۱۱) تم نفرت کررہے ہو۔
۱۲) تم پسند کررہی ہو۔
۱۳) وہ ناچ رہے ہیں۔
۱۴) وہ بھاگ رہی ہیں۔
۱۵) میں پکڑرہاہوں۔
۱۶) ہم کام کررہے ہیں۔
۱۷) ہم چوم رہی ہیں۔
۱۸) تو تلاش کررہاہے۔
۱۹) تم تنگ کررہی ہو۔
۲۰) وہ لے جارہاہے۔
۲۱) آپ کہہ رہے ہیں۔
۲۲) آپ مانگ رہی ہیں۔
۲۳) ہم تیاری کررہے ہیں۔
۲۴) تم پریشان کررہے ہو۔
۲۵) آپ جیت رہے ہیں۔
۲۶) تو شکست کھارہی ہے۔
۲۷) وہ دھوکہ دے رہاہے۔
۲۸) میں شروع کررہی ہوں۔

Lesson 23
Past Continuous

The past continuous shows that an action was taking place in the past.

*The boy **was** sleeping in the room.*

Note:

The past continuous for masculine singular is made similar to the present continuous i.e. you have to add رہا after the verb, but instead of adding ہے you add تھا.

لڑکا کمرے میں سو رہا تھا

The boy was sleeping in the room.

Exercise 1

Translate the following sentences into English. Notice how the masculine singular of the past continuous is used.

۱) کھلونا ٹوٹ رہا تھا۔
۲) کام پورا ہو رہا تھا۔
۳) یہ سیب بگڑ رہا تھا۔
۴) وہ فرج کام آ رہا تھا۔
۵) احمد روٹی چبا رہا تھا۔
۶) بلال تیاری کر رہا تھا۔
۷) اسکول ختم ہو رہا تھا۔
۸) یوسف عید منا رہا تھا۔
۹) کھلاڑی گیند پکڑ رہا تھا۔
۱۰) عمران شکر ادا کر رہا تھا۔
۱۱) آدمی قرآن چوم رہا تھا۔
۱۲) دوست گاڑی چلا رہا تھا۔
۱۳) غریب کھانا مانگ رہا تھا۔
۱۴) جمعہ کے دن لڑکا نہا رہا تھا۔
۱۵) عبدالرحمن ٹوپی پہن رہا تھا۔
۱۶) خدیجہ کا پیٹ درد کر رہا تھا۔
۱۷) مزدور تھیلیاں لے جا رہا تھا۔
۱۸) درزی کوٹ شروع کر رہا تھا۔
۱۹) تاجر تم کو دھوکہ دے رہا تھا۔
۲۰) پرندہ درخت کو اوپر اڑ رہا تھا۔
۲۱) زکریا کرکٹ میں جیت رہا تھا۔
۲۲) چوکیدار چوڑ کو تلاش کر رہا تھا۔
۲۳) عبداللہ اردو میں ترقی کر رہا تھا۔
۲۴) طالب علم اپنا سبق یاد کر رہا تھا۔
۲۵) پڑوسی میرے گھر سے گزر رہا تھا۔
۲۶) مہمان گھر کی طرف بھاگ رہا تھا۔
۲۷) آدم اسکول کی طرف دوڑ رہا تھا۔
۲۸) مسجد حرم کے پاس ہوٹل بن رہا تھا۔
۲۹) عادل باورچی خانے میں کام کر رہا تھا۔
۳۰) یونس استاد صاحب کو پریشان کر رہا تھا۔

Note:

The past continuous for feminine singular is made adding تھی.

لڑکی کمرے میں سو رہا تھی

The girl was sleeping in the room.

Exercise 2

Translate the following sentences into English. Notice how the feminine singular of the past continuous is used.

۱) عائشہ بات کر رہی تھی۔
۲) بارش برس رہی تھی۔
۳) چچی میز پونچھ رہی تھی۔
۴) مریم اسماء کو ہٹا رہی تھی۔
۵) گھنٹی تنگ کر رہی تھی۔
۶) حفصہ آگ بجھا رہی تھی۔
۷) گاڑی لیسٹر پہنچ رہی تھی۔
۸) سلمی سبزیاں اگا رہی تھی۔
۹) بہن دروازہ بند کر رہی تھی۔

۱۰) ڈاکٹر بیمار کو دوا دکھا رہی تھی۔
۱۱) لڑکی کیک تیار کر رہی تھی۔
۱۲) زینب پنکھا چالو کر رہی تھی۔
۱۳) عورت تھلیاں لاد رہی تھی۔
۱۴) لڑکی کھڑکی سے اتر رہی تھی۔
۱۵) زینب آپا کو سبق سنا رہی تھی۔
۱۶) چائے گلاس سے نکل رہی تھی۔

۱۷) رقیہ روٹیاں ضائع کر رہی تھی۔
۱۸) صفیہ بچیوں کو روک رہی تھی۔
۱۹) ہاجرہ پرانی کتابیں جلا رہی تھی۔
۲۰) آمنہ میل کچیل دور کر رہی تھی۔
۲۱) بہن اپنی خالہ کے گھر رہ رہی تھی۔
۲۲) عائشہ اپنا وقت قربان کر رہی تھی۔
۲۳) وہ عورت بچوں کو ڈانٹ رہی تھی۔

۲۴) یہ لڑکی میری بات نہیں مان رہی تھی۔
۲۵) خدیجہ اپنی خالہ کو اپنا گھر بتلا رہی تھی۔
۲۶) بیوی مہمانوں کے لئے پکار رہی تھی۔
۲۷) فاطمہ سمندر میں پتھر ڈال رہی تھی۔
۲۸) عورت چھری کی حفاظت کر رہی تھی۔
۲۹) عورت وکیل کو کاغذات سپرد کر رہی تھی۔
۳۰) حلیمہ زندگی اچھے کام میں گزار رہی تھی۔

Note:

The past continuous for masculine plural is made adding تھے.

لڑکے کمرے میں سو رہے تھے

The boys were sleeping in the room.

Exercise 3

Translate the following sentences into English. Notice how the masculine plural of the past continuous is used.

۱) دادا جان ہم کو ہنسا رہے تھے۔
۲) کھلاڑی کرکٹ کھیل رہے تھے۔
۳) میرے خالو ہم کو سلا رہے تھے۔
۴) ہم مہمانوں کو سلام کر رہے تھے۔
۵) استاد صاحب تختہ مٹا رہے تھے۔
۶) بادشاہ لوگوں سے مل رہے تھے۔
۷) باورچی روٹیاں نرم کر رہے تھے۔
۸) مزدور سڑکیں صاف کر رہے تھے۔
۹) وہ لوگ اپنی گاڑیاں دھو رہے تھے۔
۱۰) یہ ٹیچر ہم کو ریاضی سکھا رہے تھے۔
۱۱) یہ دو ہوائی جہاز پرواز کر رہے تھے۔
۱۲) یہ لڑکے پیاسے کتوں کو پلا رہے تھے۔
۱۳) وہ برے آدمی بھکاری کو ستا رہے تھے۔
۱۴) بارہ بجے سب مزدور کھانا کھا رہے تھے۔
۱۵) میٹنگ میں سب لوگ ہنس رہے تھے۔

۱۶) لوگ بیل گاڑی استعمال کر رہے تھے۔
۱۷) یہ دو چوکیدار بچوں کے نام لکھ رہے تھے۔
۱۸) استاد صاحب بچوں کو سبق سمجھا رہے تھے۔
۱۹) لوگ بازار میں اپنے پیسے خرچ کر رہے تھے۔
۲۰) میرے ماں باپ ایک یتیم کو پال رہے تھے۔
۲۱) یہ باورچی مہمانوں کے لئے کھانا پکا رہے تھے۔
۲۲) رمضان میں مسلمان غریبوں کو کھلا رہے تھے۔
۲۳) یہ برے لڑکے اس چھوٹی بچی کو رلا رہے تھے۔
۲۴) گزشتہ سال استاد ہمیں یہ کتاب پڑھا رہے تھے۔
۲۵) والد صاحب ہم کو فجر کی نماز کے لئے جگا رہے تھے۔
۲۶) امام صاحب نماز میں قرآن کی تلاوت کر رہے تھے۔
۲۷) آدم اور بلال مدرسے کے باہر شرارت کر رہے تھے۔
۲۸) لوگ صبح میں اپنے اپنے گھر کی کھڑکیاں کھول رہے تھے۔
۲۹) اس دکان میں تین درزی ہیں، وہ کل رات تاجر کے لئے نئے کپڑے سی رہے تھے۔

Note:

The past continuous for feminine plural is made adding تھیں.

لڑکیاں کمرے میں سو رہی تھیں۔

The girls were sleeping in the room.

Exercise 4

Translate the following sentences into English. Notice how the masculine plural of the past continuous is used.

۱) بلیاں مر رہی تھیں۔
۲) کشتیاں آ رہی تھیں۔
۳) آپائیں مار رہی تھیں۔
۴) بچیاں سو رہی تھیں۔
۵) لڑکیاں رو رہی تھیں۔
۶) بہنیں سن رہی تھیں۔
۷) مائیں کھول رہی تھیں۔
۸) مچھلیاں تیر رہی تھیں۔
۹) بکریاں چر رہی تھیں۔
۱۰) چھریاں گر رہی تھیں۔
۱۱) عورتیں لڑ رہی تھیں۔
۱۲) ہوائیں اٹھ رہی تھیں۔
۱۳) شاخیں پھیل رہی تھیں۔
۱۴) قینچیاں کاٹ رہی تھیں۔
۱۵) بہنیں میز اٹھا رہی تھیں۔
۱۶) سبزیاں اگ رہی تھیں۔
۱۷) آمدنیاں بڑھ رہی تھیں۔
۱۸) تلواریں چمک رہی تھیں۔
۱۹) دادی جان بول رہی تھیں۔
۲۰) یہ بکریاں پہاڑ رہ رہی تھیں۔
۲۱) کھجوریں نہر میں بہ رہی تھیں۔
۲۲) ماں بچوں کو اسکول بھیج رہی تھیں۔
۲۳) بیویاں اپنے کپڑے بدل رہی تھیں۔
۲۴) خالہ ہمارے لئے کیک بنا رہی تھیں۔
۲۵) چھوٹی بچیاں کھلونے توڑ رہی تھیں۔
۲۶) زینب اور خدیجہ ٹرین دیکھ رہی تھیں۔
۲۷) دادی اس نئے صوفے پر بیٹھ رہی تھیں۔
۲۸) عورتیں اس دکان سے نئی چیزیں خرید رہی تھیں۔
۲۹) سمیہ اور رقیہ آپا سے اچھے سوالات پوچھ رہی تھیں۔
۳۰) لڑکیاں اپنی پنسلیں اپنی تھیلیوں میں رکھ رہی تھیں۔

Note:

All four forms of the past continuous are written together in the table below.

	Singular	Plural
Masculine	رہا تھا	رہے تھے
Feminine	رہی تھی	رہی تھیں

Exercise 5

Translation		Urdu
branch	f	شاخ
field	m	کھیت
deep	adj	گہرا
sleep	f	نیند

Translation		Urdu
seed	m	بیج
to sneeze	v	چھینکنا
reality	f	حقیقت
to correct, to mend	v	درست کرنا
friend, colleague	m	ساتھی

Translation		Urdu
to die	v	مرنا
lie		جھوٹ
teacher (female)	f	آپا
beggar	m	بھکاری
to plant	v	بونا

Translate the following sentences into English.

۱) کسان اپنی کھیت میں بیج بو رہا تھا۔

۲) ایک پرندہ ہمارے باغ میں اڑ رہا تھا۔

۳) کل موسلادھار بارش برس رہی تھی۔

۴) مالی بڑے درختوں کی شاخیں کاٹ رہا تھا۔

۵) موچی اپنی دکان میں جوتے درست کر رہا تھا۔

۶) بڑھئی مدرسے کے لئے چند کرسیاں بنا رہا تھا۔

۷) میں آم کاٹ رہا تھا لیکن چھری تیز نہیں تھی۔

۸) یہ بچی سو رہی تھی لیکن باہر سڑک پر بہت شور تھا۔

۹) یہ بچی اپنی امی کی پنسل کے ساتھ کھیل رہی تھی۔

۱۰) کل رات ہم امتحان کے لئے تیاری کر رہے تھے۔

۱۱) میں اپنے دوستوں کے ساتھ ندی میں تیر رہا تھا۔

۱۲) میں تم کو جگا رہا تھا لیکن تم بہت گہری نیند میں تھے۔

۱۳) جمعہ کی نماز سے پہلے سب دکانیں بند ہو رہی تھیں۔

۱۴) میں اس کی بات سن رہا تھا لیکن وہ جھوٹ بول رہا تھا۔

۱۵) اس کو پیٹ میں سخت درد تھی اور وہ بہت رو رہی تھی۔

۱۶) اس آدمی کا فون بہت بج رہا تھا، لیکن وہ نہیں اٹھا رہا تھا۔

۱۷) یہ بچہ اپنی امی کو ایک کھلونے کے لئے پریشان کر رہا تھا۔

۱۸) حمزہ کہاں ہے؟ حمزہ وضو خانے میں تھا، وہ وضو کر رہا تھا۔

۱۹) تمہاری بہن کہہ رہی تھی کہ ان کی آپا حج کے لئے جا رہی ہیں۔

۲۰) اسکول میں ہمارا ایک ساتھی بیمار تھا، تو ہم ان کی بیمار پرسی کر رہے تھے۔

۲۱) یہ بلی مر رہی تھی اس لئے کہ اس کے پاس کافی کھانا اور پانی نہیں تھا۔

۲۲) ایک بیمار آدمی ڈاکٹر کے پاس تھا، اس کو سردی تھی اور وہ بہت چھینک رہا تھا۔

۲۳) امی خدیجہ کو سلا رہی تھیں، لیکن تم لوگ نیچے کھیلے رہے تھے اور بہت آواز کر رہے تھے، اس لئے وہ نہیں سو رہی تھی۔

۲۴) یہ آدمی مجھے اپنا فون بتلا رہا تھا اور بڑی بڑی باتیں کر رہا تھا، لیکن مجھ کو اس کی باتوں میں کوئی دلچسپی نہیں تھی۔

۲۵) یہ معمار ہمارے گھر میں ایک نیا بیت الخلا بنا رہا تھا، اس لئے کہ ہمارے گھر میں دس آدمی ہے اور صرف ایک بیت الخلا ہے۔

۲۶) ہم مہمانوں کے لئے پکا رہے تھے اور سب کچھ تیار کر رہے تھے، لیکن سڑکوں پر بہت برف ہے اور بعض راستے بند ہیں اس لئے اب وہ آج نہیں آ رہے ہیں۔

۲۷) ہمارے ہوٹل کے باہر چند بھکاری تھے، وہ پیسے مانگ رہے تھے، لیکن وہ دھوکہ دے رہے تھے اس لئے کہ وہ حقیقت میں غریب نہیں تھے۔

Note

Look at the table below. It explains the different tenses we have learnt till now. We will use the verb کھانا as our example.

		Singular		Plural	
Tense	**Translation**	Masculine	Feminine	Masculine	Feminine
Present Habitual	eats	وہ کھاتا ہے	وہ کھاتی ہے	وہ کھاتے ہیں	وہ کھاتی ہیں
Past Habitual	used to eat	وہ کھاتا تھا	وہ کھاتی تھی	وہ کھاتے تھے	وہ کھاتی تھیں
Present Continuous	eating	وہ کھا رہا ہے	وہ کھا رہی ہے	وہ کھا رہے ہیں	وہ کھا رہی ہیں

Lesson 24
Future Tense

The future tense shows that an action will take place in the future.

I will go to school.

Note:

In Urdu, the future tense of the singular masculine is made by removing the نا and adding ئے گا.

کھانا⇦ کھائے گا

If the verb ends in ا, و or ی; you will have to add a ء before you add the future tense ending.

کھا⇦ کھائے گا　　　سوٗ⇦ سوئے گا　　　پی⇦ پیئے گا

Exercise 1

Translate the following sentences into English. Notice how the future tense is formed.

۱) لڑکا ناچے گا۔
۲) پانی بہے گا۔
۳) عمر سمجھے گا۔
۴) بچہ سوئے گا۔
۵) یہ لڑکا چمکے گا۔
۶) درزی سیئے گا۔
۷) بچہ چبائے گا۔
۸) لڑکا دوڑے گا۔
۹) پتنگ اڑے گا۔
۱۰) آدمی گائے گا۔
۱۱) یہ بت ٹوٹے گا۔
۱۲) درخت اگے گا۔
۱۳) کسان بوئے گا۔
۱۴) آم سڑ جائے گا۔
۱۵) یہ کھلاڑی چمکے گا۔
۱۶) یہ بیل مرے گا۔
۱۷) باورچی پکائے گا۔
۱۸) یہ نہیں بولے گا۔
۱۹) یہ کھلاڑی جیتے گا۔
۲۰) سر کا درد بڑھے گا۔
۲۱) دودھ سڑ جائے گا۔
۲۲) ہال بند ہو جائے گا۔
۲۳) چوکیدار بتلائے گا۔
۲۴) یہ کاغذ کام آئے گا۔
۲۵) اللہ معاف کرے گا۔
۲۶) قصائی ذبح کرے گا۔
۲۷) لشکر تلاش کرے گا۔
۲۸) آدمی بکری پکڑے گا۔
۲۹) نرس تیاری کرے گا۔
۳۰) زبیر شروع کرے گا۔
۳۱) یہ سیب جلدی پکے گا۔
۳۲) دشمن نفرت کرے گا۔

Note:

In Urdu, the future tense of the singular feminine is made by removing the نا and adding ئے گی.

کھانا⇦ کھائے گی

Exercise 2

Translation		Urdu	Translation		Urdu	Translation		Urdu
to open (by itself)	v	کھلنا	to rip	v	پھٹ جانا	to boil	v	ابلنا
orange	f	نارنگی	to sink	v	ڈوبنا	to be sold	v	بِکنا
to get away, to slip away	v	ہاتھ سے جانا	to dry up	v	سوکھنا	to rip	v	پھاڑنا

Translate the following sentences into English. Notice how the future tense is formed.

۱) گھنٹی بجے گی۔
۲) لڑکی ہنسے گی۔
۳) بدبو پھیلے گی۔
۴) بات پھیلے گی۔
۵) گھڑی بجے گی۔
۶) گاڑی چلے گی۔
۷) کرسی ٹوٹے گی۔
۸) کھڑکی کھلے گی۔

۹) یہ میز بکے گی۔
۱۰) باری آئے گی۔
۱۱) بیوی جائے گی۔
۱۲) قینچی کاٹے گی۔
۱۳) زبان چلے گی۔
۱۴) پنسل ٹوٹے گی۔
۱۵) کشتی ڈوبے گی۔
۱۶) سبزی پکے گی۔

۱۷) بہن سوئے گی۔
۱۸) شاخ گرے گی۔
۱۹) ای میل پہنچے گی۔
۲۰) قیمت بڑھے گی۔
۲۱) دیوار گرے گی۔
۲۲) تلوار ٹوٹے گی۔
۲۳) چائے ابلے گی۔
۲۴) پگڑی سوکھے گی۔

۲۵) چابی کام آئے گی۔
۲۶) نیند بگڑ جائے گی۔
۲۷) بوتل بھر جائے گی۔
۲۸) کتاب پھٹ جائے گی۔
۲۹) اس کی ہمت ٹوٹے گی۔
۳۰) سائیکل بگڑ جائے گی۔
۳۱) نعمت ہاتھ سے جائے گی۔
۳۲) فرصت ہاتھ سے جائے گی۔

Note:

In Urdu, the future tense of the plural masculine is made by removing the نا and adding ئیں گے.

کھانا⇦ کھائیں گے

Exercise 3

Translation		Urdu	Translation		Urdu	Translation		Urdu
to beg	v	بھیک مانگنا	to become tired	v	تھک جانا	to become	v	ہو جانا
			to get lost	v	گم ہو جانا	to overcome	v	چھا جانا

Translate the following sentences into English. Notice how the future tense is formed

۱) تار پہنچیں گے۔
۲) خط پہنچیں گے۔
۳) آم پکیں گے۔
۴) بیج اگیں گے۔

۵) پتھر ٹوٹیں گے۔
۶) اونٹ چلیں گے۔
۷) تختے ٹوٹیں گے۔
۸) دانت گریں گے۔

۹) پتنگ اڑیں گے۔
۱۰) رشتہ دار آئیں گے۔
۱۱) شاگرد پڑھیں گے۔
۱۲) پرندے اڑیں گے۔

۱۳) بادل چھا جائیں گے۔
۱۴) اساتذہ پڑھائیں گے۔
۱۵) مزدور لے جائیں گے۔
۱۶) مسافرین بیٹھیں گے۔

۱۷) بچے کپڑے پہنیں گے۔
۱۸) برف گولے لگیں گے۔
۱۹) کھلاڑی تھک جائیں گے۔
۲۰) کوٹ میلے ہو جائیں گے۔
۲۱) جوتے گیلے ہو جائیں گے۔
۲۲) دستانے گم ہو جائیں گے۔
۲۳) بچے بڑے ہو جائیں گے۔
۲۴) فقیر مالدار ہو جائیں گے۔
۲۵) ہوائی جہاز پرواز کریں گے۔
۲۶) بھکاری بھیک مانگیں گے۔
۲۷) تمہارے دانت سڑ جائیں گے۔
۲۸) سب فون اب بجیں گے۔

Note:

In Urdu, the future tense of the plural feminine is made by removing the نا and adding ئیں گی.

کھانا⇦ کھائیں گی

Exercise 4

Translate the following sentences into English. Notice how the future tense is formed.

۱) تصویریں بکیں گی۔
۲) پگڑیاں سوکھیں گی۔
۳) کشتیاں ڈوبیں گی۔
۴) کاپیاں پھٹیں گی۔
۵) دکانیں کھلیں گی۔
۶) لڑکیاں چھینکیں گی۔
۷) بہنیں چبائیں گی۔
۸) عورتیں پہنیں گی۔
۹) عمارتیں بنیں گی۔
۱۰) گھنٹیاں بجیں گی۔
۱۱) ماں کہیں گی۔
۱۲) خالہ مانگیں گی۔
۱۳) ہوائیں چلیں گی۔
۱۴) بلیاں پکڑیں گی۔
۱۵) تلواریں کاٹیں گی۔
۱۶) تنخواہیں بڑھیں گی۔
۱۷) تصویریں گریں گی۔
۱۸) بیل گاڑیاں چلیں گی۔
۱۹) بوتلیں کام آئیں گی۔
۲۰) بچیاں تیاری کریں گی۔
۲۱) بکریاں دوڑیں گی۔
۲۲) روٹیاں بگڑ جائیں گی۔
۲۳) چھٹیاں ختم ہوں گی۔
۲۴) بیویاں پسند کریں گی۔
۲۵) دادی نفرت کریں گی۔
۲۶) آنکھیں درد کریں گی۔
۲۷) عورتیں ترقی کریں گی۔
۲۸) عورتیں عید منائیں گی۔
۲۹) آپائیں درست کریں گی۔
۳۰) فرصتیں ہاتھ سے جائیں گی۔

Note

In the table below all the forms of the future tense are given.

	Singular	Plural
Masculine	ے گا	یں گے
Feminine	ے گی	یں گی

پڑھیں گی	پڑھیں گے	پڑھے گی	پڑھے گا
لڑکیاں پڑھیں گی	لڑکے پڑھیں گے	فاطمہ پڑھے گی	احمد پڑھے گا
The girls will read.	The boys will read.	Fatima will read.	Ahmad will read.

Exercise 5

Translate the following sentences into English.

۱) احمد کاٹے گا۔

۲) امی سونپے گی۔

۳) تاجر بیچے گا۔

۴) وہ لے جائے گی۔

۵) عورت چلائے گی۔

۶) بارش برسے گی۔

۷) ٹیچر ڈانٹیں گے۔

۸) لوگ منائیں گے۔

۹) معمار بنائے گا۔

۱۰) دھوبی دھوئے گا۔

۱۱) بچے سمجھیں گے۔

۱۲) یہ نہیں رہے گی۔

۱۳) پڑوسی بند کرے گا۔

۱۴) دشمن تیار کرے گا۔

۱۵) کھلاڑی کھیلیں گے۔

۱۶) استاد سمجھائیں گے۔

۱۷) چچا شکر ادا کریں گے۔

۱۸) بچے تنگ کریں گے۔

۱۹) پرندے اڑیں گے۔

۲۰) مؤذن اذان دے گا۔

۲۱) لڑکے یاد کریں گے۔

۲۲) قصائی ذبح کرے گا۔

۲۳) مہمان بات کریں گے۔

۲۴) یہ ٹیم شکست کھائے گی۔

۲۵) والد صاحب روکیں گے۔

۲۶) یہ کھلونا زور سے گرے گا۔

۲۷) پولیس پریشان کرے گی۔

۲۸) ہوائی جہاز پرواز کرے گا۔

۲۹) چوکیدار حفاظت کرے گا۔

۳۰) گاڑی وقت پر نہیں پہنچے گی۔

۳۱) باورچی مزے دار کھانا پکائے گا۔

۳۲) یہ آدمی جمعہ کے دن نہائے گا۔

۳۳) وہ فون بہت زور سے بجے گا۔

۳۴) یہ گھڑی یہاں گم ہو جائے گی۔

۳۵) یہ دودھ گرمی میں سڑ جائے گے۔

۳۶) استاد صاحب نہیں ماریں گے۔

۳۷) یہ بھکاری تم سے پیسے مانگے گا۔

۳۸) یہ آدمی تم سے سچ نہیں کہے گا۔

۳۹) امی تمہاری محنت پسند کریں گی۔

۴۰) یہ لڑکا تم کو بہت پریشان کرے گا۔

۴۱) یہ لڑکیاں ندی میں نہیں تیریں گی۔

۴۲) ابو تمہاری سستی سے نفرت کریں گے۔

۴۳) موچی تمہارے جوتے درست کرے گا۔

Note:

The pronouns میں and تم will have the following endings:

میں پڑھوں گا
I will read

تم پڑھو گے
You will read

The table below explains the present continuous with pronouns

میں کروں گا	I will do
میں کروں گی	I will do
ہم کریں گے	We will do
ہم کریں گی	We will do
تو کرے گا	You will do

تو کرے گی	You will do
تم کرو گے	You will do
تم کرو گی	You will do
آپ کریں گی	You will do
آپ کریں گی	You will do

وہ کرے گا	He will do
وہ کرے گی	She will do
وہ کریں گے	They will do
وہ کریں گی	They will do

Exercise 6

Translate the following sentences into English.

۱) وہ سڑ جائے گا۔

۲) وہ پھاڑے گا۔

۳) وہ نہیں بکے گا۔

۴) وہ گم ہو جائے گا۔

۵) وہ نہیں ڈوبیں گے۔

6) کیا تم اذان دو گے؟

۷) کسان بیج بوئے گا۔

۸) وہ بیمار ہو جائے گی۔

۹) وہ تھک جائیں گی۔

۱۰) یہ پھٹ جائے گی۔

۱۱) آج برف برسے گی۔

۱۲) یہ تم کو دھوکہ دے گا۔

۱۳) تم اسکول کب جاؤ گے؟

۱۴) وہ بعد میں پہنچیں گے۔

۱۵) وہ ابھی گائے دوہے گا۔

۱۶) مہمان کہاں بیٹھیں گے؟

۱۷) یہ پھول نہیں اگیں گے۔

۱۸) میں یہاں نہیں سوؤں گا۔

۱۹) وہ اچھی طرح چبائیں گے۔

۲۰) کیا تم اس کو درست کرو گے؟

۲۱) وہ شرارت نہیں کریں گے۔

۲۲) وہ اس کو درست کرے گی۔

۲۳) اسکول ابھی بند ہو جائے گا۔

۲۴) میں ایک نیا کوٹ پہنوں گا۔

۲۵) وہ اچھی طرح نہیں چبائے گی۔

۲۶) اس صندوق سے بدبو آئے گی۔

۲۷) میں تم سے بھیک نہیں مانگوں گا۔

Note:

When the word کبھی comes with نہیں and the future tense it means never.

میں شراب کبھی نہیں پیوں گا۔

I will never drink alcohol.

Youcan also say کبھی بھی (never ever).

میں شراب کبھی بھی نہیں پیوں گا۔

I will never ever drink alcohol.

Exercise 7

Translate the following sentences into English.

۱) ابو چائے پی ئیں گے پھر کام پر جائیں گے۔

۲) ابھی دکانیں بند ہیں، لیکن ابھی کھلیں گی۔

۳) احمد اُس کام میں بہت وقت ضائع کرے گا۔

۴) ہم جنت کے لئے سب کچھ قربان کریں گے۔

۵) جب بچے یہ قصہ سنیں گے تو بہت ہنسیں گے۔

۶) فاطمہ کپڑے بدلے گی پھر باغ میں جائے گی۔

۷) میں مکہ شریف سے کچھ نئے جبے خریدوں گا۔

۸) میں دیکھوں گا کہ تم سچ کہہ رہے ہو یا جھوٹ۔

۹) زبیر فجر سے پہلے جاگے گا، پھر وہ ہم سب کو جگائے گا۔

۱۰) ہم رمضان مبارک میں قرآن کی زیادہ تلاوت کریں گے۔

۱۱) بلال آج بیمار ہے، اس کو سخت نزلہ ہے، اس لئے وہ اسکول نہیں جائے گا۔

۱۲) احمد بہت اچھا لڑکا ہے، ان شاءاللہ وہ کبھی مدرسے کا قانون نہیں توڑے گا۔

۱۳) جب ہم مکہ شریف جائیں گے تو دادا مرحوم کے لئے طواف اور دعائیں کریں گے۔

۱۴) ان شاءاللہ اس سال ہم رمضان مبارک میں مکہ شریف اور مدینہ شریف جائیں گے۔

۱۵) ہمارے محلے کی مسجد بہت چھوٹی ہے، آئندہ سال یہاں کے لوگ نئی مسجد بنائیں گے۔

۱۶) جب اچھے لوگ مریں گے اور اللہ تعالی کے پاس جائیں گے تو اللہ تعالی ان کو جنت دے گا۔

۱۷) میرے ابو میرے بھائی کو یونیورسٹی بھیج رہے ہیں، لیکن مجھے دار العلوم میں بھیجیں گے۔

والا

The future tense can also be made by changing the نا at the end of the verb to نے and then adding والا.

آنا—آنے والا

احمد آنے والا ہے۔

Ahmad is going to come.

The والا will change according to the subject.

احمد آنے ولا ہے۔ فاطمہ آنے والی ہے۔ لڑکے آنے والے ہیں۔ لڑکیاں آنے والی ہیں۔

This form of the future tense shows that something is going to happen in the near future.

Exercise 8

Translate the following sentences into English.

۱) یہ گھر بکنے والا ہے۔

۲) یہ ٹیم جیتنے والی ہے۔

۳) یہ گھر بکنے والا ہے۔

۴) یہ دکان کھلنے والی ہے۔

۵) یہ کتاب پھٹنے والی ہے۔

۶) یہ کشتی ڈوبنے والی ہے۔

۷) وہ ترقی کرنے والی ہے۔

۸) گھنٹی ابھی بجنے والی ہے۔

۹) دکان ابھی کھلنے والی ہے۔

۱۰) یہ درخت اگنے والا نہیں۔

۱۱) بادشاہ ابھی پہنچنے والا ہے۔

۱۲) یہ کتے مرنے والے ہیں۔

۱۳) میں یہ کام کرنے والا نہیں۔

۱۴) میں اسکول جانے والا ہوں۔

۱۵) یہاں ایک گھر بننے والا ہے۔

۱۶) یہ روٹیاں بگڑنے والی ہیں۔

۱۷) دودھ ابھی ختم ہونے والا ہے۔

۱۸) میں جھوٹ بولنے والا نہیں۔

۱۹) یہ کھلاڑی ترقی کرنے والا ہے۔

۲۰) ہم ابھی سفر میں جانے والا ہیں۔

۲۱) یہ ٹرین لندن سے گزرنے والی ہے۔

۲۲) کیا یہ دکان ابھی بند ہونے والی ہے؟

۲۳) ڈاکیا اس خط کو لے جانے والا ہے۔

۲۴) ابھی موسلادھار بارش برسنے والی ہے۔

۲۵) یہ ہوائی جہاز ابھی پرواز کرنے ولا ہے۔

۲۶) ہم ایک نئی کتاب شروع کرنے والے ہیں۔

۲۷) یہ موقع ہمارے ہاتھوں سے جانے والا ہے۔

۲۸) یہ عورت آئندہ ہفتے اپنی سالگرہ منانے والی ہے۔

Lesson 25
Commands

To tell someone to do something, you use a command.

sit, stand, go

In Urdu, to make a command, simply remove the letters نا from the verb.

بیٹھنا ⇦ بیٹھ

Sit

Exercise 1

Translation		Urdu	Translation		Urdu	Translation		Urdu
face	m	چہرہ	exercise	f	ورزش	here	adv	یہاں

Translate the following sentences into English. Notice how the commands are made.

١) اٹھ۔
٢) سچ کہہ !
٣) یہاں آ!
٤) اللہ کو مان !
٥) ورزش کر!
٦) تیز چل۔
٧) پانی پی!
٨) اس کو کھول۔
٩) آہستہ بول۔
١٠) بہن کو جگا۔
١١) جلدی سو!
١٢) تیل لگا!
١٣) شکر ادا کر!
١٤) چائے تیار کر!
١٥) کپڑے بدل۔
١٦) اذان دے!
١٧) اردو میں بول!
١٨) زور سے پڑھ۔
١٩) باغ میں دوڑ!
٢٠) اس کو سمجھا۔
٢١) ہم کو پانی پلا۔
٢٢) روٹی کو نرم کر۔
٢٣) اپنا کھانا آہستہ چبا!
٢٤) اس بچی کو سلام کر۔
٢٥) صاف کپڑے پہن۔
٢٦) اپنا ہوم ورک لکھ۔
٢٧) اس کتے کو دور کر۔
٢٨) اپنے چہرے کو دھو۔
٢٩) سبق غور سے سن۔
٣٠) اپنا ہوم ورک یاد کر!
٣١) میرے ساتھ کھیل!
٣٢) نماز کے لئے تیاری کر۔
٣٣) سامان یہاں سے اٹھا۔
٣٤) نماز پڑھ اور روزہ رکھ۔
٣٥) بستر سے اٹھ اور کام کر!
٣٦) اچھے کام میں وقت گزار!

Notes:

The forms of the verb we have used are not very respectful and you can only use it if you are talking to someone younger than you from your own family. This matches the word تو.

To add more respect to a command, add a و to it.

بیٹھ ⇦ بیٹھو

If a word ends in ا you add ؤ.

جا ⇦ جاؤ　　　　کھا ⇦ کھاؤ

This is the same level as تم.

Exercise 2

Translate the following sentences into English.

۱) آم کاٹو!
۲) نیک بنو!
۳) آہستہ چلو!
۴) دودھ پیو!
۵) سبزی کھاؤ!
۶) باغ میں کھیلو!
۷) وہاں رکھو!
۸) سبق سنو!
۹) چور کو پکڑو!
۱۰) دستانے پہنو!
۱۱) صاف لکھو!
۱۲) وہاں سے بھاگو!
۱۳) باغ میں دوڑو!
۱۴) ادب سے بیٹھو!
۱۵) غور سے پڑھو!
۱۶) اچھی طرح چباؤ!
۱۷) دروازہ بند کرو!
۱۸) کھڑکیاں کھولو!
۱۹) اپنی کتابیں کھولو!
۲۰) کام شروع کرو!
۲۱) اللہ ہی سے مانگو!
۲۲) سب کو معاف کرو!
۲۳) صبح میں جلدی اٹھو!
۲۴) غریبوں کی مدد کرو!
۲۵) رات کو جلدی سو جاؤ!
۲۶) اچھے سوالات پوچھو!
۲۷) ایک قلم تلاش کرو!
۲۸) وقت پر اسکول آؤ!
۲۹) یہ قلم استعمال کرو!
۳۰) قرآن کی تلاوت کرو!
۳۱) کلاس کے لئے تیاری کرو!
۳۲) یہ کاپی یہاں سے لے جاؤ!

Note

For even more respect, you add یۓ.

بیٹھ ⇦ بیٹھیۓ

Exercise 3

Translation		Urdu	Translation		Urdu	Translation		Urdu
knowledge	m	علم	answer	m	جواب	darkness	m	اندھیرا
horse	m	گھوڑا	to acquire	v	حاصل کرنا	to save	v	بچانا
chance, opportunity	m	موقعہ	to consider	v	خیال رکھنا	to increase	v	بڑھانا
job	f	نوکری	rope	f	رسی	soul, life	f	جان

Translate the following sentences into English.

۱) بھیر کو ہٹائیۓ!
۲) ایک موقع دیجئۓ!
۳) صحیح جوب لکھئۓ!
۴) اپنی جان بچائیۓ!
۵) بادشاہ کو خط لکھئۓ!
۶) گالی سے دور رہئۓ!
۷) مجھے ایک لطیفہ سنائیۓ!
۸) اس رسی کو زور سے کھینچئۓ!
۹) تار کو اچھی طرح پڑھئۓ!
۱۰) اپنی صحت کا خیال رکھیۓ!
۱۱) امانتداری کے ساتھ کھیلئۓ!
۱۲) اپنے بچوں کے ساتھ کھیلئۓ!
۱۳) اس پتھر کو یہاں سے ہٹاییے!
۱۴) بچوں کو علم کی اہمیت سمجھائیۓ!
۱۵) جلدی سے اس آگ کو بجھائیۓ!
۱۶) یہ سب کاغذات ای میل میں بھیجئۓ!
۱۷) اپنے مزدوروں کی تنخواہیں بڑھائیۓ!
۱۸) سادگی کے ساتھ اپنی زندگی گزاریۓ!

Note

The following verbs have an extra ج in them in the respectful command form.

کرنا - کیجئے　　　لینا - لیجئے　　　دینا - دیجئے

Exercise 4

Translate the following sentences into English.

۱) اپنے غصے کو ٹھنڈا کیجئے!

۲) اللہ تعالی کا شکر ادا کیجئے!

۳) گھوڑے کو چارہ دیجئے!

۴) اپنے دانت صاف کیجئے!

۵) انگریزی میں دلچسپی لیجئے!

۶) اپنے والدین کو ہدیہ دیجئے!

۷) کلاس کے لئے تیاری کیجئے!

۸) میری غلطی تھی، معاف کیجئے!

۹) تلوار کو احتیاط سے استعمال کیجئے۔

۱۰) نماز کے لئے صفیں درست کیجئے!

۱۱) یہ جواب غلط ہے، اس کو درست کیجئے!

۱۲) میری تھلی کہاں ہے؟ اس کو تلاش کیجئے!

۱۳) بتی چالو کیجئے، کمرے میں بہت اندھیرا ہے۔

۱۴) تمہارا کمرہ بہت میلا ہے، اس کو صاف کیجئے۔

۱۵) بیماروں کی بیمار پرسی کیجئے اور ان کا خیال رکھیئے!

۱۶) کلاس کا وقت قریب ہے، اس کے لئے تیاری کیجئے!

۱۷) تم ریاضی میں کمزور ہو، اس میں زیادہ محنت کیجئے!

۱۸) اپنی دکان میں اس بے روزگار آدمی کو نوکری دیجئے!

۱۹) اپنے دوستوں اور رشتہ داروں کے لئے کی بیمار پرسی کیجئے۔

۲۰) ہوم ورک جلدی شروع کیجئے اس لئے کہ وقت بہت کم ہے۔

Note

Another form of respect is یں.

بیٹھیں

You can also add the word ذرا before the command. This is similar to the word please.

ذرا وہ دروازہ کھولیں۔

Please open that door

This is the same level as آپ.

آپ		تم	تو
آپ جائیں	آپ جایئے	تم جاؤ	تو جا
بیٹھیں	بیٹھیے	بیٹھو	بیٹھ

Exercise 5

Translation		Urdu	Translation		Urdu	Translation		Urdu
soap	m	صابُن	dirty	adj	گندہ	otherwise	conj	وَرنہ
wet	adj	گیلا	weight	f	وزن	to collide	v	ٹکرانا

Translate the following sentences into English.

۱) سچ سچ کہیں۔

۲) خوش رہیں۔

۳) اپنا چہرہ صاف کریں۔

۴) ذرا اس آدمی کی مدد کریں۔

۵) جلدی جائیں، ٹرین جا رہی ہے۔

۶) دوسروں کو بھی کام سپرد کریں۔

۷) کوٹ پہنیں اس لئے کہ باہر بہت ٹھنڈی ہے۔

۸) کھڑکی ذرا بند کریں، اندر ٹھنڈی ہوا آ رہی ہے۔

۹) ورزش کریں اس لئے کہ تمہارا وزن بڑھ رہا ہے۔

۱۰) اللہ سے بھیک مانگیں، وہ تمہاری مدد کرے گا۔

۱۱) کھانا اچھی طرح چبائیں، ورنہ پیٹ میں درد ہوگا۔

۱۲) یہ تصویر بہت خوبصورت ہے، مجھے ذرا دکھائیں۔

۱۳) غریبوں کی مدد کریں اور ان کو کھانا اور کپڑے دیں۔

۱۴) ان چیزوں کو اپنے کمرے میں لے جائیں اور الماری پر رکھیں۔

۱۵) گاڑی آہستہ چلائیں ورنہ کسی دوسری گاڑی سے ٹکرائیں گے۔

۱۶) دوبارہ آئیں، بہت خوشی ہوگی۔ سیڑھیوں سے آہستہ اتریں۔

۱۷) تمہارے ہاتھ بہت ہی گندے ہیں، صابن لگائیں اور اچھی طرح دھوئیں ورنہ اس سے بدبو آئے گی۔

Exercise 6

Translate the following sentences into English.

۱) سچ بتلاؤ۔

۲) اذان دو!

۳) ذرا تیز چلئے۔

۴) وہاں بیٹھیں!

۵) زمزم کا پانی پیو!

۶) یہ کتاب پڑھئے!

۷) ذرا یہاں آیئے!

۸) ان بچوں کو روکو!

۹) اپنا سبق مجھے سناؤ!

۱۰) اپنا کمرہ صاف کیجئے!

۱۱) قرآن کی تلاوت کرو!

۱۲) تمہارا ہوم ورک دکھاؤ!

۱۳) ذرا مجھے حجام کی دکان بتایئے!

۱۴) اپنی چیزیں یہاں سے اٹھاؤ!

۱۵) ذرا میرے لئے چائے بنایئے!

۱۶) یہ کتا پیاسہ ہے، اس کو پانی پلاؤ!

۱۷) اللہ کے راستے میں پیسہ خرچ کرو!

۱۸) زمین گیلی ہے، ذرا احتیاط سے چلئے!

Negative Commands

If you want to tell someone not to do something, add the word مت before the verb.

مت جا/مت جاؤ

Don't go.

Exercise 7

Translate the following sentences into English.

۱) مت رو!

۲) کسی کو مت بتا!

۳) گھنٹی مت بجا!

۴) زیادہ مت ہنس!

۵) وہاں مت بیٹھ!

۶) ابھی مت کھیلو!

۷) کسی کو مت ستا!

۸) کسی کو مت مار!

۹) یہاں مت دوڑ!

۱۰) نفرت مت کر!

۱۱) وہاں مت ناچ!

۱۲) گم مت ہو جا!

۱۳) غلطی مت کرو!

۱۴) زور سے مت گا!

۱۵) دھوکہ مت دے!

۱۶) مجھے تنگ مت کر!

۱۷) کتاب کو مت پھاڑ!

۱۸) آم کو مت کاٹو!

۱۹) گرم پانی مت پی!

۲۰) کھانا اب مت کھا!

۲۱) دروازہ مت کھولو!

۲۲) ابھی مت شروع کر!

۲۳) جا اور واپس مت آ

۲۴) امی کو پریشان مت کر!

۲۵) میرے کپڑے مت کھینچ!

۲۶) پیسے بچا اور ضائع مت کرو!

۲۷) لوگوں سے بھیک مت مانگ!

Note

For respect in the negative command, use نہ.

نہ جائیے، نہ جائیں

Exercise 8

Translation		Urdu	Translation		Urdu	Translation		Urdu
burden, load	m	بوجھ	consequence	m	انجام	never	adv	ہرگز

Translate the following sentences into English.

۱) یہاں نہ نہائیں۔

۲) ابھی نہ ناچیے۔

۳) خوشی سے لکھ۔

۴) اس کو نہ پکڑیں۔

۵) جھوٹ ہرگز نہ بولو۔

۶) مسجد میں نہ دوڑیں۔

۷) زیادہ مت کھا۔

۸) جھوٹ نہ بولیں۔

۹) سامان نہ اٹھائیے۔

۱۰) یہ غلطی نہ کریں۔

۱۱) اس ندی میں نہ تیرو۔

۱۲) اپنا وقت ضائع نہ کریں۔

۱۳) لوگوں سے پیسے نہ مانگیں۔

۱۴) کبھی بھی دھوکہ نہ دیں۔

۱۵) گاڑی کو تیزی سے نہ چلائیے۔

۱۶) اس جانور پر زیادہ بوجھ نہ لادیں۔

۱۷) دن میں بتی کو نہ چلائیں، پیسے ضائع ہوتے ہیں۔

۱۸) کلاس میں باتیں نہ کریں، بلکہ توجہ سے استاد کی بات سنیں۔

۱۹) اس کو نہ لے جائیں، مجھے اس کی ضرورت ہے۔

۲۰) ہرگز اپنے والدین کو پریشان نہ کریں ورنہ برا انجام ہوگا۔

Exercise 9

Translation		Urdu	Translation		Urdu	Translation		Urdu
to be stubborn	v	ضد کرنا	to prove	v	ثابت کرنا	high, loud	adj	اونچا
to pass	v	گزرنا	properly	adv	خوب	to have made	v	بنوانا
to hang	v	لٹکانا	to push	v	دھکا دینا	love	m	پیار
			light	f	روشنی	late, delay	f	تاخیر

Translate the following sentences into English.

۱) سوالات کو اچھی طرح پڑھیئے اور غلطی نہ کیجئے۔

۲) یہ قصہ غور سے سنو اور خوب سمجھو اس لئے کہ یہ بہت اہم ہے۔

۳) دروازے کے پاس مت بیٹھو اس لئے کہ لوگ وہاں سے گزرتے ہیں۔

۴) تم بار بار کہتے ہو کہ میں سست نہیں، میں چست ہوں، تو اس کو ثابت کرو۔

۵) ابھی مت سوؤ، عشا کی نماز کا وقت ہے، پہلے وضو کرو اور نماز پڑھو پھر سو جاؤ۔

۶) تمہارا چھوٹا لڑکا بیمار ہے، اس کو دوا پلاؤ اور اس کو جلدی سلاؤ، اور صبح تک نہ جگاؤ۔

۷) میرے لئے ذرا شکر خریدو، مجھے اس کی ضرورت ہے اور گھر میں شکر بالکل نہیں۔

۸) میں بیت الخلا جا رہا ہوں، ذرا میری تھیلی کی حفاظت کیجئے اس لئے کہ اس میں پیسے ہیں۔

۹) یہ تصویر بہت خوبصورت ہے، یہ کہاں سے ہے؟ اس کو اپنے گھر میں لٹکاؤ، بہت اچھا ہو گا۔

۱۰) یہ صوفہ بہت بڑا ہے، اس کمرے میں اس کے لئے جگہ نہیں، اس کو بیچو اور ایک چھوٹا صوفہ خریدو۔

۱۱) تمہاری دکان بہت اچھی ہے لیکن تم صبح میں بہت تاخیر سے کھولتے ہو، ذرا جلدی کھولو، تو زیادہ لوگ آئیں گے۔

۱۲) باورچی خانے میں کچھ آم ہیں، ان کو دھوؤ اور اچھی طرح صاف کرو، پھر مہمانوں کے لئے کاٹو اور ان کے سامنے رکھو۔

۱۳) اب چھٹی کا وقت ہے، باغ میں جاؤ اور دوڑو کھیلو، لیکن پیار محبت سے کھیلو، کسی کو نہ ستاؤ، کسی کو نہ مارو اور ایک دوسرے کو دھکا نہ دو۔

۱۴) تم اپنے والدین کی بات کیوں نہیں مانتے؟ ان کی بات سنو اور ان کے ساتھ ضد نہ کرو، اور ان کے سامنے اونچی آواز سے بات نہ کرو۔

۱۵) اس کمرے میں بہت اندھیرا ہے، کھڑکی کی ضرورت ہے، معماروں کو بلاؤ اور ایک دو کھڑکی بنواؤ۔ اس کے بعد کمرے میں بہت روشنی آئے گی، اور کمرہ بہت اچھا ہو گا۔

Lesson 26
Past Tense

The simple past tense shows that an action took place in the past.

The man sat.

Note

To make the past tense of the singular masculine, remove the نا and add an ا.

بیٹھنا⇦ بیٹھا

Exercise 1

Translation		Urdu	Translation		Urdu	Translation		Urdu
to lie down	v	لیٹنا	to climb	v	چڑھنا	to remain	v	بچنا
To move out of the way	v	ہٹنا	to return	v	لوٹنا	to intrude	v	گھسنا

Translate the following sentences into English. Notice how the past tense of the masculine singular is made.

۱) غلام ہنسا۔

۲) بادل اڑا۔

۳) پانی ابلا۔

۴) پھول گرا۔

۵) تو کہاں لیٹا؟

۶) وہ بہت بدلا۔

۷) ہوائی جہاز اڑا۔

۸) یہ گھر نہیں بکا۔

۹) یہ بیج ابھی اگا۔

۱۰) فون ابھی بجا۔

۱۱) سوراخ بڑھا۔

۱۲) بہت کھانا بچا۔

۱۳) زمانہ بہت بدلا۔

۱۴) پانی ندی میں بہا۔

۱۵) کتا راستے سے ہٹا۔

۱۶) بچھڑا پہاڑ پر چڑھا۔

۱۷) میں حج سے لوٹا۔

۱۸) کتا بلی سے بھاگا۔

۱۹) یہ آدمی بہت ناچا۔

۲۰) تمہارا تار نہیں پہنچا۔

۲۱) تیل قالین پر گرا۔

۲۲) ستارہ آسمان میں چمکا۔

۲۳) تو یہاں کیوں گھسا؟

۲۴) میرا ساتھی نہیں جاگا۔

۲۵) بھکاری سڑک سے اٹھا۔

۲۶) عبداللہ سمندر میں تیرا۔

۲۷) طلحہ درخت کے پاس بیٹھا۔

۲۸) احمد اپنے بھائی کے ساتھ لڑا۔

۲۹) زبیر اسکول سے ابھی لوٹا۔

۳۰) کل رات ایک ڈاکو گھر میں گھسا۔

Note

To make the past tense of the singular feminine, remove the نا and add a ی.

بیٹھنا⇦ بیٹھی

Exercise 2

Translation		Urdu	Translation		Urdu	Translation		Urdu
to decrease	v	گھٹنا	roof	m	چھت	lightning	f	بجلی
to lose	v	ہارنا	harvest	f	فصل	to melt	v	پگلنا

Translate the following sentences into English. Notice how the past tense of the feminine singular is made.

۱) فصل پکی۔
۲) بدبو پھیلی۔
۳) پتنگ اڑی۔
۴) سبزی بکی۔
۵) بات چلی۔
۶) برف پگلی۔
۷) گھڑی بجی۔
۸) تنخواہ بڑھی۔
۹) آمدنی گھٹی۔
۱۰) یہ ٹیم جیتی۔
۱۱) وہ ٹیم ہاری۔
۱۲) بوتل ٹوٹی۔
۱۳) قیمت بڑھی۔
۱۴) چھری گری۔
۱۵) بجلی ابھی چمکی۔
۱۶) گاڑی نہیں بکی۔
۱۷) عائشہ بہت ہنسی۔
۱۸) دکان صبح میں کھلی۔
۱۹) یہ کتاب نہیں بکی۔
۲۰) بارش زور سے برسی۔
۲۱) بلی چھت پر چڑھی۔
۲۲) بھیڑ جنگل میں بھاگی۔
۲۳) روٹی میز پر سے گری۔
۲۴) خدیجہ اسکول سے لوٹی۔
۲۵) مچھلی پانی میں تیری۔
۲۶) کشتی سمندر میں چلی۔
۲۷) شاخ درخت سے گری۔
۲۸) دوات میز پر سے گری۔
۲۹) اِس سال برف نہیں گری۔
۳۰) صبح کے وقت ٹھنڈی ہوا چلی۔

Note

To make the past tense of the plural masculine, remove the نا add and ے.

بیٹھنا⇦ بیٹھے

Exercise 3

Translate the following sentences into English. Notice how the past tense of the masculine plural is made.

۱) فون بجے۔
۲) یہ بچے لڑے۔
۳) ستارے چمکے۔
۴) بچے وہاں دوڑے۔
۵) وہ بچے بہت ہنسے۔
۶) یہ بیج ابھی اگے۔
۷) مہمان یہاں بیٹھے۔
۸) آج دس خط پہنچے۔
۹) بادشاہ بستر پر لیٹے۔
۱۰) آپ کیوں ہٹے؟
۱۱) یہ دو گھر نہیں بکے۔
۱۲) اساتذہ ابھی لوٹے۔
۱۳) لڑکے یہاں سے بھاگے۔
۱۴) آم درخت سے گرے۔
۱۵) یہ لوگ کل پہاڑ پر چڑھے۔
۱۶) یہ چور پولیس سے بھاگے۔
۱۷) بھکاری سڑک سے اٹھے۔
۱۸) دو چور اس دکان میں گھسے۔
۱۹) تو بدلا، لوگ نہیں بدلے۔
۲۰) کپڑے ابھی تک نہیں سوکھے۔
۲۱) میرے ساتھی نہیں جاگے۔
۲۲) کیا سب کوٹ زمین پر گرے؟
۲۳) چند لوگ یہاں سے گزرے۔
۲۴) رپورٹ اب تک گھر نہیں پہنچے۔
۲۵) اس ندی میں دو آدمی ڈوبے۔
۲۶) آپ کے ای میل نہیں پہنچے۔

Note

To make the past tense of the plural feminine, remove the نا add and یں.

بیٹھنا⇦ بیٹھیں

Exercise 4

Translation		Urdu
remain, left	adj	باقی

Translation		Urdu
Wicket	f	وکٹ
Runs	m	رنز
amongst each other	adv	آپس میں

Translation		Urdu
hill	f	پہاڑی
friend	f	سہیلی
unripe	adj	کچا

Translate the following sentences into English. Notice how the past tense of the feminine plural is made.

۱) امی لیٹیں۔

۲) گھنٹیاں ابھی بجیں۔

۳) کھڑکیاں کھلیں۔

۴) بچیاں بہت ہنسیں۔

۵) سیڑھیاں ٹوٹیں۔

۶) تنخواہیں نہیں بڑھیں۔

۷) بچیاں سڑک سے ہٹیں۔

۸) بکریاں پہاڑی پر چڑھیں۔

۹) آپائیں اسکول سے لوٹیں۔

۱۰) کرسیاں زمیں پر گریں۔

۱۱) عورتیں صوفے پر بیٹھیں۔

۱۲) یہ کتابیں بازار میں بکیں۔

۱۳) بکریاں کھیت میں گھسیں۔

۱۴) سہیلیاں پارک میں چلیں۔

۱۵) میری سہیلیاں نہیں جاگیں۔

۱۶) اس شہر میں کافی مسجدیں بنیں۔

۱۷) یہ دو سہیلیاں آپس میں لڑیں۔

۱۸) یہاں سے دو بڑی کشتیاں گزریں۔

۱۹) یہ ٹیمیں ہاریں اور وہ ٹیمیں جیتیں۔

۲۰) ان کی آنکھیں ابھی بھی نہیں کھلیں۔

۲۱) امتحان کے وقت ان کی محنتیں بڑھیں۔

۲۲) یہ کھجوریں کچی ہیں، ابھی تک نہیں پکیں۔

۲۳) میری بہنیں تمہارے گھر سے گزریں۔

۲۴) اس بوڑھی عورت کی ضرورتیں بڑھیں۔

۲۵) کل میرے گھر کے سامنے دو گاڑیاں ٹکرائیں۔

۲۶) ابھی یہاں سے چار یا پانچ گاڑیاں بہت تیزی سے گزریں۔

۲۷) میری ٹیم ہارے گی اس لئے کہ بہت وکٹیں گریں اور بہت سے رنز باقی ہیں۔

Note

In the table below, all forms of the past tense are written together.

	Singular	Plural
Masculine	ا بیٹھا	ے بیٹھے
Feminine	ی بیٹھی	یں بیٹھیں

Exercise 5
Read the following verbs with all four forms.

بدلنا- بدلا، بدلے، بدلی، بدلیں

۱) بیٹھنا ۲) بیچنا ۳) بھیجنا ۴) پڑھنا ۵) پوچھنا ۶) توڑنا

۷) جاگنا ۸) چلنا ۹) دیکھنا ۱۰) رکھنا ۱۱) سمجھنا ۱۲) سننا

۱۳) کھولنا ۱۴) کھیلنا ۱۵) گرنا ۱۶) لکھنا ۱۷) مارنا ۱۸) ہنسنا

Notes:

If the verb ends in ا or و after removing the نا, you will have to add a ی or ء before adding the normal endings for pronunciation purposes.

کھائیں	کھائی	کھائے	کھایا	⇦	کھانا
سوئیں	سوئی	سوئے	سویا	⇦	سونا

Exercise 6
Translate the following sentences into English.

۱) اچھا موقعہ آیا۔

۲) وہ لوگ آئے۔

۳) یہ عورت آئی۔

۴) یہ بچیاں آئیں۔

۵) یہ عورت روئی۔

۶) کیا تم سوئے؟

۷) فاطمہ نہیں روئی۔

۸) یہ آدمی نہیں رویا۔

۹) ہاشم صوفے پر سویا۔

۱۰) لڑکے خوب سوئے۔

۱۱) زینب کمرے میں سوئی۔

۱۲) یہ لڑکیاں بہت کم سوئیں۔

۱۳) رمضان آیا اور عید بھی آئی۔

۱۴) میں کل رات بالکل نہیں سویا۔

۱۵) زبیر ایک چھوٹی سی بات پر بہت رویا۔

Notes:
The following verbs are conjugated differently to other verbs.

گئیں	گئی	گئے	گیا	⇦	جانا
کیں	کی	کئے	کیا	⇦	کرنا
ہوئیں	ہوئی	ہوئے	ہوا	⇦	ہونا
لیں	لی	لئے	لیا	⇦	لینا
دیں	دی	دئے	دیا	⇦	دینا

Exercise 7
Translate the following sentences into English. Notice how the verbs change slightly differently to normal verbs.

۱) خالد گیا۔

۲) میں گیا۔

۳) بلی گئی۔

۴) وہ گیا۔

۵) تو رویا۔

۶) ہم گئے۔

۷) وہ گئی۔

۸) وہ روئی۔

۹) درزی آیا۔

۱۰) امی گئیں۔

۱۱) لوگ گئے۔

۱۲) لڑکی سوئی۔

۱۳) آدمی سویا۔

۱۴) بہنیں سوئیں۔

۱۵) بھائی سوئے۔

۱۶) ہم روئے۔	۱۸) مالی بیمار ہوا۔	۲۰) بچیاں روئیں۔	۲۲) کشتیاں گئیں۔	۲۴) جانور بیمار ہوئے۔
۱۷) تاجر گیا۔	۱۹) بچے گئے۔	۲۱) عورتیں گئیں۔	۲۳) بیوی بیمار ہوئی۔	۲۵) گائیں بیمار ہوئیں۔

Transitive Verbs

The subject of **transitive** verbs always has نے after it. A transitive verb is one that can carry an object.

احمد نے   لوگوں نے   فاطمہ نے

The verb itself will always be masculine singular, even if the subject is plural or feminine.

لڑکے نے اٹھایا۔   لڑکوں نے اٹھایا۔   لڑکی نے اٹھایا۔   لڑکیوں نے اٹھایا۔

نے is a preposition, so if a word which ends in a ہ or ا comes before them they will change to ے

and if there is a plural word, the word will change to وں.

لڑکے نے اٹھایا   لڑکوں نے اٹھایا۔

Exercise 8

Translate the following sentences into English. Notice how the word نے is used.

۱) تاجر نے بیچا۔	۱۱) درزی نے سیا۔	۲۱) قصائی نے ذبح کیا۔
۲) آپا نے رکھا۔	۱۲) پانی نے مٹایا۔	۲۲) لوگوں نے دھکا دیا۔
۳) مالی نے کاٹا۔	۱۳) باورچی نے پکایا۔	۲۳) دادی جان نے جگایا۔
۴) ابو نے کھولا۔	۱۴) سپاہی نے پہنا۔	۲۴) کیا تم نے ثابت کیا؟
۵) بلی نے پھاڑا۔	۱۵) دھوبی نے دھویا۔	۲۵) بھکاری نے بھیک مانگا۔
۶) عمران نے توڑا۔	۱۶) امی جان نے پلایا۔	۲۶) ان قصوں نے بہت رلایا۔
۷) ابو نے خریدا۔	۱۷) تو نے بہت ستایا۔	۲۷) استاد صاحب نے سکھایا۔
۸) کیا تم نے دیکھا؟	۱۸) بادشاہ نے بھیجا۔	۲۸) مولانا صاحب نے پڑھایا۔
۹) وکیل نے لکھا۔	۱۹) ٹیچر نے سمجھایا۔	۲۹) بچوں نے خیال نہیں رکھا۔
۱۰) کتے نے کھایا۔	۲۰) ابو نے بہت ہنسایا۔	

Note:

If the subject is the pronoun وہ, because of the نے after it, it will change to اُنہوں نے.

وہ نے ⇦ انہوں نے دیکھا۔

They saw.

Exercise 9

Translate the following sentences into English. Notice how the pronouns are used.

۱) انہوں نے بجھایا۔	۵) انہوں نے دکھایا۔	۹) انہوں نے ہٹایا۔	۱۳) انہوں نے اگایا۔
۲) انہوں نے جلایا۔	۶) انہوں نے ڈانٹا۔	۱۰) انہوں نے پونچھا۔	۱۴) انہوں نے چلایا۔
۳) انہوں نے دوہا۔	۷) انہوں نے روکا۔	۱۱) انہوں نے گزارا۔	۱۵) انہوں نے پسند کیا۔
۴) انہوں نے بتلایا۔	۸) انہوں نے سونپا۔	۱۲) انہوں نے لگایا۔	۱۶) انہوں نے درست کیا۔

Note:

If the verb has an object, it will have a کو after it just as we studied before.

خالد نے احمد کو مارا۔

Khalid hit Ahmad.

کو is also a preposition.

میں نے لڑکے کو دیکھا　　　　میں نے لڑکوں کو دیکھا۔

In these types of sentences, the verb will always be masculine singular i.e. it will end in an ا even if the subject is feminine.

بچیوں نے خالد کو ستایا۔

The girls teased Khalid.

Exercise 10

Translation		Urdu	Translation		Urdu	Translation		Urdu
guard	m	گارڈ	orphan	m	یتیم	wretched	adj	بدبخت
			fire fighter	m	فائر فائٹر	to bring up	v	بڑا کرنا

Translate the following sentences into English.

۱) تم نے ہم کو بہت ہنسایا۔

۲) اس کہانی نے مجھے رلایا۔

۳) تمہاری نانی نے تم کو بہت یاد کیا۔

۴) آپا نے اِن بچیوں کو خوب ڈانٹا۔

۵) یہ کتا پیاسا تھا تو ہم نے اس کو پلایا۔

۶) اس آدمی نے ان لوگوں کو روکا۔

۷) پولیس نے لوگوں کو وہاں سے ہٹایا۔

۸) اس بچے نے میری بہن کو دھکا دیا۔

۹) زینب نے اپنی چھوٹی بہن کو اٹھایا۔

۱۰) ٹیچر نے اس سست بچے کو معاف کیا۔

۱۱) اللہ تعالیٰ نے نبیوں کو دنیا میں بھیجا۔

۱۲) میرے ابو نے مجھے فجر کے لئے جگایا۔

۱۳) اس بدبخت آدمی نے اس کتے کو مارا۔

۱۴) یہ بلی بھوکی تھی تو ہم نے اس کو کھلایا۔

۱۵) ہم اندر جا رہے تھے لیکن گارڈ نے ہم کو روکا۔

۱۶) ان بچیوں نے مجھے خوب ستایا اور مجھے رلایا۔

۱۷) فائر فائٹروں نے ان لوگوں کو آگ سے بچایا۔

۱۸) اس آدمی نے ہم کو ٹرین میں بہت پریشان کیا۔

۱۹) ان لوگوں نے ہوائی جہاز میں ہم کو بہت تنگ کیا۔

۲۰) یہ بچہ بہت رو رہا تھا تو اس کی امی نے اس کو سلایا۔

۲۱) اس تاجر نے جھوٹ بولا اور اس نے ہم کو دھوکہ دیا۔

۲۲) اس طالب علم نے استاد صاحب کو بہت پریشان کیا۔

۲۳) میں نے تم کو بہت تلاش کیا، لیکن تم گھر میں نہیں تھے۔

۲۴) آج میں نے تم کو اسکول میں نہیں دیکھا، کیا تم بیمار تھے؟

۲۵) اس نے مجھے سلام نہیں کیا کیوں کہ اس نے مجھے نہیں دیکھا۔

۲۶) یہ بچہ یتیم ہے، اس کے والد نہیں، لیکن اس کے چچا نے اس کو پالا اور بڑا کیا۔

Note

If the object does not have a کو after it, the verb will change to match the object, **not the subject**.

احمد نے ایک کتاب دیکھی۔

Ahmad saw a book.

In this example, the word کتاب is feminine so the verb دیکھنا changes to agree with it, دیکھی. The verb دیکھی does not agree with the subject. This may seem a bit strange to English speakers.

Below are some more examples.

فاطمہ نے گھر دیکھا۔ آدمی نے اپنی تھیلی اٹھائی۔ عورت نے اپنے کپڑے بدلے۔ زبیر نے دو ٹوپیاں پہنیں۔

Exercise 11

Translation		Urdu	Translation		Urdu	Translation		Urdu
shirt	m	کرتہ	turban	m	عمامہ	note	f	چھٹی

Translate the following sentences into English. Notice how the verb agrees with the object.

۱) تم نے عمامہ پہنا۔

۲) اس نے کرتہ پہنا۔

۳) میں نے ٹوپی پہنی۔

۴) تم نے سیب کھایا۔

۵) زبیر نے کاغذ پھاڑا۔

۶) کتے نے روٹی چبائی۔

۷) زبیر نے چھٹی پھاڑی۔

۸) زبیر نے چھٹیاں پھاڑیں۔

۹) زبیر نے کاغذات پھاڑے۔

۱۰) کتے نے میرا کوٹ چبایا۔

۱۱) فاطمہ نے کاغذ اٹھایا۔

۱۲) احمد نے چھری اٹھائی۔

۱۳) تاجر نے دکان کھولی۔

۱۴) استاد نے چھٹی لکھی۔

۱۵) ابو نے دادا پر خط لکھا۔

۱۶) وکیل نے دفتر کھولا۔

۱۷) لڑکی نے دستانے پہنے۔

۱۸) میں نے آگ دیکھی۔

۱۹) تم نے بکریاں دیکھیں۔

۲۰) ہم نے ستارے دیکھے۔

۲۱) اس نے صندوق اٹھایا۔

۲۲) شاہد نے بال نہیں کاٹے۔

۲۳) میں نے ایک نارنگی کھائی۔

۲۴) امی نے مجھے ایک قصہ سنایا۔

۲۵) امی نے تم کو چند قصے سنائے۔

۲۶) ابو نے ہمیں ایک لطیفہ سنایا۔

۲۷) ہم نے اللہ سے جنت مانگی۔

۲۸) اس نے اللہ سے پیسے مانگے۔

۲۹) زینب نے غلطی درست کی۔

۳۰) ابو نے مجھے ایک کہانی سنائی۔

۳۱) ابو نے تم کو چند کہانیاں سنائیں۔

۳۲) زینب نے غلطیاں درست کیں۔

۳۳) اس نے دوا پی اور تم نے پانی پیا۔

۳۴) اس نے پہلی مرتبہ برف دیکھی۔

۳۵) اس نے اپنے فون سے تصویر کھینچی۔

۳۶) تم نے دودھ پیا اور میں نے چائے پی۔

Exercise 12

Translation		Urdu	Translation		Urdu	Translation		Urdu
beneficial	adj	مفید	injury	f	چوٹ	to throw away	v	پھینک دینا
to order	v	منگوانا	responsibility	f	ذمہ داری	to collect	v	جمع کرنا
bone	f	ہدی	skin	f	کھال	glasses	m	چشمہ
			famous	adj	مشہور	to leave	v	چھوڑنا

Translate the following sentences into English. Notice how the verb agrees with the object.

۱) تاجر نے اُس پرانی جگہ ایک نیا گھر بنوایا۔

۲) تاجر نے اُس پرانی جگہ ایک نئی عمارت بنوائی۔

۳) اس امیر آدمی نے دکان میں بہت پیسے ضائع کئے۔

۴) اللہ نے بارش برسائی اور زمین سے درخت اگائے۔

۵) استاد صاحب نے طالب علم کو ایک ذمہ داری سونپی۔

۶) احمد نے دو سال سے پیسے بچائے اور کافی پیسے جمع کئے۔

۷) ابو نے اپنے کمرے میں کعبہ شریف کی تصویر لٹکائی۔

۸) آپا نے بچی کو کچھ کام سونپے، اور اس نے سب کام کئے۔

۹) استاد صاحب نے میرے والد صاحب پر ایک چھٹی بھیجی۔

۱۰) میں نے تم کو ایک اچھا موقع دیا، لیکن تم نے اس کو ضائع کیا۔

۱۱) بلی نے سارے کپڑے پھاڑے۔ آئندہ کپڑے یہاں مت رکھو۔

۱۲) اس نے شراب کی عادت چھوڑی اس لئے کہ وہ بہت خراب عادت تھی۔

۱۳) اس آدمی نے ایک اچھی بات کہی، لیکن لوگوں نے اس کی بات نہیں سنی۔

۱۴) زینب نے وقت ضائع نہیں کیا، بلکہ صحیح کاموں میں اپنا وقت گزارتی تھی۔

۱۵) اس عورت نے ہم کو ایک اچھا لطیفہ سنایا، اور ہم سب کو بہت ہنسایا۔

۱۶) کرکٹ میچ میں اس نے چار وکٹیں لیں اور میں نے چھ لیں، اس کی وجہ سے ہماری ٹیم جیتی۔

۱۷) اِن استاد صاحب نے مجھے قرآن پڑھایا اور اُن استاد صاحب نے مجھے عربی سکھائی۔

۱۸) میں نے وہ چھٹی ردی کی ٹوکری میں ڈالی، اس لئے کہ اس میں کام کی کوئی چیز نہیں تھی۔

۱۹) اسکول کے بعد احمد نے کپڑے نہیں بدلے، بلکہ میلے کپڑے کے ساتھ اپنے خالہ کے گھر گیا۔

۲۰) میرے پاس عید کے لئے نئے کپڑے نہیں تھے، تو میں نے ہندوستان سے کچھ نئے کپڑے منگوائے۔

۲۱) قصائی نے اپنی نئی دکان پر بہت پیسے خرچ کئے، لیکن اب دکان بہت اچھی ہے، اور اس میں بہت جگہ ہے اور اب اس میں بہت لوگ آتے ہیں۔

۲۲) قصائی نے جمعہ کے دن ایک گائے ذبح کی اور پیر کے دن تین بکریاں ذبح کیں، اور ان کا گوشت دکان میں رکھا، اور ان کی کھال اور ہڈیاں پھینک دیں۔

۲۳) یہ بہت مشہور عالم ہیں، انہوں نے بہت سی کتابیں لکھیں، میں نے ان کی ایک کتاب پڑھی، وہ بہت اچھی تھی، میں نے اس کو بہت مفید پایا۔

۲۴) اس نے ورزش کی، لیکن ورزش سے پہلے اپنے جسم کو گرم نہیں کیا، تو اس کو پاؤں میں چوٹ لگی۔

۲۵) میرے بڑے بھائی کافی ہفتے سے بے روزگار تھے، لیکن ابھی اس نے ایک نئی نوکری حاصل کی۔

Lesson 27
Present Perfect and Past Perfect Tense

Present Perfect Tense

You can add the word ہے after the past tense to give the meaning of has or have. This means that something happened recently and is still relevant.

ابو آئے ہیں۔

Father has come (and is still here).

Exercise 1

Translate the following sentence into English.

۱) کیا بچے پہاڑی پر چڑھے ہیں؟

۲) فائر فائٹروں نے آگ کو بجھایا ہے۔

۳) میں نے تمہارا کام دیکھا ہے اور پسند کیا ہے۔

۴) کل بہت برف گری، اور اب تک نہیں پگلی ہے۔

۵) ہم گم ہو گئے ہیں، ذرا ہمیں لندن کا راستہ بتائیے۔

۶) یہ رسی پھٹ گئی ہے۔ دوسری رسی کی ضرورت ہے۔

۷) وکیل نے قاضی کے سامنے اپنی بات کو ثابت کیا ہے۔

۸) کچھ بیل کھیت میں گھسے ہیں، اور کسان ان کو نکال رہا ہے۔

۹) میں نے دکان سے ایک عمامہ اور ایک کرتہ منگوایا ہے۔

۱۰) تم مجھے بلا رہے تھے، اب میں آیا ہوں، تو مجھ سے بات کیجئے!

۱۱) کیا تم نے اپنے کوٹ کو صحیح جگہ پر لٹکایا ہے یا صوفے پر ڈالا ہے؟

۱۲) وہ شراب پیتا تھا، لیکن اب اس نے شراب کی عادت چھوڑی ہے۔

۱۳) ہم نے آم کے بیج بوئے ہیں، ان شاء اللہ آم کا درخت یہاں اگے گا۔

۱۴) اس نے میرے چشمے کہاں رکھے ہیں؟ میں اس کو تلاش کر رہا ہوں۔

۱۵) اس طالب علم نے بہت محنت کی، اس نے اس سال بہت ترقی کی ہے۔

۱۶) اس ٹیم نے کافی رنز بنائے ہیں اور اب تک کوئی بھی وکٹ نہیں گری ہے۔

۱۷) ہمارے امتحانات ختم ہوئے ہیں اور بچوں نے اچھے مارکس حاصل کئے ہیں۔

۱۸) اُس گاؤں میں بہت پرانی سڑکیں تھیں، لیکن اب لوگوں نے نئی سڑکیں بنوائی ہیں۔

۱۹) ٹیچر نے اسکول کے سب بچوں کو ہال میں جمع کیا ہے، اور سب کو نصیحت کریں گے۔

۲۰) میں نے تم کو بار بار کہا کہ یہ پھل سڑ جائیں گے، خود کھاؤ یا کسی کو کھلاؤ، لیکن تم نے میری بات نہیں سنی اور اب سارے پھل سڑ گئے ہیں۔

۲۱) ایک چور اس تاجر کی دکان میں گھسا اور اس نے بہت سے پیسے لئے، لیکن کسی نے اس کو دیکھا اور گارڈ کو بتلایا، اور گارڈ جلدی سے آیا اور اس نے چور کو پکڑ لیا، اور گارڈ نے اس چور کو پولیس کو سپرد کیا ہے۔

Past Perfect Tense

You can add the word تھا after the past tense to give the meaning of had. This means that something happened in the past.

ابو آئے تھے۔

Father had come (but he is no longer here).

Exercise 2

۱) وہ بہت رویا تھا۔

۲) احمد نے اپنی تھیلی اٹھائی تھی۔

۳) چچا نے میرا بہت خیال رکھا تھا۔

۴) احمد نے اپنے بھائی کو جگایا تھا لیکن وہ نہیں اٹھا۔

۵) قالین پر تیل گرا تھا لیکن میں نے صاف کیا۔

۶) فاطمہ آئی تھی، لیکن تم نہیں تھی تو وہ چلی گئی۔

۷) فون بجا تھا لیکن میں مشغول تھا تو نہیں اٹھایا تھا۔

۸) کل رات میں نے گھر کے باہر ایک آواز سنی تھی۔

۹) ان لوگوں نے کپڑوں پر بہت پیسے خرچ کئے تھے۔

۱۰) عید کے دن نانی نے سب کے لئے بریانی پکائی تھی۔

۱۱) گارڈ نے دروازہ کھولا تھا لیکن کوئی دکان میں نہیں گیا۔

۱۲) تم نے میرا فون نمبر لکھا تھا لیکن وہ چھٹی گم ہو گئی ہے۔

۱۳) تمہارے دوست نے تم کو بتلایا تھا کہ وہ آج نہیں آئے گا۔

۱۴) میں نے تم پر ایک ای میل بھیجا تھا، کیا وہ ای میل تم کو پہنچا ہے؟

۱۵) گزشتہ سال ہم نے چار بکریاں ذبح کی تھیں، لیکن اس سال صرف دو ذبح کریں گے۔

۱۶) ابو نے یہاں کچھ کاغذات رکھے تھے لیکن کسی نے ردی کی ٹوکری میں پھینک دیئے۔

۱۷) احمد نے ٹیچر کو ایک سوال پوچھا تھا، لیکن اب تک ٹیچر نے کوئی جواب نہیں دیا ہے۔

۱۸) کیا تم نے میری چھری استعمال کی؟ جی ہاں میں نے استعمال کی تھی لیکن واپس اپنی جگہ پر رکھی۔

۱۹) امی نے ایک نئی کتاب خریدی تھی، لیکن انہوں نے اس کو میز کے اوپر رکھا تھا اور کسی نے لے لیا۔

۲۰) کئی سال پہلے لوگوں نے یہاں ایک ہسپتال بنوایا تھا، لیکن بہت زمانہ گزرا ہے اور ہسپتال پرانا ہو گیا ہے۔

۲۱) مریم نے سب مہمانوں کے لئے کھانا پکایا تھا، لیکن مہمان تاخیر سے پہنچے تو انہوں نے کھانا نہیں کھایا۔

۲۲) میں نے تم کو دس پاؤنڈ دیئے تھے، تم نے وہ پیسے کہاں خرچ کئے؟ تم پیسے بہت ضائع کرتے ہو، اس لئے میں تم کو زیادہ پیسے نہیں دوں گا۔

Questions in the Past Tense

If you want to ask about the subject in a past tense verb you use the word کون just like normal verbs.

کون یہاں بیٹھے تھے؟

Who had sat here?

If the past tense verb has a نے after it, you use the word کس نے.

کس نے یہ بات کہی؟

Who said this?

If the subject is plural you use the word کِنھوں نے.

کنھوں نے ہماری چیزیں لیں؟

Who took our things?

If the subject is a thing and not a person you use the word کیا.

کیا گرا؟

What fell?

Exercise 3

Translate the following sentences into English. Notice how the question words are being used.

۱) کس نے تیل لگایا؟

۲) کون واپس آیا؟

۳) کس نے بات کی؟

۴) کس نے ترقی کی؟

۵) کس نے چوڑ کو پکڑا؟

۶) کس نے جوٹ بولا؟

۷) کس نے پنکھے چالو کئے؟

۸) کس نے تم پریشان کیا؟

۹) کون میری تھیلی لے گیا؟

۱۰) کس نے یہ کام شروع کیا؟

۱۱) کس نے یہ رسی کھینچی؟

۱۲) کس نے اپنا کام نہیں کیا؟

۱۳) کس نے کھڑکیاں بند کیں؟

۱۴) کنھوں نے سبق یاد نہیں کیا؟

۱۵) کنھوں نے اپنا سالگرہ منایا؟

Lesson
Revision of Tenses

Exercise 1

۱) احمد روتا ہے۔

۲) احمد روتا تھا۔

۳) احمد رو رہا ہے۔

۴) احمد رو رہا تھا۔

۵) احمد روئے گا۔

۶) رو!

۷) مت رو!

۸) احمد رویا۔

۹) احمد رویا تھا۔

۱۰) احمد رویا ہے۔

۱۱) زینب دیکھتی ہے۔

۱۲) زینب دیکھتی تھی۔

۱۳) زینب دیکھ رہی ہے۔

۱۴) زینب دیکھ رہی تھی۔

۱۵) زینب دیکھے گی۔

۱۶) دیکھو!

۱۷) نہ دیکھو۔

۱۸) زینب نے تم کو دیکھا۔

۱۹) زینب نے کتاب دیکھی۔

۲۰) زینب نے دیکھا ہے۔

۲۱) زینب نے دیکھا تھا۔

۲۲) باورچی پکاتا ہے۔

۲۳) تاجر خریدتا تھا۔

۲۴) صاف کرو۔

۲۵) مزدور اٹھاتا ہے۔

۲۶) آدمی آتا تھا۔

۲۷) بچے آ رہے تھے۔

۲۸) بچیاں آ رہی ہیں۔

۲۹) بھائی بدلے گا۔

۳۰) بہنوں نے بنایا۔

۳۱) ابھی بھیجو۔

۳۲) یہاں مت بیٹھ۔

۳۳) عورت نے پڑھا ہے۔

۳۴) لڑکے نے پوچھا تھا۔

۳۵) لڑکی نے پیا۔

۳۶) حجام بال کاٹ رہا ہے۔

۳۷) درزی کپڑا سی رہا تھا۔

۳۸) دھوبی کپڑے دھوئے گا۔

۳۹) گوشت مت کاٹ۔

۴۰) بڑھئی نے کرسی بنائی۔

۴۱) قاضی نے سچ بات کہی تھی۔

۴۲) کسان نے بیج بویا تھا۔

۴۳) پنکھا نہیں چل رہا۔

۴۴) شہد گرا تھا۔

۴۵) بیل بیٹھا ہے۔

۴۶) سامان آیا ہے۔

۴۷) پتے گر رہے ہیں۔

۴۸) بیوی جا رہی تھی۔

Exercise 2

۱) چھری نے کاٹا۔

۲) سوئی گری تھی۔

۳) گھر کی قیمت گری ہے۔

۴) احمد نے وقت ضائع کیا۔

۵) اسلم وقت ضائع نہیں کر رہا۔

۶) میں نے اپنے بھانجے کو بڑا کیا۔

۷) خدیجہ وقت ضائع نہیں کرتی۔

۸) دودھ کی قیمت بڑھ گئی ہے۔

۹) رمضان میں بہت کھانا بچتا تھا۔

۱۰) طلبہ اسکول کے باہر کھیلتے ہیں۔

۱۱) گائے گھر کے سامنے بیٹھی ہے۔

۱۲) کیا تم لوگوں نے کھانا کھایا ہے؟

۱۳) کیا تم نے غلط جوابات درست کئے؟

۱۴) عبدالرحمن وقت ضائع کر رہا ہے۔

۱۵) وقت ضائع نہ کرو، بلکہ اچھے کام کرو۔

۱۶) میرے ابو آج حج سے لوٹ رہے ہیں۔

۱۷) میری امی ٹھنڈا رس بہت پسند کرتی ہیں۔

۱۸) ایک بڑی کشتی سمندر میں ڈوب گئی ہے۔

۱۹) میرے چچا کل ہندوستان سے لوٹیں گے۔

۲۰) میرا دل کہتا ہے کہ یہ بچہ بہت شریف ہے۔

۲۱) تم بہت چھینک رہے ہو؟ کیا تم کو سردی ہے؟

۲۲) رات کے وقت ستارے آسمان میں چمکتے ہیں۔

۲۳) میری بہن تقریباً تین بجے اسکول سے لوٹتی ہے۔

۲۴) گزشتہ کل میرے بڑے بھائی پاکستان سے لوٹے۔

۲۵) ہم فجر کی نماز کے بعد قرآن کی تلاوت کرتے ہیں۔

۲۶) بہت برف گری ہے اس لئے آج اسکول بند ہوگا۔

۲۷) ہم سفر کے لئے تیاری کر رہے تھے جب فون بجا۔

۲۸) تم ہمیشہ سچ کہتے ہو، تو اس مرتبہ کیوں جھوٹ بولا؟

۲۹) میرا سائیکل بہت بڑھیا تھا، لیکن نہیں چل رہا تھا۔

۳۰) دکان مت جاؤ اس لئے کہ سب دکانیں بند ہو رہی ہیں۔

۳۱) کسی سے پیسے نہیں مانگنے چاہیے، یہ بہت بری عادت ہے۔

۳۲) ایک بچے مجھے دھکا دے رہا تھا جب اس کے پاؤں پھسلے اور وہ خود گرا۔

۳۳) میں پنسل کے ساتھ لکھتا تھا، لیکن میری بہن قلم کے ساتھ لکھتی ہے۔

۳۴) احمد اور زینب اپنے رشتہ دار کے ایک چھوٹے لڑکے کو بڑا کر رہے ہیں۔

۳۵) کل بہت بارش برسی اور آج بہت دھوپ ہے اور کل بہت ٹھنڈی ہوگی۔

۳۶) گھر میں بچے دوڑ رہے تھے اور انہوں نے ایک قیمتی گلاس کو گرایا اور توڑا۔

۳۷) ہم کسی کو دھوکہ نہیں دیں گے ان شاء اللہ اس لئے کہ یہ بہت بڑا گناہ ہے۔

۳۸) میں اس بوتل میں پانی بھرتا ہوں اور اس کو اپنے ساتھ باغ لے جاتا ہوں اور اس میں سے پیتا ہوں۔

۳۹) کسان نے وقت پر بیج نہیں بوئے، اب وہ پچھتا رہا ہے اس لئے کہ اس سال اس کی کھیت نہیں اگے گی۔

۴۰) ہمارے استاد صاحب ہمیشہ عمامہ پہنتے تھے لیکن ان کو اب سر میں کھجلی ہوتی ہے اس لئے وہ اب نہیں پہنتے۔

۴۱) گزشتہ ہفتے یہاں سے بہت گاڑیاں گزر رہی تھی اس لئے کہ بڑی سڑک بند تھی تو گاڑیاں ادھر سے گزر رہی تھی۔

۴۲) مہمان کہاں ہیں؟ مہمان ندی پر تھے، وہ اس میں تیر رہے تھے۔ اور انہوں نے کہا کہ اس کے بعد وہ بازار جائیں گے۔

۴۳) جب ہم ہندوستان گئے تھے تو visa پر میرے نام کی spelling صحیح نہیں تھی، تو ایرپورٹ میں ان لوگوں نے بہت پریشان کیا اور تقریباً تین گھنٹے تک ہم کو روکا اور سوال کیا۔ اس لئے سفر کرنے سے پہلے سب چیزیں دیکھنی چاہیے کہ سب درست ہیں یا نہیں۔

Lesson 28
Infinitive

All verbs are made from the main form which ends in نا. This form of the verb is called the *infinitive*. The infinitive can be used as a normal word as well.

دھوکہ دینا بڑا گناہ ہے۔

This is translated by adding the word to before the word or -ing after the word.

It is a big sin to deceive.

Deceiving is a big sin.

The infinitive can also have an object. This comes both with and without کو.

شراب پینا حرام ہے۔

It is impermissible to drink alcohol.

Drinking alcohol is impermissible.

لوگوں کو دھوکہ دینا بڑا گناہ ہے۔

Deceiving people is a big sin.

It is a big sin to deceive people.

Exercise 1

Translation		Urdu	Translation		Urdu	Translation		Urdu
incumbent	adj	واجب	to hurt	v	دکھانا	impermissible	adj	حرام
unnecessary	adj	بے جا	cigarette	m	سگریٹ	dangerous	adj	خطرناک
to complain	v	شکایت کرنا	to disobey	v	نافرمانی کرنا	to make s.o happy	v	خوش کرنا

Translate the following sentences into English. Notice how the infinitive is used.

۱) جھوٹ بولنا حرام ہے۔

۲) شراب پینا بڑا گناہ ہے۔

۳) کسی کو خوش کرنا نیکی ہے۔

۴) علم حاصل کرنا فرض ہے۔

۵) ہر سال قربانی کرنا واجب ہے۔

۶) پانچ وقت نماز پڑھنا فرض ہے۔

۷) ماں باپ کی بات ماننا ضروری ہے۔

۸) کسی کے دل کو دکھانا بہت برا ہے۔

۹) رمضان کے روزے رکھنا فرض ہے۔

۱۰) رات کو جلدی سونا اچھی عادت ہے۔

۱۱) بے جا شکایت کرنا بہت بری عادت ہے۔

۱۲) غریبوں کی مدد کرنا بہت بڑی نیکی ہے۔

۱۳) سگریٹ پینا بہت خطرناک عادت ہے۔

۱۴) کھانے سے پہلے بسم اللہ پڑھنا سنت ہے۔

۱۵) ماں باپ کی نافرمانی کرنا بہت بڑا گناہ ہے۔

۱۶) زندگی میں ایک مرتبہ حج کرنا فرض ہے۔

Note:

1. The infinitive can also come after a preposition.

باہر جانے سے پہلے کوٹ پہنو۔

Wear a coat before going outside.

Remember, the نا at the end will change to نے because of the preposition.

جانا ⟸ جانے سے پہلے

2. The infinitive can come with کے لئے to show the reason for doing something.

میں نے یہ کتابیں پڑھنے کے لئے خریدیں۔

I bought these books to read.

If the verb is جانا, بیٹھنا or آنا, then you can drop the word کے لئے.

میں نماز پڑھنے مسجد جاتا ہوں۔

I go to the mosque to pray salah.

Exercise 2

Translation		Urdu	Translation		Urdu	Translation		Urdu
to double check		دوبارہ دیکھنا	to think	v	سوچنا	to dry	v	سوکھنا

Translate the following sentences into English.

۱) اب جاگنے کا وقت ہے۔

۲) فاطمہ ہوم ورک لکھنے بیٹھی ہے۔

۳) سامان اٹھانے کے لئے مزدور بلاؤ۔

۴) کیا وضو کرنے کے لئے گرم پانی ہے؟

۵) اپنے استاد صاحب کو ملنے کے لئے جاؤ۔

۶) اس کمرے میں بیٹھنے کے لئے جگہ نہیں۔

۷) مجھے ایک نیا قلم خریدنے کی ضرورت ہے۔

۸) کوئی بھی کام کرنے سے پہلے بسم اللہ پڑھو۔

۹) کھانا کھانے سے پہلے ہاتھ دھونا سنت ہے۔

۱۰) احمد اپنے کپڑے بدلنے کے لئے گھر گیا ہے۔

۱۱) سب لوگ جمعہ کی نماز پڑھنے کے لئے گئے ہیں۔

۱۲) طلبہ سوال پوچھنے کے لئے اپنے ہاتھ اٹھاتے ہیں۔

۱۳) میرے دوست میرے ساتھ کھیلنے کے لئے آئے تھے۔

۱۴) میں قرآن مجید سیکھنے کے لئے روزانہ مدرسہ آتا ہوں۔

۱۵) سوال پوچھنے سے پہلے سوچو، کیا یہ اچھا سوال ہے یا نہیں۔

۱۶) کیا اس صندوق کو رکھنے کے لئے اس کمرے میں جگہ ہے؟

۱۷) وقت پر جاگنے کے لئے میں ایک اچھی گھڑی خریدوں گا۔

۱۸) میرے ابو قرآن شریف پڑھنے کے لئے یہاں بیٹھتے ہیں۔

۱۹) میرے چچا کافی بیمار ہیں، ہم ان کو دیکھنے کے لئے جا رہے ہیں۔

۲۰) ہوم ورک لکھنے کے بعد اس کو دوبارہ دیکھو کہ کوئی غلطی نہ رہی۔

۲۱) چوکیدار دروازہ کھولنے گیا تھا لیکن اس کے پاس چابیاں نہیں تھیں۔

۲۲) تمہاری امی کہاں ہیں؟ میری امی کھانا پکانے کے لئے باورچی خانے میں گئی ہیں۔

۲۳) ہم سونے کے لئے تیاری کر رہے تھے جب ہم نے گھر کے باہر ایک آواز سنی۔

۲۴) گرمی کے موسم میں ہم کپڑے باہر دھوپ میں سوکھنے کے لئے رکھتے ہیں۔

۲۵) ابھی کھیلنے مت جاؤ اس لئے کہ بہت بارش ہو رہی ہے، ان شاء اللہ بعد میں دھوپ ہو گی اُس وقت جاؤ۔

Lesson 29
Adding Verbs to the Infinitive

You can add verbs to the infinitive to give additional meanings. Here are some of them.

چاہیئے

The infinitive can be used with the word چاہیے. This gives the meaning of should.

رات کے وقت جلدی سونا چاہیے۔

You should sleep early at night.

If there is no subject mentioned, it will automatically refer to you. However, if you want to mention a subject apart from you, add the word کو after that person.

احمد کو جلدی آنا چاہیے۔

Ahmad should come early.

اس کو تاخیر سے آنا نہیں چاہیے۔

He shouldn't come late.

You can change the نا at the end to نے or نی if the object joined to the infinitive is plural or feminine.

رات کے وقت دروازے بند کرنے چاہیے۔

You should close the doors at night.

رات کے وقت کھڑکیاں بند کرنی چاہیے۔

You should close the windows at night.

Exercise 1

Translation		Urdu	Translation		Urdu	Translation		Urdu
every day	adv	ہر روز	mouth	m	منہ	To have pity		ترس آنا

Translate the following sentences into English. Notice how the word چاہیے is used.

۱) سب کو سلام کرنا چاہیے۔

۲) غریبوں پر ترس آنا چاہیے۔

۳) صابن سے ہاتھ منہ دھونا چاہیے۔

۴) صاف خط کے ساتھ لکھنا چاہیے۔

۵) مدرسہ اور اسکول وقت پر جانا چاہیے۔

۶) لوگوں کے ساتھ خوشی سے ملنا چاہیے۔

۷) کلاس میں ادب کے ساتھ بیٹھنا چاہیے۔

۸) چھینکنے کے وقت منہ پر ہاتھ رکھنا چاہیے۔

۹) گرمی کے موسم میں زیادہ پانی پینا چاہیے۔

۱۰) بچوں کو اپنی چیزوں کی حفاظت کرنی چاہیے۔

۱۱) فاطمہ کو رات کے وقت جلدی سونا چاہیے۔

۱۲) رات کے وقت، سونے سے پہلے آگ کو بجھانا چاہیے۔

۱۳) روزانہ ورزش کرنی چاہیے، یہ صحت کے لئے بہت مفید ہے۔

۱۴) ہر روز صبح میں سب سے پہلے سورہ یٰسین کی تلاوت کرنی چاہیے۔

۱۵) مسجد میں جلدی آنا چاہیے، اور پہلی صف میں نماز پڑھنی چاہیے۔

۱۶) پھل کاٹنے کے وقت احتیاط سے چھری استعمال کرنی چاہیئے۔

۱۷) اسکول میں اور مدرسے میں دونوں جگہ پر محنت سے پڑھنا چاہیے اور علم حاصل کرنا چاہیے۔

Notes:

1. To make a چاہیے sentence negative add the word نہیں. This can come before or after the infinitive.

کلاس میں کھیلنا نہیں چاہیے۔ کلاس میں نہیں کھیلنا چاہیے

2. You can also add the word تھا after a چاہیے sentence to show that someone should have done something.

تم کو سچ بولنا چاہیے تھا۔

You should have spoken the truth.

Exercise 2

Translation		Urdu
to cause harm		نقصان پہونچانا
other than	prep	کے علاوہ

Translation		Urdu
to fear	v	ڈرنا
useless, extra	adj	فضول
wealth	m	مال

Translation		Urdu
useless	adj	بے کار
helpless	adj	بے کس
selfish	adj	خود غرض

Translate the following sentences into English.

۱) کسی کو دھوکہ نہیں دینا چاہیے۔

۲) کسی سے نفرت نہیں کرنی چاہیے۔

۳) کسی سے کوئی چیز نہیں مانگنی چاہیے۔

۴) اس کو جھوٹ نہیں بولنا چاہیے تھا۔

۵) وضو کے بغیر تلاوت نہیں کرنی چاہیے۔

۶) احمد کو میری چیزیں نہیں اٹھانی چاہیے تھا۔

۷) کسی کے مال یا جان کو نقصان نہیں پہونچانا چاہیے۔

۸) زینب کو دوا پینی چاہیے اس لئے کہ وہ کافی بیمار ہے۔

۹) تم کو فضول چیزوں پر پیسے نہیں خرچ کرنا چاہیے تھا۔

۱۰) کمزوروں اور بے کسوں سے فائدہ نہیں اٹھانا چاہیے۔

۱۱) کسی کو رلانا نہیں چاہیے اور کسی کو دھکا دینا نہیں چاہیے۔

۱۲) ضد نہیں کرنی چاہیے اور کسی کو پریشان کرنا نہیں چاہیے۔

۱۳) خود غرض نہیں ہونا چاہیے، بلکہ سب کا خیال رکھنا چاہیے۔

۱۴) تم کو اپنا کام خود کرنا چاہیے، دوسروں کو سونپنا نہیں چاہیے۔

۱۵) پیٹ پر نہیں سونا چاہیے، اس لئے کہ شیطان پیٹ پر سوتا ہے۔

۱۶) سبق بہت غور سے سننا چاہیے اور کلاس میں باتیں نہیں کرنی چاہیے۔

۱۷) راستے میں نہیں بیٹھنا چاہیے اس لئے کہ لوگ وہاں سے گزرتے ہیں۔

۱۸) تم کو بہت تاخیر سے سونا نہیں چاہیے تھا اس لئے کہ صبح میں اسکول ہے۔

۱۹) خدا سے ڈرنا چاہیے، اور خدا کے علاوہ کسی اور سے ڈرنے کی ضرورت نہیں۔

۲۰) اپنا وقت اچھے کاموں میں گزارنا چاہیے، اور بے کار کاموں میں ضائع نہیں کرنا چاہیے۔

۲۱) اذان کو غور سے سننا چاہیے اور اس کا جواب دینا چاہیے، اور اذان کے وقت بولنا نہیں چاہیے۔

۲۲) لوگوں کو دکھانے کے لئے کام نہیں کرنا چاہیے، بلکہ ہر کام اللہ کو خوش کرنے کے لئے کرنا چاہیے۔

۲۳) ہمیشہ سچ بولنا چاہئے اس لئے کہ سچ کا انجام اچھا ہوتا ہے، اور کبھی بھی جھوٹ نہیں بولنا چاہیے، اس لئے کہ جھوٹ کا انجام ہمیشہ برا ہوتا ہے۔

لگنا and شروع کرنا

The infinitive can be used with the word شروع کرنا. This gives the meaning of to start.

جب گاڑی آئے گی، ہم اس میں بیٹھنا شروع کریں گے۔

When the car comes we will start to sit in it.

You can change the نا at the end to نے or نی if the object joined to the infinitive is plural or feminine.

ہم اِس کتاب کے بعد اردو کتابیں پڑھنی شروع کریں گے۔

After this book, we will start reading Urdu books.

The word لگنا can also be used to give the meaning of to start. The نا at the end of the infinitive changes to نے when لگنا is used.

بارش برسنے لگی۔

The rain started to fall.

Exercise 3

Translation		Urdu	Translation		Urdu	Translation		Urdu
order	m	حکم	openly	adv	علانیہ	by foot	adv	پیدل
to call	v	بلانا	to worry	v	فکر کرنا	as soon as	adv	جیسے ہی
to invite	v	دعوت دینا	veil	m	نقاب	secretly	adv	چھپکے سے

Translate the following sentences into English.

۱) کیا مہمانوں نے آنا شروع کیا؟

۲) مزدوروں نے سامان اٹھانا شروع کیا۔

۳) کیا تم نے اپنا ہوم ورک لکھنا شروع کیا؟

۴) ابو نے بھائی کو ڈانٹا، اور وہ بہت زور سے رونے لگا۔

۵) اِس سنیچر اتوار میں یہ کتاب پڑھنا شروع کروں گا۔

۶) بڑھئی کل میرے لئے ایک الماری بنانی شروع کرے گا۔

۷) میرے بڑے بھائی نے رمضان کے بعد عربی سیکھنی شروع کی۔

۸) ہم باہر کھیل رہے تھے اور بہت ٹھنڈی تھی اور بارش برسنے لگی۔

۹) اس عورت نے سنا کہ اس کی بچی بیمار ہو گئی ہے تو وہ بہت فکر کرنے لگی۔

۱۰) کچھ مہینوں سے احمد نے عمامہ پہننا شروع کیا، اور اس کی بیوی نقاب پہننے لگی۔

۱۱) کسان نے گزشتہ کل اپنی کھیت میں بیج بوئے، اب ان شاء اللہ چند ہفتوں میں یہ بیج اگنے لگیں گے۔

۱۲) طلبہ بات کر رہے تھے، لیکن جب انہوں نے استاد صاحب کی آواز سنی تو بہت زور سے پڑھنے لگے۔

۱۳) اس تاجر نے اپنی دکان کے پاس ایک زمین خریدی، اور اس نے اس پر ایک عمارت بنانی شروع کی۔

۱۴) جب ہم نے مسجد میں رات گزاری، تو نماز سے ایک گھنٹہ پہلے مؤذن صاحب نے لوگوں کو جگانا شروع کیا۔

۱۵) جیسے ہی ہمارے گھر میں مہمان آتے ہیں تو ہمارے بچے بہت خوش ہوتے ہیں اور ان کو سلام کرنا شروع کرتے ہیں۔

۱۶) پہلے نبی ﷺ چھپکے سے لوگوں کو اسلام کی طرف بلاتے تھے، لیکن جب اللہ تعالی نے آپ ﷺ کو حکم دیا تو آپ ﷺ نے لوگوں کو علانیہ دعوت دینے لگے۔

۱۷) یہ آدمی پہلے ایک دکان میں مزدور تھا، لیکن چند سالوں پہلے اس نے تجارت کرنی شروع کی، اور اب اس کی پانچ دکانیں ہیں اور اس کی تجارت اچھی چل رہی ہے۔

۱۸) میرے ابو پہلے سب چیزیں ہاتھ سے لکھتے تھے لیکن اب انہوں نے کمپوٹر استعمال کرنا سیکھنا شروع کیا اور اب وہ کمپوٹر پر کام کرنے لگے۔

۱۹) ابھی تو بہت ٹھنڈی ہے اور کبھی کبھی برف بھی گرتی ہے، اس لئے ہم اسکول گاڑی میں جاتے ہیں، لیکن جب گرمی کا موسم ہو گا تو ہم اسکول پیدل جانا شروع کریں گے۔

چکنا and سکنا

The verb سکنا means can. To use this verb you must take off the نا then add سکنا.

میں اردو سمجھ سکتا ہوں۔

I can understand Urdu.

Exercise 4

Translation		Urdu	Translation		Urdu	Translation		Urdu
to bring	v	لانا	clean, pure	adj	پاک	to tie	v	باندھنا
			foot	m	پاؤں	to trust	v	بھروسہ کرنا

Translate the following sentences into English.

۱) لوگ پانی بچا سکتے ہیں۔

۲) تم شکایت کر سکتے ہیں۔

۳) میں اس کو چھوڑ سکتا تھا۔

۴) یہ دو گاڑیاں ٹکرا سکتی تھیں۔

۵) آپ اس کو پھینک سکتے ہیں۔

۶) وہ پیسے جمع نہیں کر سکتا ہے۔

۷) اس گھر میں چور گھس سکتا ہے۔

۸) آپ اس بستر پر لیٹ سکتے ہیں۔

۹) امی یہ تصویر یہاں لگا سکتی ہیں۔

۱۰) آپ نقصان نہیں پہونچا سکتے ہیں۔

۱۱) کیا آپ یہاں سے ہٹ سکتے ہیں؟

۱۲) احمد درزی سے کرتہ بنوا سکتا ہے۔

۱۳) بڑھئی اس کو دکان سے منگوا سکتا تھا۔

۱۴) کیا آپ اس بات کو ثابت کر سکتے ہیں؟

۱۵) کیا تم میرے لئے ٹھنڈا پانی لا سکتے ہو؟

۱۶) ہمارا چولھا خراب ہے تو ہم کیک نہیں بنا سکیں گے۔

۱۷) یہ سامان بہت بھاری ہے، میں اس کو نہیں اٹھا سکتا۔

۱۸) ہم اس میچ میں ہار سکتے ہیں اور دوسری ٹیم جیت سکتی ہے۔

۱۹) مالی اچھی طرح نہیں چل سکتا، اس کو پاؤں میں درد ہے۔

۲۰) یہ بچی کھڑکی نہیں کھول سکتی اس لئے کہ وہ بہت کمزور ہے۔

۲۱) یہ موچی بہت ماہر ہے، وہ اچھی طرح جوتے درست کر سکتا ہے۔

۲۲) مجھے کاغذ کی ضرورت ہے کیا آپ مجھے ایک کاغذ دے سکتے ہیں؟

۲۳) میں پگڑی نہیں باندھ سکتا، کیا آپ میرے لئے باندھ سکتے ہو؟

۲۴) اس آدمی کو شراب کی بری عادت ہے اور وہ اس کو نہیں چھوڑ سکتا ہے۔

۲۵) جناب! کیا آپ ذرا زور سے بات کر سکتے ہیں؟ تمہاری آواز نہیں آ رہی۔

۲۶) تاجر مزدوروں کی اجرتیں بڑھا سکتا ہے لیکن وہ بہت کنجوس ہے تو نہیں کرے گا۔

Note:

The verb چکنا means have already. This is used the same way as سکنا.

جب میں کلاس میں آیا تو سبق شروع ہو چکا تھا۔

When I came in the class the lesson had already started.

Exercise 5

Translation		Urdu	Translation		Urdu	Translation		Urdu
			clean, pure	adj	پاک	to deal	v	معاملہ کرنا

Translate the following sentences into English. Notice how the word سکنا is used.

۱) یہ بلی مر چکی ہے۔

۲) کپڑے اندر لاؤ، وہ سوکھ چکے ہیں۔

۳) امتحان کی تیاری کا وقت گزر چکا ہے۔

۴) گلاس میں پانی نہیں تھا، کوئی پی چکا تھا۔

۵) مہمان کب آئیں گے؟ مہمان پہنچ چکے ہیں۔

۶) اس گھر میں آگ لگ گئی تھی، لیکن fire engine آنے سے پہلے لوگ آگ کو بجھا چکے تھے۔

۷) یہ کتاب پڑھو اس لئے کہ یہ بہت مفید ہے۔ میں کچھ مہینوں پہلے یہ کتاب پڑھ چکا ہوں۔

۸) تم اس تاجر پر بھروسہ کر سکتے ہو، وہ بہت امانت دار اور سچا ہے، وہ تم کو دھوکہ نہیں دے گا، میں اس کے ساتھ کئی بار معاملہ کر چکا ہوں۔

۹) کیا میں یہاں نماز پڑھ سکتا ہوں؟ جی ہاں، بالکل پڑھ سکتے ہیں، یہ قالین صاف اور پاک ہے۔ کیا آپ میرے ساتھ پڑھیں گے؟ میں تمہارے آنے سے پہلے پڑھ چکا ہوں۔

۱۰) قصائی صاحب! کیا آپ کے پاس ہڈیاں یا کھال ہیں؟ ہمارے پاس ایک کھال تھا، لیکن ہم سب پھینک چکے ہیں، آئندہ ہفتے دوبارہ آؤ، میں آپ کے لئے رکھوں گا، اور آپ لے سکتے ہیں۔

۱۱) بچوں کو جلدی جگاؤ، اسکول کا وقت قریب ہے اور وہ تاخیر سے پہنچیں گے۔ فکر نہ کرو، بچے جاگ گئے ہیں اور اسکول کے لئے نکل چکے ہیں۔

۱۲) میں آپ کے لئے دروازے نہیں کھول سکتا اس لئے کہ میرے پاس اس کی چابیاں نہیں، لیکن استاد صاحب سے پوچھو اس لئے کہ ان کے پاس ان دروازوں کی چابیاں ہیں، وہ آپ کے لئے دروازے کھول سکیں گے۔

Other Verbs Joined to the Infinitive

The infinitive can also be used with the following verbs

Note

دینا: This gives the meaning of "to let someone do something".

میرے ابو مجھے سنیچر اتوار پارک جانے دیتے ہیں۔

My father lets me go to the park on weekends.

However, دینا on its own without an infinitive means "to give"

یہ ڈاکٹر ہمیں اچھی دوائیں دیتا ہے۔

This doctor gives us good medicine.

Exercise 6
Translate the following sentences into English.

۱) شکر کو پگھلنے دو، پھر دودھ میں ڈالو۔

۲) مجھے اپنا ہوم ورک دوبارہ دیکھنے دیجیے!

۳) کپڑے کو سوکھنے دیں، ابھی تک گیلے ہیں۔

۴) میں بہت تھکا ہوں، مجھے آرام کرنے دو۔

۵) تمہاری سستی تم کو ترقی کرنے نہیں دیتی۔

۶) اپنے والد کو تنگ مت کرو، ان کو سوچنے دو۔

۷) میری دادی مجھے کھانا ضائع نہیں کرنے دیتیں۔

۸) اس بچے کو سیڑھی پر چڑھنے مت دو، وہ گر سکتا ہے۔

۹) قاضی نے وکیل کو اپنی بات کو ثابت کرنے نہیں دیا۔

۱۰) پولیس نے اس گاڑی کو روکا اور اس کو گزرنے نہیں دیا۔

۱۱) میری امی مجھے اپنے دوستوں کو گھر پر بلانے دیتی ہیں۔

۱۲) گارڈ لوگوں کو بادشاہ کے گھر کو نقصان نہیں پہونچانے دیتا ہے۔

۱۳) تم لوگ کل رات بہت زور سے بات کر رہے تھے اور مجھے سونا نہیں دیا۔

۱۴) میرے والدین اسکول کے دنوں میں مجھے ٹی وی نہیں دیکھنے دیتے ہیں۔

۱۵) عثمان کو شکایت کرنے دو، ہم نے کچھ نہیں کیا ہے، تو استاد ہم کو کچھ نہیں کریں گے۔

Note

بند کرنا or بند کر دینا: This gives the meaning of "to stop doing something".

اس بچے نے جھوٹ بولنا بند کر دیا۔

This child stopped lying.

If something stops happening on its own, the verb بند ہو جانا is used with the infinitive.

ستارہ چمکنا بند ہو جائے گا۔

The star will stop shinning.

بند کرنا on its own without an infinitive means "to close"

چوکیدار نے دروازہ بند کر دیا۔

The guard closed the door.

Exercise 7
Translate the following sentences into English.

۱) رونا بند کرو۔
۲) لڑنا بند کرو۔
۳) ابھی ہنسنا بند کرو۔
۴) زخم نے درد کرنا بند کیا۔
۵) اس نے شراب پینا بند کیا۔
۶) ناچنا بند کرو اور اچھی طرح بیٹھو۔
۷) چھوٹی چھوٹی غلطیاں کرنا بند کرو۔
۸) اس آدمی نے بھیک مانگنا بند کر دیا۔
۹) تیاری کرنا بند کرو، ہم سفر نہیں کریں گے۔
۱۰) جمعہ کا خطبہ شروع ہو چکا ہے، تو بات کرنا بند کرو۔
۱۱) آپس میں نفرت کرنا بند کرو اور محبت سے رہو۔
۱۲) اس قلم کو تلاش کرنا بند کرو اور دوسرا قلم خریدو۔
۱۳) تاخیر سے سونا بند کرو اور جلدی سونا شروع کرو۔
۱۴) بھاری چیزیں اٹھانا بند کرو اس لئے کہ تم کو کمر میں درد ہے۔
۱۵) احمد پہلے پنسل ہی سے لکھتا تھا لیکن چند مہینوں سے پنسل سے لکھنا بند کیا۔
۱۶) پہلے اس ندی میں بہت پانی بہتا تھا لیکن چند سالوں سے پانی کا بہنا بند ہو گیا۔
۱۷) زینب نے کلاس میں شرارت کرنا بند کر دیا تھا اور اب وہ نے محنت سے پڑھنے لگی۔
۱۸) وقت ختم ہو گیا ہے، لکھنا بند کرو اور امتحان کے کاغذات استاد صاحب کو سپرد کرو۔
۱۹) میں روزانہ تفریح کے لئے جاتا تھا لیکن اب میری نوکری بدل گئی ہے اور میں صبح میں کام پر جاتا ہوں، تو تفریح کے لئے جانا بند ہو گیا ہے۔

Note

پڑنا: This gives the meaning of "to have to do something." The person who has to do something will have a کو after it.

بہت بارش ہو رہی ہے، مجھ کو چھتری لے جانا پڑے گا۔
It's raining a lot; I will have to take an umbrella.

You can add the particle ہی before پڑنا to give more emphasis.

دودھ ختم ہو گیا ہے تو مجھے دکان جانا ہی پڑے گا۔
The milk has finished so I will have to go to the shop.

Exercise 8
Translate the following sentences into English.

۱) تم کو جیتنا پڑے گا۔
۲) ہمیں مہمانوں کو کھلانا پڑا۔
۳) تم کو زور سے بولنا پڑے گا۔
۴) طلبہ کو توجہ سے سننا پڑے گا۔
۵) تم کو یہ الفاظ یاد کرنے پڑیں گے۔
۶) مجھے ٹیچر پر ایک خط بھیجنا پڑے گا۔
۷) پولیس کو لوگوں کو وہاں سے ہٹانا پڑا۔
۸) میرا بدن میلا ہے، مجھے نہانا پڑے گا۔

۹) ان کو ابھی تیاری شروع کرنی پڑیں گے۔

۱۰) مجھے احمد کو ڈاکٹر کے پاس لے جانا پڑا تھا۔

۱۱) باہر بہت ٹھنڈی ہے، ہمیں کوٹ پہننا پڑے گا۔

۱۲) تم کو غور سے سننا پڑے گا ورنہ نہیں سمجھیں گے۔

۱۳) میں مسجد میں نہیں ہوں گا، تو تم کو اذان دینا پڑے گا۔

۱۴) ابو گھر سے نکل چکے تھے لیکن ان کو واپس آنا پڑے گا۔

۱۵) یہ بچیاں پانی ضائع کر رہی ہیں، امی کو انہیں روکنا پڑے گا۔

۱۶) یہ عورت کمزور ہے اور اس کو مدد کی ضرورت ہے، مجھے اس کی مدد کرنی پڑے گی۔

Note

چاہنا: This gives the meaning of to want to do.

میں حج کے لئے جانا چاہتا ہوں۔

I want to go for Hajj.

Do not mix up چاہیے with the verb چاہنا. چاہیے means should and چاہنا means want to.

احمد میرے ساتھ بازار آنا چاہتا ہے

Ahmad wants to come to town with me.

احمد کو اسکول جلدی جانا چاہیئے۔

Ahmad should go to school early.

Exercise 9

Translate the following sentences into English.

۱) سمیر اردو سیکھنا چاہتا ہے۔

۲) میں ایک نیا کمپیوٹر منگوانا چاہتا ہوں۔

۳) تم میرے ساتھ چائے پینا چاہتے ہو؟

۴) بلال اس صوفے کو باہر پھینکنا چاہتا ہے۔

۵) ہاشم اس الماری کو یہاں رکھنا چاہتا ہے۔

۶) میں اپنے دوستوں کو دعوت دینا چاہتا ہوں۔

۷) میں اس تاجر کے ساتھ معاملہ نہیں کرنا چاہتا۔

۸) حسین گھر سے تمہارے لئے کھانا لانا چاہتا ہے۔

۹) زبیر عید کے دن کے لئے عمامہ پہننا چاہتا ہے۔

۱۰) میں ابھی جواب نہیں دے سکتا، میں اس پر سوچنا چاہوں گا۔

۱۱) اس ای میل کو ابھی مت بھیجو، میں اس کو دوبارہ دیکھنا چاہتا ہوں۔

۱۲) اس آدمی کو سگریٹ پینے کی عادت ہے لیکن وہ اس عادت کو چھوڑنا چاہتا ہے۔

۱۳) سراج اپنی بیوی کو ایک تحفہ دینا چاہتا ہے اس لئے کہ وہ اس کو خوش کرنا چاہتا ہے۔

Exercise 10

Translation		Urdu	Translation		Urdu	Translation		Urdu
special	adj	مخصوص	(period of) time	f	دیر	most	adj	اکثر
harmful	adj	مضر	to reduce	v	کم کرنا	times	m	اوقات
unhappy	adj	ناراض	worm	m	کیڑا	in the end, finally	adv	بالآخر
WhatsApp	m	واٹس ایپ	lift	m/f	لفٹ	message	m	پیغام

Translate the following sentences into English.

۱) غور سے سنو، میں تم کو بہت اہم بات کہنا چاہتا ہوں۔

۲) مجھے سر میں سخت درد ہے، مجھے تھوڑی دیر کے لئے لیٹنا پڑے گا۔

۳) اس بچے نے شرارت کرنا بند کر دیا اور محنت سے پڑھنا شروع کیا۔

۴) اپنی کتابیں اچھی طرح پکڑو، اور ان کو اپنے ہاتھوں سے گرنے نہ دو۔

۵) ہم باہر کھیلنا چاہتے تھے، لیکن گاڑیاں بہت تھیں، تو ہم کو اندر ہی میں کھیلنا پڑا۔

۶) استاد صاحب تم کو ایک چیز دکھانا چاہتے ہیں، تم غور سے کیوں نہیں دیکھتے؟

۷) ایرپورٹ میں لفٹ نہیں چل رہے تھے، تو ہم کو سیڑھیاں استعمال کرنی پڑی۔

۸) احمد اور خدیجہ ایک بلی پالنا چاہتے تھے، لیکن یہ بہت بڑی ذمہ داری ہے، اس لئے ان کے والدین کو انہیں روکنا پڑا۔

۹) رات کو ہمارے پڑوسی بہت زور سے موسیقی چلاتے ہیں، اور ہم کو سونے نہیں دیتے۔

۱۰) اکثر لوگوں نے خط بھیجنا بند کر دیا، وہ موبائیل ہی پر بات کرتے ہیں اور واٹس ایپ ہی پر پیغام بھیجتے ہیں۔

۱۱) خالد ہمارے گھر آنا چاہتا ہے، لیکن اس کی ماں اس کو آنے نہیں دیتی، وہ کہتی ہیں کہ ہمارا گھر بہت دور ہے۔

۱۲) میں یہ سائیکل خرید نا چاہتا ہوں، لیکن اس کی قیمت بہت مہنگی ہے، کیا آپ میرے لئے قیمت کم نہیں کر سکتے؟

۱۳) میں نے fizzy drinks پینا بند کر دیا، اس لئے کہ اس میں بہت شکر ہوتا ہے اور وہ صحت کے لئے بہت مضر ہے، اور اس کی وجہ سے مجھے دمہ ہوتا تھا۔

۱۴) جزاک اللہ کہ تم نے مجھے دعوت دی، میں آنا چاہتا تھا لیکن میرے گھر پر مہمان ہوں گے تو میں نہیں آ سکوں گا۔

۱۵) اس صندوق میں آم ہیں، وہ بہت اچھے ہیں، لیکن کچھ آموں میں کیڑے ہیں تو مجھے ان سب کو پھینک دینا پڑے گا۔

۱۶) آواز نہ کرو! مجھے بہت کام ہے، تم بہت شور کر رہے ہو، اِس شور میں کام کرنا بہت مشکل ہے، ذرا مجھے اپنا کام کرنے دو۔

۱۷) امتحان کے زمانے میں ہم کھیلنا بند کر دیتے ہیں اور پورا وقت سبق یاد کرنے میں اور امتحان کی تیاری میں گزارتے ہیں۔

۱۸) رمضان سے زبیر نے فلمیں دیکھنی بند کیں، اور اب وہ اس کی جگہ قرآن کی تلاوت کرتا ہے اور سیرت کی کتابیں پڑھتا ہے۔

۱۹) ہم جناب خالد صاحب کو ہسپتال میں ملنے گئے تھے، لیکن مہمانوں کے لئے مخصوص اوقات ہوتے ہیں، اس لئے نرس نے ہم کو ملنے نہیں دیا۔

۲۰) تمہارے ہوم ورک میں بہت غلطیاں ہیں، استاد صاحب یہ دیکھیں گے اور ناراض ہوں گے، تم کو یہ سب غلطیوں کو درست کرنا پڑے گا۔

206

۲۱) میری بہن کی طبیعت کافی خراب تھی، وہ ڈاکٹر کے پاس گئی، اور ان کو ہسپتال میں کچھ دن گزارنے پڑے، پھر ان کی طبیعت ڈاکٹر نے کچھ دوائیں بھی دیں، لیکن وہ اچھی نہیں ہوئی، بالآخر اچھی ہوئی۔

Note

In total there are ten verbs which can be added to the infinitive. They are all mentioned in the table below with the verb جانا.

جاناچاہا	جاناپڑا	جانابند کردیا	جانے دیا	جاسکتاہے	جاچکاہے	جاناشروع کیا	جانے لگا	جاناہے	جاناچاہیے
wanted to go	had to go	stopped going	let him go	can go	already gone	started to go	started to go	need to go	should go

Lesson 30
Other Forms of Verbs

Passive Voice

Sometimes you may not know, or you may not want to mention who carried out an action.

Zaid was seen in the market.

In this sentence the person who saw Zaid is not mentioned. We only know that Zaid was seen.

This type of verb is called **passive**. To make this type of verb, جانا is brought after the past tense form of the verb.

For example, to make the passive of کھانا, you would bring the past tense of it (کھایا), and then you would bring the verb جانا in whichever tense you want.

Past	Past Habitual	Past Continuous	Present Habitual	Present Continuous	Future
کھایا گیا	کھایا جاتا تھا	کھایا جا رہا تھا	کھایا جاتا ہے	کھایا جا رہا ہے	کھایا جائے گا
was eaten	used to be eaten	was being eaten	is eaten	is being eaten	will be eaten

If the person or thing is feminine or plural, both verbs will change as normal.

آم کھائے گئے۔

The mangoes were eaten.

یہ کتاب کلاس میں پڑھائی جاتی ہے۔

This book is taught in class

Exercise 1

Translate the following sentences. Notice how the passive voice is used.

۱) یہ بچہ مارا گیا۔

۲) آم کاٹا گیا۔

۳) یہ بچی ستائی گئی۔

۴) دودھ پیا جاتا تھا۔

۵) رس پیا جائے گا۔

۶) یہ لڑکا ستایا جا رہا ہے۔

۷) یہ کتاب بیچی جائے گی۔

۸) سیب کاٹے جائیں گے۔

۹) سبق پڑھایا جا رہا ہے۔

۱۰) رات کو آگ بجھایا گیا۔

۱۱) اذان دی جا رہی ہے۔

۱۲) میل کچیل دور کیا گیا۔

۱۳) بکری ذبح کی گئی تھی۔

۱۴) بچھڑا ذبح کیا جائے گا۔

۱۵) یہ بچے مارے جائیں گے۔

۱۶) یہ بچیاں ستائی جاتی تھیں۔

۱۷) کھجوریں کھائی گئیں۔

۱۸) کھجوریں کھائی جاتی تھیں۔

۱۹) کھجوریں کھائی جائیں گی۔

۲۰) رات کو آگ بجھایا جاتا ہے۔

۲۱) رات کو آگ بجھایا جائے گا۔

۲۲) یہ فلم نہیں بتلائی جائے گی۔

۲۳) مینڈھے ذبح کئے جا رہے ہیں۔

۲۴) وہ کتاب سو سال پہلے لکھی گئی۔

۲۵) یہ پرانی دیوار توڑی جا رہی ہے۔

۲۶) آگ کی وجہ سے اسکول بند کیا گیا۔

۲۷) اس کا گھر بیچنے کے لئے رکھا جائے گا۔

Note:

If the subject of a passive verb is a person, کو may come after it.

احمد نے زید کو مارا⇦زید کو مارا گیا۔

Exercise 2

Translation		Urdu
to wait	v	انتظار کرنا
office	m	آفس
to slip	v	پھسل جانا
sorrow	m	افسوس
hunger		بھوک
thirst		پیاس

Translation		Urdu
bandage	f	پٹی
magician	adj	جادوگر
to depart	v	روانہ ہونا
poison	m	زہر
cover	m	غلاف
to kill, to murder	v	قتل کرنا
customer	m	گاہک
appropriate	adj	مناسب

Translation		Urdu
prize	m	انعام
prizes	m	انعامات
brick	f	اینٹ
light	f	بتّی
spring	f	بہار
uncountable	adj	بے شمار
helpless	adj	بیچارا
mad	adj	پاگل

Translate the following sentences. Notice how the passive voice is used.

۱) کعبہ کا غلاف ہر سال بدلا جاتا ہے۔

۲) مدرسہ میں قرآن سکھایا جاتا ہے۔

۳) رات کے وقت بتّی جلائی جاتی ہے۔

۴) یہ کپڑے کب دھوئے جائیں گے؟

۵) بہار کے موسم میں بیج بوئے جاتے ہیں۔

۶) اس آدمی پر بھروسہ نہیں کیا جا سکتا ہے۔

۷) اُس بیچارے کو خوب ستایا گیا اور رلایا گیا۔

۸) مدینہ منورہ کی زمین میں کھجوریں اگائی جاتی ہیں۔

۹) پہلے قرآن کی تلاوت کی جائے گی پھر بیان ہوگا۔

۱۰) مجھے بتلایا گیا کہ ہمارا ہوائی جہاز تاخیر سے روانہ ہوگا۔

۱۱) امتحان کے بعد کامیاب بچوں کو انعامات دیئے جاتے ہیں۔

۱۲) یہ آدمی قتل کیا گیا، پولیس کہتے ہیں کہ اس کو زہر پلایا گیا۔

۱۳) پہلے بچوں کو کھلایا جائے گا پھر بڑے لوگوں کو کھلایا جائے گا۔

۱۴) کیا اذان دی گئی؟ نہیں ابھی نہیں دی گئی، عنقریب دی جائے گی۔

۱۵) یہ مینڈھا ذبح کیا جائے گا لیکن یہ بچھڑا ذبح نہیں کیا جائے گا۔

۱۶) علم محنت سے حاصل کیا جاتا ہے، سستی سے حاصل نہیں کیا جا سکتا۔

۱۷) ہمارے مدرسہ میں اردو کے ساتھ ساتھ عربی، فقہ اور سیرت پڑھائی جاتی ہیں۔

۱۸) تم یہاں کیا کر رہے ہو؟ میں انتظار کر رہا ہوں، میری گاڑی درست کی جا رہی ہے۔

۱۹) نیکیوں کی وجہ سے گناہ معاف کئے جاتے ہیں، اس لئے بہت سے اچھے اعمال کرنے چاہیے۔

۲۰) یہ بڑے پتھر راستے سے ہٹائے جائیں گے اور ان کی جگہ پر خوبصورت اینٹ رکھی جائیں گی۔

۲۱) رمضان میں اس دکان میں بہت گاہک ہوتے ہیں اور بہت سامان بیچا جاتا ہے، خاص طور پر کھجوریں۔

۲۲) جب ہم وکیل کے آفس میں گئے تھے تو بہت دیر تک ہم انتظار کر رہے تھے، پھر تقریباً ایک گھنٹے کے بعد ہم کو بلایا گیا۔

۲۳) نبی ﷺ مکہ مکرمہ میں بہت پریشان کئے گئے، آپ کو ستایا گیا، آپ کو گالیاں دی گئیں، آپ کو مارا گیا، آپ کو پاگل اور جادوگر کہا گیا، لیکن آپ صبر کے ساتھ لوگوں کو اسلام کی طرف دعوت دیتے تھے۔

۲۴) وہ لڑکا اسکول کے باہر اپنے دوستوں کے ساتھ کھیل رہا تھا جب اس کے پاؤں پھسل گئے اور وہ زمین پر زور سے گرا۔ اس کے پاؤں کی ہڈی ٹوٹ گئی اور اس کو ہسپتال لے جایا گیا، وہاں اس کے پاؤں پر پٹی باندھی گئی۔

۲۵) بہت افسوس کی بات ہے کہ دنیا میں بے شمار لوگ بھوک اور پیاس کی وجہ سے مر رہے ہیں، بہت سے بچے بچیاں یتیم ہیں، ان کے ماں باپ نہیں اور ان کے پاس اچھے مناسب کپڑے بھی نہیں، اور ہمارا پیسہ بے کار اور فضول چیزوں میں خرچ کیا جا رہا ہے۔

Continuous Tense

You can add the verb رہنا to another verb to show the meaning of keep doing something.

تو مجھے کیوں پریشان کرتا رہتا ہے؟

Why do you keep annoying me?

You can alsoadd the verb کرنا after another verb to show that an action takes place over and over.

اچھے لوگوں کے ساتھ بیٹھا کرو!

Always sit with good people.

Exercise 3

Translation		Urdu
right	adj	دائیں

Translation		Urdu
rakat	f	رکعت
left	adj	بائیں

Translation		Urdu
harmful	adj	نقصان دہ
Tahajjud	f	تہجد

Translate the following sentences into English.

۱) سبق میں ادب کے ساتھ بیٹھا کرو۔

۲) تم کو سخت نزلہ ہے، دوا پیتے رہو اور گرم گرم کپڑے پہنا کرو۔

۳) اپنے والدین کی خدمت کرتے رہو اور ان کی دعائیں لیتے رہو۔

۴) دائیں ہاتھ سے کھایا کرو اس لئے کہ دائیں ہاتھ سے کھانا سنت ہے۔

۵) مولانا صاحب کے درس میں جاتے رہو، اس لئے کہ تم بہت سی نئی چیزیں سیکھیں گے۔

۶) بہت زیادہ fizzy drinks مت پیا کرو اس لئے کہ وہ صحت کے لئے بہت نقصان دہ ہے۔

۷) اپنی کتابیں یہاں مت رکھا کرو! بلکہ الماری پر رکھا کرو، اس لئے کہ میں الماری کتابوں ہی کے لئے لایا ہوں۔

۸) ہم پہلے فٹ بال کھیلا کرتے تھے لیکن چونکہ ہمارے بہت سے دوست کھیلنے نہیں آسکتے اس لئے ہم اب نہیں کھیلتے۔

۹) تہجد کے لئے جاگا کرو، اس لئے کہ تہجد میں بہت برکتیں ہوتی ہیں، اور اگر تم صبح جلدی نہیں اٹھ سکتے ہو تو کم از کم رات کو عشا کی نماز کے بعد دو رکعتیں تہجد کی نیت سے پڑھا کرو، ان شاء اللہ تہجد کا ثواب ملے گا۔

۱۰) احمد میرا اچھا دوست ہے، میں لیسٹر میں رہتا ہوں اور وہ برمنگھم میں رہتا ہے لیکن وہ مجھ پر ہدیہ بھیجتا رہتا ہے، اور میں بھی ان پر ہدیہ بھیجتا رہتا ہوں، اور میں بھی ان کے گھر جاتا رہتا ہوں اور وہ بھی میرے گھر آتا رہتا ہے۔

Subjunctive Tense

When you use the word if, اگر, or when you want to talk about something which has not happened but you want it to happen, you remove the word گا from the future tense.

اگر احمد آئے گا، تو اس کو یہ چیز دو۔
If Ahmad comes give him this thing.

ممکن ہے کہ زید بیمار ہو گا۔
It is possible that Zaid is sick.

If the sentence doesn't have a verb, but it ends in ہے, the ہے will change to ہو.

تمہارا کمرہ صاف ہے۔
Your room is clean.

شاید تمہارا کمرا صاف نہ ہو۔
Maybe your room is not clean.

If the subject is plural, the ہیں will change to ہوں.

شاید بچے گھر پر ہوں۔

Exercise 4

Translation		Urdu	Translation		Urdu	Translation		Urdu
maybe, possibly	-	شاید	To burn	v	جلنا	afterwards	prep	بعد میں
regarding	Prep	کے بارے میں	*hopefully*	-	خدا کرے	permission	f	اجازت
to smile	V	مسکرانا	*hopefully not*	-	خدا نہ کرے	if	-	اگر
advice	M	مشورہ	smiling face	adj	خندہ پیشانی	may it not be	-	ایسا نہ ہو
meet, greet	F	ملاقات	to hurt	v	دکھنا	so that	-	تاکہ
possible	Adj	ممکن	opinion	f	رائے	when	-	جب

Translate the following sentences into English. Notice how the subjunctive tense has been used (how the گا etc have been dropped).

۱) گھر پر کوئی نہیں ہے۔
۲) شاید گھر پر کوئی نہ ہو۔
۳) لوگ مسجد گئے ہیں۔
۴) شاید لوگ مسجد گئے ہوں۔
۵) امام مالک رحمہ اللہ علیہ کی موت مدینہ میں آئی۔
۶) میری تمنا ہے کہ میری موت مدینہ میں آئے۔
۷) یہ آدمی ان شاء اللہ تندرست ہو جائے گا۔
۸) خدا کرے کہ یہ بیمار آدمی تندرست ہو جائے۔
۹) ہم مدرسہ آتے ہیں تاکہ ہم قرآن پڑھنا سیکھیں۔
۱۰) ہم مدرسہ آتے ہیں اور قرآن پڑھنا سیکھتے ہیں۔
۱۱) کسی کو بری بات یا گالی مت دو، تاکہ اس کا دل نہ دکھے۔
۱۲) ایسا نہ ہو کہ ہم آگ کو نہ بجھائیں اور پورا گھر جل جائے۔
۱۳) احمد کے والد کی تمنا ہے کہ وہ اور اس کا بھائی عالم اور حافظ بنیں۔
۱۴) تم یہاں کیا کر رہے ہو؟ تم کو اجازت نہیں کہ اس آفس میں آئے۔

۱۵) کیا تم کو اس میز کی ضرورت ہے؟ مجھے اس وقت ضرورت نہیں لیکن ممکن ہے کہ میں بعد میں اس کو استعمال کروں۔

۱۶) میں سیرت کی کتابیں پڑھتا ہوں تاکہ نبی ﷺ کے بارے میں سیکھوں۔

۱۷) جب کسی سے ملاقات ہو تو خندہ پیشانی سے ملواور مسکراؤ تاکہ وہ خوش ہو۔

۱۸) خدانہ کرے کہ آج بارش ہو، اس لئے کہ ہم تفریح کے لئے جانا چاہتے ہیں۔

۱۹) ہم سب کی دعا ہے کہ اللہ تعالی ہم کو جنت دے اور جہنم کی آگ سے بچائے۔

۲۰) میری رائے یہ ہے کہ ہم اس سال عمرہ کے لئے جائیں اور آئندہ سال تفریح کے لئے جائیں۔

۲۱) پانچ بج چکے ہیں، لیکن شاید دکان کھلی ہو، جلدی جاؤ، اور اگر کھلی ہے تو میرے لئے ذرا دودھ لاؤ۔

۲۲) میں مسجد نماز کے دس پندرہ منٹ پہلے جاتا ہوں تاکہ قرآن کی تلاوت کر سکوں اور تا کہ مجھے پہلی صف میں جگہ ملے۔

۲۳) میں ابھی لندن جا رہا ہوں۔ آپ ابھی جا رہے ہیں؟ میرا مشورہ یہ ہے کہ آپ اس وقت نہ جائیں اس لئے کہ راستے میں بہت بھیڑ ہوگی، بہتر یہ ہوگا کہ آپ ایک گھنٹے کے بعد جائیں۔

Lesson 31
Other Types of Verbs

Impersonal Verbs

There are some verbs in Urdu where the subject has کو after it instead of the object.

احمد کو معلوم ہے

Ahmad knows.

In this sentence, the subject in English is Ahmad, but it has the word کو after it, which is normally a sign of an object. These types of verbs are called **impersonal verbs**. In the vocab list, *imp* will be written to show that the verb is impersonal. Most impersonal verbs end in آنا or لگنا.

Note

1. The word آنا can be used as a normal verb meaning to come.

   تم کب آؤ گے؟

   When will you come?

   It can also be used as an impersonal verb. In this case it means to know.

   مجھ کو اردو نہیں آتی۔

   I don't know Urdu. (Urdu does not come to me)

2. The word بھئی is the same as بھائی, but the only difference is that بھئی is used when you are calling someone.

Exercise 1

Translation		Urdu	Translation		Urdu	Translation		Urdu
to feel hot	imp	گرمی لگنا	by heart		زبانی	to know	imp	آنا
to enjoy	imp	مزہ آنا	punishment	f	سزا	servant	m	بندہ
forgiveness	f	معافی	to understand	v	سمجھ میں آنا	brother	m	بھئی
know	imp	معلوم ہونا	beginning	m	شروع	to like	imp	پسند آنا
to meet, to get	imp	ملنا	correct	adj	صحیح	to feel cold	imp	ٹھنڈی لگنا
heater	m	ہیٹر	to become angry	imp	غصہ آنا	desire	f	خواہش
to remember, to know	imp	یاد آنا	coffee	f	کافی	to have an idea/thought	imp	خیال آنا
			word, testimony	m	کلمہ	to have mercy	imp	رحم آنا

Translate the following sentences into English. Notice how the impersonal verbs are being used.

۱) آپ کو کافی پسند ہے یا چائے؟

۲) کیا تم کو اسلام کے سب کلمے یاد ہیں؟

۳) استاد صاحب کو تمہاری محنت پسند آئی۔

۴) اللہ تعالی کو اپنے کمزور بندوں پر رحم آتا ہے۔

۵) اس بچے کو گرمی لگ رہی ہے، اس کے لئے کھڑکی کھولو۔

۶) مجھے قرآن شریف کی آخری بیس سورتیں زبانی یاد ہیں۔

۷) جب اس طالب علم نے گالی کہی تو استاد صاحب کو بہت غصہ آیا۔

۸) باہر برف ہو رہی ہے اور گھر میں بہت ٹھنڈی ہے، تم ہیٹر کیوں نہیں کھولتے؟ معاف کیجئے بھئی، لیکن ہمارا ہیٹر خراب ہے، چل نہیں رہا۔

۹) میری امی کو جھوٹ سے سخت نفرت ہے، اگر کوئی جھوٹ بولتا ہے تو ان کو بہت غصہ آتا ہے۔

۱۰) مجھے سفید رنگ کے کپڑے پسند ہیں، لیکن وہ بہت جلدی میلے ہو جاتے ہیں، اس لئے میں سفید کپڑے کم پہنتا ہوں۔

۱۱) میری والدہ میرے بھائی سے بہت ناراض تھیں، لیکن وہ بہت رویا اور بہت معافی مانگی تو میری امی کو رحم آیا اور اس کو معاف کر دیا۔

۱۲) یہ بچہ کلاس میں شرارت کر رہا تھا تو اس کو سزا ملی، وہ اسکول کے بعد گھر نہیں جا سکے گا، اور اس کو ایک گھنٹے کے لئے اسکول میں رہنا پڑے گا۔

۱۳) میرے دادا اور دادی انگلینڈ میں نہیں رہتے، وہ ایک گرم ملک میں رہتے ہیں، اس لئے جب وہ یہاں آتے ہیں تو گرمی کے موسم میں بھی ان کو بہت ٹھنڈی لگتی ہے۔ اور جب ہم ان کو ملنے جاتے ہیں تو ہم کو بہت گرمی لگتی ہے۔

۱۴) کیا تم کو معلوم ہے کہ کتنے بجے ہیں؟ جی ہاں، ابھی پونے تین ہیں۔ لیکن تم کو اپنے پاس ایک گھڑی رکھنی چاہیے۔ جی ہاں، تمہاری بات صحیح ہے اور میں عام طور پر گھڑی رکھتا ہوں لیکن میری گھڑی گم ہو گئی، اور مجھے مل نہیں رہی ہے، اس لئے اس وقت میرے پاس گھڑی نہیں۔

۱۵) گزشتہ سال میں اپنی فیملی اور کچھ دوستوں کے ساتھ عمرہ میں گیا تھا، وہاں ہم کو بہت مزہ آیا، مسجد حرم میں نماز پڑھنے میں اور طواف کرنے میں بہت مزہ آتا تھا، ہماری خواہش تھی کہ ہم وہاں ہی رہیں اور واپس نہ آئیں، لیکن ہم کو واپس آنا پڑا، اور اب مسجد حرم اور مدینہ منورہ بہت یاد آتے ہیں۔

۱۶) عبد اللہ کو سال کے شروع میں اردو بالکل نہیں آتی تھی، لیکن اس نے پورے سال محنت کی، روزانہ مدرسہ وقت پر آتا تھا، اور کلاس میں غور سے سبق سنتا تھا، اگر کوئی چیز سمجھ میں نہیں آتی تو استاد صاحب سے پوچھتا، اور کچھ ہفتے پہلے اس کا امتحان تھا، اور اس کو اس میں اچھے مارکس ملے، اور اب اس نے اردو بیانات سننا شروع کیا، اور اکثر چیزیں سمجھ میں آتی ہیں۔

Two Verbs Joined Together

Some verbs are made up of two verbs. The second verb is usually جانا, پڑنا, دینا, ڈالنا or لینا. This gives a slightly different meaning. Sometimes the meaning does not even change.

Translation		Urdu
to say	v	کہہ دینا
to fall	v	گر پڑنا
to kill	v	مار ڈالنا
to die	v	مر جانا
to expel	v	نکال دینا
to laugh out	V	ہنس پڑنا

Translation		Urdu
to burn up	v	جل جانا
to set off	v	چل پڑنا
to scream out	V	چیخ اٹھنا
to put	V	رکھ دینا
to keep	V	رکھ لینا
to cry out	V	رو پڑنا
to go to sleep	V	سو جانا
to eat up	v	کھا جانا

Translation		Urdu
to lift up	v	اٹھا دینا
to blurt out	v	بول پڑنا
to sit down	v	بیٹھ جانا
to read	v	پڑھ لینا
to rip up	v	پھاڑ دینا
to drink up	v	پی جانا
to break	v	ٹوٹ جانا
to break	v	توڑ دینا

Lesson 32
Long Adjectives

If the adjective is only one word, it comes before the word it is describing.

بڑا گھر

However, if the adjective is not one word, but it is an entire sentence then you must add the word وہ or یہ before the noun, and then add the word جو after it before the sentence adjective.

وہ گھر جو تم نے خریدا

that house which you bought

مجھے وہ کتاب جو تمہارے پاس تھی پسند آئی۔

I like the book that you had.

وہ بلی جو ہمارے پڑوسی کے پاس تھی بہت بڑی تھی۔

The cat which was by our neighbour was very big.

Exercise 1

Translation		Urdu	Translation		Urdu	Translation		Urdu
To be inconvenienced	v	تکلیف پہنچنا	fresh	adj	تازہ	absent	adj	غائب
			to cause harm	v	تکلیف پہنچانا	to move	v	منتقل ہونا

Translate the following sentences. Notice how the long adjective comes in the middle of the sentence.

۱) میں وہ بات جو تم نے کہی سمجھ نہ سکا۔

۲) وہ بچی جو ستائی جا رہی تھی بہت رو رہی تھی۔

۳) وہ فرج جو ہم بازار سے لائے بہت عمدہ ہے۔

۴) وہ کھلونا جو تمہارے پاس تھا بہت اچھا ہے۔

۵) وہ کتاب جو میں نے کل پڑھی بہت لمبی ہے۔

۶) وہ تھیلی جو تم لے گئے وہ میرا ہے، تمہارا نہیں۔

۷) وہ کھانا جو تمہاری امی نے پکایا بہت مزے دار تھا۔

۸) وہ مہمان جو پاکستان سے آئے، بہت مالدار ہیں۔

۹) وہ عمارت جو اسکول کے پاس ہے بہت پرانی ہے۔

۱۰) وہ ٹیچر جو ہمیں اردو پڑھاتی ہیں بہت نرم ہیں۔

۱۱) وہ ہوٹل جو ایرپورٹ کے قریب ہے بہت مہنگا ہے۔

۱۲) وہ لوگ جو اچھے کام کرتے ہیں جنت میں جائیں گے۔

۱۳) وہ آدمی جو تم اچھا سمجھتے ہو حقیقت میں اچھا آدمی نہیں۔

۱۴) احمد نے وہ پیسے جو اس کو عید کے دن ملے غریبوں پر خرچ کئے۔

۱۵) وہ ستون جو مسجد کے بیچ میں ہے گر رہی ہے، اس کو درست کرنا چاہیے۔

۱۶) وہ مچھلیاں جو تم نے بازار سے خریدیں بہت تازہ اور اچھی تھیں۔

۱۷) ممکن ہے کہ وہ کمرہ جو میں استعمال کرتا تھا، میں تم کو استعمال کرنے دوں۔

۱۸) کسی کی تکلیف پر خوش نہیں ہونا چاہیے، ایسا نہ ہو کہ جو تکلیف اس کو پہنچی تم کو پہنچے۔

۱۹) وہ کتب خانہ جو مسجد کے سامنے ہے بہت اچھا ہے، اس میں بہت سی کتابیں ہوتی ہیں اور اس کی قیمتیں بھی بہت اچھی ہوتی ہیں۔

۲۰) وہ لڑکا جو گزشتہ سال ہمارے کلاس میں تھا بہت ذہین اور ہوشیار تھا، لیکن اس کے والد کو دوسرے شہر میں نوکری ملی تو اس کو اس شہر میں منتقل ہونا پڑا۔

Note:

Sometimes the long adjective comes at the end of the sentence.

وہ بتی جو کل خراب تھی آج چل رہی ہے۔ ⇦ آج وہ بتی چل رہی ہے جو کل خراب تھی۔

You will translate this type of long adjective in the same way as you did above. i.e. you will join it to the noun.

That light which was broken yesterday is working now.

Exercise 2

Translate the following sentences into English. Notice how the long adjectives are being used.

۱) وہ جبہ جو تم مکے سے لائے بہت عمدہ تھا۔

۲) وہ کپڑا بہت عمدہ ہے جو تم مدینے سے لائے ہو۔

۳) وہ کیلا جو اس تھیلی میں تھا بہت میٹھا تھا۔

۴) وہ سیب بہت کڑوا تھا جو اس صندوق میں تھا۔

۵) وہ رسالہ جو کتب خانے میں تھا بہت اچھا تھا۔

۶) وہ کتاب بہت اچھی تھی جو الماری پر تھی۔

۷) وہ قصہ جو تم نے مجھے کل سنایا بہت عمدہ تھا۔

۸) وہ کہانی بہت عمدہ ہے جو تم نے مجھے کل سنائی۔

۹) وہ پھل بہت میٹھا ہے جو تم بازار سے لائے۔

۱۰) وہ سائیکل بہت مہنگی تھی جو تم نے خریدی۔

۱۱) وہ طلبہ کہاں ہیں جو امتحان میں کامیاب ہوئے؟

۱۲) مہمانوں نے وہ خربوز کھائے جو تم نے خریدے۔

۱۳) وہ ٹیچر بہت ماہر ہیں جو ہم کو انگریزی سکھاتے ہیں۔

۱۴) اُس الماری پر بہت دھول تھا جو اِس کمرے میں تھی۔

۱۵) وہ کام بہت مشکل تھا جو تمہارے بھائی نے ہم کو سونپا۔

۱۶) وہ مچھلی اور چاول بہت مزے دار تھا جو تمہاری امی نے پکایا۔

۱۷) استاد صاحب نے ان بچوں کو ڈانٹا جو کلاس سے غائب تھے۔

۱۸) اُس بچے کو بہت کھانسی تھی جو ڈاکٹر کے آفس کے باہر تھا۔

۱۹) وہ بچہ بہت شرارتی تھا جو پرسوں احمد صاحب کے ساتھ تھا۔

۲۰) میں نے وہ جوتے خریدے جو ہم نے بازار میں سنیچر کے دن دیکھے۔

Note:

The word ایسا can be used instead of وہ in sentences with long adjectives.

مجھے ایسے کپڑے پسند ہیں جو بہت گاڑھے نہیں۔

I like clothes which are not too thick.

The word ایسا changes to ایسی-ایسے if the word after it is feminine or plural.

ایسا آدمی—ایسے لوگ—ایسی بچی—ایسی بچیاں

The word وہ shows a specific thing, whilst ایسا gives a general meaning.

مجھے وہ بچہ پسند ہے جو محنت کرتا ہے۔

I like that boy who works hard.

مجھے ایسے بچے پسند ہیں جو محنت کرتے ہیں۔

I like those (students) who work hard.

Exercise 3

Translation		Urdu
principal	m	مہتمم

Translation		Urdu
to envy	imp	رشک آنا
behaviour	m	سلوک

Translation		Urdu
frequently	adv	بہ کثرت
to break, to not follow	v	خِلاف ورزی کرنا

Translate the following sentences into English.

۱) ایسے بچے کامیاب ہوتے ہیں جو محنت کرتے ہیں۔

۲) ایسی بات نہیں کہنی چاہیے جو کسی کا دل دکھائے۔

۳) ایسے کام کرنے چاہیے جو آخرت میں کام آئے۔

۴) ایسی چیزیں نہیں کھانی چاہیے جو صحت کے لئے مضر ہو۔

۵) عید کے دن ایسے کپڑے پہننا سنت ہے جو نئے ہوں یا کم از کم صاف ہوں۔

۶) مجھے ایسے لوگوں پر رشک آتا ہے جو حافظ ہیں اور قرآن کی بہ کثرت تلاوت کرتے ہیں۔

۷) ایسے گاہکوں کے ساتھ اچھا سلوک رکھنا چاہیے جو ہماری دکان میں بار بار آتے ہیں۔

۸) اس صندوق میں بہت سی کتابیں ہیں، ممکن ہے کہ ان میں ایسی کتابیں ہوں جو ہماری نہیں۔

۹) ایسے لوگوں کا انجام بہت برا ہوتا ہے جو اپنے والدین کی نافرمانی کرتے ہیں اور ان کا دل دکھاتے ہیں۔

10) مہتمم صاحب ایسے طلبہ کو مدرسے سے نکال دیتے ہیں جو مدرسے کے قانون کی خلاف ورزی کرتے ہیں۔

۱۱) میرا کمپیوٹر خراب ہو گیا اس لئے مجھے لائبریری جانا پڑا اور وہاں کا کمپیوٹر استعمال کرنا پڑا، وہاں ایسا کمپیوٹر تھا جو بہت پرانا اور سست تھا۔

Note:

Sometimes the word جس, جن or جنہوں نے is used instead of جو.

وہ درزی بہت غریب تھا جس نے ہمارے کپڑے سیئے۔

That tailor who mended our clothes was very poor.

ان بچوں کو انعام ملا جنہوں نے امتحان میں اچھے مارکس حاصل کئے۔

Those students received prizes who acquired good marks in the exams.

Exercise 4

Translation		Urdu
information	f	معلومات
jail	m	جیل خانہ

Translation		Urdu
accident	m	حادثہ
shade	m	سایہ

Translate the following sentences into English.

۱) وہ سڑک بند ہے جس پر حادثہ ہوا۔

۲) وہ سڑک جس پر حادثہ ہوا بند ہے۔

۳) وہ کتا جس نے تم کو کاٹا بہت شرارتی ہے۔

۴) وہ کس کا صندوق ہے جس میں میری تھیلی تھی؟

۵) مجھے کل بخار تھا جس کی وجہ سے میں اسکول نہ جا سکا۔

۶) وہ بچے کہاں ہیں جنہوں نے کلاس میں شرارت کی؟

۷) جن کو ہم برے سمجھتے تھے وہ حقیقت میں اچھے ہیں۔

۸) میں اس تاجر کی دکان میں گیا جس کو تم نے دھوکہ دیا۔

۹) میں اس تاجر کی دکان میں گیا جس نے تم کو دھوکہ دیا۔

۱۰) وہ گائے جس کو کسان نے خریدی بہت دودھ دیتی ہے۔

۱۱) وہ چور جیل خانہ سے بھاگ گئے جن کو کل پولیس نے پکڑا۔

۱۲) لوگ ایسے پڑوسی پسند کرتے ہیں جو اچھا سلوک کرتے ہیں۔

۱۳) مجھے ایسی کتابوں کا بہت شوق ہے جس میں نئی معلومات ہوتے ہیں۔

۱۴) آپ نے جن بچوں کو اردو پڑھایا وہ آج اردو پڑھ سکتے ہیں اور سمجھ سکتے ہیں۔

۱۵) واٹس آپ پر ایسا پیغام نہیں بھیجنا چاہیے جس کے بارے میں تم کو معلوم نہیں کہ سچا ہے یا جھوٹا۔

۱۶) جس بچے کو تم نے ستایا اس نے استاد صاحب کو شکایت کی، اور استاد صاحب تم کو بلا رہے ہیں۔ ممکن ہے کہ استاد تم کو ڈانٹیں یا سزا دیں، یا تمہارے والدین کو بلائیں۔

Note:
Just as you have adjectives as a whole sentence, you can also have an adverb as an entire sentence.

If you want to bring an adverb of place as an entire sentence, use the word جہاں instead of جو.

ایسی جگہ گھر تلاش کرو جہاں مسجد قریب ہو تاکہ جماعت کے ساتھ نماز پڑھ سکو۔

Search for a house somewhere which is close to a masjid so you can pray your salah with jama'at.

Sometimes وہاں is used instead of وہ or ایسا.

وہاں لکھو جہاں خالی جگہ ہے۔

Write where there is an empty space.

The word جب is used when an adverb of time is a sentence. Word like اُس وقت ,اُس دن etc. will come instead of وہ or ایسا.

اُس وقت آؤ جب کلاس خالی ہو۔

Come when the class is empty.

Exercise 5

Translation		Urdu	Translation		Urdu
death	f	وفات	company	f	کمپنی
stand	adj	کھڑا	sad	adj	غمگیں

۱) وہاں بیٹھو جہاں میں کہوں۔

۲) وہاں مت کھیلو جہاں لوگ بیٹھے ہیں۔

۳) میرے ابو وہاں پھسلے جہاں دودھ گرا تھا۔

۴) تمہارے دادا وہاں ہیں جہاں بچے کھیل رہے تھے۔

۵) جہنم ایسی جگہ ہے جہاں صرف تکلیف اور رنج ہو گی۔

۶) اس ہفتہ بہت گرمی تھی جب اسکول کی چھٹیاں تھیں۔

۷) جنت ایسی جگہ ہے جہاں ہر قسم کی خوشی اور مزہ ہو گا۔

۸) ایسی جگہ پر دکان کھولو جہاں بہت لوگ آتے جاتے ہیں۔

۹) وہ دن بہت سخت ہو گا جب ہم اللہ کے سامنے کھڑے ہوں گے۔

۱۰) اس سال بہت برف گری تھی جب میرے چچا حج کے لئے گئے۔

۱۱) یہ آڑا بہت تیز ہے تو اس کو ایسی جگہ پر رکھو جہاں سے بچے نہ لے سکے۔

۱۲) مہمان کا سامان ان کے کمرے میں لے جاؤ اور وہاں رکھو جہاں وہ کہیں۔

۱۳) ہم ایک نیا صوفہ خریدیں گے، اور اس کو وہاں رکھیں گے جہاں پرانا صوفہ تھا۔

۱۴) ہم باغ میں ایسی جگہ پر بیٹھتے ہیں جہاں اچھا سایہ ہوتا ہے اور دھوپ نہیں ہوتا۔

۱۵) یہ بڑھئی کسی کمپنی کے لئے کام نہیں کرتا، جہاں اس کو نوکری ملتی ہے وہاں کام کرتا ہے۔

۱۶) ایسی جگہ پر مت بیٹھو جہاں سے لوگ گزرتے ہیں اس لئے کہ ان کے لئے گزرنا مشکل ہوگا۔

۱۷) یہ پگڑی ایسی صاف جگہ پر رکھو جہاں دھول نہ ہو اس لئے کہ میں اس کو عید کے دن پہننا چاہتا ہوں۔

۱۸) مدینہ کے لوگ اس دن سب سے خوش ہوئے جب نبی ﷺ مدینہ آئے، اور وہ سب سے غمگیں اُس دن تھے جب نبی ﷺ کی وفات ہوئی۔

Note:

If you want to bring an adverb of reason as a whole sentence put the word اس وجہ سے or اس لئے in the first sentence, then add the word کہ or تاکہ with the sentence adverb after it.

میں اردو سیکھنے کے لئے مدرسہ جاتا ہوں

میں اس لئے مدرسہ جاتا ہوں تاکہ اردو سیکھوں۔

If you want to bring an adverb of manner as a whole sentence put the word اس طرح in the first sentence, then add the word کہ with the sentence adverb after it.

وہ اس طرح بھاگا کہ وہ شیر سے بھاگ رہا ہے۔

He ran as though he was running from a lion.

Lesson 33
Joining Sentences

Two or more sentences can be joined by using one of the following words.

Translation		Urdu	Translation		Urdu	Translation		Urdu
therefore	conj	چنانچہ	so	conj	تو	and	conj	اور
when	conj	جب کہ	or	conj	یا	then	conj	پھر

Sentences can also be joined by removing the نا from the infinitive of the verb in the first sentence and replacing it with the word کر.

کپڑے بدلو اور اسکول جاؤ ⇦ کپڑے بدل کر اسکول جاؤ

Change your clothes and go to school.

Exercise 1

Translate the following sentences into English.

۱) دیکھو اور چلو۔
۲) دیکھ کر چلو۔
۳) باہر جاؤ اور کھیلو۔
۴) باہر جا کر کھیلو۔
۵) دوا پیو اور سو جاؤ۔
۶) دوا پی کر سو جاؤ۔
۷) لیٹ کر سو جاؤ۔
۸) آگ بجھا کر سوؤ۔
۹) سمندر جا کر تیرو۔
۱۰) بیٹھ کر مشورہ کرو۔
۱۱) کھا کر اللہ کا شکر کرو۔
۱۲) چھینک کر الحمد للہ کہو۔
۱۳) عمامہ باندھ کر نماز پڑھو۔
۱۴) تمہارے بھائی کو جا کر بلاؤ۔
۱۵) یہاں بیٹھ کر اپنا سبق یاد کرو۔
۱۶) کسی کو دھکا دے کر آگے مت جاؤ۔
۱۷) سیڑھی پر چڑھ کر چھت صاف کرو۔
۱۸) یہ چھٹی یہاں سے اٹھا کر میز پر رکھو۔

Note:

The second verb is the main verb, so the verb before کر will also have to be translated in the same tense as the main verb.

میں بیٹھ کر پڑھ ہوں گا
I will sit and pray.

میں نے بیٹھ کر ہوم ورک لکھا۔
I sat and wrote my homework.

میں سوچ کر لکھ رہا ہوں
I am thinking and writing.

Exercise 2

Translation		Urdu	Translation		Urdu	Translation		Urdu
all	adj	سارا	excuse	m	عذر	to sit s.o down	v	بٹھانا
to intrude, to break-in	v	گھس جانا	unreasonable	adj	نامعقول	carelessness	f	بے توجہی
			result	m	نتیجہ	danger	m	خطرہ

Translate the following sentences into English.

۱) میں تم سے مل کر بہت خوش ہوا۔
۲) مینڈھے کو گھر کے پاس لا کر باندھو۔

۳) کسان زمین کھود کر اس میں بیج بوتا ہے۔

۴) کیا تم نے سامان وہاں سے اٹھا کر گھر میں رکھا؟

۵) اس نے مجھے گھر لے جا کر اپنی ساری کتابیں دکھائیں۔

۶) ہم صبح جلدی اٹھ کر اسکول کے لئے تیاری کرتے ہیں۔

۷) چوڑ دروازہ توڑ کر گھر میں گھس گئے اور سامان اٹھا کر بھاگ گئے۔

۸) اگر غلطی سے کسی کا دل دکھایا تو اس سے معافی مانگ کر خوش کرو۔

۹) لوگ ٹھنڈی رات میں آگ جلا کر اس کے گرد بیٹھ جاتے ہیں۔

۱۰) مجھے ایسے لوگوں کو دیکھ کر رحم آتا ہے جو بالکل غریب ہیں اور جن کے پاس کپڑے اور گھر نہیں۔

۱۱) جب احمد اسکول تاخیر سے پہنچا تو اس نے ایسا نا معقول عذر دیا کہ استاد صاحب نے بھی سن کر مسکرایا۔

۱۲) میں ان بچوں کو بٹھا کر سمجھاؤں گا جو کلاس میں شرارت کرتے ہیں کہ یہ بہت بری عادت ہے اور ایسا نہیں کرنا چاہیے۔

۱۳) جو بچے کلاس میں شرارت کرتے ہیں میں ان کو بٹھا کر سمجھاؤں گا جو کہ یہ بہت بری عادت ہے اور ایسا نہیں کرنا چاہیے۔

۱۴) اِس شہر میں نوکری ملنی مشکل ہے، اس لئے میں دوسرے شہر میں منتقل ہو کر نوکری تلاش کرنا چاہتا ہوں۔

۱۵) اس کی امی نے اس کو بہت کہا کہ سڑک پر بہت برف ہے جس کی وجہ سے گرنے کا خطرہ ہے، لیکن اس نے امی کی بات نہ سنی، اور بیچارہ پھسل کر زور سے گرا۔

۱۶) عامر کے امتحان کے نتیجے دیکھ کر مجھے بہت غصہ آیا، اس لئے نہیں کہ وہ مارکس کم تھے، لیکن اس وجہ سے کہ اس کو زیادہ مارکس ملنے چاہیے تھے کیوں کہ سب غلطیاں بے توجہی کی وجہ سے تھیں۔

Note

If the verb ends in کرنا then instead of adding کر, you will add the word کے.

تیاری کرکے انتظار کرو۔

Get ready and wait.

Exercise 3

Translation		Urdu	Translation		Urdu	Translation		Urdu
to like, to choose	v	پسند کرنا	mark	m	نشان	benefit	m	فائدہ
to regret	v	پچھتانا	effort	f	کوشش	to start doing something	v	لگ جانا

Translate the following sentences into English.

۱) وضو کرکے مسجد جاؤ۔

۲) سلام کرکے گھر میں جاؤ۔

۳) کمرے صاف کرکے نیچے آؤ۔

۴) تیاری کرکے گاڑی کا انتظار کرو۔

۵) تم وقت ضائع کرکے پچھتاؤگے۔

۶) اپنی کوشش کرکے اللہ پر بھروسہ کرو۔

۷) اپنی ساری راحتیں قربان کرکے علم حاصل کرو۔

۸) اب نو بجے ہیں، تو سورہ تبارک کی تلاوت کرکے سو جاؤ۔

۹) علم حاصل کرکے اس پر عمل کرو اور دوسروں کو سکھاؤ۔

۱۰) کوئی اپنے والدین کی نافرمانی کرکے کامیاب نہیں ہو سکتا۔

۱۱) سب سے محبت کرو، کسی سے نفرت کرکے کیا کریں گے؟

۱۲) ہیٹر چالو ہے، لیکن مجھے بہت گرمی لگ رہی ہے، اس کو ذرا کم کرکے واپس آجاؤ۔

۱۳) شکایت کرکے بیٹھ جانے میں کوئی فائدہ نہیں، بلکہ ہمت کرکے کام میں لگ جاؤ۔

۱۴) یہ پیسے تمہارے جوتے کے لئے ہیں، دکان میں جا کر کوئی جوتے پسند کرکے خریدو۔

۱۵) کسی کا دل دکھانا نہیں چاہیے، اس لئے کہ کسی کا دل دکھا کر خوشی کی زندگی گزارنا نا ممکن ہے۔

۱۶) کیا میں تمہاری پنسل استعمال کر سکتا ہوں؟ جی ہاں، لیکن استعمال کرکے واپس اس کی جگہ پر رکھو۔

۱۷) تمہارے ہوم ورک میں چند غلطیاں ہیں جن پر میں نے نشان لگائے، ان کو درست کرکے پھر مجھے دوبارہ دکھاؤ۔

۱۸) فضول چیزوں پر پیسہ خرچ کرکے مجھے خوشی نہیں ہوتی، بلکہ مجھے اچھے کاموں میں خرچ کرکے خوشی ہوتی ہے۔

Note:

If you want to join two negative sentences you add the word نہ in both of them.

Look at the following sentence:

میں نے اس کو پہلے نہیں دیکھا، اور میں نے اس کے بارے میں نہیں سنا۔

This can be shortened to:

نہ میں نے اس کو پہلے دیکھا نہ اس کے بارے میں سنا۔

This is translated as “neither.... nor”

Neither did I see him before, nor did I hear about him.

Exercise 4

Translation		Urdu	Translation		Urdu
low	adj	پست	to leave	v	رہنے دینا
enmity	f	دشمنی	to know	v	جاننا

Translate the following sentences into English.

۱) نہ میں نے اس کو ستایا نہ اس کو مارا۔

۲) احمد نہ چشمہ پہنتا ہے نہ عمامہ۔

۳) یہ راستہ نہ خشک ہے نہ بالکل گیلا۔

۴) اس چاول میں نہ گوشت ہے نہ ہڈیاں۔

۵) اس پانی کو رہنے دو، نہ اس کو کم کرو نہ اس کو بڑھاؤ۔

۶) یہ پانی بہت اچھا ہے، نہ بہت گرم ہے، نہ بہت ٹھنڈا ہے۔

۷) مجھے معلوم نہیں ہے کہ احمد کہاں ہے، نہ وہ مسجد میں ہے نہ وضوخانے میں ہے۔

۸) یہ اچھی کتاب ہے، نہ بہت مشکل نہ بہت آسان، اور نہ بہت لمبا اور نہ بہت مختصر۔

۹) وہ اچھا لڑکا ہے، نہ اپنے دوستوں کے دلوں کو دکھاتا ہے نہ استاد کی نافرمانی کرتا ہے۔

۱۰) اچھی طرح بولو، نہ تیز بولو نہ بہت آہستہ، اور نہ بہت بلند آواز سے بات کرو نہ بہت پست آواز سے۔

۱۱) حسین کیسا آدمی ہے؟ میں نہیں جانتا، نہ میں نے اس کے ساتھ سفر کیا، نہ میں نے اس کے ساتھ کوئی معاملہ کیا۔

۱۲) نہ کسی سے دشمنی کرو، نہ بہت زیادہ پیار، آج کا دشمن کل کا دوست ہو سکتا ہے، اسی طرح آج کا دوست کل کا دشمن ہو سکتا ہے۔

Lesson 34
Conditions

The word اگر means *if*. When the word اگر is used it will have two sentences after it. If the first sentence does not have a verb, the word ہے will change to ہو.

باہر ٹھنڈی ہے تو کوٹ پہنو ⇦ اگر باہر ٹھنڈی ہو تو کوٹ پہنو۔

The word ہیں will change to ہوں.

اگر بچیاں بیمار ہوں تو ان کو دوا دو۔

If the girls are sick then give them medicine.

Exercise 1

Translate the following sentences into English.

۱) اگر یہ روٹیاں باسی ہوں تو مجھے نہیں چاہیے۔

۲) اگر درخت کی شاخیں لمبی ہوں تو کسی کو لگے گی۔

۳) اگر آپ مجھ سے ناراض ہوں تو میں معافی مانگتا ہوں۔

۴) اگر تم کو بیت الخلا کی ضرورت ہو تو بیت الخلا خالی ہے۔

۵) اگر تمہارے پاس وقت ہو تو مجھے مدد کی ضرورت ہے۔

۶) اگر آپ کو سردی ہو تو باہر ٹھنڈی میں نہیں کھیلنا چاہیے۔

۷) اگر تم کو اُس آدمی پر بھروسہ ہو تو پھر اس کے ساتھ کام کرو۔

۸) اگر تمہارے پاس معقول عذر ہو تو استاد صاحب کو کہنا چاہیے۔

۹) اگر موسم ٹھیک ہو تو ہم تفریح کے لئے سمندر کے پاس جائیں گے۔

۱۰) اگر سڑک پر برف ہو اور گرنے کا خطرہ ہو تو بہت آہستہ چلنا چاہیے۔

۱۱) تمہارے بال بہت خشک ہیں، اگر تمہارے پاس تیل ہو تو روزانہ تیل لگاؤ۔

۱۲) اگر یہ کاغذات سب کے لئے ہوں تو ان کو میز پر رکھو تاکہ سب دیکھ سکیں۔

۱۳) اگر تمہارے پاس زائد ہیٹر ہو تو ذرا مجھے دیجئے اس لئے کہ میرا خراب ہو گیا۔

۱۴) آج بچوں کا روزہ ہے، اگر تمہارے پاس کھجوریں ہوں تو ان کو دے دو۔

۱۵) اگر تمہارے پاس پاس پورٹ اور ویسا نہ ہوں تو تم کو سفر نہیں کرنے دیں گے۔

۱۶) آپ کیا پسند کریں گے؟ چائے یا کافی؟ اگر آپ کے پاس کافی ہو تو میں کافی پیئوں گا۔

۱۷) اگر گھر میں بہت شور ہو اور تم ہوم ورک نہیں کر سکتے ہو تو لائبریری جا کر اپنا کام کرو۔

۱۸) اگر اس کمپنی میں کوئی نوکری ہو تو مجھے بتلاؤ اس لئے کہ میں اس وقت بے روزگار ہوں اور نوکری تلاش کر رہا ہوں۔

Note:

اگر may also come on a sentence with a verb. If the condition is something with a bit of certainty, it will come in the future tense.

اگر تم مسجد جاؤ گے تو وہاں ایک مسافر ہو گا۔

If you go to the masjid there will be a traveller there.

If the condition does not have certainty, the گا will drop from the verb.

اگر کوئی تم سے پوچھے تو اس کو صحیح جواب دو۔

If someone asks you, give them the correct answer.

If it is a verb with ہے or ہیں in the end, it will change to ہو or ہوں.

اگر تم بازار جا رہے ہوں تو میرے لئے کیلے لائیے۔

If you are going to the market then get me some bananas.

Exercise 2

Translation		Urdu
to present salaam	v	سلام پیش کرنا
to sneeze	v	چھینک آنا
area	m	علاقہ

Translation		Urdu
crimes	m	جرائم
crime	m	جرم
drugs	f	منشیات (مَنشُیات)
never	adv	ہر گز

Translation		Urdu
operation	m	آپریشن
stranger	m	اجنبی
wallet	m	بٹوا
to present	v	پیش کرنا

Translate the following sentences into English.

۱) اگر تم کوئی مچھلی پکڑو تو مجھے بلاؤ۔

۲) اگر تم اس کو ستاؤ گے تو وہ رو پڑے گا۔

۳) اگر تم لوگوں کو سردی لگ رہی ہو تو ہیٹر چالو کرو۔

۴) اگر کوئی اجنبی تم کو کوئی چیز دے تو اس سے ہر گز نہ لو۔

۵) اگر کھانا بچے تو سب دوستوں کو بلا کر ان کی دعوت کرو۔

۶) اگر ڈاکٹر آپریشن کے لئے کہہ رہا ہو تو تم کو کر لینا چاہیے۔

۷) اگر تم ہوم ورک نہ لکھو گے تو تم باہر جا کر کھیل نہ سکو گے۔

۸) اگر یہ آم خراب ہوں تو ان کو ردی کی ٹوکری میں پھینک دو۔

۹) جب تم مدینہ جاؤ تو نبی صلی اللہ علیہ وآلہٖ وسلم کو میری طرف سلام پیش کرو۔

۱۰) اگر اس کو سر میں درد ہو رہا ہو تو اس کو کہو کہ دوا پی کر لیٹ جاؤ۔

۱۱) اگر تمہارا دوست تم کو دعوت دے تو تم کو جانے کی اجازت ہے۔

۱۲) اگر آپ بہت تیزی سے بات کریں گے تو ہم کو سمجھ میں نہیں آئے گا۔

۱۳) اگر کوئی استاد صاحب سے غلط شکایت کرے تو ان کو بہت غصہ آتا ہے۔

۱۴) اگر کوئی بات سمجھ میں نہ آئے تو ہاتھ اٹھا کر ادب سے استاد صاحب سے پوچھو۔

۱۵) اگر تم اپنی سائیکل پر تالا نہیں لگائیں گے تو کوئی اس کو چوڑی کر کے لے جائے گا۔

۱۶) اگر کسی کے پیسے گم ہو گئے ہوں تم مجھے بتلاؤ اس لئے کہ مجھے باہر باغ میں ایک بٹوا ملا۔

۱۷) باہر جا کر کپڑے دیکھو، اگر سوکھ گئے ہوں تو ان کو اندر لے آؤ، ورنہ ان کو رہنے دو۔

۱۸) اگر چھینک آئے تو اپنا ہاتھ ناک پر رکھو، اور آواز نیچی کرو، اور چھینکنے کے بعد الحمد للہ کہو۔

۱۹) میں تمہارے لئے ایک تھیلی لایا، اگر تم کو پسند ہو تو اپنے پاس رکھ لو ورنہ مجھے واپس دے دو۔

۲۰) اُس گھر میں ایسے لوگ رہتے ہیں جو منشیات لیتے ہیں اور دوسروں کو بیچتے ہیں، اگر وہ یہاں سے منتقل ہو جائیں تو اِس علاقہ میں جرائم کم ہوں گے۔

Note:

If you want to use اگر with something impossible or which has already happened and cannot be changed, you take off the ہے or ہیں from the present habitual tense.

اگر تمہارے والد صاحب یہاں ہوتے تو تم یہ کام نہ کرتے۔

If your father was here, you would not have done this.

Exercise 3

Translation		Urdu	Translation		Urdu	Translation		Urdu
to get hurt	v	چوٹ لگنا	envelope	m	لفافہ	definitely	adv	ضرور
			seatbelt	m	سیفٹی بیلٹ	to get involved in (difficulty)	f	پھنسنا

Translate the following sentences into English.

۱) اگر مجھے وہ کتاب ملتی تو میں تم کو دکھاتا۔

۲) اگر مجھے وہ کتاب ملے تو میں تم کو دکھاؤں گا۔

۳) اگر وہ خط میرے لئے ہوتا تو میں لفافہ کھولتا۔

۴) اگر تم وقت ضائع نہ کرتے تو کامیاب ہوتے۔

۵) اگر استاد عامر کو وہ کام سونپتے تو وہ ضرور کرتا۔

۶) اگر یہ لوگ جلدی سو جاتے تو تاخیر سے نہ اٹھتے۔

۷) اگر وہ خط میرے لئے ہے تو میں لفافہ کھولوں گا۔

۸) اگر تم راستے سے یہ چیز ہٹا دیتے تو وہ بیچاری نہ گرتی۔

۹) اگر فاطمہ میری بات مانتی تو وہ مصیبت میں نہ پھنستی۔

۱۰) اگر طلحہ بیمار نہ ہوتا تو میں اس کو اپنے ساتھ لے جاتا۔

۱۱) اگر احمد مجھے بتلاتے کہ وہ بھوکا ہے تو میں ان کو کھانا دیتا۔

۱۲) اگر وہ سیفٹی بیلٹ پہنتا تو اس کو اتنی سخت چوٹ نہ لگتی۔

۱۳) اگر اُن لوگوں کے پاس علم ہوتا تو اس قسم کی غلطی نہ کرتے۔

۱۴) اگر وہ بچیاں اس چھوٹے بچے کو نہ ستاتیں تو نہ وہ روتا نہ ان کو سزا ملتی۔

۱۵) کیا کسی نے اذان دی؟ میں نے تو نہیں سنی! اگر میں سنتا تو میں ضرور مسجد جاتا۔

۱۶) زبیر کبھی کبھی شرارت کرتا ہے، لیکن وہ اچھا لڑکا ہے، اگر تم اس کو سمجھاتے تو وہ تمہاری بات مانتا اور شرارت نہ کرتا۔

۱۷) تم نے میرے سلام کا جواب کیوں نہیں دیا؟ اگر تم زور سے سلام کرتے تو میں جواب دیتا، لیکن میں نے تمہارا سلام نہیں سنا۔

Note

The word جو can also be used with two sentences.

جو پہلے آئے گا اس کو اچھی جگہ ملے گی۔

Whoever *comes first will get a good place.*

Exercise 4

Translation		Urdu	Translation		Urdu	Translation		Urdu
to make s.o. do		کروانا	to destroy, to ruin	v	برباد کرنا	to be involved	v	مبتلا ہونا

Translate the following sentences into English.

۱) جو محنت نہیں کرے گا وہ فیل ہو گا۔

۲) جو پیسہ ضائع کرتا ہے وہ پچھتائے گا۔

۳) جو برے کام کرے گا وہ جہنم میں جائے گا۔

۴) جو علم کا ادب کرے گا اس کو علم حاصل ہو گا۔

۵) جو نیک کام کرے گا اللہ تعالی اس کو جنت دے گا۔

۶) جو لوگوں پر رحم کرتا ہے اللہ اس پر رحم کرے گا۔

۷) جو منشیات میں مبتلا ہو گا وہ اپنی زندگی برباد کرے گا۔

۸) جو بے توجہی سے لکھے گا اس سے بہت غلطیاں ہوں گی۔

۹) جو امتحان میں پہلے نمبر سے پاس ہو گا میں اس کو ایک خاص انعام دوں گا۔

۱۰) جو قرآن کی تلاوت کرتا ہے اور اللہ کی یاد کرتا ہے اس کا دل مردہ نہ ہو گا۔

۱۱) جو دوسروں پر ہنسے گا اللہ اس سے ایسا کام کروائے گا جس کی وجہ سے لوگ اس پر ہنسیں گے۔

Lesson 35
Respect in Verbs

We have studied some basic rules of using respectful language in Urdu. Here we will learn a few rules of how to show respect in verbs.

One of the most common verbs for respect is فرمانا. This is used instead of کہنا (to say).

میرے والد صاحب فرمارہے ہیں کہ

My father is saying that ...

The word فرمانا can also replace the کرنا at the end of a verb. This will not be translated as "to say".

شروع کرنا⇦شروع فرمانا

استاد صاحب سبق شروع فرمارہے ہیں۔

The teacher is starting the lesson.

You cannot use the word فرمانا with verbs that don't end in کرنا.

بیٹھ فرمانا✗

You can use the word فرمانا with Allah, but you will use the singular and not the plural.

اللہ قرآن میں فرماتا ہے

Allah says in the Quran

اللہ تعالی اپنے نیک بندوں کو پسند فرماتا ہے۔

Allah loves his pious servants.

If you want to show even more respect with the verb to say, you will use the verb ارشادفرمانا.

نبی کریم ﷺ نے ارشاد فرمایا

The prophet said ...

If someone younger is speaking to an elder or senior, you would use the word عرض کرنا instead of کہنا.

میں نے استاد صاحب سے عرض کیا کہ

I said to the teacher.

The word تشریف لانا or تشریف لے آنا is used in place of آنا to show respect.

مولانا صاحب ابھی تشریف لائیں گے۔

Mawlana Sahib is going to come now.

تشریف لے جانا is used instead of جانا.

نبی ﷺ نماز کے بعد گھر تشریف لے جاتے تھے

Note:

To call someone the word اے is used.

اے اللہ!

O Allah.

Exercise 1

Translation		Urdu	Translation		Urdu
perfume	f	خوشبو	to grant	v	عطافرمانا
foul-smelling	adj	بدبودار	widow	f	بیوہ

Translate the following sentences into English.

۱) اے اللہ ہم کو جنت عطافرما۔

۲) نبی ﷺ مسواک استعمال فرماتے۔

۳) اے اللہ! ہمارے گناہوں کو معاف فرما۔

۴) نبی ﷺ لوگوں کی دعوت قبول فرماتے۔

۵) نبی ﷺ بیماروں کی بیمارپرسی فرماتے تھے۔

۶) نبی ﷺ اپنے ناک کو بائیں ہاتھ سے صاف فرماتے۔

۷) حضرت ابوبکر رضی اللہ عنہ بیوہوں کی مدد فرماتے تھے۔

۸) نبی ﷺ سب کو سلام کرتے، چھوٹوں کو بھی اور بڑوں کو بھی۔

۹) نبی ﷺ خوشبو پسند فرماتے، اور بدبودار چیزیں پسند نہ فرماتے۔

۱۰) جو آیت الکرسی پڑھ کر سوئے گا اللہ تعالی اس کی حفاظت فرمائے گا۔

Lesson 36
Participle

Sometimes you may want to show the state or condition of the subject or object along with the main verb.

I came running.

I this sentence the main verb is came. However, the word running shows the condition of the subject at the time of the main verb.

In Urdu this is made by adding the word تاہوا to the end of the verb.

بچہ روتاہوا آیا۔

The boy came crying

If the subject is feminine or plural the تاہوا changes.

بچے روتے ہوئے آئے   بچی روتی ہوئی آئی   بچیاں روتی ہوئی آئیں

If a verb ends in ہونا you will add کر to it instead of ہوتا.

خاموش ہو کر بیٹھ جاؤ!

Sit quietly.

This phrase can also be translated as whilst.

بیٹھتے ہوئے خیال رکھو۔

Be careful whilst sitting.

Exercise 1

Translation		Urdu	Translation		Urdu	Translation		Urdu
handkerchief	m	رومال	To tire	v	تھکنا	to shake, shive, tremble	v	کانپنا
			To forget	v	بھول جانا	to converse, to speak	v	گفتگو کرنا

Translate the following sentences into English.

۱) وہ دوڑتی ہوئی آرہی ہے۔

۲) یہ بچیاں چلتی ہوئی گئیں۔

۳) کھیلتے ہوئے مجھے چوٹ لگی۔

۴) ہم نے کھاتے ہوئے گفتگو کی۔

۵) وہ کتاب پڑھتے ہوئے سو گیا۔

۶) بولتے ہوئے آہستہ بولنا چاہیے۔

۷) احمد روتا ہوا اپنے کمرے میں گیا۔

۸) دروازہ کھولتے ہوئے چابیاں گر گئیں۔

۹) بچے کو سلاتے ہوئے میں بھی سو گیا۔

۱۰) یہ بچہ کتابیں پڑھتا ہوا نہیں تھکتا ہے۔

۱۱) مجرم کانپتا ہوا قاضی کے سامنے آیا۔

۱۲) گھر کو جلتے ہوئے دیکھ کر بہت افسوس ہوا۔

۱۳) فاطمہ امتحان کے کمرے میں ڈرتی ہوئی گئی۔

۱۴) یہ بچے فٹ بال کے بعد لڑتے ہوئے گھر گئے۔

۱۵) اس بچے نے روتے ہوئے تمہاری شکایت کی۔

۱۶) سفر کی تیاری کرتی ہوئی فاطمہ صابن رکھنا بھول گئی۔

۱۷) تلاوت کرتے ہوئے بہت ادب سے بیٹھنا چاہیے۔

۱۸) علم حاصل کرتے ہوئے بہت محنت کرنی چاہیئے۔

۱۹) میں اللہ پر بھروسہ کرتے ہوئے شروع کروں گا۔

۲۰) چھری استعمال کرتے ہوئے بہت خیال رکھنا چاہیئے۔

۲۱) چھینکتے ہوئے اپنے ناک پر ہاتھ یا رومال رکھنا چاہیئے۔

۲۲) امام صاحب نے میری طرف مسکراتے ہوئے دیکھا۔

۲۳) کمرے کو صاف کرتے ہوئے مجھے ایک پرانا کھلونا مل گیا۔

۲۴) اپنے والدین کی نافرمانی کرتے ہوئے تم کو شرم نہیں آتی؟

۲۵) میری امی قرآن کی تلاوت سنتے ہوئے گھر کا کام کاج کرتی ہیں۔

۲۶) ٹرین کی کھڑکی سے خوبصورت مناظر دیکھتے ہوئے ہم لندن پہنچے۔

۲۷) میرے والد صاحب نے ڈانٹتے ہوئے پوچھا کس نے یہ کھڑکی توڑی؟

۲۸) احمد اور اس کے دوستوں نے خاموش ہو کر لائبریری میں کتابیں پڑھیں۔

۲۹) سیڑھیوں سے اترتے ہوئے سبحان اللہ کہنا چاہیئے، اور چڑھتے ہوئے اللہ اکبر کہنا چاہیئے۔

۳۰) اس بچہ سے بات کرتے ہوئے مجھے معلوم ہوا کہ وہ یتیم ہے اور اس کے والد صاحب کا انتقال ہو گیا ہے۔

Note:

You can use the تا ہوا form of the verb as an adjective.

چلتی ہوئی گاڑی

moving car

Sometimes the ہوا is removed.

چلتی گاڑی

You can even use the word on its own as a noun with the adjective meaning inside.

سوتوں کو مت جگاؤ۔

Don't awake the sleeping (ones)

Practice

نبی کریم ﷺ کی تواضع کا عالم

Notes

1. In Urdu, possession can be shown without کا, کے or کی. This is done by adding a زیر to the first word. This زیر is pronounced as a ے.

   علمِ قرآن = قرآن کا علم

   Knowledge of the Quran

   This structure can also be used to show an adjective.

   صحبتِ صالح

   pious company

   If the first word ends in ی or ہ you add a ء to the first word before adding the زیر.

   خلیفۂ وقت — *The Khalif of the time*

   نبیٔ کریم — *The noble prophet*

2. The word آنحضرت (pronounced آں حضرت) is a respectful word used to refer to the Prophet Muhammad ﷺ. The words آپ ﷺ, حضورِ پاک, is also used.

3. The word عالم literally means world. However, in can also give the meaning "so". It gives a similar meaning to اتنا.

   فرعون کا تکبر کا یہ عالم تھا کہ وہ اپنے آپ کو خدا کہتا تھا۔

   Firawn was so proud that he called himself god.

   قارون کی مالداری کا یہ عالم تھا کہ

   Qarun was so rich that....

Vocab

Translation		Urdu
immediately	adv	فوراً
cemetery	m	قبرستان
noble	adj	کریم
wealth	f	مالداری

Translation		Urdu
great, very, extreme	adj	شدید
companion of the prophet	m	صحابی
plural of صحابی	m	صحابہ
company	f	صحبت
world	m	عالم

Translation		Urdu
to send forward	v	آگے بڑھانا
pride	m	تکبر
humility, humbleness	f	تواضع
honour, respect, reverence	f	توقیر
means	m	ذریعہ

Text

آنحضرت ﷺ کی تواضع کا یہ عالم تھا کہ آپ اپنے پیچھے صحابہ کی بھیڑ چلنا پسند نہ فرماتے تھے۔ایک صحابی ابواُمامہ فرماتے ہیں کہ ایک مرتبہ جناب رسول اللہ ﷺ شدید گرمی کے دن بقیع کی طرف تشریف لے چلے،بقیع مدینہ منورہ کے قبرستان کا نام ہے،لوگ آپ کے پیچھے

چل رہے تھے، جب آپ نے پیچھے جوتوں کی آواز سنی تو اسے اپنی توقیر کا ذریعہ سمجھا اور آپ فوراً بیٹھ گئے، اور صحابہ کو آگے بڑھا دیا۔ (اللہ والوں کی مقبولیت کا راز صفحہ ۳۳)

حضرت ابو بکر رضی اللہ عنہ کی تواضع

Notes

1. The word کہاں means where. However, کہاں can also be used to make a sentence negative when the speaker thinks something is unlikely to happen.

   یہ لڑکا بہت سست ہے، وہ کہاں محنت کرے گا۔

   This boy is very lazy. He is not going to make any effort. ✓
   This boy is very lazy. Where is he going to make effort? ✗

   In this case, کہاں is translated in the negative and not as "where".

2. You use the word کیوں نہیں (why not) after a negative sentence you disagree with.

   یہ درخت نہیں اگے گا۔ کیوں نہیں! ضرور اگے گا۔
   This tree will not grow. Why not? It will surely grow.

   یہ بچہ کامیاب میں نہیں ہوگا۔ کیوں نہیں! وہ کامیاب ہوگا۔
   This child will not be successful. Why not? He will be successful.

3. The word بس means "stop". However, it does not always have to be translated.

   آپ کیوں آئے؟ بس یوں ہی۔
   Why did you come? Just.

4. The phrase یوں سمجھو literally means understand this way. However, it is better translated as Think of it this way.

Vocab

Translation		Urdu	Translation		Urdu	Translation		Urdu
busyness	f	مصروفیت	to look after	v	دیکھ بھال کرنا	hope	f	امید
to find out, to know	v	معلوم ہونا	previous	adj	سابقہ	to become	v	بننا
to be appointed	v	مقرر ہونا	why not	-	کیوں نہیں	to change	v	تبدیلی کرنا

Text

نبی ﷺ کے بعد حضرت ابو بکر رضی اللہ عنہ مسلمانوں کا خلیفہ بنے۔ اِس سے پہلے آپ اپنے محلہ والوں کی بکریوں کا دودھ دوہا کرتے تھے۔ جب آپ خلیفہ مقرر ہوئے تو محلہ کی ایک بچی نے کہا کہ اب ابو بکر ہمارے جانوروں کا دودھ کہاں نکالیں گے۔

حضرت ابو بکر رضی اللہ عنہ کو جب یہ معلوم ہوا تو آپ نے فرمایا کہ کیوں نہیں؟ میں اب بھی تمہارے لئے دودھ دوہا کروں گا، اور مجھے امید ہے کہ میری نئی مصروفیت میرے کسی سابقہ اخلاق میں تبدیلی نہ کرے گی۔ (اللہ والوں کی مقبولیت کا راز صفحہ ۳۴)

چنانچہ آپ خلیفہ وقت ہونے کے باوجود محلہ والوں کے لئے دودھ دوہا کرتے تھے۔ بس، یوں سمجھو کہ ایک بادشاہ لوگوں کے لئے جانوروں کی دیکھ بھال کر رہا ہے!

ماں کی خدمت

Notes

1. The verb کہتے ہیں can be used without a subject. In this case it is translated as called. You do not translate it as "say".

صحابی اس کو کہتے ہیں جس نے نبی ﷺ کو دیکھا ہے۔

That person is called a sahabi who has seen the prophet ﷺ.

2. The word یعنی means meaning. It is used to explain a previous word or sentence.

میں بقیع یعنی مدینہ منورہ کے قبرستان گیا۔

I went to Baqi: the graveyard of Madinah Munawwarah.

3. The word نزدیک can be used in two ways.
   One is to show a place.

تمہارا گھر مسجد سے نزدیک ہے۔

Your house is close to the masjid.

Another is to give the meaning of opinion or in someone's eyes.

میرے نزدیک عمرہ کرنا تفریح کے لئے جانے سے بہتر ہے۔

In my opinion, Umrah is better than going for a holiday.

اللہ کے نزدیک سب سے بہتر شخص وہ ہے جو سب سے نیک ہو۔

In Allah's eyes, the best person is the one who is the most pious.

Vocab

Translation		Urdu	Translation		Urdu
by, near to	prep	نزدیک	reward	m	ثواب
optional	adj	نفل	to press, to massage	v	ڈبانا

Text

محمد بن الْمُنْکَدِر ایک تابعی ہیں، تابعی اُس شخص کو کہتے ہیں جس نے کسی صحابی کو دیکھا ہو۔ ان کے ایک بھائی تھے جن کا نام عمر تھا۔ ایک مرتبہ ان کے بھائی عمر نے پوری رات نماز میں گزاری، اور محمد بن المنکدر نے پوری رات اپنی ماں کے پاؤں ڈبانے میں گزاری۔ حضرت محمد کہتے ہیں کہ میں یہ نہیں چاہتا کہ میں اپنی ماں کی خدمت کا ثواب اپنے بھائی عمر کو دوں اور وہ مجھے اپنی پوری رات کی نماز کا ثواب مجھے دے۔ یعنی میرے نزدیک ماں کی خدمت نفل عبادت سے بہت بہتر ہے۔

ادب کس سے سیکھا؟

Vocab

Translation		Urdu	Translation		Urdu	Translation		Urdu
action	m	فعل	wise	adj	حکیم	disrespectful, ill-mannered	adj	بے ادب
man	m	مرد	wise	adj	دانا	to stay way	v	پرہیز کرنا
			intelligent	adj	عقلمند	to like	v	پسند آنا

Notes

1. Sometimes, you can use an adjective in place of a noun. You will have to imagine the noun before it to be there.

   بڑوں کا ادب کرو۔

   This literally means "respect the big", but it is translated as "respect the elders (big people)." Here are a few more examples.

چھوٹوں پر رحم کرو	نیکوں کے ساتھ بیٹھا کرو	غریبوں کی مدد کرو
Have mercy on the young.	*Sit with the pious.*	*Help the poor (people).*

2. In Urdu, sometimes the possessive structure is broken up.

ان کا فعل ⇦ فعل ان کا	تمہارا گھر ⇦ گھر تمہارا
Their action	*your house*

3. In Urdu it is very common to have two words with the same or similar meanings. You do not always have to translate them both.

   ہوشیار اور ذہین

4. The subject of a verb can be removed if you can tell who it is from the context.

   میں نے احمد سے پوچھا کہ کیا وقت ہے؟ کہا دو بجے۔

   I asked Ahmad what time it is. (He) said two o'clock.

Text

لقمان بہت عقلمند، ہوشیار اور دانا مرد تھے، اِس وجہ سے ان کو لقمانِ حکیم کہتے ہیں۔ایک مرتبہ لوگوں نے آپ سے پوچھا کہ آپ نے ادب کس سے سیکھا۔ کہا بے ادبوں سے! یعنی جو فعل ان کا پسند نہ آیا اس سے پرہیز کیا۔

لالچ بری بلا ہے

Notes

1. The word ہائے is used to express sorrow and regret. It literally means alas or ah. Sometimes it comes with other words. They all show the same meaning of sorrow and regret.

ہائے افسوس　　ہائے اللہ　　ہائے ہائے

2. The word اور means and. However, it can also be used as an adjective in the meaning of another or more.

گاڑی میں اور جگہ نہیں۔	اور کھانا ہے؟	ایک اور آدمی میرے ساتھ ہے۔
There isn't any more space in the car.	*Is there more food?*	*There is another person with me.*

Vocab

Translation		Urdu	Translation		Urdu	Translation		Urdu
to be content	v	قناعت کرنا	bank, shore	m	پار	then	adv	تب
greed	m	لالچ	all, every	adj	تمام	to be sorry	v	افسوس ہونا
greedy	adj	لالچی(لال چی)	shadow, reflection	m	سایہ	egg	m	انڈہ
chicken	f	مرغی	to think	v	سوچنا	calamity	f	بلا
story	m	واقعہ	Gold	m	سونا	monkey	m	بندر

Text

ایک آدمی کے پاس ایک مرغی تھی جو سونے کا انڈا دیتی تھی، لالچی آدمی نے اس پر قناعت نہ کی۔ اس نے سوچا کہ اگر میں مرغی کو مار ڈالوں تو مجھ کو فوراً تمام انڈے مل جائیں گے، اس لئے اس نے مرغی کو کاٹ ڈالا، مگر اس میں کچھ نہ ملا تو اس کو بہت افسوس ہوا۔

اسی طرح کا ایک اور واقعہ ہے کہ ایک بندر اپنے منہ میں روٹی لے کر دریا پار جا رہا تھا۔ پانی میں روٹی کا سایہ دیکھ کر اسے لینے کو منہ کھولا، جو روٹی منہ میں تھی وہ پانی میں گر پڑی، تب بندر بولا ہائے، لالچ بری بلا ہے۔

Sour Grapes

Notes

1. You can use the perfect participle with the verb ہوا to give an adjective meaning.

بچا ہوا پانی	سمجھایا ہوا سبق	تختہ پر تمہارا نام لکھا ہوا تھا۔
Left over water	*explained lesson* *lesson which has been explained*	*Your name was written on the board.*

The word ہوا is sometimes removed from the verb. This is very common with the verbs سونا, بیٹھنا, کھڑا ہونا etc.

مہمان بیٹھے ہوئے ہیں ⇦ مہمان بیٹھے ہیں۔	میں سویا ہوا تھا ⇦ میں سویا تھا
The guests are sitting.	*I was sleeping.*

237

2. As mentioned before the word لگنا has **many** meanings. One of its meanings is to simply show that something is on something else.

دیوار پر ایک تصویر لگی ہوئی تھی۔ | درخت پر بہت سیب لگے ہوئے تھے۔

There was a picture on the wall. | *There were a lot of apples on the tree.*

3. The word کیسا means how and is used to ask a question. However, it can also be used to emphasize the adjective after it.

یہ کیسی پیاری بچی ہے! | یہ کیسا عجیب سوال ہے! | یہ کیسا لمبا درخت ہے!

What a sweet girl! | *What a stupid question!* | *What a tall tree this is!*

4. The word معلوم means to know. It can also be used with the verb ہونا to give the meaning of seem.

یہ سبق ذرا مشکل معلوم ہوتا ہے۔ | یہ لڑکا اچھا معلوم ہوتا ہے۔ | مجھے یہ لفظ معلوم نہیں۔

This lesson seems to be a bit difficult. | *This boy seems to be good.* | I don't know this word.

5. The word بے means without. It can be added before nouns. It cannot come on its own.

Translation		Urdu	Translation		Urdu	Translation		Urdu
useless	adj	بے کار	unconscious	adj	بے ہوش	immodest	adj	بے شرم
useless	adj	بے فائدہ	disrespectful	adj	بے ادب	without doubt	adj	بے شک

6. The word با means with and it comes before nouns. It cannot come on its own.

با ادب

Respectful (with respect)

Vocab

Translation		Urdu	Translation		Urdu	Translation		Urdu
worthy	adj	لائق	Vine	f	بیل	to jump	v	اچھلنا
fox	f	لومڑی	Bunch	m	خوشہ	here and there	adv	اِدھر اُدھر
			Taste	m	ذائقہ	grapes	m	انگور
			Sour	adj	کھٹا	to tell off, to say s.t bad about s.t	v	برا بھلا کہنا

Text

ایک بھوکی لومڑی نے ایک بڑی بیل انگور کی دیکھی جس پر بہت عمدہ انگوروں کا ایک خوشہ لگا ہوا تھا، اس نے کہا وہ کیسے اچھے معلوم ہوتے ہیں، میں ان کا ذائقہ ضرور لوں گا، لومڑی تب ادھر ادھر بہت اچھلی، مگر بے فائدہ کیوں کہ وہ ان تک نہ پہونچ سکی۔ آخر اس نے کہا وہ کھٹے ہیں اور کھانے کے لائق نہیں، اور اپنے راستہ چلی گئی۔

اس وجہ سے انگریزی میں اگر کسی کو کوئی چیز چاہیے مگر اس کو وہ چیز نہ ملے اور اس کو اس پر غصہ آئے اور اس کو برا بھلا کہے، تو اس کو sour grapes کہتے ہیں یعنی وہ بھی اس لومڑی کی طرح ہے، اس کو انگور چاہیے تھا، لیکن جب نہیں ملا تو اس کو برا بھلا کہا۔

Notes

1. The word اتنا can be brought to give further explanation of something.

یہ آدمی اتنا سست ہے کہ دوپہر تک سوتا ہے۔

This man is so lazy that he sleeps till afternoon.

The word اتنا must be followed by another sentence which gives more detail.

2. The word ارے is used to call someone. However, this is not very polite. It is just like the English word Hey!

ارے! کیا کر رہے ہو۔

Hey! What are you doing!

3. The word گاہ means place. It is added to the end of many words.

Translation		Urdu	Translation		Urdu	Translation		Urdu
court	f	بارگاہ	place of worship	f	عبادت گاہ	a place where Eid salah is performed	f	عید گاہ

4. The phrase کوئی بات نہیں is very common in Urdu. It can be translated as It doesn't matter or Don't worry about it.

5. The word آپس میں is used to show the action took place amongst people.

آپس میں محبت کے ساتھ رہو۔

Love each other.

آپس میں مشورہ کرو۔

Discuss it amongst yourselves.

یہ لوگ آپس میں بہت لڑتے ہیں۔

These people fight a lot (amongst themselves)

6. The word والا is used after nouns to show a link.

میرے کلاس والے

The people of my class

7. The word بھئی also means brother. However, this is used to call someone, and it doesn't mean blood brother.

بھئی! ذرا مجھے بتلاؤ کہ ۔۔۔۔

Brother, please tell me….

عبد اللہ اور عبد الرحمن بھائی ہیں۔

Abdullah and Abdurrahman are brothers.

Vocab

Translation		Urdu	Translation		Urdu	Translation		Urdu
to recognize	v	پہچاننا	Brother	m	بھئی	one another	adv	آپس میں
to make reach, to take somewhere	v	پہنچانا	Load	m	بوجھ	hey	-	ارے
to take account	v	حساب لینا	to know	v	پتہ ہونا	body	m	بدن
disgraced	adj	خوار	to call	v	پکارنا	grain, grain peelings	m	بھس

239

Translation		Urdu	Translation		Urdu	Translation		Urdu
governor	m	گورنر	to boast	v	فخر کرنا	disgraced	adj	ذلیل
to apologize	v	معذِرت کرنا	Residence	f	قیام گاہ	to rot	v	سر جانا
worker	m	نوکر	Bundle	m	گٹھر (گھٹڑ)	honour	f	عزت

Text

حضرت سلمان فارسی رضی اللہ عنہ ایک بہت بڑے صحابی ہیں۔ایران میں ایک شہر ہے جس کا نام ''مدائن'' ہے، آپ اس کے گورنر تھے۔ ایک مرتبہ ایک شخص اُس شہر میں آیا اور اس کے ساتھ بھس کا گٹھر تھا، وہ حضرت سلمان فارسی کو نہیں پہچانتا تھا، اور حضرت سلمان رضی اللہ عنہ کے کپڑے اتنے سادے تھے کہ وہ شخص سمجھا کہ یہ کوئی نوکر ہوگا، تو اس نے پکارا کہ میرا بوجھ ذرا لے کر چلو۔

حضرت سلمان فارسی نے وہ سامان اٹھالیا اور لے کر چلے۔جب لوگوں نے آپ کو دیکھا اور پہچانا تو کہنے لگے ارے! یہ تو گورنر صاحب ہیں! اس آدمی نے معذرت کی کہ حضرت! مجھے پتہ نہیں تھا! مگر حضرت سلمان فارسی نے فرمایا کوئی بات نہیں، میں تمہارے قیام گاہ تک سامان پہنچاؤں گا۔(اللہ والوں کی مقبولیت کا راز صفحہ ۳۶)

اسی طرح کا ایک اور واقعہ ہے کہ ایک دن کچھ لوگ آپس میں فخر کر رہے تھے کہ میرا خاندان بہتر ہے، اور میرے خاندان والے زیادہ عزت والے ہیں۔جب حضرت سلمان نے ان کی بات سنی تو آپ نے فرمایا کہ بھئی! مجھے ایک دن مرنا ہے، اور میرا بدن سر جائے گا، پھر اللہ تعالی میرا حساب لے گا، اگر اس دن میں کامیاب ہو گیا تو میں عزت والا، ورنہ میں ذلیل اور خوار۔(صفوۃ الصفوۃ)

سبق کی پابندی

Vocab

Translation		Urdu	Translation		Urdu	Translation		Urdu
punctuality	f	پابندی	to miss	v	ناغہ ہونا	to get wet	v	بھیگنا
			Faith	m	یقین	pitcher	m	گھڑا

Text

ہندوستان میں کئی سالوں پہلے ایک بہت بڑے عالم رہتے تھے، ان کا نام شاہ محمد اسحاق صاحب رحمۃ اللہ علیہ تھا۔ان کے ایک شاگرد تھے قاری عبد الرحمن پانی پتی۔قاری صاحب مولانا اسحاق صاحب کے پاس پڑھنے کے لئے بہت دور سے پیدل آیا کرتے تھے، کبھی سبق ناغہ نہیں ہونے دیتے تھے۔

ایک دن بہت تیز بارش ہو رہی تھی، قاری عبد الرحمن کے ساتھیوں نے سوچا آج تو وہ نہیں آسکتے، آج ناغہ ہوگا، لیکن ان کے استاد کو یقین تھا کہ وہ ناغہ نہیں ہونے دیں گے، تھوڑی دیر گزری کہ سب نے دیکھا کہ قاری صاحب گھڑے میں کتابیں رکھ کر بارش میں بھیگتے ہوئے پڑھنے کے لئے پہنچ گئے۔

آپ کے استاد شاہ محمد اسحٰق صاحب رحمۃ اللہ علیہ بہت خوش ہوئے اور انہوں نے آپ کو بہت دعائیں دیں۔(طلبہ کے لئے تربیتی واقعات صفحہ ۲۷)

بچوں کے ساتھ شفقت

Notes

1. The past continuous is made by adding تھا to the end of the imperfect participle (کرتا), as you have already studied.

وہ وقت پر آتا تھا۔

However, if there is more than one verb in the past continuous, you can remove the تھا from the end.

چوکیدار وقت پر آتا، سب دروازے کھولتا اور اپنی آفس میں بیٹھ جاتا۔

The guard used to come on time, open the doors and sit in his office.

2. The word خدمت means service i.e. to help someone. However, the phrase کسی کی خدمت میں جانا simply means to go by someone, but this is used for respect.

ایک صحابی نبی کریم ﷺ کی خدمت میں آئے۔ — *A companion came to the Prophet.*

میرا چھوٹا بھائی میرے پاس آیا۔ — *My little brother came to me.*

3. The word ہاں is a short form of یہاں and وہاں. When used with the word کے it means house or residence.

اس وقت میرے چچا کے ہاں بہت مہمان ہیں۔

Now there are a lot of people at my uncle's.

This should not be mixed up with the ہاں which means yes.

4. The word ہی can be added after the imperfect participle (کرتے) to give the meaning of as soon as.

گھر پہنچتے ہی دوا پی لو۔

Take the medicine as soon as you reach home.

Vocab

Translation		Urdu	Translation		Urdu	Translation		Urdu
to pay attention	v	متوجہ ہونا	Kindness	f	شفقت	to kiss	v	بوسہ دینا
			involved, afflicted	adj	مبتلا	cheeks	m	رخسار

Text

جب حضرت فاطمہ رضی اللہ عنہا آنحضرت ﷺ کی خدمت میں حاضر ہوتیں تو آنحضرت ﷺ ان کے لئے کھڑے ہو جاتے، ان کی طرف متوجہ ہو جاتے پھر حضرت فاطمہ کا ہاتھ اپنے ہاتھ میں لے لیتے، ان کو بوسہ دیتے، اور پھر ان کو اپنے بیٹھنے کی جگہ پر بٹھاتے۔ اسی طرح آنحضرت ﷺ جب حضرت فاطمہ کے ہاں تشریف لے جاتے تو وہ آپ کو دیکھ کر کھڑی ہو جاتیں، حضرت فاطمہ آپ ﷺ کا ہاتھ اپنے ہاتھ میں لے لیتیں، پھر آپ ﷺ کو بوسہ دیتیں اور اپنی جگہ پر بٹھاتیں۔

ایک مرتبہ حضرت ابو بکر رضی اللہ عنہ سفر سے واپس آئے تو آتے ہی آپ اپنی صاحبزادی حضرت عائشہ رضی اللہ عنہا کے گھر پر تشریف لے گئے، حضرت عائشہ رضی اللہ عنہا لیٹی ہوئی تھیں اور بخار میں مبتلا تھیں، چنانچہ حضرت ابو بکر ان کے پاس آئے اور پوچھا کہ میری بیٹی، تمہاری طبیعت کیسی ہے؟ اور انہوں نے ان کے رخسار پر بوسہ دیا۔ (مظاہر حق جدید جلد ۴ صفحہ ۳۵۰)

عظیم باپ اور عظیم بیٹا

Notes

1. The word نکلنا means to exit or to leave.

کتا گھر سے نکلا۔

The dog came out of the house.

However, it can also be used in the meaning of to turn out to be.

میں نے اس کو اچھا سمجھا لیکن وہ خراب نکلا۔

I thought it to be good but it turned out to be bad.

2. The phrase پیشانی پر بل آنا means to frown or to show disapproval. It literally means a twist /fold came on his forehead.

اس کی پیشانی پر بل آئے۔

He frowned.

3. The word دیکھنا can also be used in the meaning of to test or to check.

یہ تھیلی اٹھا کر دیکھو کہ کتنی بھاری ہے۔

Lift the bag and see how heavy it is.

4. اللہ کا کرنا ایسا ہوا literally means Allah's decree was such that... This is equal to the English phrase It so happened that...

اللہ کا کرنا ایسا ہوا کہ جب ہم وہاں گئے تو بارش بند ہو گئی۔

It so happened that when we reached there it stopped raining.

5. The phrase دل میں گھر جانا is an expression used to show that something touched someone's heart.

اس کی بات میرے دل میں گھر گئی۔

This touched my heart.

6. If you want to create an emphasis in a sentence you can bring the joining word at the beginning of the sentence.

یہ ہے تمہارا دوست۔   وہ بچہ فیل ہوا، اور وہ تھا ہی سست۔   میں نے وہ کتاب پڑھی، اور وہ تھی پڑھنے کے لائق

7. When the word پر comes after the infinitive, it is translated as upon or after.

وہاں جانے پر ہم کو معلوم ہوا کہ آج دکان بند ہے۔

After we reached there, we found out that the shop was closed.

8. The word پہنچنا means to reach. When the subject of this verb is a word like تکلیف, نقصان or something which shows pain or loss, it is translated as afflicted.

اس کی تجارت کو بہت نقصان پہنچا۔

His business was afflicted with a great loss. (A great loss reached his business)

The word پہونچانا means to make something reach or to take someone somewhere. When this verb is used with نقصان or تکلیف it means to cause harm/difficulty.

اس بچے کو نقصان نہ پہنچاؤ۔
Don't cause this child any harm.

اس بچے کو گھر پہنچاؤ۔
Take this child home.

Vocab

Translation		Urdu	Translation		Urdu	Translation		Urdu
scholars	m	علما	amazement	m	تعجب	to free, to emancipate	v	آزاد کرنا
to be affected, to be impressed	v	متاثّر ہونا	differentiation	f	تمیز	pomegranate	m	انار
status	m	مقام	permissible	m	جائز	twist, fold	m	بل
harm	m	نقصان	to taste	v	چکھنا	recognition	f	پہچان
to marry s.o to s.o.	v	نکاح کرانا	grain, seed	m	دانہ	to be born, to be created	v	پیدا ہونا
to get married	v	نکاح کرنا	Honesty	f	دیانت داری	forehead	f	پیشانی
really	adv	واقعۃً	Great	adj	عظیم	to investigate	m	تحقیق کرنا

Text

حضرت عبد اللہ بن مبارک کے والد غلام تھے، اپنے مالک کے باغ میں کام کرتے تھے۔ ایک مرتبہ مالک باغ میں آیا اور کہا "میٹھا انار لائیے۔" مبارک ایک درخت سے انار کا دانہ توڑ کر لائے۔ مالک نے چکھا تو کھٹا نکلا۔ اس کی پیشانی پر بل آئے۔ کہا "میں میٹھا انار مانگ رہا ہوں، تم کھٹا لائے ہو۔" مبارک نے جاکر دوسرے درخت سے انار لائے۔ مالک نے کھا کر دیکھا تو وہ بھی کھٹا نکلا۔ غصہ ہوئے، کہنے لگے "میں نے تم سے میٹھا انار مانگا ہے اور تم جاکر کھٹا لے آئے ہو!" مبارک گئے اور ایک اور درخت سے انار لے کر آئے، اللہ کا کرنا ایسا ہوا کہ وہ بھی کھٹا تھا، مالک کو غصہ بھی آیا اور تعجب بھی ہوا۔ پوچھا "تمہیں ابھی تک میٹھے کھٹے کی تمیز اور پہچان نہیں!؟"

مبارک نے جواب میں فرمایا "میٹھے کھٹے کی پہچان کھا کر ہی ہو سکتی ہے، اور میں نے اِس باغ کے کسی درخت سے کبھی کوئی انار نہیں کھایا" مالک نے پوچھا "کیوں؟" آپ نے جواب دیا "اس لئے کہ آپ نے باغ سے کھانے کی اجازت نہیں دی ہے، اور آپ کی اجازت کے بغیر میرے لئے کسی انار کا کھانا کیسے جائز ہو سکتا ہے؟"

یہ بات مالک کے دل میں گھر گئی، اور تھی بھی یہ گھر جانے والی بات۔ تحقیق کرنے پر معلوم ہوا کہ واقعۃً مبارک نے کبھی کسی درخت سے کوئی انار نہیں کھایا، مالک اپنے غلام مبارک کی اس عظیم دیانت داری سے اس قدر متاثر ہوئے کہ ان کو آزاد کیا اور اپنی بیٹی کا ان سے نکاح

کرایا۔اِسی بیٹی سے حضرت عبد اللہ بن مبارک پیدا ہوئے۔ اللہ تعالی نے حضرت عبد اللہ بن مبارک کو علمائے اسلام میں بہت بڑا مقام عطا فرمایا ہے۔ وہ بہت بڑے عالم تھے اور امام بخاری رحمۃ اللہ علیہ جیسے بڑے عالم کے بھی استاد ہیں۔

دیکھو! کیسی امانتداری کہ مبارک کئی سالوں کے لئے ایک آدمی کے باغ میں کام کررہے ہیں، ان کے دل میں خواہش ضرور آئی ہوگی کہ میں انار کھاؤں، لیکن چونکہ اجازت نہیں تھی اس لئے نہیں کھایا۔ یہ ہمارے لئے بڑا سبق ہے کہ کسی کی چیز ان کی اجازت کے بغیر استعمال کرنا درست نہیں۔ اور اگر کوئی تم کو اجازت دے تو اس چیز کو استعمال کرنے کے بعد اس کی جگہ پر واپس رکھو، اور اس چیز کو اس طرح استعمال کرو جیسا کہ وہ تمہاری چیز ہے۔ اور کبھی بھی کسی کی چیز کو نقصان نہیں پہونچانا چاہیے اس لئے کہ یہ بہت بڑا گناہ ہے۔

سستی اور چالاکی

Notes

1. The word اور is used to join words or sentences together. You can also join words together by adding a و between the two words and placing a ُ on the first word.

ذلیلُ و خوار

2. You can use the repeated perfect participle to give the meaning of a state.

کھڑے کھڑے مت کھاؤ	بیٹھے بیٹھے وقت ضائع مت کرو۔
Don't stand and eat.	*Don't sit and waste time.*

3. The word پڑنا has over twenty meanings. You can tell from the context which meaning is meant where.

4. A verb which is made up of two parts, like سکڑ جانا, can be split up in poems. i.e. the second part may come first.

سکڑ جاتی ہے ⇦ جاتی ہے سکڑ

5. When you have two present tense verbs together, you can use one ہے for both of them.

چالاک آدمی عزت پاتا اور نیک نامی حاصل کرتا ہے۔

6. Sometimes the letter ن can be removed from the infinitive.

چھوڑے سے ⇦ چھوڑنے سے

Vocab

Translation		Urdu	Translation		Urdu	Translation		Urdu
mind, soul	m	جی	Narrow	adj	تنگ	revision	m	آموختہ
active	adj	چالاک	narrowness	f	تنگی	thought	m	بچار
activeness	f	چالاکی	to delay, to postpone	v	ٹالنا	to increase	v	بڑھنا
peace	m	چین	to stop, to delay	v	ٹھہرنا	to lie down	v	پڑنا

Translation		Urdu
separate	adj	الگ
good reputation	f	نیک نامی
reason, sake, cause	m	واسطہ

Translation		Urdu
abundance	f	فراخی
Lazy	adj	کاہل
Laziness	f	کاہلی
Side	f	کروٹ
to lose	v	کھونا

Translation		Urdu
to think	v	خیال کرنا
rubber	m	ربڑ
day, everyday	m	روز
to shrivel up	v	سکڑ جانا
to take benefit	v	فائدہ اٹھانا

Text

جو آدمی وقت پر کام نہیں کرتا وہ سست یا کاہل کہلاتا ہے۔ ایسا آدمی عزت یا نیک نامی حاصل نہیں کر سکتا۔ یہ خراب عادت اس کو ہمیشہ ذلیلُ و خوار رکھتی ہے۔

سست آدمی اکثر خیال کرتا ہے کہ ابھی وقت بہت ہے، ذرا ٹھہر کر کام شروع کریں گے، اسی سوچ بچار میں کام کا وقت نکل جاتا ہے، چالاک آدمی وقت کو نہیں ٹالتا، وہ فوراً اپنے کام میں مشغول ہو جاتا ہے، جب تک کام کو پورا نہیں کر لیتا اس کے دل کو چین نہیں آتا، ایسا آدمی ہمیشہ عزت پاتا اور فائدہ اٹھاتا ہے۔

جو لڑکے لڑکیاں سستی اور کاہلی میں اپنا وقت کھو دیتے ہیں، وہ روز کا سبق روز یاد کر کے نہیں لاتے، استاد کو اچھی طرح آموختہ نہیں سناتے، اسی واسطے سزا پاتے ہیں۔

اگر تم ایک لائق طالبِ علم بننا چاہتے ہو تو اپنے آپ کو کاہلی کی خراب عادت سے بچاؤ، صبح سویرے آنکھ کھل جائے تو پڑے پڑے کروٹیں نہ بدلا کرو، فوراً بستر سے الگ ہو جاؤ اور اپنے کام میں جی لگاؤ، وقت اتنا تنگ نہیں ہے جتنا کہ تم کاہلی سے اس کو تنگ بنا دیتے ہو،

وقت میں تنگی فراخی دونوں ہیں جیسے ربڑ کھینچنے سے بڑھتی ہے چھوڑے سے جاتی ہے سکڑ

(اردو زبان کی دوسری کتاب صفحہ ۴۰)

چوہے اور بلی

Notes

1. The phrase صلاح ٹھہرنا can be translated as decided. The word before میں will be translated as the subject.

لوگوں میں صلاح ٹھہری

The people decided. (A decision stayed in the people)

2. The word بھرا literally means full. When used as an adjective for مجلس it means in front of everyone.

یہ تھیلی بھری ہے۔

This bag is full.

اس نے بھری مجلس میں کہا۔۔۔

He said in front of everyone that...

3. When you call someone, you add the word اے.

اے اللہ !

If you add اے to a word which ends in ا, the ا changes to ے.

اے میرے بیٹے !

O my son.

You can also remove the اے and it will be understood from the context. However, the ا will not

change to a ے when the اے is removed.

بیٹا ! یہاں آجا۔

Son, come here.

If the word is plural, you will add an وں like plurals before prepositions, however, you will

remove the ں.

بچیو !   مسلمانو !   بچو !   لوگو !

O girls!   O Muslims!   O boys!   *O people!*

4. The word کہیں means where. It can also be used to create a negative meaning just like کہاں.

5. The verb چلنا has many meanings depending on its subject.

یہ نہیں چلے گا۔   یہ آدمی چل رہا ہے۔   یہ گھڑی چل رہی ہے۔   کشتی چل رہی ہے   گاڑی چل رہی ہے

This will not work.   *The man is walking.*   *The watch is working.*   *The boat is sailing.*   *The car is driving.*

Vocab

Translation		Urdu	Translation		Urdu	Translation		Urdu
Easy	adj	سہل	to gather	v	جمع ہونا	to carry out, to accomplish	v	انجام دینا
to participate	v	شریک	to hide	v	چھپنا	old man	m	بڈھا
counsel, advice, idea	f	صلاح	Mouse	m	چوہا	naive, gullible	adj	بھولا بھالا
to unite upon an opinion	v	صلاح ٹھہرنا	Attack	m	حملہ	to clap	v	تالی بجانا
face, figure	f	صورت	brave hearted	adj	دل جلا	experienced	adj	تجربہ کار
weak	adj	ضعیف	brave, courageous	adj	دلاور	plan	f	تدبیر
oppression	m	ظلم	to be left speechless	v	دم بہ خود ہونا	to look, to stare	v	تکنا
old, ancient	adj	قدیمی	peace, safety	f	سلامتی	all	adj	تمام
people, nation	f	قوم	Support	m	سہارا	gathering, meeting	m	جلسہ

Translation		Urdu	Translation		Urdu	Translation		Urdu
young	adj	نوجوان	saying	m	مقولہ	anyhow, somehow	adv	کسی طرح
			to be aware, alert	v	ہوشیار ہونا	fear, worry	m	کھٹکا
			marvellous	-	واہ واہ	neck	f	گردن

Text

ایک بار چوہوں میں صلاح ٹھہری کہ آؤ کسی طرح بلی کا کھٹکا مٹائیں جو ہماری قدیمی دشمن ہے۔ فوراً ایک بڑا جلسہ کیا گیا تاکہ سب چوہے جمع ہو کر اپنی قوم کی سلامتی کے لئے مناسب تدبیریں سوچیں۔

ایک نوجوان چوہا بھری مجلس میں بولا "صاحبو! اگر بلی کے ظلم اور شرارت سے بچنا چاہتے ہو تو اس سے بہتر کوئی تدبیر نہیں ہو سکتی کہ ایک گھنٹی بلی کی گردن میں باندھیں، جب وہ آئے گی تو ضرور گھنٹی بجے گی، اس کی آواز سے ہوشیار ہو کر ہم اپنے اپنے سوراخوں میں جا چھپیں گے اور دشمن کے حملے سے بچ جائیں گے۔"

یہ نئی تدبیر سن کر سب نے واہ واہ اور خوشی کی تالیاں بجائیں، مگر ایک پرانا ضعیف اور تجربہ کار چوہا اس خوشی میں شریک نہیں ہوا، وہ ایک چوہے کے سہارے سے اٹھا اور مسکرا کر بولا "اے میرے بھولے بھالے نوجوانو! کیا تم میں ایسا کوئی دلاور دل جلا ہے جو بلی کی گردن میں گھنٹی باندھ سکے؟ اگر کوئی ہو تو میں بھی اس کی صورت دیکھنا چاہتا ہوں! سنو! کام کا انجام دینا ایسا سہل نہیں جیسا زبان سے کہہ دینا!"

بڈھے کی بات سن کر تمام چوہے دم بہ خود رہ گئے، اور ایک دوسرے کا منھ تکنے لگے۔

صرف کہنے سے کہیں چلتا ہے کام! کام کرنے کو ہمت چاہیے

انگریزی میں مقولہ مشہور ہے کہ talk is cheap یعنی بات کرنا بہت آسان ہے، لیکن کام کرنا مشکل ہے۔ (اردو زبان کی دوسری کتاب صفحہ ۲۱)

آج کا کام نہ رکھو کل پر

Notes

1. The possessive phrase can also be used to show the price of something.

دس روپیہ کی تھیلی	بیس ہزار پاؤنڈ کی گاڑی	سو ریال کا جبہ
A ten-rupee bag	*Twenty-thousand pound car*	*100 riyal jubbah*

2. The phrase دل میں کہنا is translated as said to him/herself.

میں نے دل میں کہا	اس نے دل میں کہا
I said to myself…	*He said to himself*

Sometimes the word دل is repeated.

میں نے دل دل میں کہا۔
I said to myself…

3. The word ہم is also used in the meaning of me.

4. The word سا can come on an adjective to give the meaning of very.

بہت سے لوگ	بہت سی چیزیں	یہ دبلا سا لڑکا
a lot of people.	*a lot of things*	*this very skinny boy*

If the word سا comes after a noun it gives the meaning of like.

گلاب سی بو	فرشتہ سا آدمی
Rose like smell	*A man like an angel*

5. The phrase وقت گزر چکا ہے can be translated as it is too late now.

6. The word روپے is another form of the plural روپیے. When followed by a preposition it becomes روپوں.

Plurals		***Singular***
روپیوں کے لئے	روپیے	روپیہ
روپوں کے لئے	روپے	

Vocab

Translation		Urdu	Translation		Urdu	Translation		Urdu
warehouse	m	گودام	to make s.o put s.t	v	رکھوالینا	coincidently	adv	اتفاق سے
wage	f	مزدوری	to make s.o put s.t	v	رکھوانا	grain, corn	m	اناج
line of a poem	m	مصرع	to tell	v	سنادینا	endless	adj	بے انتہا
house	m	مکان	Goods	m	سودا	to praise	v	تعریف کرنا
houses	m	مکانات	Exchange	m	عوض	*title for the leader of a village*	m	چودھری
profit	m	منافع	grain, corn	m	غلہ	sunrise	v	دن نکلنا

Text

ایک دفعہ کسی گاؤں کا ایک چودھری سودا لینے شہر میں آیا تو دیکھا کسی جگہ لوگ ایک وکیل کی بڑی تعریف کر رہے ہیں کہ وہ تو سو سو روپیہ کی ایک ایک بات بتاتا اور ہزار ہزار روپے کا ایک نکتہ سمجھاتا ہے۔

چودھری نے دل میں کہا ”ہم بھی چل کر اس کی کوئی بات سن آئیں تو بہت اچھا ہو۔“ یہ سوچ کر وہ وکیل کے مکان پر پہنچا اور کہا ”وکیل صاحب! میں نے آپ کی باتوں کی بہت تعریف سنی ہے۔ کوئی بات مجھے بھی سنا دیجئے۔“

وکیل صاحب نے چند روپیوں کے عوض ایک کاغذ پر یہ مصرع لکھ دیا:

آج کا کام نہ رکھو کل پر

چودھری واپس آیا تو مزدوروں نے کھیت کاٹ کر بہت سا غلہ نکال رکھا تھا۔ شام کو مزدور چودھری سے مزدوری لینے آئے تو اس نے کہا ”اسی اناج کو گودام میں پہنچاؤ گے تو مزدوری ملے گی۔“ مزدوروں نے کہا ”اب وقت گزر چکا ہے، کل دن نکلتے ہی رکھوا لینا۔ اوروں کے اناج بھی تو سب باہر پڑے ہیں۔“

چودھری بولا ”بھائیو! میں نے آج ہی روپوں کے عوض یہ بات سیکھی ہے کہ نہ رکھو آج کا کام کل پر، بس میں تو اسی وقت رکھواؤں گا۔“ آخر مزدوروں کو اناج گودام میں رکھنا ہی پڑا۔

اتفاق سے اسی رات اس زور کی بارش ہوئی کہ سارے گاؤں والوں کا غلہ پانی میں بہہ گیا یا خراب ہو کر رہ گیا، مگر چودھری کا غلہ بالکل بچ گیا، اور اس کو بے انتہا منافع ہوا۔ اس کہانی سے سبق ملتا ہے کہ آج کا کام کل پر نہیں چھوڑنا چاہیئے۔ (اردو قواعد وانشا پردازی حصہ دوم صفحہ ۱۵۸)

اتفاق میں برکت ہے

Notes

1. The word توڑنا and ٹوٹنا are both translated as to break. However, توڑنا is used when someone is breaking something else, and ٹوٹنا is used when something breaks itself.

یہ گلاس ٹوٹ گیا۔	بلی نے کھڑکی توڑی۔
This glass broke.	*The cat broke the window.*

2. a

Vocab

Translation		Urdu	Translation		Urdu	Translation		Urdu
to try, to exert effort	v	زور لگانا	to cut into pieces	v	ٹکڑے ٹکڑے کرنا	unity	m	اتفاق
strength	f	طاقت	jerk, violent pull,	m	جھٹکا	sign, a slight movement	m	اشارہ
useful, fruitful	adj	کارگر	to quarrel	v	جھگڑنا	together	adj	اکٹھا(اکھ-ٹھا)
bundle (of thread)	m	لچھا(لچ چھا)	condition, situation	m	حال	finger	f	انگلی
to live with unity	v	مل جل کر رہنا	Thread	m	دھاگہ	close	adv	پاس
disunity	f	نااتفاقی	might, strength	m	زور	piece	m	ٹکڑا

Text

ایک شخص کے چار بیٹے تھے۔ وہ ہمیشہ لڑتے جھگڑتے رہتے تھے۔ ایک دن باپ نے انہیں پاس بلایا اور دھاگوں کا ایک لچھا دے کر کہا ”آج تمہاری طاقت کا امتحان ہے، اگر تم میں سے کوئی اس لچھے کو ایک دو جھٹکوں میں توڑ دے تو پانچ روپے انعام دوں گا۔“

باری باری سب لڑکوں نے زور لگایا مگر لچھا نہ ٹوٹ سکا۔ جب سب تھک گئے تو باپ نے کہا ”لاؤ، مجھے دکھاؤ“ اس نے لچھے لے کر اسے کھولا اور لڑکوں سے کہا کہ ”ایک ایک دھاگہ لو اور اسے توڑ کر دیکھو۔“ ہر لڑکے نے ایک ہی جھٹکے میں دھاگہ توڑ دیا۔ اس پر باپ نے کہا ”جب تک سب دھاگے اکٹھے تھے، زور کارگر نہ ہوا۔ اب ہر دھاگہ الگ ہو چکا ہے اس لئے اس کے لئے انگلی کا اشارہ بھی کافی ہے۔ یہی حال نااتفاقی کا ہے، اگر تم آپس میں مل جل کر رہو گے تو دشمنوں کے نقصان سے بچے رہو گے، اور اگر الگ الگ ہو جاؤ گے تو مصیبتوں کا چھوٹا سا جھٹکا بھی تمہارے ٹکڑے ٹکڑے کر دے گا۔“

اس قصے سے ہمیں یہ سبق ملتا ہے کہ ہم سب کو مل جل کر اتفاق سے رہنا چاہیے۔ (اردو قواعد وانشا پردازی حصہ اول صفحہ ۱۱۹)

Notes

1. In Urdu there are some verbs which are used with ہونا which are normal verbs in English. For example, in English you would say He passed, however, in Urdu you would say his passing happened. Instead of saying the subject did the verb, you will say the verb occurred and attribute the action to the subject.

اس کی وفات ہو گئی۔   اس کا گزر اُدھر نہیں ہو گا

He died.   *He will not pass there.*

(His death happened)   *(His passing will not be there.)*

However, when translating into English you must use the normal English structure.

In such phrases, an adverb of the verb can come between the کا and the word after it.

مجھے خیال آیا   اس کا انتقال ہوا۔   اس کا جانا نہیں ہوا۔

مجھے اس کا خیال آیا   اس کا دو سال پہلے انتقال ہوا۔   اس کا دکان جانا نہیں ہوا۔

I thought about him.   *He died two years ago.*   *He didn't go to the shop.*

2. Urdu is a very flexible language, and the order of the sentence can be changed around.

میں نے زید کو گھر میں دیکھا   زید کو میں نے گھر میں دیکھا   گھر میں میں نے زید کو دیکھا

I saw Zaid in the house.

In English, there is only one way of translating, subject-verb-object or adverb.

3. The word مرنا, to die, is not used in respectful speech i.e. you wouldn't use that verb except for animals or for a person when you want to show his/her insignificance.

ابولہب ہجرت کے بعد مر گیا۔   اس کا کتا مر گیا۔

Abu Lahab died after Hijrah.   *His dog died.*

One of the following words can be used to show the meaning of to die in a more respectable manner.

Translation		Urdu	Translation		Urdu	Translation		Urdu
to die	v	فوت ہونا	Death	m	انتقال	death	f	وفات

وہ فوت ہو گیا   اس کا انتقال ہو گیا   وہ وفات پا گیا   اس کی وفات ہو گئی

He passed away.

4. You can repeat an adjective with the word سے in the middle to give the meaning of most.

مالدار سے مالدار شخص بھی مٹی کی قبر میں جا کر سوئے گا۔   مشکل سے مشکل سوال

The richest person will also sleep in a grave of soil.   *The most difficult question*

5. The word خیال کرنا means to think about something. It can also be translated as to take into consideration.

جب رات کے وقت دروازہ کھولو تو سونے والوں کا خیال کرو۔

When you open the door at night be considerate to those who are sleeping.

Vocab

Translation		Urdu	Translation		Urdu	Translation		Urdu
to pass	v	گزر ہونا	even though	conj	حالانکہ	wretched	adj	بدنصیب
cursed	adj	ملعون	Sandy	adj	ریتلی	javelin	m	برچھا
to die	v	وفات پانا	private part	f	شرمگاہ	glad tidings, good news	f	بشارت
			martyr	m	شہید	instruct, encourage	f	تلقین

Text

حضرت عمار رضی اللہ عنہ سب سے پہلے مسلمانوں میں سے تھے۔ان کے والد کا نام یاسر تھا اور ان کی والدہ کا نام سمیہ تھا۔جب وہ مسلمان ہو گئے تو ان کو اور ان کے ماں باپ کو سخت سے سخت تکلیفیں پہنچائی گئیں۔مکہ کی سخت گرم اور ریتلی زمین میں ان کو عذاب دیا جاتا، اور حضور ﷺ کا اس طرف گزر ہوتا تو صبر کی تلقین فرماتے اور جنت کی بشارت فرماتے۔

آخر ان کے والد حضرت یاسر اسی حالتِ تکلیف میں وفات پا گئے کہ ظالموں نے مرنے تک چین نہ لینے دیا۔اور ان کی والدہ حضرت سمیہ کی شرمگاہ میں ابو جہل ملعون نے ایک برچھا مارا جس سے وہ شہید ہو گئیں مگر اسلام سے نہ ہٹیں حالانکہ بوڑھی اور ضعیف تھیں، مگر اس بد نصیب نے کسی چیز کا بھی خیال نہیں کیا۔حضرت سمیہ اسلام میں سب سے پہلے شہید ہیں۔(فضائل اعمال، حکایات صحابہ صفحہ ۲۴)

اللہ کی حکمت

Vocab

Translation		Urdu	Translation		Urdu	Translation		Urdu
robber, enemy	m	غنیم	to bark	v	بھونکنا	to attack, to come suddenly	v	آپڑنا
grace, bounty	m	فضل	Wolf	m	بھیڑیا	suddenly	adv	اچانک
army	m	فوج	to find out	v	پتہ چلنا	sound of footsteps	f	آہٹ
prisoner	m	قیدی	to get lost, to die, to go to waste	v	جاتا رہنا	call	f	بانگ
other than	prep	کے سِوا	Good	f	خیر	destruction	f	بربادی
donkey	m	گدھا	Sad	adj	رنجیدہ	saint, pious person	adj	بزرگ
to capture	v	گرفتار کرنا	to bray	v	رینکنا	to raise	v	بلند کرنا
to rob, to plunder	v	لوٹنا	cause, means	m	سبب	good, advantage	f	بہتری
fowl	m	مرغ	a pious or elderly person	m	شیخ	good	f	بھلائی

Notes

1. The phrase اللہ کی شان کہ is similar to the phrase اللہ کا کرنا ایسا ہوا; they are both translated the same way.

2. The word مارنا means to hit. Sometimes the word مار comes with words like ڈالنا to give the meaning of to kill.

بلی نے سب چوہوں کو مار ڈالا۔ | میں نے اپنے بھائی کو نہیں مارا۔

The cat killed all the mice. | I did not hit my brother.

3. The preposition کے سوا means other than.

مسلمانوں کا عقیدہ ہے کہ اللہ کے سوا کوئی خدا نہیں۔

It is the belief of Muslims that there is no god other than Allah.

Sometimes the کے is separated from the سوا. In this condition, the word سوا is written as سوائے.

میرے سب دوست دعوت میں آئے سوائے زید کے (زید کے سوا)۔

All of my friends came to the feast except for Zaid.

4. The word پھر means then and is used to join two words or sentences together.

زبیر آیا پھر اس کا دوست آیا۔

Zaid came then his friend came.

It also comes in the meaning of again.

تم پھر جاؤ گے؟

Are you going again?

Text

ایک بزرگ کا قصہ ہے کہ وہ جنگل میں رہتے تھے، ان کے پاس ایک گدھا تھا جس پر سامان لادتے تھے، ایک کتا تھا جو مکان کی حفاظت کیا کرتا تھا، اور ایک مرغ تھا جو اذان دے کر سب کو جگایا کرتا تھا۔

اللہ کی شان کہ ایک دن لومڑی آئی اور مرغ کو پکڑ کر لے گئی، بزرگ کی بیوی رونے لگی کہ ہائے! مرغ جاتا رہا۔ شیخ نے فرمایا "رومت، اسی میں بہتری ہوگی" اس کے بعد بھیڑیا آیا اور گدھے کو مار گیا۔ اس وقت بیوی پھر رنجیدہ ہوئی، تو شیخ نے فرمایا "اس میں خیر تھی، رونے کی کوئی بات نہیں۔" اس کے بعد اچانک کتا مر گیا، اور بیوی پھر غمگیں ہوئی تو شیخ نے پھر یہی فرمایا "غم نہ کرو، اس میں بھلائی تھی۔"

کچھ دن بعد اچانک صبح میں غنیم کا ایک لشکر اس جنگل میں لوٹنے کے لئے آپڑا، اور جتنے بھی گھروں کا ان کو پتہ چلا سب کو لوٹ لیا، اور سوائے ان بزرگ اور ان کی بیوی کے سب ہی کو گرفتار کر کے قیدی بنا کر لے گئے۔

دشمن فوج کو ان مکانات کا اس طرح پتہ چلا کہ کسی کا کتا آہٹ پا کر بھونکنے لگا، اور کسی کا گدھا رینک رہا تھا، اور کسی کا مرغ اپنی بانگ بلند کر رہا تھا۔ اس وقت ان بزرگ نے اپنی بیوی سے کہا "دیکھا؟ اس قوم کی بربادی کا سبب یہی جانور بن گئے! اللہ کا کتنا فضل تھا کہ ہمارے تینوں جانور پہلے ہی مر گئے ورنہ آج ہم بھی گرفتار ہوتے!" (۳۶۵ کہانیاں صفحہ ۱۳۲، از تراشے صفحہ ۱۳۲)

کسبِ معاش کی بڑی فضیلت

Notes

1. When there is more than one negative in a sentence, the word نہ is repeated. It gives the meaning of nor.

نہ احمد آیا نہ اس کا بھائی۔

Neither Ahmad came nor did his brother.

Sometimes, the نہ is omitted from the first part.

احمد آیا نہ اس کا بھائی۔

Even though there is only one نہ, both parts are negative. Ensure you recognize this and do not translate is as a positive. i.e. do not say "Ahmad came not his brother". If the first was a positive sentence, it would have been like this.

احمد آیا لیکن اس کا بھائی نہیں آیا۔ احمد آیا اور اس کا بھائی نہیں آیا۔

2. The verb لگا رہنا means keep doing.

اپنے کام میں لگے رہو۔

Stick to your job.

3. The word کہیں can be used before an adjective like بہتر to give the meaning of much.

یہ گھڑی اس گھڑی سے کہیں بہتر ہے۔

This watch is much better than that watch.

4. The verb پھرنا means to roam around. It can be joined to other verbs giving the meaning go around doing.

گائے گھاس کھاتی پھرتی ہے۔ *Cows go around eating grass.*

جھوٹ بولتے مت پھرو۔ *Don't go around lying.*

بھیک مانگتے مت پھرو۔ *Don't go around begging.*

Vocab

Translation		Urdu
to earn	v	کمالینا
to earn	v	کمانا
blanket	m	کمبل
livelihood	f	معاش

Translation		Urdu
Beggar	adj	سوالی
to sell	v	فروخت کرنا
Virtue	f	فضیلت
earn, acquire	m	کسب
Expiation	m	کفارہ
Axe	f	کلہاڑی

Translation		Urdu
to wrap, to put on	v	اوڑھنا
bowl	m	پیالہ
brand, blemish	m	داغ
hand	m	دست
spot	m	دھبہ
amount of money	f	رقم

Text

آنحضرت ﷺ نے ارشاد فرمایا ہے کہ بہت سے گناہ ایسے ہیں کہ ان کا کفارہ نماز سے ہوتا ہے نہ حج سے نہ عمرہ سے۔ صحابہ نے عرض کیا کہ اے اللہ کے رسول، پھر ان گناہوں کا کفارہ کس چیز سے ہوتا ہے؟ فرمایا کہ کسب معاش میں جو تکلیفیں اور رنج پہنچتے ہیں ان سے گناہوں کا کفارہ ہوتا ہے۔(کشکول صفحہ ۱۹ من مختصر تذکرہ قرطبیؒ)

ایک شخص نبی کریم ﷺ کی خدمت میں سوالی بن کر حاضر ہوا، تو آپ ﷺ نے فرمایا کیا تمہارے گھر میں کوئی چیز نہیں ہے؟ اس نے جواب دیا کیوں نہیں، ایک کمبل ہے جس کو ہم اوڑھ لیتے ہیں، اور ایک پیالہ ہے جس میں ہم پانی پیتے ہیں۔ آپ ﷺ نے فرمایا دونوں چیزیں لے آؤ۔

وہ شخص گھر گیا اور پیالہ اور کمبل کو لے کر دوبارہ نبی کریم ﷺ کی خدمت میں حاضر ہوا۔ آپ نے ان دونوں چیزوں کو اپنے دست مبارک میں لیا اور فرمایا ان دونوں کو کون خریدتا ہے؟ ایک شخص نے کہا میں ان دونوں کو ایک درہم میں لوں گا۔ آپ ﷺ نے دوبارہ ارشاد فرمایا ایک درہم سے زیادہ میں کون لے گا؟ ایک شخص نے کہا میں ان دونوں کو دو درہم میں لے لوں گا۔

آپ ﷺ نے دونوں سامان اسے دے دیا اور دو درہم لے لئے اور وہ دو درہم اس سوالی کو دے دیا، اور فرمایا ایک درہم سے کھانا خرید لو اور اپنے گھر دے آؤ، اور دوسرے سے ایک کلہاڑی خرید لو اور میرے پاس لے آؤ۔ وہ کلہاڑی لے کر آیا تو آپ ﷺ نے خود ہی اس میں لکڑی لگائی، پھر فرمایا جاؤ، لکڑیاں کاٹو اور فروخت کرو، اور پندرہ دن تک کام میں لگے رہو۔ وہ شخص چلا گیا، لکڑیاں لاتا رہا اور فروخت کرتا رہا۔

کچھ ہی دنوں میں اس نے دس درہم کمالئے اور واپس آیا۔ کچھ رقم سے ایک کپڑا خریدا اور کچھ سے کھانے کا سامان۔ نبی کریم ﷺ نے فرمایا اس طرح کام کرنا اس بات سے کہیں بہتر ہے کہ تم لوگوں سے بھیک مانگتے پھرو، اور اس کی وجہ سے اللہ تم کو ایسی سزا دے کہ قیامت کے دن تمہارے چہرے پر داغ دھبہ ہو۔

بیواؤں کی خدمت

Notes

The word بی بی can be used to call an elderly lady, similar to the word *auntie* in English. It is also used as the title of the daughter of the prophet, Fatima.

بی بی فاطمہ رضی اللہ

Vocab

Translation		Urdu
needy	m	محتاج
Line		لائن
Disabled	adj	معذور

Translation		Urdu
groceries, things bought from the market	m	سودا سلف
practice, habit	m	معمول
grand mufti	m	مفتی اعظم
such and such	m	فلاں
Ruling	m	فتوی

Translation		Urdu
around, nearby	adv	آس پاس
potato	m	آلو
widow	f	بیوہ
Onion	f	پیاز
Coriander	m	دھنیا

Text

حضرت مفتی عزیز الرحمن صاحبؒ دار العلوم دیوبند کے مفتی اعظم تھے، ان کا واقعہ ہے کہ آپ کے گھر کے آس پاس کچھ بیواہوں کے مکانات تھے، آپ کا روز کا معمول تھا کہ آپ جب اپنے گھر سے دار العلوم دیوبند جانے کے لئے نکلتے تو پہلے ان بیواؤں کے مکانات پر جاتے اور ان سے پوچھتے کہ بی بی! بازار سے کچھ سودا سلف منگوانا ہے تو بتادو، میں لاؤں گا۔ اب وہ بیوہ ان سے کہتی کہ ہاں بھائی! بازار سے اتنا دھنیا، پیاز، اتنے آلو وغیرہ لادو۔ اس طرح دوسری کے پاس جاتے، اس سے پوچھتے، پھر تیسری کے پاس جاکر معلوم کرتے اور پھر بازار جاکر سودا لاکر ان کو پہنچادیتے۔

بعض اوقات یہ ہوتا کہ جب سودا لاکر دیتے تو کوئی بی بی کہتی کہ مولوی صاحب! آپ غلط سودا لے آئے، میں نے تو فلاں چیز کہی تھی، آپ فلاں چیز لے آئے! میں نے اتنی منگوائی، آپ اتنے لائے! مفتی صاحب فرماتے کہ کوئی بات نہیں، میں دوبارہ بازار سے لادیتا ہوں۔ چنانچہ دوبارہ بازار جاکر سودا لاکر ان کو دیتے۔ اس کے بعد فتوی لکھنے کے لئے دار العلوم دیوبند تشریف لے جاتے۔ (ارشادات اکابر صفحہ ۲۱۵)

اس قصہ سے ہمیں ایک اہم سبق ملتا ہے کہ ہم کو کمزوروں اور ضرورت مندوں کی مدد کرنی چاہیے۔ اگر ہمارے گھر میں بوڑھے ہوں تو ہمیں ان کی مدد کرنی چاہیے، ان سے بات کرنی چاہیے اور ان کو خوش رکھنا چاہیے، یہ بھی نیکی کا کام ہے۔ اسی طرح اگر ہمارے پڑوسی کمزور یا محتاج ہوں تو ان کا خیال کرنا چاہیے، اگر ان کو کسی چیز کی ضرورت ہو تو ان کے لئے لادینا چاہیے۔ اگر دکان میں یا bus میں کوئی کمزور، معذور یا بوڑھا ہو، تو ان کو لائن میں اپنی جگہ دینی چاہیے، اور ان کے لئے ان کا سامان اٹھانا چاہیے۔

دیکھو، مفتی عزیز الرحمن صاحب بڑے مدرسے میں استاد اور مفتی تھے، لیکن انہوں نے یہ نہیں سوچا کہ میں بہت بڑا ہوں، میں ان لوگوں کی مدد کیوں کروں؟ بلکہ ان عورتوں کی مدد کی، اور اگر غلط سودا لاتے تو پھر دوبارہ ان کے لئے بازار جاتے۔ تو اگر ہم کسی بڑی کمپنی کے مالک بھی

بن جائیں، عالم یا حافظ بھی بن جائیں، یا کسی ملک کا prime minister بھی بن جائیں، تب بھی ہمیں اپنے والدین، دادا دادی، کمزوروں اور بوڑھوں کی مدد اور خدمت کرنی چاہیے۔

ادب

Vocab

Translation		Urdu	Translation		Urdu	Translation		Urdu
mention		تذکرہ	Suddenly	adv	یکدم	to lean	v	ٹیک لگانا

Text

امام احمد بن حنبل رحمۃ اللہ علیہ کی مجلس میں ابراہیم بن طُہمان کا ذکر آیا، امام احمدؒ بیماری کی وجہ سے ٹیک لگائے ہوئے تھے، یکدم سیدھے بیٹھ گئے، فرمانے لگے "نیک لوگوں کے تذکرے کے وقت ٹیک لگا کر بیٹھنا مناسب نہیں۔" (کتابوں کی درس گاہ میں)

ایک مرتبہ ایک شخص نے سعید بن المسیب کی خدمت میں حاضر ہو کر ایک حدیث کے بارے میں پوچھا۔ اس وقت آپ بیمار تھے اور ٹیک لگئے ہوئے تھے، تو آپ سیدھے بیٹھ گئے، اس شخص نے عرض کیا کہ آپ تکلیف نہ اٹھائیں، آپ نے جواب میں ارشاد فرمایا کہ میں یہ پسند نہیں کرتا کہ میں اس حالت میں حدیث بیان کروں کہ میں لیٹا ہوں۔ (صفوۃ الصفوۃ)

فانی دنیا کے پجاری

Notes

1. The word کہیں can be added before the phrase ایسا نہ ہو. This does not give any additional meaning.

کہیں ایسا نہ ہو کہ تم بیمار ہو جاؤ۔

May it not be that you become ill.

2. An adjective can be repeated with کا to create emphasis.

اس نے بہت دوائیں پیں، لیکن بیمار کا بیمار ہی رہا۔

He drank a lot of medicine but still remained ill.

ابو نے اس کو بہت سمجھایا لیکن وہ شرارتی کا شرارتی ہی رہا۔

My father explained to him a lot but he remained naughty.

Vocab

Translation		Urdu	Translation		Urdu	Translation		Urdu
to bury	v	دفن کرنا	worshipper	m	پجاری	insist	m	اصرار
temporary, mortal	adj	فانی	though, whereas	-	جب کہ	to refuse	v	انکار کرنا
useless	adj	فضول	Worthy	adj	حقدار	vagabond	adj	آوارہ
unknown	adj	گمنام	great, bit, large	adj	خطیر	marriage	m	بیاہ

Translation		Urdu	Translation		Urdu	Translation		Urdu
mood	m	موڈ	to return, to give back	v	لوٹانا	plead	f	لجاجت

Text

امام بن الجوزیؒ فرماتے ہیں کہ مجھے میرے بعض دوستوں نے یہ واقعہ سنایا کہ ایک شخص کے دو بیٹے اور ایک بیٹی تھی، اس شخص کے پاس ایک ہزار دینار کی خطیر رقم تھی جو اس نے کہیں دفن کی تھی، ایک مرتبہ وہ سخت بیمار ہوا، تو اپنے لڑکے سے کہنے لگا ''بیٹا! تیرا دوسرا بھائی تو بالکل فضول و آوارہ ہے، بہن کی شادی ہو گئی ہے، وہ تو شوہر کے گھر بیاہ گئی ہے، فلاں جگہ ایک ہزار دینار میں نے رکھے ہیں، میں صرف تجھے اس مال کا حقدار سمجھتا ہوں، لہذا میرے مرنے کے بعد تم وہ اپنے لئے نکال لینا۔''

بیٹے کو جب معلوم ہوا تو اس نے باپ کے مرنے کا انتظار نہیں کیا اور جا کر وہ ہزار دینار نکال لائے، کچھ دنوں بعد وہ شخص ٹھیک ہو گیا، بیٹے سے دینار لوٹانے کے لئے کہا، تو اس نے انکار کر دیا۔

اتفاقاً وہ لڑکا بیمار ہوا، باپ نے بڑے اصرار اور لجاجت کے ساتھ اس سے کہا ''بیٹا! وہ رقم بتادے! کہیں ایسا نہ ہو کہ تو بھی دنیا سے چلا جائے اور مال کا بھی کسی کو پتہ نہ ہو، جب کہ میں نے اپنے تین بچوں میں صرف تجھے اس کا حقدار سمجھ کر بتلایا تھا''۔ بالآخر بیٹے نے وہ جگہ بتادی جہاں وہ دینار اس نے دفن کئے تھے۔

کچھ دنوں بعد پھر باپ بیمار ہوا، اب بیٹے نے اصرار شروع کیا، لیکن اِس بار باپ بتانے کے موڈ میں نہ تھا، یہاں تک کہ وہ مر گیا اور مال کسی گمنام جگہ میں دفن کا دفن ہی رہا۔ (کتابوں کی درس گاہ میں)

سب سے اعلی منصب

Notes

1. The verb گزرنا can be used instead of the word تھا when talking about people in the past.

   امام بخاری رحمۃ اللہ علیہ بہت بڑے عالم تھے ⇐ امام بخاری رحمۃ اللہ علیہ بہت بڑے عالم گزرے ہیں۔
   Imam Bukhari was a great scholar.

2. The words منصب and عہدہ are used for positions or posts e.g. minister, president, MP etc.

3. The phrase کام کی بات literally means *something of work*. This is best translated as *useful thing*.

4. The phrase نہ جانے means we don't know. The subject is omitted with this verb. This is used to show that something is so much or so great that the speaker does not have a full count.

   نہ جانے دنیا میں کتنے لوگ بے گھر ہیں۔
   We don't know how many people in the world are homeless.
   We can also translate this as:
   There are so many homeless people in the world.

5. The word حسد is used frequently with the word آگ and جلنا.

   وہ حسد کی آگ میں جل رہا ہے۔
   He is jealous (He is burning in the fire of jealousy).

You can also use حسد with کو.

اس شخص کو تم سے حسد ہے۔

He is jealous of you. (He has jealousy of you)

6. The word ولی is generally used for friend of Allah. i.e. someone close to Allah. The plural is اولیا.

Vocab

Translation		Urdu	Translation		Urdu	Translation		Urdu
to remove (from a post)	v	معزول کرنا	Objective	m	مقصد	highest	adj	اعلی
to appoint	v	قرار دینا	guarantee	f	گارنٹی	post	m	منصب
to decide	v	طے کرنا	to remain	v	قائم رہنا	post	m	عہدہ
to snatch away	v	چھیننا	to bring down, to remove	v	اتارنا	institute	m	ادارہ
friend	m	ولی	Many	adj	بسا	group	f	جماعت
to be counted	m	شمار ہونا	Choice	m	اختیار	leader	adj	سربراہ

Text

حضرت ڈاکٹر عبدالحی عارفی رحمۃ اللہ علیہ ایک بڑے بزرگ گزرے ہیں۔ وہ عالم نہیں تھے، ڈاکٹر تھے، لیکن اللہ کے بڑے ولی تھے، اور بہت کام کی باتیں فرمایا کرتے تھے۔

وہ فرمایا کرتے تھے کہ دنیا میں جتنے بڑے بڑے عہدے اور منصب ہیں ان میں سے کوئی ایسا نہیں جسے حاصل کرنا انسان کے اپنے اختیار میں ہو۔ اگر کوئی شخص کسی ملک، ادارے یا جماعت کا سربراہ بننا چاہے تو ہزار کوشش کے باوجود ضروری نہیں کہ اس مقصد میں کامیاب ہو جائے۔

پھر اگر وہ عہدہ مل بھی جائے تو اس بات کی کوئی گارنٹی نہیں کہ وہ عہدہ ہمیشہ قائم رہے گا۔ نہ جانے کتنے لوگ ہیں جو عہدہ اور منصب رکھنے والوں کے خلاف حسد کی آگ میں جلتے رہتے ہیں، اور بہت لوگ ایسے بھی ہیں کہ اس عہدہ سے اتارنے کی کوشش میں لگے رہتے ہیں اور بسا اوقات کامیاب ہو جاتے ہیں۔

میں تمہیں ایک ایسا عہدہ بتاتا ہوں جس کا حاصل کرنا تمہارے اختیار میں ہے، اور ہر شخص جب چاہے وہ عہدہ حاصل کر سکتا ہے، اور جب تک وہ خود نہ چاہے کوئی دوسرا اس کو اس عہدہ سے معزول نہیں کر سکتا۔ وہ عہدہ ہے خادم کا عہدہ۔ اپنے آپ کو اللہ تعالی کی مخلوق کا خادم قرار دے دو، اور یہ طے کر لو کہ میں جہاں کہیں ہوں گا میں دوسروں کی خدمت کروں گا۔ بس تمہیں اپنے اختیار سے یہ عہدہ مل گیا۔ اور یہ عہدہ ایسا ہے کہ اس کی وجہ سے نہ کوئی تم پر حسد کرے گا، نہ کوئی تم سے یہ منصب چھیننے کی کوشش کرے گا، اور سب سے بڑی بات یہ ہے کہ اس منصب پر آنے کے بعد تمہارا جو قدم اٹھے گا وہ عبادت میں شمار ہوگا۔ [ذکر و فکر — مفتی تقی عثمانی حفظہ اللہ]

Notes

1. The word اندھا is a simple way of saying blind. However, it is not used in polite speech. Instead the following phrases can be used.

   آنکھ سے معذور   بینائی سے محروم   نابینا

2. The particle بَ means with. It is often added to words.

   ب

3. The word حمد and ثنا is used for praise of Allah. For normal praise the word شکر is used. شکر can also be used for Allah.

4. The suffix گار is added to words to show the agent of the word before it.

   مددگار

   In this example مددگار means the one who does مدد (help).

پرہیزگار	پروردگار	طلب گار	گنہگار
One who abstains (from sins)	Nurturer, cherisher	seeker	sinner

5. The word خوب literally means beautiful. However, it can be used as an adverb to describe the verb to say. It is used to express appreciation or praise for someone's words or speech.

   خوب فرمایا

6. The phrase بخدا is used as an oath to emphasise the point the speaker is going to make. The following phrases are also commonly used for taking an oath.

   خدا کی قسم، اللہ کی قسم

7. The prefix نا can be added to adjectives to give the opposite meaning, similar to بے.

ناتواں	تُواں
Weak	strength

   Below are a few common words with نا.

Translation		Urdu	Translation		Urdu	Translation		Urdu
inappropriate	*adj*	نامناسب	immature	*adj*	نابالغ	despair	*adj*	ناامید
impossible	*adj*	ناممکن	Impure	*adj*	ناپاک	unhappy	*adj*	ناخوش

Vocab

Translation		Urdu
swear, oath	f	قسم
to crush	v	کچلا
to drown	v	غرق کرنا
to swallow	v	نگلنا
weak	adj	ناتواں
priceless	adj	بے بہا
sound	adj	سالم

Translation		Urdu
to bless, to grant	v	بخشنا
Thanks		حمد
Praise		ثنا
amazement	f	حیرت
Freshness	f	تازگی
Seeker	adj	خواست گار
sign, trace	m	اثر
Allah	m	خدا
Ash	f	راکھ

Translation		Urdu
coast	m	ساحل
coast	adj	ساحلی
resident	adj	مقیم
to roam, to stroll, to walk	v	ٹہلنا
tent	m	خیمہ
excused, disabled	adj	معذور
sight	f	بنائی
deprived	adj	محروم
preference, superiority	f	فوقیت (فوقی یت)

Text

عبداللہ بن محمد نامی ایک شخص مصر کے ایک ساحلی علاقے میں مقیم تھا، ٹہلتا ہوا ایک بار ساحلِ سمندر جانکلا، وہاں دیکھا کہ خیمہ میں ہاتھ پاؤں سے معذور اور آنکھوں کی بنائی سے محروم ایک شخص پڑا ہوا ہے، اس کے جسم میں صرف اس کی زبان سلامت ہے۔ایک طرف اس کی یہ حالت ہے اور دوسری طرف وہ بآوازِ بلند کہہ رہا ہے ''میرے رب، مجھے اپنی نعمتوں پر شکر کی توفیق عطا فرما، مجھے تو نے اپنی مخلوق میں سے بہت سوں پر فضیلت اور فوقیت بخشی ہے، اس پر مجھے حمد وثنا کی توفیق عطا فرما۔''

عبداللہ نے یہ دعا سنی تو اسے بڑی حیرت ہوئی، ایک آدمی ہاتھ پاؤں سے معذور ہے، بینائی سے محروم ہے، جسم میں زندگی کی تازگی کا کوئی اثر نہیں اور وہ اللہ سے نعمتوں پر شکر کی دعا مانگ رہا ہے!؟ اس کے پاس آکر سلام کیا اور پوچھا ''حضرت! آپ اللہ تعالی کی کس نعمت پر شکر اور حمد وثنا کی توفیق کے خواست گار ہیں؟ معذور شخص نے جواب میں فرمایا اور خوب فرمایا ''آپ کو کیا معلوم میرے رب کا میرے ساتھ کیا معاملہ ہے، بخدا، اگر وہ آسمان سے آگ برسا کر مجھے راکھ کر دے، پہاڑوں کو حکم دے کہ مجھے کچل دے، سمندروں کو مجھے غرق کرنے کے لئے کہہ دے اور زمین کو مجھے نگلنے کا حکم دے تو میں کیا کر سکتا ہوں؟ میرے ناتواں جسم میں زبان کی بے بہا نعمت کو تو دیکھئے کہ یہ سالم ہے، کیا صرف اس ایک زبان کی نعمت کا میں زندگی بھر شکر ادا کر سکتا ہوں؟ پھر فرمانے لگے ''میرا ایک چھوٹا بیٹا میری خدمت کرتا ہے، خود میں معذور ہوں، زندگی کی ضروریات اسی کے سہارے پوری ہوتی ہیں، لیکن وہ تین دن سے غائب ہے، معلوم نہیں کہ کہاں ہے، آپ اس کا پتہ کر لیں تو مہربانی ہوگی۔'' ایسے صابر وشاکر اور محتاج انسان کی خدمت سے بڑھ کر اور کیا سعادت ہو سکتی ہے، عبداللہ نے بیابان میں اس کی تلاش شروع کی، تو یہ دردناک منظر دکھا کہ مٹی کے دو تودوں کے درمیان ایک لڑکے کی لاش پڑی ہوئی ہے، جسے جگہ جگہ سے درندوں اور پرندوں نے نوچ رکھا ہے، یہ اسی معذور شخص کے بیٹے کی لاش تھی، اس معصوم کی لا اس طرح بے گور وکفن دیکھ کر عبداللہ کی آنکھوں میں آنسو بھر آئے، اور یہ فکر لاحق ہوئی کہ اس مزؔوڑ والد کو اس المناک حادثہ کی اطلاع کیسے دے؟ ان کے پاس گئے اور ایک لمبی تمہید کے بعد انہیں اطلاع دی، بیٹے کی وحشت ناک موت سے کون ہوگا جس کا جگر پارہ پارہ نہ ہو، لیکن خبر سن کر معذور والد کی آنکھوں سے آنسو رواں

ہوئے، دل پر غموں کے بادل چھا گئے، آنکھوں سے اشکوں کی برسات شروع ہوئی، شکوہ شکایت کی بجائے فرمانے لگے ''حمد وستائش اس ذات کے لئے ہے جس نے میری اولاد کو اپنا نافرمان نہیں پیدا کیا، اور اسے جہنم کا ایندھن بننے سے بچایا'' پھر اِنَّا لِلّٰهِ وَاِنَّا اِلَیْهِ رَاجِعُوْنَ پڑھا اور ایک چیخ کے ساتھ جان جان پیدا کرنے والے کے حوالہ کر دی۔ عبداللہ پھوٹ پھوٹ کر رونے لگا، کچھ لوگ اس طرف نکلے، رونے کی آواز سنی، خیمے میں داخل ہوئے، میت کے چہرے سے کپڑا ہٹایا تو اس سے لپٹ گئے، کوئی ہاتھ چومتا ہے، کوئی آنکھوں کو بوسہ دیتا۔ عبداللہ یہ صورت حال دیکھ کر حیران ہو رہا تھا، پوچھا، ''یہ کون ہیں؟ ان کا تعارف کیا ہے؟'' کہنے لگے ''آپ ان کو نہیں جانتے؟ یہ رسول اللہ ﷺ کے چچازاد بھائی عبداللہ بن عباس کے شاگرد اور مشہور محدث حضرت ابو قلابہ ہیں۔'' (۳۶۵ کہانیاں صفحہ ۱۲۷)

نظم

امی ابو آپی بھائی / دنیا ساری کس نے بنائی؟
اللہ نے ایک اللہ نے

پیڑ اور پودے کس نے اگائے؟ / کس نے باغیچے مہکائے؟
اللہ نے ایک اللہ نے

چاند اور سورج کس نے بنائے؟ / کس نے بخشے دھوپ میں سائے؟
اللہ نے ایک اللہ نے

ٹھنڈی ٹھنڈی ہوائیں، ٹھنڈا پانی / کس نے پیدا کی آسانی؟
اللہ نے ایک اللہ نے

علم کی کس نے دولت بخشی؟ / کس نے عقل کی نعمت بخشی؟
اللہ نے ایک اللہ نے

تاثب کس نے صحت بخشی؟ / کس نے حمد کی فرصت بخشی؟
اللہ نے ایک اللہ نے

کسی کا گھر جلے اور کوئی تاپے

Vocab

Translation		Urdu	Translation		Urdu
Winter	m	جاڑا	To warm oneself over a fire	v	سینکنا
To warm oneself over a fire	v	تاپنا	witty	adj	ظریف

Notes

1. An idiom is a figure of speech. i.e. a phrase which doesn't always imply what the words mean.

   This costs an arm and a leg.

   This means something is very expensive.

   In Urdu, the grammar of idioms is slightly different to normal sentences. Sometimes it doesn't have the word ہے in it.

   چھوٹا منھ بڑی بات

   (Lit) small mouth, big talk.

   You don't say منھ چھوٹا ہے اور بات بڑی ہے.

   Sometimes the subjunctive tense is used.

   کسی کا گھر جلے اور کوئی تاپے!

2. The phrase کیا خوب is used to express praise or sarcasm. It can be translated as "What a joke", "How excellent" or "How strange"

Text

کسی کا گھر جاڑے کے موسم میں جلنے لگا، ایک غریب پڑوسی وہاں آکر سینکنے لگا، یہ حالت دیکھ کر ایک ظریف نے کہا کیا خوب! کسی کا گھر جلے اور کوئی تاپے!

اردو

جنید: السلام علیکم!

احمد: وعلیکم السلام!

جنید: احمد تم کیسے ہو؟

احمد: میں ٹھیک ہوں جنید بھائی۔ آپ کیسے ہیں؟

جنید: میں بھی اچھا ہوں الحمد للہ۔ آج کل تم کیا کر رہے ہو؟

احمد: میں صبح میں اسکول جاتا ہوں اور شام کو مدرسہ جاتا ہوں۔

جنید: یار! تم ابھی تک مدرسے جاتے ہو!؟

احمد: جی ہاں بھائی۔ مدرسہ جانا بہت ضروری ہے، مدرسہ میں ہم بہت اہم اور دل چسپ چیزیں سیکھتے ہیں۔ اسلام کے بارے میں سیکھتے ہیں، نبی ﷺ کے بارے میں ہم پڑھتے ہیں، صحابہ کے بارے میں ہم سیکھتے ہیں۔ اسی طرح ہم زندگی گزارنے کا سلیقہ سیکھتے ہیں اور اسلامی آداب سیکھتے ہیں۔

جنید: اچھا!

احمد: اور اس سال ہم نے اردو بھی سیکھنی شروع کی۔

جنید: اردو! اردو سیکھنے کی کیا ضرورت ہے؟ یہ ہندوستان یا پاکستان تھوڑا ہے؟ اس کا فائدہ کیا ہے؟ تم وقت ضائع کر رہے ہو!

احمد: یہ تو بہت مشہور سوال ہے اور سب لوگ مجھے پوچھتے ہیں۔ میں آپ کو اس کا جواب دوں گا لیکن پہلے میں آپ سے ایک سوال پوچھنا چاہتا ہوں۔

جنید: جی ہاں! ضرور، پوچھو!

احمد: کیا تم اسکول میں کوئی دوسری زبان سیکھتے ہیں؟

جنید: جی ہاں میں فرانسیسی سیکھ رہا ہوں۔

احمد: تم فرانسیسی زبان کے ساتھ کیا کریں گے؟

جنید: معلوم نہیں، بس یوں ہی سیکھ رہا ہوں۔

احمد: کیا تم فرانس جائیں گے؟

جنید: معلوم نہیں۔

احمد: کیا تمہارے رشتہ دار ہیں فرانس میں؟

جنید: نہیں!

احمد: کیا فرانسیسی میں کوئی اہم کتاب ہے جو تم پڑھ ہو گے؟

جنید: نہیں!

احمد: تم پھر فرانسیسی کا فائدہ کیا ہے؟ میں نہیں کہتا کہ مت سیکھو، لیکن میں آپ سے پوچھتا ہوں کہ آپ فرانسیسی سیکھ رہے ہیں اور تم کو معلوم نہیں کہ اس کا فائدہ کیا ہے، اور میں اردو سیکھ رہا ہوں جس میں دنیا کے بھی فائدے ہیں اور آخرت کے بھی فائدے اور تم کہتے ہیں کہ میں وقت ضائع کر رہا ہوں؟

جنید: اچھا۔ ذرا بتلاؤ تو سہی کہ اس میں کیا فائدے ہیں۔

احمد: سب سے پہلے میں آپ کو ایک دنیوی فائدہ بتاؤں گا۔ کیا تم حج عمرے کے لئے جاہیں گے؟

جنید: جی ہاں میں ضرور جاؤں گا۔

احمد: آپ کو معلوم ہے کہ مکہ مکرمہ اور مدینہ منورہ، اسی طرح جدہ میں کتنے لوگ اردو یا ہندی بولتے ہیں؟ وہاں بہت سے لوگ اردو بولتے ہیں، ٹیکسی چلانے والے، کلی، نیز ہر قسم کے لوگ آپ کو ملیں گے جو اردو بول سکتے ہیں۔ اگر آپ اردو بول سکتے ہیں تو آپ کو کوئی مسئلہ اور مشکل نہیں ہو گا! بہت آرام سے آپ گزارا کر سکیں گے۔

جنید: اچھا، میں نے کبھی اس طرح نہیں سوچا۔

احمد: اسی طرح میرے دادا دادی اور نانا نانی ہندوستان سے ہیں، آپ کے دادا میرے خیال میں پاکستان سے ہیں؟

جنید: جی ہاں وہ پاکستان سے ہیں، کراچی میں رہتے ہیں۔

احمد: تو پاکستان میں لوگ اردو بولتے ہیں، اسی طرح ہندوستان میں لوگ ہندی بولتے ہیں، اور ہندی اردو سے ملتی جلتی ہے، اگر آپ اردو میں بول سکتے ہو تو تم اپنے رشتہ داروں کے ساتھ بات چیت کر سکیں گے۔

جنید: یہ بھی ایک بات ہے۔

احمد: اور یہ تو صرف دنیوی فائدہ ہے۔ دینی فائدہ بھی ہیں۔ اردو میں بہت سی کتابیں ہیں۔ کئی صدیوں سے علما اردو میں کتابیں لکھ رہے ہیں اس لئے اردو میں بہت سی اسلامی کتابیں ہیں، اگر میں اردو نہیں سیکھوں گا تو میں ان کتابوں کو نہیں پڑھ سکوں گا۔ اسی طرح بہت سے بیانات اردو میں ہوتے ہیں، اگر میں اردو سیکھوں گا تو انگریزی بیانات بھی سن سکوں گا اور اردو بیانات بھی۔

Bibliography

Introductory Urdu Volume (i & ii) C. M. Naim, Revised Third Edition, South Asia Language & Area Center, University of Chicago

The Modern Hindustani Scholar or The Pucca Munshi, Munshi Thakardass Pahwa

The Urdu Self Instructor or Ataliq-i-Urdu (First Edition), Maulavi Laiq Ahmad

Urdu An Essential Grammar, Ruth Laila Schmidt, Routledge

The Oxford Elementary Learner's English-Urdu Dictionary, Salim Rahman, Sara Naqvi

اچھی باتیں حصہ اول تا ششم، حکیم شرافت حسین رحیم آبادی

اردو زبان کا قاعدہ معہ اردو زبان کی پہلی دوسری تیسری چھوٹی کتاب، مولان اسماعیل خان صاحب میرٹھی

اردو قواعد وانشاپردازی، ماہ لقاہ رفیق

اسلامی تعلیم (۱-۵)

اللہ کے رسول، حضرت ابو بکر، حضرت عمر، حضرت عثمان، حضرت علی، حضرت خدیجہ، حضرت عائشہ (رضی اللہ عنہم)، حکیم شرافت حسین رحیم آبادی

بچوں کی قصص الانبیاء (حصہ اول—چہارم)، امۃ اللہ تسنیم (ہمشیرہ مولانا ابوالحسن علی ندوی)، مجلس نشریات اسلام

درسی اردو کمپوزشن (مع گرائمر)، غلام جیلانی مخدوم، درسی ادارہ لمیٹڈ ایجوکیشنل پبلشرز، گجرات پاکستان

فرہنگ آصفیہ، مولوی سید احمد دہلوی، سنگ میل پبلی کیشنز

فیروز اللغات

قواعد اردو، جناب مولوی عبدالحق صاحب